新闻宣传丛书

京华漫笔

JINGHUA MANBI

北京市政协宣传中心◎编

中国文史出版社

目录

第二辑　心之悟：大境界与大情怀

第三辑　文之道：当时只道是寻常

第四辑　书之语：留住那个"特殊时代"

第五辑 思之忧：旧城保护不是去点美人痣

政北
协京

第一辑

京之味："您"的北京

北京的文化与记忆

王 蒙

文化、文史都是一个积累和记忆的过程，没有记忆就没有文化。有时候从市政建设、发展经济、改善民生或外事活动等角度来看完全没有问题的事情，从我们文史研究角度来说，可能就会出现一些不太受欢迎的意见。比如北京申办奥运会口号的英语翻译是伟大的奥运，新的北京。让我们设想一下，如果我们的口号是伟大的奥运，古老的北京，会不会更有历史感也更能宣扬北京与中华文化的源远流长一些呢？

再比如北京现在把东城区和崇文区合并后改名东城区，我觉得非常好，非常方便与易于理解。但也有海外华人认为：哪怕成立了新的大东城区，为什么不能称之为崇文区呢？成立了大西城区，同样可以叫做宣武区。崇文、宣武，是非常有文化的说法，它比一个东城一个西城的命名高雅优美、泱泱大度，而且内涵丰富不知多少倍，它反映了北京的精神，中华文化的精神。这才是古老与有文化的北京的城区的最美好的命名啊！

在北京的城市建设中还有许多这样类似的例子。原来位于西城区绒线胡同的四川饭店曾是一处多进的四合院，充满北京特色，现在四川饭店被搬到恭王府内，绒线胡同这里变成了中国会馆，这感觉一下子就变了，现在的四川饭店的影响已经大不如前。原来位于东城区王府井附近一条胡同里的康乐餐厅，是见于典籍的京城名餐馆，后来搬到安定门去了，也不再是以前的康乐餐厅了，苦撑了几年，康乐餐厅已经倒闭，一个老字号就此完结，多么可惜啊。还有把同和居从西四搬到月坛，从四合院变成了楼房，变化也很大，也是从此走向没落。这些情况简单通俗地讲就是一挪地方就没有了原来的风水了。风水的说法包含着迷信，也包含着人文与经济与环境的种种关系的研究。万万不可粗枝大叶地对待啊。

其实，很多风俗习惯、文化传统都不是说改就能改的。从人文地理、经济地理、商业地理的角度来看，任何一家老餐馆的选址、菜系，乃至食客，都是有自己的文化特色蕴涵其中的。简单的一个行政命令或决策，就将这家餐馆从天安门搬到西单，或者搬到海淀、搬到门头沟，基本上搬一个"死"一个，就是这个道理。

　　有关北京城市变迁、文化传承的话题一直是引人关注的话题，尤其是受到知识分子的关注。20世纪50年代，北京每次举行人民代表大会时，梁思成先生总会自己印发有关北京古城保护内容的传单给大家，但是经历了几次运动之后，也无法再持续下去了。

　　在北京建设和迅猛发展的同时，我们遗憾地看到许多有关北京文化的记忆正在一步步消失。我们现在能做的，就是要在适当的时候和范围内，将这些文化记忆保留下来。在北京进行市政规划时，在北京市各级领导、老百姓的心中多留下一根弦，因为有些东西有些事，是不能乱动的。

　　这里还有一个观念必须弄清楚。在剧烈的革命过程中，我们的认识是破旧立新，是弃旧图新，是新永远比旧好。但是文史的价值，文物的价值，文化传统的价值却并非如此。一个古老的文化传统延续下来，一个久远的文化记忆保持下来，一批古代的文物仍然在闪闪发光，一批地名、街名、老字号、老产品、老的风俗习惯延续下来，这是非常可贵的事，这是文化爱国主义与文化软实力的体现。我们要尊重我们的历史，我们要爱惜与保存我们的文化遗产，现在是时候了，应该明确这一点。

知行北京精神

阎崇年

北京精神与中华精神，个性中有共性，共性中有个性。

北京精神的爱国，包括在中华精神之中，又有自己的地域特点。北京精神的爱国情怀，是一个历史范畴。在中华有文字记载的历史上，都可见北京人的爱国情怀。在第一个千年，北京主要是燕国的都城，这个时期的爱国，主要爱的是方国燕。"风萧萧兮易水寒"——爱的是燕国，而不是秦国。第二个千年，北京主要是北方重镇。这个时期镇北将军刘靖修戾陵堰，东汉渔阳太守张堪率数千骑兵，大破匈奴铁骑，郡境得以安宁，这种爱国主要是爱家乡。第三个千年，文天祥"人生自古谁无死，留取丹心照汗青"，爱的是中原宋朝政权。清末英法联军、八国联军入侵北京，西郊民众抗击的是西方的侵略，士人贾桢独坐天安门阻挡联军进入紫禁城，爱的则是中华。当今北京人的爱国精神，表现出的无疆大爱，就是"爱我中华"！

北京精神的创新也可见一斑。元朝郭守敬测量出前人未命名的恒星1000余颗，使记录的星数从1464颗增加到2500颗，并编制成了星表。他还创制了早期的地球仪。据《元史·天文志》记载："其制以木为圆球，七分为水，其色绿；三分为土地，其色白。画江河湖海脉络贯穿于其中。画作小方井，以计幅员之广袤、道里之远近。"就是说，在木制的圆球上，七分为绿色的海洋，三分为白色的陆地，并画有江河湖泊。在球面上用经纬线画成许多方格，以便进行幅员宽广远近的计算。这是中国史籍最早记载的地球仪。类似史例，不胜枚举。

北京精神的包容，表现尤为突出。北京从方国都城，经北方重镇，到北国政治中心，再到全国政治中心，最显著特点是包容。当代又以包容精神吸纳海洋文化。北京在全国都市中，是一个典型的海纳百川、有容乃大的都市。北京城的包容同厚德密切相关。

北京精神的爱国、创新、包容和厚德，既相互联系，又各具特色。然而，贯穿北京精神之魂是什么？古人认为：在天为元，在人为德。就是说，德是做人的灵魂。语云：善者，德之长；仁者，德之首。仁爱是道德的首要表现。厚德是爱国精神的重要表现，厚德是创新精神的伦理支撑，厚德是包容精神的坚实基础，所以，北京的厚德精神，是北京精神之魂。

北京精神的"厚德"，是北京人传统精神、北京人首善精神之魂。北京建城三千多年、建都近千年的历史，培育了北京人崇德、尚德、重德、厚德的精神品质。"厚德"这个理念，最早见于我国传统经典著作"十三经"之首的《周易》。《易·坤·象》说："地势坤，君子以厚德载物。"与之相对应的是《易·乾·象》所载："天行健，君子以自强不息。"唐朝大学者孔颖达对"厚德载物"的疏解是："君子以此地之厚德容载万物。"就是说，君子要既像日月星辰运行一样自强不息，又像大地山川广阔一样厚德载物。"厚德"的"厚"字，意思与"薄"字相对；"德"字，左偏旁为"彳"，是行走、行动的意思；右半部分为"悳"——有的解释作"直心"，就是心地正直。就是说"德"，内在为德性，外在为德行。"厚德"就是要用像大地一样宽厚的德性德行来容载万众、万象、万事、万物。做人德为上，做事德为先。这正是过去、当代和未来北京精神的品德。

"厚德"既有历史传统，又有时代特点。今天看来，"厚德"主要有两层含义：一是日常道德修养，二是高远大德胸怀。

日常道德修养是北京精神厚德的一个展现。中华被誉为文明礼仪之邦。俗话说"北京老礼儿多"。北京是五朝帝都，形成厚德风尚：重仁爱、讲友善，重情义、讲互助，重礼仪、讲孝敬，重诚信、讲承诺，重奉献、讲公益，重群体、讲谦让，重开拓、讲拼搏，重自强、讲勤奋。重视日常道德，修养个人品德、家庭美德、职业道德和社会公德。

北京像一座文化熔炉，外地到北京的人，融入北京厚德精神之中，影响全国各地社会风貌。清朝人张英，在京中进士，官至大学士，受到京师厚德精神的熏陶，以德性、德行，去待人、处事。他老家与邻居吴家因院墙争执，互不相让，打起官司。家中来书让他写信给当地知县关照。他回信说："一纸书来只为墙，让他三尺又何妨。长城万里今犹在，不见当年秦始皇。"张家见信后，主动退让三尺。吴家受感动，也让出三尺。于是出现至今犹在的"六尺巷"，成为古今人们传颂的美德佳话。

在日常道德修养过程中，有些事难行，有些事难忍。难行能行，难忍能忍。日积月累，常修不懈，逐步提升北京文明精神的道德风范，培育市民血管里流淌着厚德精神的血液。

总之，北京市民道德修养，源远流长，与日维新，孕育了这座城市德泽化人、容载万物的城市精神品格。

高远大德胸怀是北京精神厚德的又一个展现。君子以厚德容载万物，要有高远大德的胸怀。过去北京以"北京湾"为地域载体，先承载蓟、燕都城的责任，又承载北方重镇的责任，继而承载北中国的责任，进而承载全中国的责任。在中华统一多民族国家形成和壮大的过程中，北京以高远博大的胸怀，承载、吸引、融合、发展各地区各民族的文化——古典的、现代的，民族的、世界的，京腔京韵的、五湖四海的……今天的北京，以北京奥运会为典范，成为不同国度、不同区域、不同民族、不同宗教、不同肤色、不同语言、不同性别、不同才能的人，世界融合的文化平台。

北京文化像滚雪球一样，以中原农耕文化为核心，吸纳蒙古草原文化、东北森林文化，现在又吸纳国际海洋文化，不仅成为中华文化的中心，而且成为世界文化的一个中心。

君子以厚德容载万物，北京人一向以肩负使命感、责任感为大德。古人范仲淹"先天下之忧而忧，后天下之乐而乐"的千古名句；今人李大钊也说："铁肩担道义，妙手著文章。"这都表现出强烈的历史使命感和时代责任感，是体现北京"厚德"精神的大德范例。

使命与责任，贵在高和远

高，就是要高瞻远瞩，仰望天空。北京最早是燕国的都城。"燕"字甲骨文里就有，有向上、吉祥的意思。所以，北京又称"燕京"，历史绵延，直到现在。北京人喜欢这个"燕"字，因为它体现出北京人高远的厚德精神。

远，就是要眼光远阔，俯瞰大地。北京在元、明、清，作为全中国的政治中心，放眼四周——茫茫西北草原，莽莽东北森林，茵茵中原绿野，巍巍西域昆仑，洋洋东面大海，所以北京人有望眼天下的气概。

北京人高远大度，修养大德，胸怀祖国，放眼世界，如宋朝人张横渠所言："为天下立心，为生民立命，为往圣继绝学，为万世开太平！"

为中华民族复兴，为实现人类和平，北京人以厚德精神，承载着历史与时代赋予的使命和责任。

修养厚德品格，应当读书学习。康熙帝在教育子女的《庭训格言》中说："凡人进德修业，事事从读书起。多读书则嗜欲淡，嗜欲淡则费用省，费用省则营求少，营求少则立品高。"多读好书，节制奢欲，因为欲望过奢，就会钻营妄求，不仅减损道德，还会增加凶险。因而，欲无止境，常有凶险。

儒家以"大学之道，在明明德"为《大学》的开篇和纲领，道家以"道德"为《道德经》的篇名和总纲，都是重德、厚德。厚德是中华文化精神之魂，凝练在北京人精神品格之中。北京在新时期特别需要提倡"厚德"，德性德行，一以贯之，形成社会道德的新风尚：念念厚德，事事厚德，时时厚德，处处厚德——爱祖国，勇创新，能包容，尚厚德，风清气正，勤奋学习，严以律己，自强不息，既知又行，知行合一，使北京成为中华精神的首善之区，立于世界高尚的精神之林。

北京精神的价值

张颐武

正像一个社会总有其价值观的中心一样，一个城市也会有自己的灵魂和气质，也会有自己的精神。北京是一个有古老文化传统的古都，又是国家的首都，是中国政治和文化的中心，它有自己独特的文化传统和生活形态。北京传统的"帝都"角色和在中华民国前期的"国都"角色都为它增加了分量。自中华人民共和国定都北京之后，北京又再度恢复了政治中心的位置，"国都"不仅仅是象征性的，而且是具体的。近年来，伴随着全球化和市场化的进程，北京发生了巨大的变化，一个新的"全球都市"形态已经出现。北京的都市活力和作为全球性经济文化中心的位置已经得以呈现。城市的风格也开始变得丰富，为一个原来看起来极为典雅庄重的城市添加了新的活力和想象力。

作为国际城市的北京，在深入理解自身历史和文化的同时，对于过去和今天的北京进行了深入思考之后，概括了北京精神。"爱国、创新、包容、厚德"这样八个字确实是公众对于北京文化和历史解读的结果，也是社会对于北京期望和要求的结果。在当下，这一精神其实是对于快速崛起中的北京的文化自信、文化自觉和文化自强的集中展现。自觉，就是城市清楚地认识了自身的定位。北京作为国家首都和世界性的城市，当下现实使得它必然要寻求新的精神的表述。自信，是城市对于自身历史和文化积淀的冷静探求和自我认识的表现，这也要求对于自身精神的开掘。自强，则是对于城市未来的期许和对于城市发展坚定信念的表现，这也在呼唤着自身精神的表述。

八个字，四个词，其实是一个整体。它生动地概括了城市本身的韵致和风范，具体地描述了城市的气质和风格。

爱国，是人们对自己国家的认同，是人们对自己国家深沉的爱。它既是一种情感，又是一种价值；既是文化血脉的延伸，又是现实必然的选择；它是社会凝聚力和向心力的集中体现。作为一个有三千多年建城史、八百多年建都史的古城，北京是中华文化精神和物质遗产传承之地。中华文明从周口店"北京人"开始，到元明清发展的漫长历史中，北京都承载了民族的记忆。作为今天的国家首都，北京人更是把爱国作为自身精神的起点。千百年来中华民族的价值认同和民族情感都在北京有深厚的积淀。无数仁人志士都在北京留下了他们的事迹，北京人也都以自己城市作为古都的历史而自豪。现代以来，北京也承受了民族的屈辱，圆明园的遗址，八国联军进北京的惨痛历史都让中国人追求民族富强振兴的宏愿更加强烈。辛亥革命后建立现代国家的首都，"五四运动"唤醒国民的爱国运动，直到新中国的建都，爱国是现代北京文化精神的核心，在中国迈向现代化的百年进程中一直发挥着重要的作用。改革开放以来，北京人一直为中国的崛起努力工作，从十一届三中全会的召开到奥运的成功举办，北京把对国家深沉的爱化作自己的行动。爱国是北京从历史到今天的精神特质。在今天中国大发展的进程中，北京人会把爱国情怀化作扎实具体的努力，为中华民族的伟大复兴贡献力量。

创新则是北京文化在现代的集中体现。从"五四"新文化运动的文化创新精神，到今天中关村的高科技创新精神，创新作为社会发展的内在动力也为北京人所充分展现。

包容更是北京城市文化传统的集中体现，也是现代北京生活的最大魅力所在。北京的包容首先是在漫长的作为国都的历史中所积淀的气质。其次，也是中国现代文化中北京文化状况的体现。像中国现代文化的重要开拓者鲁迅、胡适等"五四"文化的精英虽然都是外地人，但都在北京完成了他们最重要的文化活动。再次，这也是奥运之后北京文化海纳百川气势的集中体现，而且也是北京给全国和全世界的年轻人实现梦想的体现。

"厚德"典出《易经》的"地势坤，君子以厚德载物"。指深厚的德行。曹植的《鹦鹉赋》："蒙含育之厚德，奉君子之光辉。"厚德是中华美德意蕴深厚的生动表述，是中国价值的经典概括。它所指向社会中存在的美好和良知，是历史积淀的文化精神所熔铸的崇高品德的体现。北京在漫长历史中所积淀的人文精神正可以用厚德加以概括。"厚德"体现了北京文化注重品格情操，追求至善至美的精神境界和思想高度。厚德是传统美德的弘扬和发展。中华民族在自己的漫长发展历程中积淀了丰厚的文化，其"天人合一，和而不同"、"己所不欲，勿施于人"等价值观，也已经成为人类精神的珍贵思想资源。现代中国"与平等待我之民族共同奋斗"的博大情怀也体现了中国精神的深厚内涵。北京精神中"厚德"的倡导正是对于中华民族精神的具体呈现。"厚德"是北京在追求卓越，也是在全球化的今天北京所需要的精神境界。它体现在市民的生活之中，也体现在北京的整体形象之上。

我们可以看到北京精神的概括，会为北京的发展注入新的动力，为北京人提升其幸福感和认同感提供了新的可能，也为世界和全球华人更好地了解北京提供了新的路径。

北京的包容

于 丹

作为城市意识的最高形式，包容是北京最具异质性特征的城市精神之一。《史记·儒林列传》称："建首善自京师始"，包容既是北京市民海纳百川、雍容大度的胸襟和气度，也是市政建设博采众长、兼容并包的思维方式，更是北京作为首都尊重差异、和谐共生的文化特质和独特品格。

包容是历史时空中凝练而成的城市气质。从历史位置上看，北京处于中原农耕文化、西北草原文化、东北森林文化的交汇点上，又处于不同民族交流与融合的交错线上。自3000余年前建城、850多年前建都，北京一直处于各种文明错综复杂的碰撞与融合过程之中。自秦汉而始，北京就是中国北方的军事与商业重镇。自辽代以后，北京逐步成为全国政治中心和文化中心，少数民族移民的持续增加促进了北京文化气质包容的特性。特别是元代建大都以后，北京成为国际交流的中心之一，西方文化的涌入使北京从原始包容走向自觉选择，进而提升到多元共生的都城文化形态。中华人民共和国定都北京之后，近现代历史发展中日趋稳定的包容气质成为北京识别度最高的城市品格。

包容是自觉的市民理念与文化追求。一个城市的人文精神体现为对人的尊严、价值的维护与关怀，对人类留下来的各种文化现象的高度珍视，对市民全面发展的理想人格的肯定和塑造。作为社会主义和谐社会的首善之区，北京的建设目标是最具文化魅力、最为和谐宜居的城市，只有吸纳借鉴一切先进文化的成果，尊重差异、包容多样，才能实现传统与现代、国际与本土思维方式与生活方式在碰撞中的融合。

北京目前拥有作为新市民的外来务工人员八九百万，居民与国内国际流动人口年度总数近1.7亿，居全国城市之首。具有多向性的包容使这个城市日趋呈现"和而不同"的人文状态，不断以化合反应而非物理累积的方式，生成新文明成果。

包容是制度建设倡导与维护的精神价值。包容品质的彰显还在于构建城市普遍秩序的制度导向与鼓励。从公民道德的宽容到城市气质的包容之间，制度起到了规范与提升的作用。城市化进程中的重要动力之一是具有普适意义生活秩序的建立。北京市正在进一步扩大城市公共服务体系和社会保险体系的覆盖面，提高城市管理和服务水平，进一步营造既鼓励创新和竞争，又宽容失败的良好氛围，努力以制度化的方式将包容内化为基本社会价值理念，形成宽容的市民素养与包容的城市精神多层面呈现的格局。

包容是融入国际化标准的城市态度。联合国人居署2000年首次提出“包容性城市”概念，指城市中每个人不论财富、性别、年龄、种族或宗教信仰，均可利用城市所提供的机会参与生产性活动。参照这一标准来看，北京已经成为国际范围内地域开放性最高的都市之一，体现为积极评价外来人口贡献和影响、对困难群体给予保障性社会关怀、多元人才选择相对理性与包容，“新市民”的概念从不同地域拓展到不同民族甚至不同国家的移民。2008年的奥运会以“同一个世界，同一个梦想”以及脍炙人口的《北京欢迎你》亮相于国际，包容力与成长性使北京在国际都市序列中地位稳步上升。

“泰山不让土壤，故能成其大；河海不择细流，故能成其深”，北京作为首善之都的包容气质是一种境界，也是一种资源。从紫气腾聚的长城到肃穆庄严的天坛，从仪态万方的皇家宫苑到新颖独特的奥运场馆，包容的气质流淌在都市景观的每个细节之中，成为北京的表情。包容的精神使这座都市不仅坐拥物质的繁华，而且具备仁善宽广的博大气象。

话说北京老规矩

刘一达

什么是老规矩

所谓老规矩，就是老年间的规矩。要想弄清老规矩，首先得知道"规矩"这俩字是什么意思？

简单说："规"，就是做木工活儿画圆的圆规。"矩"呢？是做木工活儿的曲尺。当然，现在这两样东西，已经不限于木工活儿的工具了。

古人说事儿论理，喜欢打比方。荀子说："规矩诚设矣，则不可欺方圆。"咱们的这位老祖宗是拿这两样工具，打了个比方，意在说明规则和礼法的重要性。俗话说："没有规矩，不成方圆。"敢情规矩这个词儿，是从荀子这儿来的。

但是，规矩跟法律还不一样。法律一条一条在那儿摆着，您违犯了哪条，对不起，您要接受哪条的处罚，该蹲大狱蹲大狱，该挨刀挨刀。规矩则没那么严重。它更多的是道德层面的约束，您不守规矩，顶多受到人们道德上的谴责，或者罚出场外，大伙儿不带你玩了，还到不了蹲大狱啃窝头的份儿。

《史记·礼书》中说："人道经纬万端，规矩无所不贯。诱进以仁义，束缚以刑罚。"司马迁说得非常好，甭管干什么事儿，都有规矩。按规矩做了，往上说就是仁义的人。不按规矩做，再往前迈一步，您就犯法了。

其实，规矩又有点儿像我们现在所说的"游戏规则"，各项体育比赛都有规则，比如足球，犯规轻的，吹哨警告，违规稍重的，黄牌警告，严重犯规，就要亮红牌，直接罚出场外了。

说到这儿，您就会明白，什么是规矩了。简单说，它是人们行为的规范准则，包括标准、礼法、习惯等等。

韩非子在《解老》中说："万物莫不有规矩。"的确，在我们的生活中，不管干什么都有规矩，否则，就会乱套。

我们说的老规矩，如果细分的话，主要可分为四类：

一是家规，即家庭或家族定的规矩；二是社会交往的规矩；三是社会场所的规矩，比如交通法规，乘坐地铁的规定，影剧院的相关规定等；四是行规，也叫门规，即各行各业，各门各派，三教九流的规矩。

我们通常说的老规矩，主要是指家规和社会交往的规矩。

北京老规矩

说到老规矩，很多人马上会想到北京的老规矩。这不仅是因为北京的老规矩多，而且还因为北京的老规矩具有一定的代表性。从某种意义上说，北京的老规矩，是中华民族这个大家庭老规矩的典范。您在全国各地的老规矩里，都能找到。

为什么说北京的老规矩具有代表性呢？

首先，我们所说的老规矩，追根溯源，大都来自咱们中华民族老祖宗的礼教。

早在两千多年前的周代，人们就把礼和规矩联系起来了。《礼记》里说："礼者，所以定亲疏，决嫌疑，别同异，明是非也。"那会儿，礼跟规矩，就是一回事儿了。

古代的"礼"字与"履"字是相通的。什么意思呢？守礼，就是守规矩，只有守规矩，才能干成事儿。如同穿好鞋，才能走好路。孔子说："人无礼则不生，事无礼则不成，国无礼则不宁。"可见当时的人，对礼和规矩是多么当回事儿。

那么，咱们老祖宗说的礼和规矩是什么呢？浓缩起来说，它的核心内容就是"三纲"、"五常"、"十义"。

"三纲"：君为臣纲，父为子纲，夫为妻纲。

"五常"：仁，义，礼，智，信。

"十义"：父慈，子孝，兄良，弟悌，长惠，幼顺，君仁，臣忠，夫义，妇听。

我们所说北京老规矩，无一不渗透着这些"纲常义"的内涵。而这些规矩的内涵，在中国传承了两千多年。所以，北京的老规矩在全国具有代表性。

其次，北京曾是六朝古都，也是中华人民共和国的首都。首都是全国的政治文化中心，所以，北京的文化，包括老规矩，集中了中华民族文化的精华，当然，可以说是中华文明和文化的重要代表。

作为首都，北京又是全国的首善之区。"善"，是好的意思。所谓首善就是全国最好的地方。这里的最好，可不是指风景，而是社会风气、风尚、德行、规矩等"软实力"。

正因为北京是首善之区，很多风尚和规矩，带有示范功能，让全国各地所效仿。因此，北京的风气、风尚直接影响着全国。

汉代有首民谣："城中好高髻，四方高一尺；城中好广眉，四方且半额；城中好大袖，四方全匹帛。"说的是都城的妇女，如果喜欢把头发盘成高高的发髻，那么，其他城市的妇女，也会纷纷效仿，而且盘得比都城的妇女还要高出一尺去。都城的妇女喜欢描长眉，那么，其他城市的妇女描的眉毛能占半个额头。都城的妇女如果喜欢穿长袖的服装，那么，其他城市妇女的袖子能用整匹的棉布。

您瞧，首善之区的影响力有多大？当然，这是民间老百姓的说法，有些夸张。但事实确实如此。

所以，我们聊到老规矩时，首先要说北京的老规矩。实际上，北京老规矩，是全国"通用粮票"，换句话说，北京老规矩，也是其他地方的老规矩。

老规矩的特点

说了归齐，规矩属于约定俗成，代代因袭的道德规范。因此，很多老规矩并不是一下儿就形成的，或者说，不是一时一事立的规矩。

说老实话，一时一事立的规矩，不可能立得住。许多老规矩，之所以老，是因为它经历了几百年，甚至上千年的历练。

有许多老规矩是没有文字的，它的承传是靠一代又一代人的口传心授，以及家庭熏陶和长辈的耳濡目染。

正因为如此，规矩传承和相授方式是潜移默化的，或者说是在日常生活中，受前辈的教化所形成的。

老规矩与民俗民风有很大关系，可以说民俗里有许多老规矩，老规矩里又能体现出一些民俗。比如说北京老规矩里，有不跟邻居借刀剪，不对着镜子吃饭睡觉等，就属于民俗。

另外，老规矩虽然"老"，但它往往与一些新规矩息息相通，或者说有些新规矩是由老规矩派生出来的。换句话说，有些老规矩是可以推陈出新的。比如：出门儿要言语，回家要打照面儿（出必言，返必面）。这些老规矩是早年间，三世同堂或四世同堂时代立的。

现代社会，别说四世同堂，三世同堂的都很少，一般的家庭组合是两口子带一个或两个孩子。年轻的父母，出门跟谁言语？回家跟谁打照面儿？显然不是自己的父母，而只能是夫妻相互之间。

虽然这个老规矩的主旨，是对长辈的尊重，但找不到长辈，跟平辈或晚辈打招呼也能体现一种尊重。当然，重要的是让自己的孩子知道，并且按这个老规矩办。

老规矩的最大特点是，被大众所认可。虽然有些老规矩属于家规，有其独立性，但如果作为老规矩传承，必须要经过社会的共识。

过去，一般家庭都有家规，尤其是一些老根儿人家。尽管家规各有侧重，但整体还是离不开"三纲"、"五常"、"十义"。

比如：有名儿的家规《朱子家训》，其中有："君之所贵者，仁也；臣之所贵者，忠也；父之所贵者，慈也；子之所贵者，孝也；兄之所贵者，友也；弟之所贵者，恭也；夫之所贵者，和也；妇之所贵者，柔也。事师长贵乎于礼也，交朋友贵乎于信也。见老者敬之，见幼者爱之。有德者，年虽下于我，我必尊之；不肖者，年虽高于我，我必远之。"等等。您看，这些家规，哪条离得开"纲常义"的内涵？

重新认识老规矩

中国有句老话："东西越老越值钱。"其实，这句老话并不准确。事实上，有些东西并非越老越值钱。

老规矩也如是，并非所有老规矩都是道德和文化层面上的精华，相反，有些老规矩属于繁文缛节，有些属于束缚人思想的教条，有些属于歧视妇女的封建礼教，还有一些带有迷信色彩和江湖习气的陈规陋习。这些内容的老规矩，随着时代的发展、社会的进步，有很多已被淘汰。

对这些已经"死"了的老规矩，我们也没有必要再让它起死回生。

不可否认，有很大一部分老规矩，是属于正能量的，也是接地气的。我们的现实生活，也离不开这些有道德意义和行为规范的老规矩。

尽管从20世纪初的新文化运动开始，就对封建礼教和"孔家店"进行讨伐，到后来的"文化大革命"、"破四旧"、"批孔老二"，把老祖宗留下来的那些礼数、礼教，包括老规矩，给打呀批呀破呀，已经弄得体无完肤，支离破碎了。但那些在老百姓的日常生活中恪守了上千年的老规矩，并没有因此而湮灭。相反，在民间，在人们的日常生活中，依然遵守着。由此可见，老规矩是多么"任性"。它是多么接地气。

老规矩的经世致用意义，是不言自明的。但有的读者可能会问：我们的生活已经进入网络时代了，难道还要遵循旧礼教和老规矩吗？

遵循？不，应该是尊重。是礼教，不是旧礼教。

老规矩，没错儿，但是那些健康的老规矩。所谓"健康"，就是符合现代社会道德规范的老规矩。

现代社会，礼教、礼数、礼仪以及老规矩、新规矩，比以往任何一个历史时期，都显得那么重要。

为什么？因为，现代生活是快节奏、多元化、高频率的动感文化，人们在信服感性认识的同时，更看重视觉的第一印象。因此，您在职场求职、情场征婚、商场竞争中，懂不懂规矩，知道多少礼数，有没有良好的气质，是不是落落大方，彬彬有礼，就显得至关重要了。

有多少人因为不懂礼数，不懂老规矩，在举止言谈中，往往因为一个细节，而与自己心仪的工作和恋人失之交臂，后悔不已。因此，年轻人，补上老规矩这一课，非常重要。

众所周知，中国是一个礼仪之邦，古往今来，除去战争和革命时期，中国人一直都把礼仪看得非常神圣。有皇上的时候，朝廷的行政机构是吏、户、礼、兵、刑、工六部。为什么专门设立了一个礼部？因为礼在政治生活中太重要了。

过去，外省的官吏，甭管您官居几品，进宫见皇上，要先到礼部演礼，也就是接受培训。把所有的规矩和礼数弄清楚，并且经过演练，您才能觐见。

现在也是如此，虽然没有过去那么严格，但在参加重要的活动，包括会见重要领导人之前，也要对相关人员进行礼仪方面的培训。外事活动就更加严格了，您也许知道，外交部为此专门设立了礼宾司。

至于有人认为老规矩是不是过时了？这分怎么说。说句欠雅的实在话，如果人们的吃喝拉撒睡没过时，那么，老规矩也就没过时。因为我们说的老规矩，并没有什么玄奥的，它不过是规范动作而已。

当然，这里说的是老规矩的核心部分，至于说到一些具体的老规矩，又另当别论了。比如早晨起来给老人请安、倒夜壶、沏早茶等规矩。随着人们生活方式的改变，这些规矩确实过时了。但尊老敬贤，孝敬父母，长幼有序等内容的规矩，到什么时候也得讲。

自然，有些老规矩也要符合现时的管理条例，比如在公共场所不能随地吐痰，不乱扔杂物，不能在无烟区域吸烟，坐电梯让老人和女士先行等等，结合起来，形成了一些新规矩。

其实，我们的许多老规矩，不但没过时，而且跟国际上许多国家的规矩是相通的。比如尊敬老人，女士先行，公共场所不高声高语，吃饭不出声，婚礼丧礼要穿正装，人多了要排队等等，几乎都是一致的。

按理说社会越发展，人类越文明。文明既有物质上的，住好房，开好车，吃好、穿好、玩好、身体好等等；也包括精神上的，有礼貌，守规矩，有好的道德风尚，有好的社会风气等等。

如此说来，老规矩也应该纳入精神文明建设的范畴。

唱着歌谣说北京

赵 书

北京是历史文化名城，不但文物古迹十分丰厚，民间口头文学也非常发达，民间故事、民间歌谣、民间谚语、歇后语特别丰富。我在编辑《中国歌谣集成（北京卷）》中，接触到大量北京地名歌谣，我认为这是北京民俗文化的一大特色。于是在和许多北京史地民俗方面的专家接触过程中，也想试着用歌谣方式概括一下北京。我的想法受到许多同志的支持，毫无保留地提出见解。我把大家结论性的精彩语句收集起来，又参照罗哲文先生《北京历史文化》和阎崇年先生《北京文化史举要》一书中的观点，形成歌谣式的联语，作为讲述北京的提纲，经过多次演讲，受到欢迎。现把我关于北京史地民俗文化特点中的三段歌谣介绍给大家。

十大首都史最长，六大阶段人共仰，

三千变局十字动，十二为都呈吉祥。

北京有70万年的人类活动史、3000多年的建城史、800多年的建都史。1987年在日本东京召开的"世界历史都市"会议上，40多个国家的代表承认，在世界十大首都华盛顿、伦敦、巴黎、柏林、罗马、莫斯科、开罗、东京、新德里和北京的辖区内，最早出现人类活动的就是北京。因此，在世界十大首都中，北京的历史最悠久。

在3000年的建城史中，北京经历了六大发展阶段：一是方国都城、二是北方重镇、三是割据政权都城、四是北中国政治中心、五是全中国政治中心、六是当代中华人民共和国首都和国际大都会。北京从一个方国的都城发展到一个国际大城市，文化是其演进的关键因素。

综观中华民族近3000年的历史，前1000多年，主要是在商周时期；第二个1000年，主要是从秦到唐时期；第三个1000年，主要是从辽到清时期。前两个1000年的政治文化中心是东西方向的移动，于是出现了西周、东周；西汉、东汉；西晋、东晋；后来又出现东魏、西魏。后1000多年是在南北方向进行移动，于是出现了南朝、北朝；北宋、南宋；明代和民国时期的南京、北京。移动就是选择，1949年，中华人民共和国成立，确立北京为全国56个民族的首都，是中国历史发展的必然结果。

北京历史上曾12次成为方国、地方割据政权、北方中国和全国的首都。它们是公元前415年与韩、赵、魏、齐、楚、秦等并列为七雄的燕，燕国的都城为蓟城；公元352至357年，前燕君主慕容隽，曾在幽州称帝，国号大燕；公元759年史思明自称皇帝，国号燕，建元顺天，改范阳为燕京，诸州改为郡；公元911年，刘守光在幽州称帝，国号大燕，改元天应（史称前燕、大燕、中燕）；公元938年辽升幽州为陪都，又称燕京，号南京；公元1153年金正式迁都，改燕京为中都；元、明、（大顺）、清、民国（初期）、当代中国的首都。

五朝帝都四朝少，五大宗教四城绕，

五方杂处四季好，五行相生四郊找。

北京历史上是个多民族杂居的地区，是中原汉族与北方少数民族交接的地带。历史上有辽、金、元、明、清五个封建王朝是我国历史上极其重要的时期，北京取代长安、洛阳等古都地位，成了全国政治中心。而在北京建都的五个封建王朝，有四代是由少数民族建立的政权：辽代南京的皇帝是契丹人；金代的中都皇帝是女真人；元代大都的皇帝是蒙古族；明代皇帝是汉族，但来京军队中很多军士是回族；清代的皇帝是满洲人。这五个封建王朝有四个是由少数民族建立的政权，说明北京自古以来就是一个多民族聚居的地方，北京城的文化是各族人民共同缔造的。

北京有道教、佛教、伊斯兰教、天主教和基督教。前四个宗教的全国性团体组织在北京。北京是一个和谐的多宗教城市。五大宗教的活动场所非常均匀地分布在旧日北京的四个城区。对喇嘛教来说，北京在清代是佛教圣地，全市有30多家大喇嘛庙，分布在皇家宫殿和园林内，故宫内的雨华阁、北海公园的永安寺、颐和园内的佛香阁、香山公园的昭庙以及妙应寺白塔、黄寺、雍和宫、护国寺等庙宇均是各地藏传佛教信徒朝拜的宗教活动场所。

北京自古以来就是多文化交融的地带，考古文化显示，北京地区虽不是重大文化发展的核心地带，但北京是多元文化互相穿插、交错、争夺的共同发展地带。北京地区是多种文化的前沿地带，不同文化在此交汇，形成错综复杂的旋涡地带。这里有中原农耕文化、西北草原文化、东北森林文化、东南海洋文化、西南高原文化五个地区文化交融。北京地区四季分明，给各个来自不同温度的文化均提供了展示各自优势的机会。

北京是一座先有设计然后再施工的城市。元代所建大都城各项设施是按照《易经》"取诸乾坤二卦之词"来安排的。明朝对元大都虽进行了改造，但继承了元代的设计思想。清代保留了明代北京建筑格局，更强化了五行相生"象天设都"的思想。内城满洲八旗按五行分布：朝阳门、东直门内驻正白旗、镶白旗，取"金克木"；安定门、德胜门内驻镶黄旗、正黄旗，取"土克金"；西直门、阜成门内驻正红旗、镶红旗，取"火克水"；宣武门、崇文门内驻镶蓝旗、正蓝旗，取"水克火"之意。北京城外的地名也反映了这一特点：东方属木，青龙，以"木"和"龙"命名的古地名多；西方属金，白虎，以"金"和"虎"命名的古地名较多；南方属火，朱雀，以"火（红）"和"雀（凤）"命名的地名较多。这种命名方法既加强了城市的方向感，又受到传统文化的教育。

三山五水一平原，一河四道南北穿，

内城外城跨长城，两线三安套六环。

站在北京的市中心，就能见到美丽的西山。西山内有世界地质公园，这在世界首都中是唯一的。左临渤海，右拥太行，北京自然形胜既美丽又壮观。北京三面环山，太行山叫西山，与之环接的一段燕山称军都山，东面的山地属燕山山脉，是为"三山"。"五水"系指房山拒马河、门头沟永定河、昌平温榆河、密云潮白河、平谷河，这五条河所经流域形成各自不同的区域文化。三面环山，中间是平原，向东南开敞直通渤海，宛如一个海湾，北京及其周围可形象地称作"北京湾"。

"一河"是指南北大运河。京杭大运河的漕运，在元、明、清是作为全国政治中心的生命线。在今天，由于发源于关沟的温榆河流入通汇河，使得运河和长城这两个人类历史上的巨大人文工程在此"双龙交汇"。这两条"龙"，是北京本土文化之源。"四道"，指的是古代通向北京的道路。古代交通不便，主要靠太行山山脚山地交接处、永定河通道、八达岭通道、古北口通道以及山海关把北京和全国四面八方连接起来。这"四道"，促进了东、西、南、北文化在北京的大交流大融合，为传承和发展中华民族传统文化做出了巨大贡献。

北京传统文化的最大亮点是有"城"。2010年四城区合并为新东城、新西城。有人发短信给我："没了崇文宣武，只剩不是东西。"意思是说"崇文"、"宣武"两个名字有文化内涵，而"东城"、"西城"没有文化内涵。实际上东城、西城之名早在清代就在内、外城中使用，而"城"是北京地域文化的显著特点，怎么能说"城"没文化呢？在京、津、沪、渝四大直辖市中，只有北京的"城"和历史文化连接最紧密。由于历史原因，号称中华民族项链的北京城墙被拆掉了，难道历史记忆中的"城"也不能用了吗？北京的"城"还包括长城和诸多城镇的城，如宛平城已成知名景点，市区内的北海团城，面积虽小，却似一粒珍珠散发着特有光芒。

"两线"是指北京南北向的城市中轴线和朝阳门至阜成门之间的东西向"朝阜"线。这两条线形成的大"十"字，集中展现了北京城市的文物精华。"三安"系指贯穿北京东西方向的以"安"为名的三条平行的大街：广安（两广）大街、长安大街、平安大街，说明北京是一座向往平安和谐的城市。"六环"系指以北京城"凸"型旧城郭为核心的六条环形公路。北京城这种"两线三安套六环"的城市平面布局，延续了北京城"辨方正位、左右对称、突出中心、讲究风水"的布局特点。同时，这个布局很像"方天画戟"，又很像民俗书法中的"圆福"字，造型很吉祥。

穿过大街走小巷

邓友梅

这几年来北京的外国人多了，有的来了不止一两回，有的住了不止两三年。他们不满足只看故宫、北海、颐和园。一些长驻北京的外国朋友，组织了个俱乐部，业余研究、探讨北京的传统文化，他们问："皇家园林王府寺院我们都看了，要想看看老北京人的生活环境，到哪里去好？"

我说："穿过大街走小巷，到小胡同去！"

说完我有点后悔，若要请我带路，我带他们上哪儿去？胡同还有，可不是原汁原味了。

北京跟天津，距离只有一百多公里，在城市建筑上却是不同的典型。天津当是摸着石头过河，走一步看一步建设起来的。原先的中心只是县城，随着河运海运的发达沿河一带出现了商业区，《南京条约》签订后被迫划出租界，租界又成了繁华热闹的中心。结果印出地图来方不方圆不圆，街道分不出东西南北。北京是先有了建设规划和宏观蓝图才动手建设。印出来的地图横平竖直，有如一方棋盘。

北京成为统一中国的国都，要从元朝算起。忽必烈还没统一中国之前，就问他的左右巴图鲁："我要统一了中国，把国都建在哪里好？"巴图鲁回答说："大王果欲经营天下，驻跸之所，非燕不可！"1260年忽必烈进了北京，1266年就叫刘秉中给他实地测绘，作出建设都城的规划，1267年动工，1276年建成了大都城。我不知这是不是算世界上按规划建设的城市之一，反正那时候地球上还没有美利坚合众国。所以意大利人马可·波罗看傻了眼。他写道："街道甚直，此端可见彼端，盖其布置，使此城门可望彼城门也。""全城地面规划有如棋盘，其美善之极，未可宣言！"

简单地说，元朝的规划是把北京建成一个四四方方的城，四面相对开十一个城门，城门对着城门由大道相连，大道之间以小街相辅，划成一个个方格，方格里就是居民区，居民区和街道之间的通道就是胡同。为了建筑得整齐，还规划了各自的尺寸。大道宽二十四步，小街宽十二步，胡同宽六步，两个胡同的中心相距一律五十步。中国古书上的步，就是以左腿为轴，右腿一起一落为一步，大概一米五左右。现在你看看西四牌楼附近的砖塔胡同，大概也还是这个宽度，为什么单要拿砖塔胡同作例子？因为元曲剧本《沙门岛张生煮海》里丫头梅香有句台词，她说："你去兀那羊市角头砖塔胡同总铺门前来寻我！"虽然羊市现在改作"羊市大街"，可砖塔胡同却保持原来的称呼。"北京"两字是明朝的朱棣先生做了皇帝后，永乐元年，也就是1403年才正式命名的。若论资排辈，胡同的出现比北京城早了一百多年呢！

朱棣先生当了皇帝，把首都从南京迁到北京，对北京做了番改造。除去宫廷部分，城市的改变主要是把北城弃掉一块，往南发展一块，中部地带没动，所以如今东四北鼓楼东一带还能看到当时胡同的格局。不过明朝以后北京胡同数量比元朝大为增多。元朝人写的《析津志》上说大都有"三百八十四火巷，二十九胡同"，火巷其实就是大点的胡同，全算起来不过是四百一十三条。到了明朝，按《京师五城坊巷胡同集》所载，就有纯胡同四百五十九条，若连火巷算上足够一千一百多条。等到了清朝，朱一新先生写《京师坊巷志稿》时，明确叫做胡同的已有九百七十八条，连街巷算上则是二千零七十多条。

胡同经过五六百年的发展，数目成几十倍增加，就打破了元朝时所定的格局尺寸，建得有宽有窄，有长有短。宽的如铁狮子胡同，对面开来轿车谁碰不着谁；窄的如钱市胡同，窄处只有四十厘米，两人走碰头必须有一个靠边站；长的如东交西交民巷，连起来有十六华里；短的如一尺大街，这头到那头不过十米！

深宅大院也好，破房漏屋也罢，出了大门都是胡同。不管长胡同短胡同，老北京人都是胡同里长大的孩子。不管是穷户是富户，除去各家特性外都要沾点胡同人的共性。几辈子人的胡同生活，造成胡同特有的文化和风习。胡同有自己的脉搏，有自己的节律。听见门外有人问："早起来了您哪！"就知道隔壁四大爷在扫街，该起床了；一声"茄子辣青椒，买扁豆咧！"明白已是半晌午，主妇们会开门买菜；静悄悄的夏日午后传来叮当冰盏，招徕多少孩子们笑语；寂寞的冬夜听到"硬面饽饽"叫卖，唤起几多老年人的叹息。四大爷没起早扫街，是不是病了？得看望一下，别让孤老头子一个人熬着；二大妈没出来买菜，八成送绣活没回来，得给买把茴香留着，明天是她孩子生日，别耽误催生饺子长寿面……

胡同是北京人进入这个世界后见到的第一片天地，经历到的第一段人生。此后不管他走向天南地北，不管活到七老八十，胡同的氛围、胡同的情趣，苦也好，乐也好，将永存心底，不能遗忘。

胡同是封建时代的产物，随着时代变迁，社会进步，经济发展……它已不能适应、不能满足北京人的需要。它在蜕变和消失中。留下来的也失去了原汁原味。这是好事。但是作为一个民族，一个城市曾经有过的典型生存状态，也不妨留下一处两处，供后人研究，凭悼。从保留"忆苦思甜"教材，增加旅游收入着眼，留一点胡同也未必没有好处。

前几年有外国朋友要我领他们看胡同，我多半领他们去崇外花市几条和白塔寺两侧，因为那里还有几条胡同保留着原貌。偶然也去前门外的韩家潭、陕西巷，倒不是我要拿中国的丑相来向洋人讨好，只觉得历史终归是历史，既然赛金花、小凤仙等风尘女子确曾在中国近代历史事件中有过表演，她们的遗迹，也并非不值一顾的。但这终究是书生之见，未必有几人赞同。

京城花事

肖复兴

老北京，在朱启钤当政之前，没有街行树，街行树是朱启钤从国外引进的。那时候，街道上是没有什么花可看的。到了春天，花一般是开在皇家园林、寺庙和四合院里。老北京人赏花，得到这三处去，皇家园林进不去的时候，到寺庙里连烧香拜佛带赏花，便是最佳选择。春节过后，过了春分，二月二十五，有个花朝日，是百花的生日，那一天，人们会到寺庙里去，花事和佛事便紧密地连在一起。因此，在皇家园林还没有开放为公园的年代，到寺庙里赏花，是很多人一个共有的选择。

过去，老北京有个顺口溜：崇效寺的牡丹，花之寺的海棠，天宁寺的芍药，法源寺的丁香。这四句话，合辙押韵。意思说，开春赏花，不能不去这四座古老的寺庙，那里有京城春花的代表作。那时候，到那里赏花，就跟现在年轻人买东西要到专卖店里一样，是老北京人的讲究。可以看出，老北京人赏花，讲究的是赏花要拔出萝卜带出泥一样，要连带出北京自己悠久又独特的历史和文化的味儿来。就跟讲究牡丹是贵客、芍药是富客、丁香是情客一样，每一种花要有一座古寺依托，方才剑鞘相合，鞍马相配，葡萄美酒夜光杯相得益彰。

崇效寺的牡丹，以种植的面积铺展连成片而为人赏心悦目。当然，那里的绿牡丹更是名噪京城，因为那时候开绿色花瓣的牡丹，满北京只此一家，别无分店。花之寺的海棠，在五四时期的女作家凌叔华的笔下有过描述，她特意将自己的小说集命名为《花之寺》。天宁寺的芍药，和寺本身历史一样悠久。不过，法源寺的丁香，应该更有名一些，清诗有形容那里的壮观：杰阁丁香四照中，绿荫千丈拥琳宫。说丁香千丈之长是夸张，但簇拥在悯忠寺的一片丁香花海，为京城难见的景观，是吸引人们来的主要原因。

有意思的是，这四座古寺都在宣南，应该说和那时候宣南居住的众多文化人相关，花以人名，人传花名，文人的笔，让这里的花代代相传，这四座古寺的花事，连同明清两代文人留下的诗章，便成为了宣南文化的一部分。

这四座古寺的花事繁盛，一直延续到民国。从文字记载来看，起码在20世纪

20年代，泰戈尔访问北京时的重要活动，一个是和梅兰芳在开明剧院赏京戏，一个便是和徐志摩到法源寺里看丁香。读张中行先生的文章，知道20世纪40年代，还能看得到崇效寺施"大肥"（即煮得特别烂的猪头和下水）而盛开茂盛的牡丹。

如今，这四座古寺，仅存天宁和法源两寺，近些年，法源寺的丁香，名声大过天宁寺的芍药，原因在于重修法源寺之后，悯忠台旁、钟鼓楼下、念佛台前，补种有百余株丁香，盛开起来，烂烂漫漫，重现当年的胜景，并年年趁丁香花开之机，举办丁香诗会，尽管诗写的水平参差，远不如古人，却聊补古寺花事的遗憾，再现当年有花有诗的盛况。丁香盛开的时候，法源寺花香四溢，人流如鲫。可以说，是如今四大名寺花事繁盛中硕果仅存的一座寺庙。

崇效寺的牡丹，早在解放初期，就都移植到了中山公园。那个时代，新中国更重视公园的建设，崇效寺的牡丹，也算是找了个好人家。我小时候，开春时节，哪儿都不去，家长得花5分钱买一张门票，带我到中山公园看牡丹。如今，哪个公园里都有牡丹，但我敢说哪一处也没有中山公园的牡丹是出自名门，且年头最为久远，中山公园的牡丹才真正是魏紫姚黄，国色天香。这几年，中山公园引进郁金香，在我看来，再花姿别样的郁金香，也盖不过风采绰约的牡丹，因为它的牡丹都曾经摇曳在历史的风中。

当然，老北京寺庙里赏花，可赏的并不仅局限上述四家。早春赏玉兰，就有大觉寺和潭柘寺，大觉寺的玉兰是明朝的，历史之久，为京城之首；潭柘寺的玉兰一株双色，号称"二乔"，花和美人一体化，引人遐想。但那里毕竟在很远的郊外了，上述四家古寺却都是在今天的城中心附近。就近赏花，就跟那时候看戏一样，戏园子就在家附近，抬脚几步就到，看戏就方便，便于一般平民。再美若天仙和富贵骄奢的花，在这时候都要表现得亲民一些，如同旧时王谢堂前燕，飞入寻常百姓家一样，便成为京城花事的一大特色。所以，如今慕名前往大觉潭柘二寺看玉兰的人不少，但更多的人还是到颐和园看玉澜堂的玉兰，毕竟去那里更方便些。

前两天去劳动人民文化宫，看到太庙大门外两株高大的玉兰，不像别处玉兰，只是在瘦削的干枝上开几朵料峭的花朵，而是花开满树，一朵压一朵，密不透风，盖住了几乎所有的枝条和树干，像是涌来千军万马，陡然擎起一树洁白的纱幔在迎风招展。心想，这两株玉兰的年头也不小了，看玉兰，到这里更近，人也少，格外清静，花和人便各得其所，相看两不厌，应该是个不错的选择。

老北京的花，除了寺庙，还开在自家的院落里。不过，社会存在阶级或阶层的分野，现实有抹不去的贫富差别。赏花，便不可能一律平民化。在老北京，老舍先生写过的《柳家大院》里的那种大杂院里，连吃窝窝头都犯愁，院子里一般是没有什么花可种、可赏的。我小时候住在前门楼子西侧的西打磨厂街一个叫做粤东会馆的大院里。这个大院要比柳家大院强许多，是清朝留下的一座老宅院，占地两亩，典型的老北京的三进三出有二道门和影壁的大院。尽管年久失修，人多杂乱，不少花木被破坏，但我小时候在院子里还有三株老枣树和两株老丁香，那两株丁香，一株开紫花，一株开白花，春天开花的时候，一树紫色如云，一树洁白如雪。

当然，真正讲究有花可种、可赏的，是有权有钱居住在那种典型四合院里的人家，这样的人家，不为官宦，起码也得家境殷实。一般四合院，春天种海棠和紫藤的居多。老北京，海柏胡同朱彝尊的古藤书屋，杨梅竹斜街梁诗正（他当时任吏部尚书）的清勤堂，虎坊桥纪晓岚的阅微草堂，这三家的紫藤最为出名，据说这三家的紫藤都为主人当时亲手种植。"藤花红满檐""满架藤荫史局中""庭前十丈藤萝花"，这三句诗分别是写给这三家的紫藤花的，也是后人们遥想当年藤花如锦的凭证。

前些年，我分别造访过这三处，古藤书屋正被拆得七零八落，清勤堂的院落虽然破败却还健在，阅微草堂被装点一新，成为了晋阳饭店。如今，阅微草堂的紫藤，因修两广大街时扩道，大门被拆，本来藏在院子里的紫藤亮相在大街上，一架紫色花瓣翩翩欲飞，成为了一街的盛景。杨梅竹斜街正在改造，清勤堂肯定会被整修，只是不知道会不会补种一株紫藤，再现"满架藤荫史局中"的繁盛。

春末时分，蔷薇谢去，荼蘼开罢，紫藤是春天最后的使者了。它的花期比较长，花开之余，用花做藤萝饼，是老北京人的时令食品。如今，老四合院里的藤萝少见了，但藤萝饼在遍布京城的稻香村各分店里，都可以买到。那是京城春天花事舞台的变幻，是花的精魂另一种形式的再现。当然，也可以说人们从观花到吃花，是浪漫主义到实用主义的转移。春天里热热闹闹的京城花事，到此落幕，最后竟吃进肚子里，一点儿都没糟践。

小人儿书

刘一达

小人儿书，也就是连环画，因为书里画的都是"小人儿"，所以北京人管它叫小人儿书。而上海人直接把它叫"图画书"。

当然，北京人叫小人儿书，还有另外的意思，即书是给小人儿看的。小人儿就是小孩儿。正因为如此，广东和广西人干脆把它叫作"公仔书"，仔，就是小孩儿；湖北人则叫它"伢伢书"，伢，也是小孩儿。显然这种认同感是一致的。浙江人看重它的普及性，戏称它是"菩萨书"。

一

众所周知，小人儿书的学名叫连环画。"连环画"这种说法，最早出现在1925年。当时，上海世界书局出版了古典文学《西游记》等画册，在书的广告宣传上印有："连环画是世界书局所首创。"这套画册发行量很大，它这一"首创"，还真叫开了。从此，小人儿书就开始叫连环画了，但北京人还很难改口儿，依然叫它小人儿书。

对于小人儿书，我想50岁以上的人，都会留有深刻的印象，因为这茬人的孩提时代，主要读物就是小人儿书。

那会儿，我们这些学龄前儿童，管大人看的书，叫"字书"。在念初中之前，孩子看"字书"有些字不认识，内容也深奥，所以以画儿为主的小人儿书，便成了孩子们的精神食粮，甚至还可以说是孩子们的良师益友。

我小的时候，北京的大部分家庭还没有能"出影儿的"，电视机还在科学家的脑子里。至于说电脑、手机，更不知道在哪个犄角旮旯儿猫着呢。

不过，那会儿一般家庭有"出声的"，即有线收音机，北京人也管它叫"话匣子"。但那会儿的"话匣子"也是大人的"专利"，因为"匣子"里除了广播电台的"小喇叭"节目外，几乎没有适合小孩听的内容。所以，平时能让孩子们养眼的课外读物，唯有这小人儿书了。

那会儿的小人儿书真是五花八门，内容丰富多彩：历史故事、童话故事、神话传说、中外名著、科普知识等等，真是应有尽有。

在我的印象里，当时的小人儿书出版的速度奇快，比如英雄王杰的事迹，刚在报纸电台宣传，小人儿书很快就出来了，前后差不了十天。

还有就是电影版的小人儿书出版得特给力。一部新电影刚刚在电影院上映，紧跟着就有电影版的小人儿书了。电影版的小人书刚看完，绘画版的小人书又出来了。干脆说吧，当时的小人儿书品种之多，简直让我们这些学龄前儿童目不暇接。

当然，最让我们这些孩子感兴趣的是中外古典文学名著。比如《三国演义》《水浒传》《西游记》《红楼梦》《杨家将》《说岳全传》《聊斋》《三侠五义》等等。原著比较厚，而且我们小学生对原著里的一些字也不认识，所以都是先看的小人儿书，等念的书多了，长了知识，才返回头找原著看。不知道别人，反正古典文学的"四大名著"，我是先看了小人儿书之后才看的原著。

胡同里的孩子之所以对古典章回小说的小人儿书感兴趣，一是这类小说故事性强，内容吸引人；二是跟胡同里孩子玩的洋画儿有关。

我小时候，孩子们玩的玩具很少，男孩儿最喜欢玩的是拍洋画儿、拍三角儿和弹球。三角儿是用烟盒叠的，洋画儿最早是香烟盒里装的小画片儿。

民国以后，烟草公司出于竞争，在香烟盒里配上画片，比如《水浒》里的一百单八将，每盒烟里放一张，凑齐了可以获奖。以此来招人买某个牌子的烟。

这些画片儿印得很精致，于是成了孩子们的玩意儿。后来有些商家干脆直接印整版的画片儿，比如一百单八将印成十张。孩子们买回家自己剪成单人的再玩。

拍洋画儿玩法特简单：把洋画儿反着放在地上，用手直接拍，拍成正面儿就算赢。

这些洋画后来主要是古典小说里的人物，比如《三国演义》《水浒传》《西游记》等等，当然，孩子们光玩还不过瘾，总想知道一些故事情节，这些故事小人儿书里都有，于是玩洋画儿的同时，小人儿书就成了吸引孩子们的读物。

同样的道理，这些古典小说的小人儿书也是成套的，比如《三国演义》有七八十集，孩子看了第一集，自然就想看第二集，看了前头，当然就想知道后头的事儿。好像有根线拴着你，让你不看心痒难耐。这大概就是小人儿书吸引孩子的原因。

二

小人儿书好看，但那会儿胡同里很多家庭的孩子不买小人儿书，这倒不是因为小人儿书的价格贵，主要是因为小人儿书的品种太多，买不过来；此外有些小人儿书卖得快，上市没几天就买不到了。

当然，当时也有的家庭买不起小人儿书。其实一本小人儿书在那会儿也就是一两毛钱。薄一点儿的，只有几分钱。但生活困难的人家，一分钱要掰两半花，打二分钱醋还得算计算计呢，怎么舍得掏钱给孩子买小人儿书？

正因为如此，当时诞生了一个行当：专门租小人儿书的"小人儿书店"。

我小的时候，这种书店在北京的胡同里遍撒芝麻盐儿（非常多），远点儿的胡同我不清楚，我小时候生活的辟才胡同周边就有五家，印象最深的是辟才胡同西口路南的那家，还有广宁伯街东口鸭子庙路西的那家。这是我小时候常去的"小人儿书店"。

小人儿书店的门脸都不大，有的甚至只有十多平方米的小单间儿，但书的品种相对比较全。租书分为两种方式，一种是现场租阅，另一种是拿回家看，可以过夜，但一般不超过两天。超过了就加倍交钱。

胡同里的孩子通常是现场看。交两毛钱（没有一定之规）作为押金，然后就可以选择你要看的书，一般租一本书是二分钱。现场看，按规定不超过45分钟（一节课）。租回家看一天是5分钱，这对我们这些小屁孩儿来说，就比较奢侈了。

记得上小学的时候，兜里有几分钱挺难的。夏天，到玉渊潭和什刹海游泳，离我们家有十几站地，但舍不得花五分钱坐车，那钱要攒着，回头租小人儿书看。

每天放了学，我便跟几个发小儿奔小人儿书店。书店没有看书的地方，把书租下来，我们便在附近找个有树阴凉儿的地方，或干脆就坐马路牙子上看。

为什么要和几个发小儿一起去呢？原来这是我们耍的小鸡贼，因为花二分钱租一本，但一本书十多分钟我们就能看完，这样这本书相互之间可以轮着看，也就是说二分钱可以看三四本小人儿书。

记得鸭子庙的那家小人儿书店是父女俩经营，父亲那会儿有50多岁，女儿有20多岁。女儿有工作，下了班帮父亲照料这个书店。

印象中，爷儿俩特喜欢小孩儿，每次到他们那儿租书，他们都面带微笑地热情打招呼。我们这些孩子耍小心眼儿，憋着少花钱多看几本书，但又怕这爷俩看出来，所以每次租书，我们都前后脚差几分钟来。

我们自以为这爷俩没看出来呢，一直自鸣得意，直到小人儿书店关张多年，我偶然在街上见到那位老爷子的女儿，回忆起这些往事，她才说出真相。我们这些孩子太天真了，人家大人能连这点小伎俩都看不出来吗？但看出来，爷儿俩都没露，说明那会儿的北京人是多么厚道。的确，到他们这儿租小人儿书的有几个是有钱人家的孩子？

"爱看书是好孩子！"当时那位老人见了我常说这句话。有一次，我兜里揣的五分钱找不着了。租看了两本书，掏不出钱来，当时的尴尬可想而知。

老爷子笑道："下次来再说吧。"我像犯了多大的错儿，耷拉着脑袋说："我是真带着钱，不知怎么就丢了。"

当时，我生怕他们以为我说谎，执意要回去找这五分钱。正在我急得恨不得掉眼泪的时候，老爷子的女儿拿着五分钱说："五分钱不是在这儿吗？别回去找了！"

一听这话，我顿时破涕为笑。事后才知道，这钱是老爷子女儿自己的。

北京的小人儿书店到"文革"前才陆陆续续关张，到了"文革"也就销声匿迹了。鸭子庙的那家好像在此之前一年就关张了。租书的门脸儿也被砌死，成了山墙。但每次走到那儿我都情不自禁地想起那爷儿俩。时过境迁，当年的胡同和小人儿书店早已经变成了马路和高楼大厦，但对小人儿书店我仍然记忆犹新。

三

小人儿书之所以让孩子们喜欢，除了内容以外，还有一个原因，就是画得好。那会儿许多的小人儿书都是名画家画的，换句话说，许多名画家当年都画过小人儿书。我认识的几个画家范曾、史国良、马海方等人，在跟他们聊天时得知，年轻时都画过小人儿书。

画小人儿书比较有名的画家有胡若佛、张令涛、董天野等。在连环画界有"南顾北刘"之说。顾是顾炳鑫，刘是刘继卣。此外还有海上"四大名旦""四小名旦"之说。

为什么要说这些呢？原来看小人儿书，只看书，不看别的，看完了也就往桌子底下一扔，不管了。殊不知，现如今小人儿书已经成了收藏品。全国有几十万人收藏小人儿书。小人儿书的身价，也水涨船高，今非昔比了。

小人儿书收藏也有学问：一看画家；二看版本；三看出版时间；四看印数；五看书的品相；六看书有否名人签名。

名画家如顾炳鑫、刘继卣、王叔晖、严绍唐、徐宏达、颜梅华、贺友直、华三川、戴敦邦、张龟年、钱笑呆、赵宏本等人画的，甭管什么内容都很值钱。小人儿书的版本分为64开和60开两种，老版分为50开和48开，开本越大价值越高。

目前钱笑呆和赵宏本合作的《孙悟空三打白骨精》已经卖到两万元。刘继卣的《鸡毛信》拍卖价达到了10万元。《三国演义》1957年的版本，一套已经卖到20万元。

每次看到小人儿书在拍卖市场的新行情，我哭的心都有。要知道酷爱小人儿书的我，上拍的那些书当年我全有呀！可是，谁能想到这些不起眼的小人儿书，有朝一日也能成为收藏"贵族"？唉，那些小人儿书全都让我在搬家的时候，当废纸给卖了。不过，我压根儿也没想拿小人儿书发财。

时过境迁，在信息时代，很少有孩子如饥似渴地看小人儿书了。随着收藏热，小人儿书反倒真成了奢侈品。但不管它是什么品，小人儿书都会永远地被我收藏在记忆中。

北京地名的文化内涵

赵 书

如果说北京城是座开放的博物馆，"地名"就是各种"陈列品"的说明书。这里讲的地名是广义的，大到山川河流，小到亭台名称，市井百象，无所不包，凡与人民生活有关的景物，全包含在内。北京是举世闻名的历史文化名城，名城应该重视地名建设，把它当作丰富世界城市文化内涵的重要内容加强管理。近年来，随着城市的发展，北京市在"符合历史，照顾习惯，体现规划，好找好记"的原则下，地名建设取得了良好效果，但是还有许多需要扩展的内容和细化的地方。

名城应该消灭"无名氏"

北京城是个"有景必有号，有物必有名"的地方，街头景物均有响亮贴切的名称，便于人们用地名进行交往和交流。历史上的北京，很短的一条河也会有名称，很小的一处公共活动场所也会有个名号，而且名称生动好听，好找好记。北京是一个正称、雅称、俗称和旧称、代称名字特别多的城市，城市的名称多，市内的地名也就多。人们越爱这座城市，取名就越细，命名越具体。地名既是历史记忆，又是城市一项基础文化建设，具有很强的公益性。老北京街巷胡同名起得很细，如现在的杨梅斜街包括合并进来的原一尺大街，加上贯通巷才只有三十几米长，原来有三个名字。现在的北新桥九道湾胡同是由原来的褡裢坑、哪吒坑以及八宝坑三条小胡同组成的，原来也是三个名字。北海公园亲蚕殿的院墙外面有一条南北贯穿的小河，称为"浴蚕河"，是北京市内水系中最短的河流。传说这条河是当年蚕妇们洗蚕的地方，因此得名。通过这些地名，人们可以感受到这里的先人足迹、风物名胜以及历史传说。

而我们现在的市区，存在许许多多"无名氏"，首先是许多新建的城市公园内的景点建筑没有"匾"，如地坛公园东门外的园外园有个很漂亮的敞亭就没名字，居民小区内的凉亭也没名字。建亭挂匾，等于画龙点睛。龙无睛未醒，亭无匾无神。第二是全城街上建有大量的人行过街天桥，既无编号，也没有名称。人行天桥已是街头一景，无名给人们生活和交通管理会造成语言表述的不便。如果在桥头约会，没有准确名称就需费口舌去描述。第三是有些市政建设只有工程建筑名，没有措词生动的艺术名。如由玉渊潭流向南护城河的永定河引水渠，流经木樨地、白云观、天宁寺等景区，其水面是西城重要城市景观，可是没有作为城市景观河的名称，河边也未竖该河名称的牌子。很多天天路经此地的人均不知此河的名字。我建议此河可称为"金玉河"，取五行方位西方属"金"，又从玉渊潭方向流出之意；也可叫"月白河"，取月坛和白云观两处名胜首字联称也可。公共活动场所的景观建筑和公用建筑，要像对待城市雕塑一样，作为公共文化事业一部分，进行统一编号、命名，加强管理。

地区新增地名、车站名既要"符合历史"，又要"照顾习惯"。习惯就是民俗，在消灭"无名氏"的同时，所命名的新地名应尽量满足人民的审美追求和"体现规划"。如位于石景山区的长安街延长线今年将启动，道路全长约6.4公里，投资近20亿，沿线设9座公交站，其中有砂石坑东侧路、砂石坑西侧路两站。砂石坑是已有名称，现在全市居民对它还知之不多，可一旦成为干线车站，其影响就会大而深远。这么大的投资，完成可以"点砂为金"了，如果"砂石坑"改为"金砂坑"，既尊重历史，又突出了在五行方位中西方属"金"这一理念，同时也让人们不忘首钢这一金属重镇的历史。

古城应无"空头户"

北京城是个讲究名实相符，"见景生名，见名设景"的地方。随着城市的快速发展，景物在变，有许多地方地名仍在，但是标志物已消失；有的地方景观尚在，名称已改，造成了许多名实不符的"空头户"。地名建设是城市带有战略性的工程，现代社会要求交通导向清楚，标志明确，以保证人流、车流的快速到达。

第一种现象是名存实亡。如建国门外有一个地名叫"郎家园"，曾以产枣闻名。现在这里成了长安街延长线，高楼林立，早已没有了当年的田园风光。这里东西向大道是东长安街延长线，称为建国路。而"郎家园"是在今建国路北侧，北起针织路，南至建国路地区。建国路南侧有南郎家园，但标志不明显。"郎家园"作为车站地名仍存在，但少有以此为名的公寓，也无以此名为号的商家，很难找到明显的文字标志，历史上有名的郎家园已湮没在CBD辉煌耀眼的灯光中。这里是930等多路公交车的总站，除了公交站牌上有"郎家园"三个字外，其他地方很难找到这个地名。我建议在过街人行天桥上标上这三个字，以便找"郎家园"车站的旅客有个目标，过路的人们知道自己在建国路上哪一段，了解这个地方原来是个村庄。

第二种是名在景失。存名设景是北京城市建设的传统，即使在极"左"的年代也不例外。如1966年因修建地铁而使五棵松路南端西侧原有五棵古松枯死，后补种新松以符"五棵松"其名。现新植松树已逐渐成型，成为当地标志性景观。而全市以"大柳树"为名的不少，补栽或确立一株为"风水树"的不多。据我所知海淀北下关的大柳树路和朝阳的大柳树这两个地方均有柳树，但均没特别标出哪一株是"风水树"。只不过种几株树或稍加装衬就可延续历史文化的事本不难做，关键是没人去办。这里有一个文化自觉的问题。

第三种是景在无名。北京物质文化的最大特色是"城"，非物质文化特色是有关"城"的传说和地名。由于历史原因老北京的城墙被拆掉了，此次核心区调整保留了东城区、西城区的称谓，尊重历史，保存记忆，感到欣慰。东城十七个街道办事处有八个带有"门"字，西城十五个街道办事处只有两个带有"门"字，还都在原宣武区。物质的城墙拆没了，口头上存在的"城"就是记忆，就是历史文化。老北京有个俗话："北京城的西北缺个角"，因为这里原来有个太平湖，明朝改建元大都重修明城墙时为避开这片水，城西北的城墙只得向内缩进一块，这个特殊的城市肌理景观在北二环上还存在，车站名是玉桃园，是由原城内两条小胡同的名并合而成，与二环路北侧无关。如果在此处人行过街天桥上标一个"城西北角"的牌子，既使人明确方位，又欣赏"缺个角"的"城墙"走向，还受到保护历史文化名城的教育，一举三得，花费不多。

西直门外有个"三A"型大厦，已是西直门地区的新地理坐标，应该有个俗名，好找好记。例如可称"三道梁"，使人联想到香山、万寿山、玉泉山，均在京西。

大城应该减少"迷魂阵"

北京是中华传统文化的结晶，地名要求"辨方正位，名正言顺"，遣词用字十分考究。世界城市是现代化的产物，要实现世界城市首先是人的现代化，要体现对人的尊重。近年来，出现了一些问题，主要是新起的"地名"缺乏公益性，不尊重城市文化传统，不尊重市民的视觉感受，有些地方让人不知自己在何方，如坠迷魂阵。

第一种是有些企业的名称十分"洋气"，外国人弄不清，中国人看不懂，不知是哪一国的话，让人犯晕。第二种是有的建筑属性命名混乱，明明是栋大厦，命名叫"广场"；明明是片楼房，命名叫"花园"；没有墙还叫"城"……让人糊涂。第三种是有的胡同指路不明。由于拆迁等原因胡同原有格局已改变，原来的通道变成了"断头路"，老北京把这样的胡同叫"口袋胡同"。中华人民共和国成立后，为了怕市民走冤枉路，特制了一种"此巷不通"的标牌钉在胡同口。现在有的地方改造已经完成，可是"口袋胡同"口的"此巷不通"牌子没有钉上。如前门外北火扇胡同13—丙29就是一条死胡同，位于旅游区却无"此路不通"标志，如进迷魂阵，太不为游客着想。

北京要建成世界城市，要以人为本，地名易懂好认。越是地域的文化，越是世界的。经济越全球化，文化越需本土化。此次CBD地区建地标建筑"中国尊"，采取"土木未动，文化先行"，受到社会重视。东有中国尊，西有世纪坛，延续了北京"东富西贵"的历史文脉，突出了中轴线的庄重感，为今后地名建设树立了好的榜样。类似的地标建筑还有"鸟巢"和"水立方"也是成功先例，一方一圆分列中轴延长线两侧，使传统和现代巧妙结合。

北京是一个口头文化十分发达的城市，各种地标性建筑除正名外还有人民创造的俗称，如把正阳门叫前门、崇文门叫哈德门、宣武门叫顺治门、地安门叫后门、阜成门叫平则门、朝阳门叫齐化门、广安门叫彰仪门、广渠门叫沙窝门等。这些俗名有的是沿用旧称，有的就是人民的创造。如前门大街的五牌楼上面匾额为"正阳门桥"，很长一段时间人们以为是"前门大街"，而前门大街是正阳门大街的俗称，但知道"前门"的人比知道"正阳门"的人多得多，可见口头文化之魅力。为此，我也想提醒主管城市建设的各级领导，在建设大型地标性建筑之前，要"土木未动，文化先行"，最好是把正名、俗称一同列出来，免得建筑矗立起来，俗名尚未有，人们将其称什么的都有，如果落个"大裤衩"的俗名，改也难。此次"中国尊"之名，值得赞许！

故都之恋

李霭君

每当忆起这里，既是故乡又是首都的老城，我都会想起曾经的梦。在如沙的晨雾中呼吸熟悉的风，触摸冰凉的雨。独自站在老院子的葡萄藤下，细数几十年岁月的痕迹，心里竟然泛起了一丝怅然。老院子搁架在老北京的胡同里，偶尔在仲秋的午后，宁静中似乎可以听到北海白塔上的风铃撞击，瞥见天空划过精灵般的鸽群，细腻的滑翔和齐整的队列一蹴而过，就像品了陈年的干邑，人在鸽哨中迷醉。

我喜欢故都的四季变幻，春日会哼起让我们荡起双桨，夏日最爱小豆冰棍，秋天的红叶似乎不如小街落叶的萧瑟，冬天雪后的故宫回荡着百年沧桑和历史的担负。这个城市在流淌着整个国家的命脉，在传承着民族的顺延，这个城市更在历史的变迁中自我修复自我改变。然而，不变的是人的音容笑貌，不改的是老院子碧绿的藤蔓，即使悠陈的院墙已经密布着龟裂的缝隙，即使时间让青春少年成为鹤发童颜。

我喜欢故都的夜色斑斓，路灯下对弈的街坊，车流中热闹的篁街，朦胧中你可以看见一张张笑脸，一只懒散的猫悄然划过院墙和枋山瞬间消失在黑夜的彼端。从西四步行至北海，红墙黄瓦后那是传说中的中南海，从北新桥乘坐电车到王府井，鳞次栉比地码着众多特色小店。有时候我也会在CBD的摩天楼群中迷失，一时间时空穿越仿佛从古时来到了未来。

有多少别致的桥，就有多少摇曳的槐，有多少醉人的荷塘，就有多少幽深的巷院。这美好因为有邻里街坊的嘈杂变得真实，因为清晨早点摊飘来的油香变得畅快。我很怕拆迁和疏散，原汁原味的老汤倒掉后再重来一定会失去从前的口感。每每在各地行路，嗅到再建的复古风格那种新鲜的油漆味道，不伦不类之感觉真的心痛，与其这样为什么要推翻，一时间我竟然与梁思成先生有了一般无二的叹息。

还是回到这里，很多文人墨客都不吝辞藻地赞美这里，我最喜欢郁达夫先生《故都的秋》，还有城南旧事的歌词，很多次都想寻找夕阳山外山的所在。太多的元素可以左右我的情绪，这里的早晨、这里的黄昏、这里的雨、这里的雪，我的家在这里，我的根在这里，我的情在这里，我的思念在这里。是的，这里有我童年的欢笑，少年的烦恼，青年的激情，中年的寄托。有人的地方景色才有意义，空谷幽绝的存在永远无法感染人的双眼。

北京恋人圈里有一句老话：好在陶然分在紫竹。我没有考证过其是否真实，但陶然亭缥缈的湖面和紫竹院公园碧莹的绿玉都是我的最爱。有时候我能整天和朋友在颐和园长廊上细品一幅幅廊画，转而又顺道去圆明园的废墟上直视前朝的衰败，炎黄子孙的自豪和对和平的凝视使我深深感觉到今日祖国富强来之不易，珍视现在，珍视和谐，岂因自忍忘家国，莫待逝去空悲切。

五光十色的街道还是那样旖旎多姿，城市的大街小巷被一串串"冰糖葫芦"塞满。汽车太多了，该改变了，当年的街道是多么顺畅，今天的无奈是否就能难倒智慧的北京人？真正的用双腿流连在这个美丽的城市，你是否感觉这是该有的时尚？你爱她，就别用垃圾和废气糟蹋，别用物质的借口去逃避，拿心去感受，以行动去改变。

故都的建筑传承了元明清和民国，容纳了中外古今，不同民族、宗教的建筑特色。北海团城和元大都遗址公园里元代的遗迹，明长城和紫禁城的前朝遗风，大清王府民居的特色胡同四合院密布。我特别喜欢几个小地方，例如皇史宬（明清档案库）、后海广化寺、羊肉胡同的地质礼堂、使馆区的落叶是不扫的，厚厚一层格外亲切。钟鼓楼是大家都知道的，一些老牌坊、小庙宇都别具一格，风格迥异的四合院很多都改成旅馆，很别致，各具特色，但是我没有住过，国子监的文化底蕴更给建筑增添了很多风韵。我还喜欢老北京的小吃，豆汁是喝不惯的，没有纯粹老北京的口福，来一点热腾腾的面茶，就着新葱蘸酱，或者冬天里的一碗羊杂爆肚，心中的喜悦就是我满头上的汗。在我眼里，东来顺比不上满福楼，听说连战来北京都要去的。花家怡园不如仿膳，因为吃的不是寂寞是感觉。

故都有很多特色街区，东城的王府井、南锣鼓巷、簋街、南新仓，西城的金融街、后海、新街口，海淀的学院区、图书城、知春路，还有大栅栏、女人街、地坛庙会，林林总总包罗万象。作为女人在这里很有福气，可以逛的地方有很多，"动批"、"官批"、大红门、燕莎奥特莱斯、太平洋百货、贵友商场等不一而足。更有老牌三里屯、新派蓝色港湾和世贸天阶的繁华热闹。我自己最喜欢的还是各种书店，从前常常徜徉在海淀图书城，后来也去西单图书大厦和王府井书店，但是最喜欢的是北大南门的风入松和美术馆旁边的三联韬奋，那种氛围是其他地方不具备的，即使是匆匆路过，也能深吸一口知性的空气，使人舒爽一天。

由于工作的关系，这几年做了很多文化产业的调研，更有机会沉浸于老北京的四九城风情中，白絮漫卷龙蛇舞，红墙岿然鸡犬闻的老北京风貌渐渐离我们远去了，生活和工作节奏在加快，思绪在钢筋混凝土丛林飘荡，到哪里去寻找我的故乡。我很想建议人们更多地关注自己生活的城市，别让她失去原貌，别让多年在外漂泊的游子找不到回家的路。

梦醒时分，街上传来的悠扬的曲调，那是奥运会的宣传歌曲"北京欢迎你，有梦想你就了不起"。是的，这是个有梦的地方，有的人梦想在这里腾飞，有的人梦想在这里实现，这是一个包容的地方，它怀抱一切，在夜色的笼罩下，辛勤的清洁工人过滤了污垢，在宽敞的街道上，洒水车消除了肆虐的浮尘。梦中的故都别样的魅力多姿，揩去疲惫迎接又一个晨曦。

醒来时几多眷恋！

也说北京会馆

刘一达

有关老北京会馆的著述很多。今年是辛亥革命100周年，会馆的历史文化价值也再一次被人们所提及。尽管老北京的许多会馆早已被拆除，并以宽阔的马路和林立的大厦取而代之。虽然许多老北京的会馆，我们只能在图片上寻踪，在记忆里觅迹了，但是人们对昔日会馆的怀念，并没有随着时光的流逝而消退。

这是因为北京的会馆，曾是近代史上许多革命运动的发祥地，而且近现代史上的许多伟人，都曾在北京的会馆留下了他们的足迹。所以说到中国的近现代史，我们不能不提到老北京的会馆。当然说到北京近现代史，我们也不能不说到会馆，因为会馆在北京的近现代史上，扮演着非常重要的"角色"。

一

北京的会馆最早起源于什么时期，北京的史学界在很多年前就有争论。

有人认为北京会馆的形成，可上溯于战国时期的燕国。

当时燕国作为北方的一个诸侯国，处于中原与辽东的要塞，经济十分繁荣，中原诸侯国和辽东的商贾纷纷到燕国经商贸易。为了解决客商的住宿问题，燕昭王下令开设了供商旅之用的客舍，同时还专设了安置报效燕国的诸国精英的招贤馆。

到了汉代，昭帝元年诏改燕国为广阳郡，南来北往的商人更多了。为了解决同乡、同业人士的集会议事场所，纷纷自建"郡邸"，这便是后来会馆的雏形。

但有人认为这一类"馆舍"和"郡邸"，与后来的会馆有本质上的区别。为什么呢？一是战国、汉代以及以后的唐、辽时期，北京的"馆舍"、"郡邸"带有官方色彩，而我们现在接触到的北京会馆，则属于民间自发建的。

二是后来的会馆与秦汉时期的"馆舍"、"郡邸"在同官府的关系上、组织形式上，以及房屋产权的归属上也是不同的。会馆的房产主要是民间集资建的，当然也有官宦、富商、名士出资建的，有的则是官宦、富商、名士拿出自己房产的一部分当作了会馆，而"馆舍"、"郡邸"则是政府出资兴建的。

二

经过多年的探讨，现在史学界已基本达成共识，即战国时期及以后的"馆舍"、"郡邸"，跟后来的会馆，也就是我们现在说的北京会馆，不是一个概念。而且史学家们也统一了认识，北京的会馆始于明代。清代是北京会馆的重要发展时期，会馆到清末才走向衰败。

为什么得出这个结论？

主要是因为现在北京这座都城的格局，是明代打下的基础。明代的永乐皇帝定都北京以后，北京即成为全国政治、文化、经济的中心，许多外地人到北京做官、经商，而且从明永乐十三年科考开始，北京作为中央考场，全国各地的举子每三年要到北京参加一次会试，因此设立会馆，便成为外省人士在京城生活、工作的一种需要。

据史料记载，明嘉靖、隆庆至万历仅仅50年左右的时间，"京师五方已建有各省会馆"，也就是说当时各省在北京都有会馆了。

清朝，北京的会馆又有了新的发展。清代200多年间，每次会试，进京应试的举子都有上万人。这上万人多数都住在会馆里。

到了光绪年间，北京的会馆已发展到400多所。不但各省有会馆，大一点的县也有会馆。此外各商会也纷纷兴建会馆。兴建会馆之风在乾隆、嘉庆两朝达到高潮，以至于当时京城的房价都跟着疯涨。乾隆时的汪启淑在《水曹清暇录》中写道："数十年来，各省争建会馆，甚至大县亦建一馆。以至外城房屋基地价值昂贵。"

可以说清代北京的"满汉分置"制度，大大促进了会馆的发展。清代的北京，内城是不许汉人居住的，即使像纪晓岚、张之洞、林则徐这样的高官也不能住在内城，当然，会馆只能设在外城。

南城是清代的商业繁华地区，也是文人墨客居住之地，所以清代的会馆主要集中在"前三门"即正阳门、宣武门、崇文门以外，尤以宣武门外为多。因为宣武门外的会馆相对集中，为"宣南文化"的形成打下了根基。

三

有人认为会馆的形成与科举考试有直接关系。其实这种说法也不尽然。因为会馆不光是在京的同乡集资兴建，为进京举子应试期间提供的临时住所，有的会馆也是出于官场商场交际的需要建的，还有不少商会自办的会馆。辛亥革命废除了科举制度，但是直到民国的时候，北京还有新建的会馆。

老北京到底有多少会馆？这似乎是一个难以统计的数字，有点像北京卢沟桥的狮子，数不清。民国初年，北京曾对会馆做过统计，是402所，1949年北京市民政局的调查，北京有会馆391所。

我的老朋友、现任北京西城区图书馆（南馆）馆长的李金龙与学者孙兴亚先生，从2002年开始，先后耗时5年，查阅了大量史料，并对北京地区的会馆及遗迹进行了全面的调查，主编了《北京会馆资料集成》一书。

这部《北京会馆资料集成》可以说是比较权威的一部会馆史料专著，收录了从明永乐十三年（1415年）到1949年12月，在北京所建的会馆共647所。这应该是比较准确的数字。

为什么会馆的数字不统一呢？一是由于统计的方法和角度不一致；二是会馆如同居所，在使用的过程中，总是有建有拆，变化较大。

光绪三十二年（1906年），北京外城巡警右厅对宣南地区的会馆进行的调查统计数字是254家，分布于宣南108条胡同，其中11条胡同有会馆5所以上。可以说宣南地区几乎每条胡同都有会馆。由此可见宣南地区老会馆之多。

当然从清末开始，会馆已经式微，并逐渐失去应有的功能，开始改为民居，成为大杂院。所以到1949年，全北京市的会馆也只有386所了。这386所会馆，在当时统计时其实有的已经是居民住的大杂院，称其为会馆也是徒有其名。

北京会馆到了1956年，其房产全部移交给政府，可以说，从此老北京的会馆便正式退出历史舞台。

四

老北京的会馆虽然很多，但规模并不是很大，像原占地面积4000平方米的湖广会馆，在北京的会馆中并不多见。

通常的会馆，只有一个四合院，十几间房，稍大一些的有三四层院落，几十间房。所以散落在宣南地区100多条胡同中的会馆，在改弦更张之后，与普通民宅别无二致。

《北京会馆资料集成》一书是2007年出版的。其中对北京会馆的历史和现状描述得非常详尽，并有大量的图片佐证。领略书中统计的647处会馆，可以看到有近500处会馆已经拆得踪影全无，有的只留下几张图片，有的甚至连图片都没留下，只有史料或残碑记录着历史上曾经有过这一处会馆。

保留下来的100多处会馆，应该说弥足珍贵，但现在90%以上已成为民宅或机关单位了，像湖广会馆、正乙祠、阳平会馆这样修复的会馆屈指可数。

毫无疑问，由于会馆的历史文物价值越来越被人们认知，保护和抢救老北京会馆，成了社会关注的话题。

其实，抢救老北京会馆，早在20世纪80年代末就已经列入北京市政府的议事日程之中了。20世纪90年代，北京市和原来的宣武区政府投资3300万元，修复了湖广会馆。当时北京市的财政还比较紧张，政府用于北京市文物保护的经费全年只有几百万，在这种条件下市区两级政府花了4年时间，把破败荒废的会馆修葺一新，不能说政府对会馆的保护不重视。

但是需要抢救和保护的会馆太多了。面对近百所年久失修，濒于荒废，已经成为大杂院的会馆，如何抢救保护，便成了一大难题。

众所周知，保护会馆面临的首要难题是搬迁，换言之，就是资金。跟20世纪80年代修复湖广会馆时相比，现在用于搬迁的资金已经提高了十几倍。

据当时主抓湖广会馆修复工作的原宣武区政协副主席黄宗汉先生介绍，修复湖广会馆投入的3300万元资金，主要用在了搬迁上，以修复的占地面积2000平方米计算，等于每平方米的修复资金约1.6万元。

原来的宣武区政府本想继修复湖广会馆后，再修复规模小一点的绍兴会馆，初步测算使用面积1090平方米，搬迁费用约2000万元，相当于每平方米投入资金2万元。由于保护的成本太大，此举后来搁浅。

这是20世纪80年代的事儿。现在北京的中心区平房四合院的售价每平方米已达到6万到8万元，搬迁成本可想而知。当然会馆抢救保护的成本，也是原来的几倍甚至十几倍，实施起来难度更大了。

五

其实，在有关人士为抢救保护老北京会馆而奔走呼告，而政府却因为缺少资金束手无策的同时，新的会馆正在京城悄然兴起。从现在的发展势头上看，新型会馆的建设方兴未艾。

这些新型会馆，有的也叫会所，或者叫俱乐部，有的叫同乡会。据我调查了解，这些会所或俱乐部有的是有钱的商人自己开的，有的是几个朋友合伙出资办的，还有的是某个有眼光的人向朋友或同乡集资办的，不管什么投资方式，都以民办为主。会所的地点有的是在胡同里的四合院，有的是在三环以外的大社区，有的是在郊区，更远的还有在怀柔、延庆、门头沟、房山、密云等远郊山清水秀的地方。会所或俱乐部的规模不是很大，里面的装修典雅大方，或古色古香，或豪华别致，类似"沙龙"，私密性较强，别有洞天。每到周末，同事、同乡、同仁或者志同道合的朋友在会所相聚，品茗、饮酒、品尝美食、琴棋书画、交友、议事、联欢、打球、打牌等等，既可以为相关人士提供聚会酬酢之用，也可以租用办理婚丧喜寿的宴会，甚至还可以提供住宿。

这些新兴的会所，虽然与老北京的会馆名目上不尽相同，但功能其实都差不多。

考证一下会馆一词的含义：会，是聚合的意思；馆，则是提供宾客居住的房舍，合意为聚会寄居场所。前文讲到古代的"馆舍"、"郡邸"与后来会馆的区别，就在于一个是官办，一个是民办。

实际上，古代的"馆舍"和"郡邸"，发展到现在，类似于外省市的驻京办事处。而老北京的会馆，现在则演变成了会所、会馆、俱乐部等形式。因为"驻京办"是官办的，会所、会馆是民办的。

历史有时是会重复的，当然重复的历史，已经不是历史，它跟历史还是有所区别的。昔日的会馆演变为今日的"驻京办"和会所、俱乐部便是一例。

六

当我们探索和挖掘宣南会馆的可利用价值时，首先面临的问题是把这些濒临消失的老会馆，从大杂院中抢救出来。其实，抢救就是保护。当然，保护也是以挖掘其可利用价值为前提的。

但是抢救老会馆谈何容易？不过，新型会所在京城的出现，无疑为我们抢救保护老北京会馆，找到了一条出路。

什么出路？直言之，就是政府可不可以把老会馆交给民间来修复？

记忆犹新的是15年前，我在调查采访北京会馆的时候，黄宗汉先生曾对我说，当年计划修复绍兴会馆时，他通过关系找到了当时的绍兴市长。这位市长为此专门召开了政府办公会。他们不但举双手赞成，而且积极准备出资。可是非常遗憾，此事运作了近两年，2000多万元的资金也筹集到位，最后因为产权问题，只得作罢。

现在那些散落在南城小胡同中的老北京会馆，产权人肯定是政府。可是政府又拿不出钱来修复，眼瞅着这些硕果仅存的老会馆变成了大杂院，正一天天地衰败下去，说是保护，目前也只是在有些老会馆门口挂个文物保护单位的牌子而已，这种保护在没有资金的状况下，只能是纸上谈兵。

而另一方面，不管是民间，还是外省的官方手里有钱，想修复，又因为得不到产权，望馆兴叹。

我们何不换一种思维方式，来抢救和保护这些老会馆呢？换什么思维方式？简言之，解放思想，干脆把产权交给社会。且记一条，地在哪儿，永远是国家的，甭管是谁，所谓的产权，说实在话，不过也是使用权。使用权最多50年，谈不上国有资产流失问题。话又说回来，追根溯源，当年老会馆的产权都是私人的。

退一步说，即使政府出巨资修复了会馆，将来也有利用的问题，更要命的是保护和维修问题。会馆多是平房四合院，这些砖木结构建筑，每年维修费也相当可观，这还不算修好之后得有专人管理的费用。

基于此，笔者认为，与其看着这些老会馆如烫手的山芋，不如把这些会馆的保护重担交给民间，或者交给外省的政府，如江西会馆交给江西，山西会馆交给山西。让那些有钱的人或外省的政府部门去筹资，来修复和使用。当然，我们可以约定一些规则，比如修复后的会馆可以作为爱国主义教育基地，对外开放，供人参观等等。

自然做出这样的决策需要解放思想，改变观念，也需要做一些探索。

所以，笔者认为不妨找两处老会馆（当然这里所说的会馆，现在也都是大杂院了），拿到拍卖会上，公开拍卖。姜太公钓鱼，愿者上钩。作为试点先行，然后各个击破，形成宣南会馆保护区。

这绝非异想天开，现在政府对国有资产的土地（建设用地）都可以招标拍卖了，为什么老会馆（大杂院）不可以公开拍卖呢？

我们谈会馆的文物保护价值，不能再纸上谈兵了，得有所行动。最好的行动就是还老北京会馆的本来面目，即来自民间，再让它回到民间。此举可以算作具体行动的一招儿吧。当然笔者人微言轻，最后决策还是政府。

"您"的北京

周振华

老北京人好面儿、讲面儿，事事怕丢礼儿、落礼儿。于是，祖辈过来造就了一种谦卑的处事态度，与人打交道尽可能考虑对方的面子和感受，低放自我重心，慎言屈尊。特别是在日常与人交往中，总喜欢道个"您"字，以求畅怀、和稳、安顺。"您"字，用得好，来的真诚、和气、友善，的确有抚慰人心尊重人格的特殊功效。

本人出生在北京西北郊区太行山余脉的西峰山村。自打记事或自打会说话那天起，母亲就叮嘱对长辈一定要称呼"您"，否则，就被视为没家教。那时全村的孩子都这样，即使调皮、淘气、捣蛋的毛头小子，和大人说话时，也是毕恭毕敬"您、您"的，这一点从不含糊。所以不光是我们一个家庭，所有的家庭都是同样的教育模式。后来随着年龄的增长，社会交往面的不断扩大，"您"所称呼的范围和对象也在扩展，不仅仅是对长辈，对很多人，也要称呼他们"您"。

北京，这个大讲文明与礼仪的地方，不管是城区，还是郊区，到处都渗透着"您"的文化；无论是居民，还是农民，一样习惯并喜欢称呼"您"。"您"确实无时无刻不在温润着人与人之间的关系。

"你"与"您"

北京人爱说个"您"，是有其说道和礼数的。"你"和"您"两个字的发音，显然前者轻松顺嘴儿。但为什么北京人非曲着舌头拐着弯儿别着劲，要发"您"的音。恐怕这里边不只是简单的发音的事了，里边肯定有讲究，有故事，有来历。在北京，说话时用"你"和"您"两个字产生的效果截然不同，如果您要是有心观察，细心体味，精心琢磨，那一定是有区别的，不管说的还是听的，心理反应都会不一样。被称呼者，听到"您"的称呼，立马就觉得心里热乎、亲切、舒坦、感到受尊重了，有尊严了，有面子了。称呼者，道出一个"您"字，一样觉得与对方会意的亲热、近乎、舒服。同时，更享受了谦虚、畅怀带来的舒心、快感。表面上在对方面前"矮"了一截，委屈一下，好像没与对方在一个辈儿上，不能和人家平起平坐，但是用了"您"字后，咂摸咂摸滋味儿，其实挺好的。一点也不觉得亏什么，也不觉得比对方小，比对方矮，反倒心里觉得是一种释然与宽慰。

北京人喜欢称呼您，由来已久，是从祖辈上传下来的。至于源自哪个具体年代，我翻阅了很多资料但都没有找到与其密切相关的讯息。关于"您"的由来，《世界五千年事物由来总集：词语分册》有这样一段表述：唐朝以前，汉语中只有"你"，而没有"您"字。从唐朝开始有了"你们"的说法，表示第二人称复数，当时写作"你弭"。"你们"二字连续，读快了就念成了"您"的声音了。于是，到了宋元时期，很多作品中都把"你们"直接写作"您"。这时的"您"只是"你们"的合音，并没有别的意思。宋元以后，"您"逐渐由表示多数向单数过渡，专用于第二人称单数，开始有了表示尊敬的意思，由于"您"源于"你们"，所以现代汉语中第二人称代词"您"后面不能加助词"们"表示复数，但可以说"您俩"、"您仨"、"您几位"。然而，当对方人数很多而需要表示尊敬时，以上说法都难于使用了。于是人们创造出"您们"这个具有概括性的表示第二人称复数的敬词。近年来，已经有很多人在书信、讲话中，开始使用了"您们"这个说法。一些语言学家也积极主张用"您们"这种说法。那么北京人为什么爱说个"您"字，从这段对"您"的描述中还是没有找到相关出处。

"您"，其实就是一个人称代词，你（含敬意）。这是现代汉语词典对"您"的解释。但"您"在北京这一特殊地域的演化，已不是一个简单的人称代词了。应该说，它身上有很多功能，会用，是有温润、调补功效的。

"您"字的结构，上边是个"你"字，下边是个"心"字。我觉得怀着一颗真心、一颗爱心、一片诚心，对待你，你会不被感动吗？你还会木然吗？你还会冷若冰霜吗？"您"就是把"你"放在"我"心上，以心相待。

不"您"不言

北京人对长辈或上级的称呼，自然不用说了，张口闭口的"您"。可长辈对晚辈、上级对下级也不乏有人称呼"您"，看来北京人爱说您真的是彻底习惯了。我身边曾经有一个局级领导，对下属不管是年龄比他大的，还是比他小的，从来都是您、您的。这让他的下属很是受宠若惊，他交代下属的事情，布置的一些工作，自然很顺当。下属们认为这位领导知道尊重人，虽不要官腔儿，不摆官架子，轻声细语，但感觉他的官架子仍很大，他的威力也很大，下属们都愿意从心里把这位领导交办的事情做好；尽管他没拍桌子，没吹胡子瞪眼，没有一句是强硬的指令性的拍板，但下属们非常服气，愿意为这位领导把工作做好，把事情办妥。看来用好"您"字，还有利于创造和谐高效的机关办公氛围。

北京的商业店铺多如牛毛，"老字号"也是铺天盖地，这些都是高频率使用"您"，称呼"您"的地方。"您"代表和气，和气生财，微笑着待您，满腔热情地为您服务，您就愿意把钱花在这里，您还愿意再来，愿意当这家店铺忠实的"回头客"。经过漫长的经营实践，"您"的运用，确实是北京商业交往中不可缺少的重要元素。我亲眼看到过老北京店铺发生的一幕情景。铺子里闯进来一个半大小子，抢着瓶子说要打酒。掌柜的赶紧跑过来笑脸相迎："您要什么酒，打几两？""我爸说打二两高粱酒！""好嘞您呐！您这是五毛，一两一毛三，二两收您两毛六，找您两毛四，钱收好您！您还要点什么？""不要了。""好嘞，您小心！"掌柜的直至目送这孩子出门。现在的店铺说不好了，但年龄稍大的售货员对待顾客还是您、您的，顾客是上帝嘛！过去北京商铺的店员，对待顾客不称呼您，不面带微笑，掌柜的是要给他"拿龙"的，调理不过来不思悔改的要坚决辞退，毫无商量。

在北京市区街头或北京郊区农村，我看过很多吵架的场景。一开始双方剑拔弩张，对吵得异常激烈，大有把对方吞了的感觉。可是您注意听，细心观察，双方在破口的同时，还在坚守着平时的习惯，不忘称呼对方"您"。"您也老大不小了，您这是干吗呀！没您这样的！""您甭跟我来这套，您没资格跟我这儿白呼！""得！您消消火，我刚才的口气是有点冲。""您别往心里去，我也有毛病！"我发现这里边有意思，用"您"字当头吵架，真的甭太担心，吵着吵着，那条冒着火星子的曲线就溜下来了，开始火旺的口气也不那么冲了。再吵，双方慢慢变成讲道理了，等到最后，能听到这样的结束语："您别记乎我！我也一时冲动。""我刚才的话也不好听，您包涵！"就这样，这场架就这么虎头蛇尾收场了。只要还用"您"字，双方的争吵就不会恶化到哪儿去，因为这里边潜含着双方对对方的尊重，也一直没忘了尊重对方。试想，如果"你"字开头，那这场架的局面就不好预测了，也许骂得狗血喷头，也许打得头破血流。

北京人对彼此的"亲家"称呼"您"是必须的，是早已经约定俗成的事情了。从女方到男方家吃过门饭的那一天起就开始了这一亲切的称呼，亲家们彼此都攀比着高频率地使用"您"，生怕哪儿缺了礼儿，您对我说一个您，我要还您两个您，用情感情。其实，在双方亲家的心里，"您"字后面似乎潜含着很多期待，很多希冀，想通过"您"来维系孩子们的美好未来。双方亲家的年龄不管相差十岁、二十岁，甚至更大，那彼此也都是"您"的称呼，一点不含糊。"家和万事兴。"这方是聘闺女，那方是娶儿媳妇，一个新的家庭诞生了。亲家们用"您"字为孩子们、为小两口铺垫幸福之路。

北京是"首善之区"。"您"的文化内涵，属"北京精神"里边讲到的"包容"与"厚德"的范畴。北京人爱讲老礼儿，遇事也不落礼儿，习惯用礼儿去衡量或对号每个人的待人接物，言谈举止，各种场合也就特别注重讲究文明礼貌。

眼下，北京的老人或是年龄偏大的人，还是习惯称呼"您"字。但是年轻人特别是"80后"的孩子，用"您"和人交流似乎很少了，他们没觉得"你"是不尊重人的称呼，也没觉得"您"是尊重人的称呼，我想父母和老师就没有分别强调这两个称呼，社会的整体氛围也不那么浓烈了。这以后，是不是还应和孩子们多讲一讲多强调一下"你"和"您"的区别，让他们知道对不同的人应该用不同的称呼。

细数京城老字号

刘一达

　　2008年，应香港商界的盛邀，北京的十几家老字号赴港参加了商贸洽谈会。香港商界之所以点名邀请北京的老字号参加商贸洽谈，看上的不只是老字号这面金字招牌，更看重老字号的文化内涵，即产品的选材精良，工序的严格把关，经营的讲求信誉，服务的周到诚实。这四个方面，可以说是京城老字号经久不衰、赖以生存的法宝。

　　北京是六朝古都，商业的繁荣得从七百多年前的元代说起。所以，北京最老的字号诞生在元代，当然，元代留传至今的字号已经没有了。

　　一个字号能流传百年以上，是非常难的事。

　　目前，北京保留下来的年头最长的字号，当数万全堂、永安堂和鹤年堂这三家老药铺和便宜坊烤鸭店。万全堂、永安堂和便宜坊相传始创于明永乐年间，鹤年堂相传始创于明嘉靖年间。如果"相传"属实，这几家老字号药铺和餐馆创办的时间，快有700年了。

　　六必居酱菜园，因为字号的牌匾是严嵩的字，所以有人认为它始创于明代。但是20世纪60年代，时任《人民日报》总编的邓拓先生，专门考证过六必居和万全堂的历史，他花了几年的功夫，到档案馆查阅档案资料，最后得出结论，这两家老字号始创于清代，而非明代。

　　但也有人对邓拓的结论持有疑义，因为任何一个老字号的发展都是从小到大，从弱到强，从无名到有名的。当初的六必居和万全堂都是门脸不大的酱菜园和药铺，尚无名气，这种店铺怎么能写进历史档案呢？何况一个字号在历史演进中，不知会发生多少变故。

　　传说的东西总是传说，有时并不是真实的历史，但有匾作依据，却又给传说找到了一些佐证。

　　据邓拓先生考证的结果，六必居三个字，是严嵩私人花园里一个亭子上的匾额。它怎么会成为一个酱园字号的匾了？这其中有什么故事不得而知。但是有匾作为依据，说六必居酱园始创于明代，似乎也没什么可说的。

鹤年堂，因为这个堂号原是严嵩花园内一个厅堂的名字，字号的匾是严嵩的儿子严世藩所书。配匾"调元气"、"养太合"是戚继光所书。而店内抱柱的竖匾"欲求养性延年物""须向兼收并蓄家"，出自明嘉靖年间名臣杨椒山之手，所以认定这个老字号创办于明代没什么疑义。

北京的老字号居全国之首

目前，全国由商务部确认的"中华老字号"有300多家，北京很荣幸，占了70多家，在全国各城市中居第一位。

为什么北京的老字号这么多呢？因为老字号嘛，它的特征就在于一个"老"字。所谓"老"，就是字号的历史长，久经考验。有的老字号是明朝留下来的，明朝到现在有600多年了，您说这个字号已然600岁了，够老的吧？

俗话说："人是越老越不值钱，东西是越老越值钱。"记得20世纪80年代，当时的商业部确认老字号有一个前提，那就是这个字号必须得"老"，老到什么份儿上呢？当时定的是100年以上，即所谓"百年老号"。

用这个标准来确认老字号，全国也数不出多少来。后来，标准放宽到50年。"50岁"的字号那就多了。目前，商务部确认"中华老字号"就是以"50年以上"为标准。

京城50年以上的老字号有多少，我没做过详细统计，估计至少有200家。当然，老字号的"活法"也不一样，有的"活"得挺滋润，属于老当益壮，越老越值钱那一类；有的"半死不活"，即经营状况不理想；有的"名存实亡"，即有这个字号，但没有经营场地，只保留着这个字号而已。

就以头一种"活法"来说，京城现在经营不错的老字号至少有100多家。当然，这100多家当中，有一些还没被商务部确认，也就是说还没领到合法的"身份证"。不过，这并不妨碍字号本身带有"老"的资格。

话又说回来了，北京的老字号为什么多？道理很简单，因为北京是六朝古都，不算辽代的南京，从金代的中都开始算，到现在有850多年的历史。一个城市有800多年都城的历史已经够长的了，难得的是北京这六朝古都，都是一朝一朝顺延下来的，也就是说改朝换代了，都城也没挪过地方，一直延续到中华人民共和国成立，北京仍然是首都。

商脉与老铺底子

老字号与老商业街有着密切的关系。我们通常把一座城叫做城市。城市城市，有城必有"市"，所谓"市"，就是市场和商业街。

中国是礼仪之邦，也是文明古国，古代的人建一座城市，第一讲究风水，第二讲究规制。

讲风水，首先要选择有水的地方建城，最理想的地理位置是依山傍水。北京这座城市最早就是典型的依山傍水的城市。

讲规制，就是城市的规划建设，严格按《周礼·考工记》的思路进行，即城市要有中轴线，以此为准，分为东西南北，即"左祖右社，前朝后市"。北京城也是以此来建的。

元大都时代，由于南北大运河的终点码头在积水潭，所以在它附近的钟鼓楼一带，形成了繁华的市场。这一带不仅有米市、面市，还有缎子市、皮毛市、珠子市、铁市、帽子市、鹅鸭市等。这正好符合"前朝后市"的建都规制。

到了明朝，因南方来的货物，多由京东张家湾和通州的运河码头转为陆路运到京城，所以北京的繁华地区，从鼓楼转移到崇文门、正阳门一带。内城的东四牌楼、西四牌楼等主要街道十字路口，也随之热闹起来，出现了猪市、米市、羊市、马市、驴市、果子市等市场。

到了清朝，出现了满汉分置的城市格局，内城住着"八旗"，汉人甭管做多大的官儿，一律不准住在内城。朝廷还规定不准在内城建戏园子，旗人也不准经商。所以商业、娱乐业大都设在了"前三门"（即前门、崇文门、宣武门）以外，形成了若干商业街和以娱乐为主的街巷。

老北京的"五子行"是相互依存的，所谓"五子行"，即戏子（戏园子）、澡堂子、厨子（饭馆）、窑子（妓院，北京以前门外的"八大胡同"最有名）、剃头挑子（理发业）。

因为京城是首都，在北京当官的外省人比较多，此外外省官吏每年要到北京的朝廷述职，外埠的商人要到北京做买卖，外省的举子要到北京会试等等，使北京成为全国各地有权有钱人的会聚之地。

他们来北京自然得消费，得吃喝玩乐享受一番。因此，前三门外，出现了花儿市、兴隆街、前门鲜鱼口、煤市街、珠宝市、大栅栏、廊房头条二条三条、琉璃厂等各有特色的商业街。

清末民初，京奉、京汉两个火车站设在了前门，使前门外、大栅栏等商业街店铺林立，车水马龙。东交民巷使馆区的形成，又使与之相邻的王府井大街、东单一带繁荣发展，成为北京最早的带洋味儿的商业街。

正是由于有了这些商业街，才会有经营不同商品的老字号。从古到今，北京人做买卖喜欢扎堆儿，比如卖古玩字画的，有第一家铺子，就会有第二家、第三家，用不了几年的光景，这条街上的主要店铺就都经营古玩字画了，于是这条街便有了特色，有了人气儿。当然也会使一些店铺的字号出名儿，比如和平门外的琉璃厂，这条街上经营古玩字画和古籍碑帖的老字号有几十个，成为享誉中外的琉璃厂古玩字画一条街，以至于后来，人们一提去琉璃厂，甭说干什么，就知道去买古玩字画和古书。

特色商业街的形成有两个原因：一是有原来"市"的底子，即先有"市"后有街。"市"是自由市场，跟现在的一些农贸市场一样。不过，早期的"市"通常买卖专一，也就是专卖某一类商品，比如羊市、马市、果子市、煤市、粮市等。

二是借"势"成街，所谓"势"，是指地势，也就是地理位置。琉璃厂为什么会形成古玩字画一条街？因为明清时代，这一带有许多会馆。当时许多进京赶考的举子，住在会馆里，此外还有不少文人墨客在周围居住。

文人墨客和赶考的举子，当然离不开笔墨纸砚"文房四宝"，也离不开古籍。清乾隆年间，大学士纪晓岚主持编辑《四库全书》，这是一个浩大的文化工程，汇集了全国各地三千多文化人。《四库全书》收录3503种，79337卷书目，需要大量的古籍版本。由于当时纪晓岚等人住在虎坊桥一带，于是离此不远的海王邨（即琉璃厂）成为全国的古籍版本中心，琉璃厂的十几家古籍书店就是这么形成的。

当然这些文化人有不少擅丹青、懂韵律的才子，有些书画家本人也住在琉璃厂，如张大千的宅子就在东琉璃厂。所以精明的古董商看中这块风水宝地，借"势"开古玩书画店，逐渐使琉璃厂形成了经营古玩字画的文化街。

买卖地上的老字号

老北京有句话叫："东四、西单、鼓楼前。"说的是东四、西单、鼓楼这三条商业街最为繁华热闹，人们逛街购物得奔这几个地方。

"鼓楼前"，另有一说是指鼓楼和前门两个地方。一般的说法是指鼓楼前头的商业街，也就是现在的地安门外大街。

这条街早在元代就非常有名，从鼓楼前一直到地安门，并且向西延伸到什刹海地区。鼓楼前商业街东西两侧的店铺一家挨一家。

清朝的时候，这一带是正黄旗和镶黄旗的驻地，这两"旗"都属"上三旗"，也就是通常北京人所说的"皇带子"（皇亲国戚），所以这一带有钱有势的大宅门多。清末民初，清朝政府基本取消了内城不准经商的"祖制"，又使这条老街（包括烟袋斜街、什刹海、后海的沿岸）繁荣起来，其繁荣热闹一直延续到现在。这里也是老字号的集中之地。

鼓楼商业街有名的老字号有"谦祥益"绸布店北店，"聚茂斋"靴鞋铺（制作的洒鞋、老头乐、油靴非常有名），"北豫丰"烟叶铺，"平易"银钱兑换所，"吴肇祥"茶庄，"信成"杠房（承接过李大钊的葬礼），"宝瑞兴"油盐酱茶店（因以大葫芦作幌子，人称"大葫芦"），合义斋、福兴居灌肠铺（字号一直延续到现在），会贤堂饭庄（现仍保留），庆云楼饭庄（现已恢复），烤肉季（现仍保留），天汇轩大茶馆等。

东四商业街，曾是明代北京最繁华的商业街，它的形成与朝阳门和东直门附近的十几座大粮仓有关。因为当时运粮食都用骡马大车，赶大车的和搬运粮食的得找地儿歇脚吃饭，于是东四牌楼附近出现了许多饭馆，由此形成了"街"。

此外，明代的东四牌楼附近有不少妓院，明代也叫"勾栏"。妓院不但有"民营"，还有官家的，现在东四南边的演乐胡同，就是明代为"官妓"演习奏乐之地，本司胡同是管理官妓院的"教坊司"所在地，而现在的内务部街，在明代就叫"勾栏胡同"。

另外，东四牌楼往南有灯市（今日还留有灯市口的地名），明代的灯市非常壮观，每年正月"放灯十日"，场面热闹异常，对这条商业街的形成是有很大影响的。当然最主要的是因为有大市街，东四南北的这条街在明代叫大市街。

老北京有"东富西贵"一说。"东富"指的就是东城的富人多，"西贵"说的是西城的王府大宅门多。说"东富"是以东四商业街上的"四大恒"而言。"四大恒"是指四家老字号钱庄，即恒兴号、恒和号、恒利号、恒源号。这四家钱庄，当年曾控制着北京的金融市场。

东四商业街，通常是指东四牌楼周围的地区，包括大市街、隆福寺街以及朝阳门内大街等。这一地区曾出现过几百家老字号，比较有名的有：饽饽铺瑞芳斋、合芳楼、聚庆斋、芙蓉斋；油盐店天和号、德和瑞、汇水泉、鸿源长；干果杂货铺全德昌、公昌义、公和义、全盛号、源兴永、公泰义、德隆昌、德义长；米粮店新盛号、德兴号、东和兴、通盛德、恒顺店；绸布庄同义祥、利源增、德祥益、恒信公、万聚祥、义成号、万聚长、锦泰涌、祥聚德、和顺祥、天增成、裕兴隆；古玩铺瑞珍亨、义兴和、全兴顺、松古斋、永和号、裕记、椿秀山房；金银首饰楼英华楼、瑞增楼、天聚楼、聚宝楼、泰源楼、宝源楼；香蜡铺天馨楼、万兴楼、蕙兰楼、合馨楼；钟表店德古斋、永信斋；鞋铺老华盛；肉铺内同兴、普云楼；砖灰麻刀铺丰盛和、天泰永、新盛号、东泰兴；当铺东恒肇；烟铺复丰号、源顺德、聚兴隆；颜料铺隆盛号；药铺永安堂（据说开业于明永乐年间，字号现仍保留）；杠房永盛（承办过吴佩孚的葬礼）；饭庄福全馆、白魁、灶温（小饭铺）。

您从以上描述中就可以看出北京的老字号有多少了。当然这只是鼓楼和东四这两处商业街上的字号。北京著名的商业街还有东城的王府井大街、东单地区、北新桥地区；西城的西单、西四、新街口；南城的前门地区、大栅栏、廊房一至三条、崇文门外大街、花市大街、宣武门外、菜市口地区、天桥地区等等。这些地区都是老字号云集之处。笔者从历史档案中查阅到的在京城出现过的老字号有5000多个，限于篇幅，这里不再一一赘述。

字号叫人点首即来

老北京有一句顺口溜儿：头戴马聚元，身穿瑞蚨祥，脚踩内联升，腰缠"四大恒"。马聚元、瑞蚨祥、内联升、"四大恒"都是老字号。这句顺口溜儿说的是老北京人讲究穿戴体面，出门要摆谱儿，头上戴的、脚上踩的、身上穿的、腰里揣的都是老字号的东西，用现在的话就是要想体现出时尚来，穿戴得是名牌。

老北京人还没有品牌意识，从概念上说，品牌和字号不是一回事。品牌是注册的商标，字号是企业的名称。但追求时尚是人的共同心理。现在的年轻人穿戴讲究品牌，老北京人也如是。认牌子，认字号，不单是穿戴，吃喝也认字号。

老北京吃喝讲究认口儿，什么叫口儿？就是口味，口味对路了，别的再好，他也不稀罕。就跟现在的老北京人喝酒就认二锅头，您给他茅台、五粮液，他也觉得不对口儿，尽管一瓶茅台的价儿能买几十瓶二锅头。这也许正是老字号的魅力所在。

老北京是一座典型的消费型城市，几乎没有什么工业，许多产品是在家族式管理的手工作坊里制作出来的，商家一般采用前店后厂的经营模式，自产自销，所以品牌是与字号相融合的。比如"稻香村"是京城制作南味糕点的老字号，稻香村做的点心有许多品种，当时这些糕点并没商标。再比如同仁堂药店和鹤年堂药店，他们炮制的中成药、汤剂饮片、丸散膏丹，最初也没商标。同仁堂和鹤年堂的字号，似乎就是商标，人们认的是字号。

那会儿，几乎每个大一点的中药铺都有自己的"独门药"。所谓"独门"就是被患者认为吃了管用，只有这儿有，别的地儿难找的那种药，这也就是人们认某家药店的原因。

老字号正是以自己的特色来赢得口碑的，当然这里也有广告宣传的作用。只要有了知名度，这个字号就算站住了脚。而老北京吃对了口儿，用顺了手，也就舍不得让这个字号消失了。

老北京有句顺口溜儿："人叫货千声不语，货叫人点首即来。"用在老字号这儿最为合适。

饱经沧桑的老字号

一个字号能生存50年以上，本身就证明了它的价值。要知道商场如战场，在激烈的商业竞争中，一个字号能经历几十年，甚至上百年，保持不败之地，这是相当不容易的。

老字号的生存条件，除了有买卖地上的竞争因素之外，还有战乱、灾难、政治等天灾人祸及家族分化、管理不善等诸多因素。所以说在历史沧桑、商海沉浮中，能历经几十年，甚至上百年风雨生存下来，其自身的文化积淀也使字号增加了含金量。

历史的进程，永远是大浪淘沙的过程。前面我们说过老北京的老字号曾经有几千个，经过一个世纪的风风雨雨，现在保留下来的只有几十个了，为什么许多老字号消失了呢？有这样几个原因。

一是随着社会的进步，人们生活方式的改变，许多行当被历史所淘汰，这个行当里的字号也自然而然地消失了。比如老北京是实行土葬的，那会儿的"白事"（葬礼）人们非常当回事儿，土葬需要棺材，抬棺材需要杠房。这两个行当的老字号在老北京有二三百个。有个数来宝的段子说："打竹板，迈大步，前边来到了棺材铺……"几乎每条街都有棺材铺。解放以后，国家号召火葬，土葬被取消，棺材铺和杠房自然也就失去了饭碗。

还比如烟叶铺、首饰楼、麻刀铺、肉铺、煤铺、油漆铺、玻璃铺、梳子铺、香蜡铺、帘子铺、估衣铺、黑白铁、锯盆锯碗、修伞修笼屉、炉灶行、信托行等，甚至老北京的绸布店、布鞋店、油盐店、澡堂子等，都随着社会的进化而被淘汰了。

二是解放初期，国家进行社会主义工商业改造，实行公私合营，当年许多前店后厂的手工作坊和店铺，被合并为生产合作社，以后转为国有企业，致使不少老字号随之消失。

三是"文革"之初，红卫兵破"四旧"时，将一些老字号强行改成"红色"符号，带"革命"色彩的店名，如"同仁堂"改成北京药店，"永安堂"改成红日药店，甚至连东安市场都被改成东风市场，又使一大批老字号受到冲击。虽然一些著名的老字号在"文革"结束后，又恢复了老字号的店名，但经过十年动乱，让不少老字号伤了元气，在以后的经济体制改革、企业改制、关停并转的过程中，销声匿迹了。

四是在近几年的城市改造中，许多临街的老字号店铺门脸儿，在城市市政扩路、修地铁和房地产开发等建设中被拆迁，企业又一时没有足够的资金另选地址，致使一些老字号名存实亡。

经过这么多折腾，能够活下来的老字号也就不多了。目前京城保留下来的老字号，主要集中于以下几个行当：

一是餐饮业，大约占老字号的一半以上，如全聚德、东来顺、全素斋、都一处、一条龙、烤肉宛、烤肉季、仿膳、同和居、便宜坊、谭家菜、柳泉居、鸿宾楼等。二是中药业，所占比例也很多，如同仁堂、达仁堂、宏仁堂、鹤年堂、永安堂、千芝堂、万全堂、长春堂等。三是茶叶行，如张一元、吴裕泰、森泰、庆林春、元长厚等。四是风味食品，如天福号（酱肘子）、月盛斋（五香酱羊肉）、五芳斋（南味肉食）、稻香村（南味糕点）、稻香春、桂香春、义利（食品）、正明斋、宫颐府（京味糕点）、六必居（酱园）、天源（酱菜）等。五是古玩字画，荣宝斋（书画）、宝古斋（古玩）、戴月轩（湖笔店）、一得阁（墨汁）、汲古阁、萃文阁等。此外，还有如理发：四联、美白；照相：大北、中国；洗染：普兰德；帽子：盛锡福、马聚元；绸布店：瑞蚨祥、谦祥益；布鞋：内联升、同升和；洗浴（修脚）：清华池；眼镜：大明、精益；钟表：亨得利；剪刀：王麻子；啤酒：双合盛等等。

老字号是城市的名片

眼下，人们已经认识到老字号的价值。几年前，全聚德的字号作为无形资产进行评估，价值达10亿元人民币，而全聚德前门店一年的流水居然超过了一亿元，估计现在评估老字号，全聚德的无形资产50个亿也打不住了。由此可见老字号这块金字招牌的含金量。

目前北京的同仁堂、全聚德等老字号已经成为上市公司，开分号、搞连锁、实行集团化管理、规模化生产，已经使北京的一些老字号进入现代化企业行列。

稻香村在京城已经有一百多个专营店，每年的产值数亿，成为北方最大的食品糕点生产和销售企业。张一元和吴裕泰两家老字号茶叶店，现在也发展壮大为股份公司，不但有几十家连锁店，还有自己的茶叶生产加工基地和茶馆、茶餐厅等，每年销售额都在亿元以上。庆丰包子铺，在京城有130多家连锁店，一年光卖包子就收入上亿元。这些成功的经验，证明老字号只要经营得法，与时俱进，便能做大做强，使金字招牌不断发扬光大。

老字号是老祖宗给我们留下来的无形资产，这是一笔巨大的财富。

我认为目前人们对老字号的认识还有待提高，特别是近几年，城市改造速度加快，老城区大面积拆迁，必然要涉及老字号的生存，政府有关部门应该从保护文化遗产的高度，对这些危及生存的老字号给予格外关照，为它们选择合适的地点，开设门脸儿。

除了字号本身的经济价值以外，它的文化价值有待我们进一步开发和挖掘。对于那些生产经营陷入困境、濒临倒闭，或已经倒闭、名存实亡的老字号，也有必要进行抢救输血，让他们起死回生。

每一座历史文化名城，都会有自己的商脉和文脉。老字号无疑是商脉和文脉的一个载体，犹如项链上的珍珠。历史文化名城存在的价值，就在于商脉和文脉的绵延不断。老字号恰恰是这种历史文化延续的活化石。人们正是通过老字号，来了解一座城市的历史的。

如果说那些历史留下来的名胜古迹是无声的诗篇，那么老字号则是历史留下来的有声的乐章。在老字号的音符里，我们可以触摸历史，也可以感受时代的脉搏跳动，更可以透过历史的烟云，领悟今天的商业文明。从这个意义上来看老字号文化，我们才能更深刻地体会到老字号存在的意义。

老字号的老师傅

柳　萌

　　年轻时发现眼睛近视，开始戴眼镜就再未摘下，这一戴就是40多年。那时北京的眼镜店，好像只有几家，最著名的当属"大明"，其次就是"精益"，都是国营老字号。"精益"在西单，"大明"在王府井。我在北京的几十年，居住最长最多的地方，都是在东城和朝阳，距王府井比较近，乘公交车也方便，因此购物买书，自然而然就到王府井。配眼镜修理眼镜，只有一次是在"精益"，其余全部都在"大明"。

　　这40多年来配眼镜，少说也有10多副了，再加上有时修理，跟这"大明"眼镜店，渐渐也就有了感情。这所谓的感情，除了习惯和信任，还因为有几位师傅，跟我成了熟人，只要我去配眼镜，他们又恰好在店里，总会热接热待，还要帮助出出主意。例如配什么样的镜片合适呵，旧眼镜框可不可以再用呵，反正是让我既省钱又合用。

　　其中有位姓冯的师傅，更是位热心肠的人，1957年我因为政治罹难，发配去北大荒劳改，走之前想配副眼镜，去"大明"的那天，正好是老冯值班。我坦率地跟他说明情况，冯师傅没有表示什么政治态度，只是说："您这一走，说不准什么时候回来。我看这样吧，您多配两副镜子，我给您做结实点儿。到了农村劳动，万一坏了，不是没处配镜子吗。您说呢？"眼镜配好我去取，除了正常的镜盒和擦布，我发现还多了几个小螺丝钉，以为是配镜师傅忘掉拿走的，就顺手取出交给冯师傅。老冯立刻制止住说："这是我特意给您放上的，到了农村掉了螺丝钉不好找，又没处修理，还是准备点好，您说呢？"我没有多说什么，看着这几个小螺丝钉，心里真的热乎乎的。

　　我离开北京以后，先是北大荒，再是内蒙古，这一去就是22年。其间也配过几次眼镜，都是借回天津探亲途经北京，到大明眼镜店匆匆配完就走，没有也不想再见到冯师傅，眼镜也都是别的师傅给配。直到我完全成了正常人，重新回到北京工作，几年后去"大明"配眼镜，我打听冯师傅是否还在店里。一位中年师傅见我打听冯师傅，立刻满脸堆笑地说："您知道冯师傅呵？说明您是老主顾了。

冯师傅已经退休了。"我还打听其他几位师傅，差不多也都陆续退休，退休后他们再很少到店里来。不过我仍然习惯地在"大明"配眼镜。我相信这家京城老字号眼镜店。别处再怎么着，我都觉得不踏实，并不是眼镜材料好坏，而是没有"大明"的老师傅。我相信老字号，说白了，其实是相信老师傅。

有天从《光明日报》上看到，"大明"眼镜店开了家分店，地点就在地安门一带，还说这家分店有位冯师傅，服务如何好技术如何好，我一看非常高兴，心想，没错，报上说的这位冯师傅，肯定是给我配眼镜的那位。尽管这时我并不需要配眼镜，只是想去看看冯师傅，我还是特意到地安门店，找冯师傅配了两副眼镜。经过这么多年的世事沧桑，我和冯师傅都已经老了，不过，说起早年配眼镜的事，都还像过去一样亲近。这次冯师傅给我配了眼镜，还特意给我办了个优惠卡，说是下次再配镜子或修理，凭这个卡就可以获得优惠。只是这个优惠卡有年限，还未容我享受就已经过期了，当然也就没有机会再见冯师傅。

前不久一副眼镜腿折了。我想在附近的眼镜店修理，走了几家都没有修理业务，这时我又想到了"大明"，想到了多年未见的冯师傅。冯师傅是在地安门分店，还是又去了别处的分店，我总不能随便地瞎跑吧，趁去协和医院看病，顺便又跑到了"大明"总店。我一问在店里的师傅，他们告诉我："您说的那位冯师傅，不在了，是去年去世的。"听后不免心中有些惆怅，冯师傅给我配眼镜的事，又一幕一幕地浮现在脑际。这时一位中年师傅问我："您是配镜子吗？找别人一样。"我当然知道一样，那也只是说的技术，如果说对顾客的关照，我想大概总会有区别。何况还有彼此的情感和信任，这却是别的师傅无法一样的，怎么能不让我怀念和伤感呢？

当然，老师傅们的离岗，从感情和习惯上，顾客难免一时不适应。但是对于老字号的信任，却绝对不会从此消失，就拿我来说吧，再配眼镜还是得去"大明"。谁让我有着老字号情结呢？只是希望，不管社会如何变新，产品如何更新，老字号呵，还像有老师傅们那样，让我觉得还是"老"的好。这个"老"意味什么呢？说不清……

政北
协京

第二辑

心之悟：大境界与大情怀

我和京西石景山

舒　乙

在北京所有的郊区县里我对石景山区最熟，其次是海淀区和门头沟区，一句话，都是北京西郊的几个区，其中以对石景山的感情最为深厚。

北京的西边是山，叫西山，北部也是山，叫北山，天气好的时候，刮过风之后，都能看见。而北京东边和南边则是平原，东边离大海只有150公里。这个地理环境，在860年前，被金朝的第四个皇帝海陵王看中，从此确定为中国的首都。这一点，在清朝乾隆皇帝写的一篇《京都赋》里说得很清楚，此赋刻在方形的大石碑上，用四种文体宣示于世。此碑前些年在北京先农坛一民居院内被发现，新首都博物馆落成时，本想拉去做镇馆之宝，可惜分量太重，只好立在了馆外的东北角，临西长安街，过往的人都能看见。总之，以北京的地理环境而言，从金朝起，直至中华人民共和国成立，历届中央政权都把北京作为中国首都的最佳选择。

西山和北山是北京的屏障，过去，风沙大的年代，它们能为北京避风避沙保暖，有非常好的作用。这种作用一直持续到35年前。最近这些年，城内汽车尾气为主要因素形成的雾霾却因有西山、北山对风的阻挡而难以驱散，北京上空形成了一个$PM_{2.5}$超高的大锅盖。至此，西山、北山便走向了反面，颇有点害大于利的味道了，这是前人绝对料所不及的事。不过，这是后话了。

西山因为有山有水有好景色，过去很长时期以来，总是受到皇帝和百姓的高度重视，其后果便有了"三多"：一是皇家园林多，二是庙宇多，三是陵墓多。活人上至皇帝、达官贵人、文人雅士，下至平头百姓，都爱往这儿跑，死人也都往这儿埋。总之，西山一带名胜古迹非常多，比处于平原的北京其他区县要多很多倍。

这就是我对京西比较熟悉的客观原因，我去的次数多呀，那里的名胜古迹值得我一趟一趟地跑。

三个课题

我对石景山有多次采访要感谢五位朋友，他们是丁传陶老师、李成智老师、刘燕主任、郭明主席和李轶女士。前二位是北京九中的老教师，一位教语文，另一位教历史，他们都是石景山的老住户，由大学毕业一直住到现在，差不多有60年了，而刘燕和郭明都是石景山文委的负责人，郭明现在还兼任石景山文联主席，李轶女士是门头沟的民营企业家，经营茶社、种植黄芩和开办旅游服务点。他们五位是我的向导，带我几乎走遍了石景山和门头沟的名胜古迹，而且结为山友，经常登山远足，在西山的大自然中畅游，有时带足了吃的、喝的，边走边聊、边看、边歇，连吃带喝，一走就是一整天。

我的习惯是每次回来都要写一篇小文，记述我的所见所闻，差不多都带有自己的视角，写出一些只属于自己的想法，表述出一点新的意思来。数一数，这样的文字，已经累计到十多篇了，差不多可以编成一本专门的小书了。

近年来，我还在京西一带做过几个专题调研，它们分别是乾隆皇帝的带藏文的石碑、北京文学家艺术家的墓地、法国朋友20世纪上半叶在北京西郊的足迹。这三个课题，出乎意外，都有重大发现，挖出了十分精彩的内容，而且都有相当重大的现实意义，特别是第一个和第三个，形成相关的建议书和专著之后，引起有关领导的重视，产生了具有战略意义的影响，至今还在继续发挥作用。在做这些调研时，我坚持自己进行实地考察，一次不成两次、三次，甚至为核实某个细节，跑上四五次，跑得满头大汗，自己照相，自己测量，自己记录，真正让它们变成自己嚼过的馍。

做这些调研让我真切地感觉到京西西山真是一个宝库，有挖不尽的宝藏。我找的大北京范围里的15块清朝皇帝立的带藏文的珍贵石碑里，有8块是位在京西的，占了多一半。它们分布在香山公园、实胜寺遗址、碧云寺、颐和园和万寿寺里。至于现代文学家艺术家的墓地，清一色分布在西山山麓下，主要在四座陵园里：八宝山革命公墓、福田公墓、万安公墓和万佛国际华侨陵园，前两者都位于石景山区里。至于法国朋友的活动地带，他们的代表者是贝熙叶大夫、诗人圣·琼·佩斯和汉学家铎尔孟教授，则集中在海淀区的妙峰山山麓之下，那里现在还完整保留着贝熙叶大夫的别墅"贝家花园"。我提出建议，可以把这里建成一座"法中文化交流纪念馆"，此建议已得到中法双方相关部门的认可，现在正在修缮和运作中。

老舍与京西

我如此频繁地和石景山接触，考察它，采访它，游览它，欣赏它，我觉得可能有一点家庭的渊源在里面，在冥冥之中，似乎有一种家庭的传承隐藏在其中。我的父亲老舍先生很早就和石景山有过接触，都有文字记载留下来。

　　最有名的莫过于长篇小说《骆驼祥子》了。那里边提到的一系列石景山的真实地名，都和祥子由西山牵了三匹骆驼逃跑出来有关。他由磨石口开始沿着西山山根向北走，最后由海淀回到西直门里。此外，小说还提到三家店、五里坨等地名。这许多地名引起了日本读者的注意，他们专门组织了几次号称"祥子之旅"的访问团，沿着祥子在书中走过的地名做实地访问。我每次都充当他们的向导，故而也对那些地方了如指掌。老舍先生写《骆驼祥子》是在青岛。他有一位好友叫齐铁恨，是京西人，对京西养骆驼非常熟悉。老舍先生因写小说的需要，如果对骆驼有什么问题便直接写信向他询问。这位齐铁恨后来在台湾光复之后被国民政府派去推行国语。有一个时期，他每天早晚两次在电台上向全台湾人传授说国语，为在台湾推广国语，确立台湾人的归属感立下了汗马功劳。京西人管"和"字常常念成"憨"的音，所以经齐铁恨先生的口授，台湾人至今也不会说"和"字，一口一个"台湾'憨'大陆"、"中国'憨'美国"，极有意思。

　　20多年前北京档案馆的一位老馆员赵家鼎先生偶然发现一本馆藏的1919年出版的《北京师范学校校友杂志第一期》，里面居然有四年级学生舒庆春的作文，包括五首诗作和一篇骈文散文，其中三首诗是与一次在校学生军训野战有关的，题目分别是《赴西山观察野战地势》《野外演战记实》和《演战归来》。第二首居然是一首长诗，是格律诗，有109行，每行7字，诗中用典有几十个之多，洋洋洒洒，很有气势。写此诗时老舍不过18岁。他在校时语文成绩和讲演才能特别优秀，其习作在这本《校友杂志》中居然和他有国学宗师之称的老师的作品并列，这在学生当中是独此一份的，是一种特别的光荣和表彰。有趣的是，这三首诗都和石景山有关。经过舒庆春和几位同学的先期勘测，最后选定石景山、金顶山作实战演习的地点，而且在诗前附言中特别提到"四年内两登此山矣"。可见，老舍在北师学习期间曾两次登临石景山和金顶山。老舍先生21岁时大病一场，病后曾到京西卧佛寺去静养。在此期间，他又去过八大处，故而对香山到八大处的路应该不陌生，这对他日后将这些地方写进他的小说很有帮助。除了《骆驼祥子》之外，他还写过一篇涉及八大处的短篇小说，题目就叫《大悲寺外》，大悲寺正是八大处的第四处。老舍先生曾亲口对丁传陶老师说："磨石口，我很熟。"1962年，老舍先生曾应邀去十里钢城为首钢文学艺术创作班做过报告。据丁传陶老师回忆，他还答应为北京九中的学生做报告，后来因故未能成行。

　　有了这些资料，我和石景山之交，真可称为有因有缘，仿佛是命中注定的，或者说是前面有辙的一种历史传递吧。

听说，石景山的皇姑寺已修缮完毕，我准备近期去看看，还有刚刚布展完毕的"京西五里坨民俗陈列馆"。

我还将继续去京西石景山，去看它的景色和名胜古迹，去研究它的文化。

我爱石景山，深深地爱！它只是北京的一个小角，在祖国的大地上更是一个小而又小的角，但是它丰厚的文化底蕴，京西的北苑南禅，它的法海寺、承恩寺、田义墓、万善桥、磨石口老街等等，等等，让它可以当之无愧地成为中华五千年文明的一个灿烂的缩影和代表。

母亲的奖章

刘庆邦

母亲去县里参加劳动模范表彰大会的时间，是1957年的春天。几十年过去了，母亲也已经下世十多年。时间如流水，这个时间我们兄弟姐妹之所以记得确凿无疑，因为它有一个标记，或者说有一个帮助我们找回记忆的参照点。母亲生前不止一次跟我们说过，她是抱着我弟弟去参加劳模大会的。弟弟那年还不满一周岁，正在吃奶，还不会走路。我们家离县城五六十里路，那时没有汽车可坐，母亲一路把弟弟抱到县城，开完劳模会后又把弟弟抱回。我说的参照点就是弟弟的生日，弟弟是1956年7月出生，母亲去参加劳模会可不就是1957年嘛。

从县里回来，母亲带回了一枚奖章，还有一张奖状，奖状和奖章是配套的。奖章上不刻名字，奖状上才会写名字，以证明母亲获得过这项荣誉。而我只对奖章有印象，对奖状没有什么印象。或许因为我只对金属性质的奖章感兴趣，对纸质的奖状不感兴趣，就把奖状忽略了。

那枚奖章相当精美，的确是一件不错的玩意儿。我们小时候主要是玩泥巴，没有什么像样的东西可玩。母亲的奖章，像是为我提供了一个终于可以拿得出手的玩具。母亲把奖章放在一只用牛皮做成的小皮箱里，小皮箱不上锁，我随时可以把奖章拿出来玩一玩。箱子里有母亲的银模梳、银手镯，还有选民证、工分什么的，我不玩别的东西，只愿意把奖章玩来玩去。奖章拿在手里沉甸甸的，恐怕把十片红薯片子加起来，都比不上奖章的分量重。奖章是五角星的形状，上面的图案有齿轮、麦穗儿什么的。麦穗儿很饱满，像是用手指头一捏，就能捡到一支麦穗儿。奖章的颜色跟成熟的麦穗儿的颜色差不多，只不过，麦穗儿不会发光，奖章会发光。把奖章拿到太阳下面一照，奖章金光闪闪，好像变成了一个小太阳。整个奖章分三部分组成，上面是一个长条的金属板，金属板背面是别针。中间是红色的、丝织的绶带，绶带从一个金属卡子里穿过，把别针和下面的奖章联系进来。我没把奖章戴在身上试过。因没见母亲戴过，我不知把奖章戴在哪里。有一次，我竟把奖章挂在门口的石榴树上了，好像给石榴树戴了一个大大的耳坠儿一样，挺逗笑的。

我不仅自己喜欢玩奖章，别的小孩子到我们家玩耍，我还愿意把奖章拿出来向他们显摆，那意思是说：你们家有这个吗？没有吧！我只让他们看一看，不让他们摸。见哪个小孩子伸手想摸，我赶紧把奖章收了回来。

不知什么时候，奖章不见了。我一次又一次把小皮箱翻得底朝天，连奖章的一点影子都没找见。奖章没长翅膀，它却不声不响地"飞"走了。大姐二姐怀疑我把奖章拿到货郎担上换糖豆吃了。我平日里是比较嘴馋，看见地上有一颗羊屎蛋儿，都会误以为是一粒炒豆儿。可是，在奖章的事情上我敢打赌，我的确没拿母亲的奖章去换糖豆儿吃。如果真的换了糖豆儿，甜了嘴，我会留下深刻的印象。如果小时候怕挨吵，怕挨打，不敢说实话，现在都这么大岁数了，我不会再隐瞒下去。母亲的奖章的丢失，对我们兄弟姐妹来说是一个谜，这个谜也许永远都解不开了。

倘若母亲的奖章继续存在着，那该有多好，每看到奖章，我们就会想起母亲，缅怀母亲勤劳而光荣的一生。然而，奖章不在了，奖章却驻进了我的心里。我放弃了对物质性的奖章的追寻，开始追寻奖章的精神性意义。

应该说母亲能当上劳动模范是很不容易的。据说每个公社只有几个劳动模范的名额，不是每个大队都能推选出一个劳模。当劳模不是百里挑一，也不是千里挑一，而是万里挑一。那么，一个普普通通的农村妇女，怎么就当上了劳动模范了呢？怎么就成了那个"万一"呢？既然模范是以劳动命名，恐怕就得从劳动上找原因。听大姐二姐回忆说，母亲干起活儿来只有两个字，那就是要强。往地里挑粪，母亲的粪筐总是装得最满，走得最快。麦季在麦田里割麦，不用看，也不用问，那个冲在最前面的人一定是我们的母亲。有一种大轮子的水车，铁铸的大轮子两侧各有一个绞把，绞动大轮子，带动小齿轮，把水从井里抽出来。别的妇女绞水车时，都是一次上两个人。而母亲上阵时，坚持一个人绞一台水车。她低着头，塌着腰，头发飞，汗也飞，一个人就把水车绞得哗哗的，抽出的水水头蹿得老高。

要知道，我们兄弟姐妹较多，隔两三年就有一个孩子出生。母亲下地劳动，都是在怀着孩子或奶着孩子的情况下进行的。怀孩子期间，从不影响母亲下地干活儿。直到不把孩子生下来不行了，她才匆匆从地里赶回家，把孩子生下来。母亲生孩子从不去医院，也不请接生婆接生，都是自己生，自己接。生完孩子，母亲稍事休息，又开始了新一轮劳动。

母亲的身材并不高，才一米五多一点。母亲的体重也不重，也就是百斤左右。可是，母亲哪里来的那么大的力量呢？以前我不能理解，后来才慢慢理解了。母亲的力量源于她的强大的意志力，也就是我们那里的人所说的心劲儿。我要是跟母亲说意志力，母亲肯定不懂，她不识字，不会给自己的力量命名，说不定还会说我跟她瞎文。我要是说心劲儿，估计母亲会认同。一个人的力量大不大，主要不在于体力，而是取决于心劲儿，也就是心上的力量。心上的力量大了，一个人才算真正有力量。体力再好，如果心劲儿不足，无论如何都称不上有力量。一个人心上的力量，说到底就是战胜自己的力量。只有能够战胜自己，才能战胜困难，战胜别人。倘若连自己都不能战胜，先败在自己手里，还指望能战胜谁呢！

与母亲相比，我的心劲儿差远了。说实话，小时候我是一个懒人。挑水做饭有大姐，烧锅刷碗有二姐，拾柴放羊有妹妹，我被说成是"空儿里人"，除了上学，几乎啥活儿都不用我干。时间长了，我几乎养成了好吃懒做的习惯。后来参加工作到煤矿，我才失去了对家庭的依赖。一个人孤身在外，由于环境的逼使，我不得不学着自己照顾自己。好在母亲勤劳的遗传基因很快在我身上发挥了作用，同时也是自尊、自立和成家的需要，我开始挖掘自身的劳动潜能，并在劳动中逐步认识劳动的意义。我知道了，劳动创造了人，人生来就是为劳动而来。或者说人只要活着，就得干活儿。只有不惜力气，不惜汗水，干活儿干得好，才会被人看得起，才能得到社会的尊重。在当工人期间，虽然我没当过劳动模范，但我觉得自己干活儿干得还可以，起码没有偷过懒，没有耍过滑，工友们评价我时，对我伸的是大拇指。

不过，我没想过要当劳动模范，从没有把劳动模范和自己联系起来。在很长一段时间，我几乎把母亲当过劳动模范的事忘记了。调到北京当上《中国煤炭报》的编辑、记者之后，我采访了全国煤矿不少劳动模范和劳动英雄，写了不少他们的事迹。我为他们的事迹所感动，所写的稿子块头也不小，但你是你，我是我，我把自己当成了一个局外人。我甚至认为，那个时期的劳模都是"老黄牛"型的，是"工具"性的，我可以尊重他们，并不一定愿意向他们学习。有一次，我和读者座谈，谈到我每年的大年初一早上还要起来写小说，有读者就问我：你是想当一个劳动模范吗？这本来是好话，可我没当好话听，好像还从中听出了一点揶揄的意味，我说过奖了，我可不想当什么劳动模范。

看来我的悟性还是不够强，觉悟还是不够高。直到现在，我才稍稍悟出来了，原来劳动不是别人强加给我们的，是生命的一种需要。我们劳动的过程，是修行的过程，也是不断自我完善的过程。如果人的一生还有点意义的话，其意义正是通过不断辛勤劳动赋予的。从这个意义上讲，能当一个劳动模范是多么的光荣！

人说闻道有先后，人的觉悟也有早晚。而我现在才对劳动模范重视起来，未免有点太晚了吧，恐怕再怎么努力，当劳动模范也没戏了吧！不晚不晚，没关系的。从现在起，我要好好向母亲学习，天天按劳动模范的标准要求自己，体力可以衰退，心劲儿永远上提。就算别人不评我当劳动模范，我自己评自己还不行吗！

关于鸡蛋的往事

刘庆邦

1967年初中毕业后，我回乡当了两年多农民。我承认，我不是一个好农民，因为我对种地总也提不起兴趣。我成天想的是，怎样脱离家乡那块粘土地，到别的地方去生活。我不敢奢望一定到城市里去，心想只要挪挪窝儿就可以。

若是我从来没有外出过，走出去的心情不会那么急切。在1966年秋冬红卫兵大串联期间，当年15岁的我，身穿黑粗布棉袄、棉裤，背着跟当过兵的堂哥借来的黄书包，先后到了北京、武汉、长沙、杭州、上海、南京等大城市，在湘潭过了元旦，在上海过了春节。外出之前，我是一个黄巴巴的瘦小子。串到城市里的红卫兵接待站，我每天吃的是大米饭、白面馒头，有时还有鱼和肉。串了一个多月回到家，我的脸都吃大了，几乎成了一个胖子。这样一来，我的欲望就膨胀起来了，心也跑野了。我的头脑里装进了外面的世界，知道天外有天，河外有河，外面是那样广阔，那般美好。回头再看我们村庄，灰灰的，矮趴趴的，又瘦又小，实在没什么吸引人的地方。不行，我要走，我要甩掉脚上的泥巴，到别的地方去。

这期间，我被抽调到公社毛泽东思想文艺宣传队干了一段时间。在宣传队也不错，我每天和一帮男女青年唱歌跳舞，移植革命样板戏，到各大队巡回演出，过的是欢乐的日子。宣传队没有食堂，我们到公社的小食堂，跟公社干部们一块儿吃饭。干部们吃豆腐，我们跟着吃豆腐；干部们吃肉包子，我们也吃肉包子。我记得，我们住在一家被打倒的地主家的楼房里，公社每月发给我们每人15块钱生活费，生产队还按出满勤给我们记工分。我们的待遇很让农村青年们羡慕。要是宣传队长期存在就好了，那样的话，我就不用再回到庄稼地里去。不料宣传队是临时性的，它头年秋后成立，到了第二年春天，小麦刚起身就解散了。没办法，再留恋宣传队的生活也无用，我只得拿起锄头，重新回到农民的行列。

还有一条可以走出农村的途径，那就是去当兵。那时全国人民学习解放军的口号喊得震天响，农村青年对应征入伍都很积极。我曾两次报名参军，体检都没问题。但一到政治审查这一关，就把我刷下来了。原因是我父亲曾在冯玉祥部当过一个下级军官,被人说成是历史反革命。想想看,一个历史反革命的儿子,人家怎么能容许你混入革命队伍呢!第一次报名参军不成,已经让我感到深受打击。第二次报名参军又遭拒绝,使我几乎陷入一种绝望的境地。我觉得自己完蛋了,这一辈子再也没什么前途了。我甚至想到,这样下去,活着还有什么意思呢!

我消沉下来,不愿说话,不愿理人,连饭都不想吃。我一天比一天瘦,忧郁得都挂了相。憋屈得实在受不了,我的办法是躲到村外一片茂密的苇子棵里去唱歌。我选择的是一些忧伤的、抒情的歌曲,大声把歌曲唱了一支又一支,直唱得泪水顺着两边的眼角流下来,并在苇子棵里睡了一觉,压抑的情绪才稍稍有所缓解。

母亲和儿子是连心的,我悲观的情绪自然是瞒不过母亲。我知道母亲心里也很难过,但母亲不能改变我的命运,也无从安慰我。"文革"一开始,母亲就把我父亲穿军装的照片和她自己随军时穿旗袍的照片统统烧掉了。照片虽然烧掉了,历史是烧不掉的。已经去世的父亲无论如何也想不到,他的那段历史会株连到他的儿子。母亲曾当着我的面埋怨过父亲,说都是因为父亲的过去把我的前程给耽误了。母亲埋怨父亲时,我没有说话,没有顺着母亲的话埋怨父亲,更没有对母亲流露出半点不满之意。母亲为了抚养她的子女,承受着一般农村妇女所不能承受的沉重压力,已经付出了万苦千辛,如果我再给母亲脸子看,就显得我太没人心。我不怨任何人,只怨自己命运不济。

有一天早上,母亲做出了一个决定,给我煮一个鸡蛋吃。我们家通常的早饭是,在锅边贴一些红薯面的锅饼子,在锅底烧些红薯茶。锅饼子是死面的,红薯茶是稀汤寡水。我们啃一口锅饼子,喝一口红薯茶,没有什么菜可就,连腌咸菜都没有。母亲砸一点蒜汁儿,把鸡蛋剥开,切成四瓣,泡在蒜汁儿里,给我当菜吃。鸡蛋当时在我们那里可是奢侈品,一个人一年到头都难得吃一个鸡蛋。过麦季时,往面条锅里打一些鸡蛋花儿,全家人吃一个鸡蛋就不错了。有的人家的娇孩子,过生日时才能吃到一个鸡蛋。那么,差不多家家都养鸡,鸡下的蛋到哪里去了呢?鸡蛋一个个攒下来,拿到集上换煤油和盐去了。比起吃鸡蛋,煤油和盐更重要。没有煤油,就不能点灯,夜里就得摸黑。没有盐吃,人干活儿就没有力气。我家那年养有一只公鸡,两只母鸡。由于舍不得给鸡喂粮食,母鸡下蛋下得不是很勤奋,一只母鸡隔一天才会下一个蛋。以前,我们家的鸡蛋也是舍不得吃,也是拿鸡蛋到集上换煤油和盐。母亲这次一改往日的做法,竟拿出一个鸡蛋给我吃。我在大串联时和宣传队里吃过好吃的，再吃又硬又黏的红薯面锅饼子，实在难以下咽。有一个鸡蛋泡在蒜汁儿里当菜就好多了，我很快就把一个锅饼子吃了下去。

问题是，我母亲没有吃鸡蛋，大姐、二姐没有吃鸡蛋，妹妹和弟弟也没有吃鸡蛋，只有我一个人每天早饭时吃一个鸡蛋。我吃得并不是心安理得，但让我至今回想起来仍感到羞愧甚至羞耻的是，我没有拒绝，的确一次又一次把鸡蛋吃掉了。我没有让给家里任何一个亲人吃，每天独自享用一个宝贵的鸡蛋。我那时还缺乏反思的能力，也没有自问：凭什么我就可以吃一个鸡蛋呢？要论辛苦，全家人数母亲最辛苦。为了多挣工分，母亲风里雨里，泥里水里，一年到头和生产队里的男劳力一起干活儿。冬天下雪，村里别的妇女都不出工了，母亲还要到场院里去给牲口铡草，一趟一趟往麦子地里抬雪。要数对家里的贡献，大姐、二姐都比我贡献大。大姐是妇女小组长，二姐是生产队的妇女队长，她们干起活儿来都很争强，只能冲在别人前头，绝不会落在别人后头。因此，她们挣的工分是妇女劳力里最高的。要按大让小的规矩，妹妹比我小两岁，弟弟比我小五岁，妹妹天天薅草，拾柴，弟弟正上小学，他们正是长身体的时候，更需要营养。可是，他们都没有吃鸡蛋，母亲只让我一个人吃。

我相信，他们都知道鸡蛋好吃，都想吃鸡蛋。我不知道，母亲在背后跟他们说过什么没有，做过什么工作没有，反正他们都没有提意见，没有和我攀比，都默默地接受了让我在家里搞特殊化的现实。大姐、二姐看见我吃鸡蛋，跟没看见一样，拿着锅饼子，端着红薯茶，就到别的地方吃去了。妹妹一听见刚下过蛋的母鸡在鸡窝里叫，就抢先去把温热的鸡蛋拾出来，递给母亲，让母亲煮给我吃。

我不是家长，家长还是母亲，我只是家里的长子。作为长子，应该为这个家多承担责任，多做出牺牲才是。我没有承担什么，更没有主动做出牺牲。我的表现不像长子，倒像是家里最小的孩子。

我们那里有句俗话，会哭闹的孩子有奶吃。我没有哭，没有闹，有的只是苦闷，沉默。也许在母亲看来，我不哭不闹，比又哭又闹还让她痛心。可能是母亲怕我憋出病来，怕我有个好歹，就决定让我每天吃一个鸡蛋。

姐妹兄弟们生来是平等的，在一个家庭里应该有着平等的待遇。如果父母对哪个孩子有所偏爱，或在物质利益上格外优待某个孩子，会被别的孩子说成偏心，甚至会导致产生家庭矛盾。母亲顾不得那么多了，毅然做出了让我吃一个鸡蛋的决定。

　　如今，鸡蛋早已不是什么奢侈品，家家都有不少鸡蛋，想吃几个都可以。可是，关于一个鸡蛋的往事却留在我的记忆里了。时间过去了四十多年，记忆不但没有模糊，反而变得愈发清晰。鸡蛋像是唤起记忆的一个线索，只要一看到鸡蛋，一吃鸡蛋，我心里一停，又一突，那个记忆就回到眼前。一个鸡蛋的记忆几乎成了我的一种心理负担，它教我反思，教我一再自问：凭什么我可以吃一个鸡蛋？自问的结果是，我那时太自私，太不懂事，我对母亲、大姐、二姐、妹妹和弟弟都心怀愧悔，永远的愧悔。

　　在母亲最后的日子里，我天天陪伴母亲。我的职业性质使我可以支配自己，有时间给母亲做饭，陪母亲说话。有一天，我终于对母亲把我的愧悔说了出来。我说："那时候我实在不应该一个人吃鸡蛋，过后啥时候想起来都让人心里难受。"我想，母亲也许会对我解释一下让我吃鸡蛋的缘由，不料母亲却说："都是过去的事了，你这孩子，还提它干什么！"

我与书院

艾克拜尔·米吉提

　　我父亲是一个书迷。他虽是职业医生，但是，喜欢阅读文学和人文学科著作。尤其他特别热衷于收藏不同语种的各类书籍。母亲自然也喜欢阅读父亲收藏的文学书籍。但是，"文革"开始，除了红宝书，所有的书籍都被视为"封资修"。迫于形势压力，我父亲收藏的那些书，不得不在一个周末用来烧热馕坑打馕。记得那天，父亲亲手把他心爱的书籍一把一把地撕开，扔进馕坑焚烧，那书页燃起的火焰，一缕缕地蹿出馕坑口，窥探着外边的世界。就这样，整整一个上午烧书，打了两馕坑馕，足足够我们全家吃两个星期。这事过后，父亲情绪一直不太好，但他还是会把一句话挂在嘴边：人平安就好。

　　我自己喜欢收藏书籍是从插队后被抽调到公社党委任新闻干事开始。因为工作所需，我需要大量阅读。但在当时，别说我所在的伊宁县，就连伊宁市也没有公共图书馆可以阅览。所以我开始精心选购图书。久而久之，就养成了一种习惯，手头一有闲钱，便要赶往新华书店买书。每个月如果不买几本新书，心里总觉得缺少了什么，空落落的。

　　后来自己从事文学创作和编辑、翻译、研究工作，更离不开书籍。每天都在和文字打交道，每天都在阅读、写作、编辑、翻译、研究。于是，书就成了我生命的组成部分。书给我带来知识，启迪智慧，赋予激情，拓展视野，开阔胸襟。书让我以清晰的思路，坚定的意志，顽强的毅力，百折不挠地前行的同时，明了务必谦虚谨慎，勤勉好学，低调做人。我那时想，这个时代太好了，再不会有像父亲被迫亲手焚书的遭遇了，我的藏书可以留给我的孩子们阅读。

　　但是后来我发现我错了。每一代人自有每一代人的命运和福气，那是时代所决定了的。我的两个孩子一个学医成了医生，一个学传媒成了电视和网络媒体人，他们各自有各自的专业和业务方向、事业目标，无暇顾及我所珍藏的那些文学类书籍。他们在今天的基础上为创造各自的明天而努力。于是，我开始思索我的这些书该怎么办，但是一直找不到一个恰当的办法。

　　在这一过程中，我亲眼目睹一些前辈，在生命的周期无可抗拒的终结时，甚至来不及安排一辈子所藏书籍撒手而去。那些子女有能力的，将父辈留下来的书籍作了妥善处理，当然也不乏全盘继承者。但是，也有一些人的书籍，最后的归属是收废品的编织袋。有识货的，从那里淘到旧货市场的旧书摊上去，不识货的，直接送到造纸厂化成纸浆。这就是某种客观法则。

不知不觉，我也迫近退休之年。这时候我才发现什么叫时不我待。我才感觉到从办公室到家里满书柜满屋满桌堆积的书籍，是应该有一个妥善的去处，不应该成为任何人的累赘。

恰在此时，我应邀参加了我的家乡新疆霍城县的薰衣草节。那是2012年的夏日6月间。随着节庆活动安排，我走完所有的景点、观摩了所有活动内容后，我发现我的家乡除了美丽的自然风光和人文景点，没有文化景点。我突然萌生出一个念想，将我的个人藏书无偿捐赠给家乡，建一个公益书院。当我讲出想法时，得到霍城县委、县政府领导的积极支持。经过一年的前期筹备，2013年6月14日，建立了"艾克拜尔·米吉提书院"，并在霍城县举行了揭牌仪式，中国作家协会名誉副主席、中国笔会中心会长丹增，中国作家协会副主席谭谈出席揭牌仪式。

到2016年，书院藏书已有15000多册，并且建立了电子阅读和检索系统。书院就设在霍城县老干部活动中心，有350平方米的书房和阅览室，向读者免费开放阅读。书院的日常管理由霍城县图书馆代行。现在，一些朋友和相关出版单位和机构也在向书院赠书。书院的建立，增添了霍城县的文化景点，提升了文化美誉度，丰富了旅游内涵。尤其对普通读者和青少年提供了阅读便利。特别是当下图书价格不菲，边远地区很多家庭无力给孩子购买图书。我希望我捐赠的书院，能够让这些家庭的孩子分享阅读的快乐。这也符合我国正在开展的"全民阅读"活动宗旨，为进一步在全社会形成"多读书、读好书"的文明风尚，为提高全民族思想道德和文化素质，推动经济社会又好又快发展服务。"全民阅读"是根据"世界读书日"演变而来。1972年，联合国教科文组织向全世界发出了"走向阅读社会"的号召，要求社会成员人人读书，让读书成为人们日常生活中不可或缺的部分。希望散居在世界各地的人，无论你是年老还是年轻，无论你是贫穷还是富裕，无论你是患病还是健康，都能享受阅读的乐趣，都能尊重和感谢为人类文明做出过巨大贡献的文学、文化、科学、思想大师们，都能保护知识产权。当然，推进全民阅读是一项长期任务，任重而道远。目前，我国人均拥有公共图书馆藏书0.55册，与国际图联和联合国教科文组织提出的人均1.5册至2.5册图书馆藏书量国际标准存在显著差距。显然，公共阅读资源紧缺是一个客观存在。阅读是人民群众最基本的文化权利，也是最为普遍、最为持久的文化需求。当前中央提出精准扶贫、全面实现小康社会。精准扶贫离不开知识的普及，普及知识离不开图书。唯愿我的书院能够发挥一点积极作用，成为"书香中国"活动的品牌之一。

以书院为契合点，首都博物馆界以我国20世纪八大文化名人为主题的"文化名人与民族精神"展览在这里举办，并将展览内容赠给了霍城县。与此同时，分期分批组织文化名人、作家、书画家来这里活动，丰富了这里的文化生活。将来，我还要把我的所有手稿都捐赠给书院，逐步把书院打造成为一个学术研究、文学翻译和交流中心，让图书活起来，让知识互动起来。

一位网友在我的博客里留下这样一段话：文人终其一生要奋斗的，就是要给老家建个图书馆。祝贺您完成了一桩心愿，一件盛事，您将激发霍城的孩子们像您一样走出去，世界有多大，舞台就有多大。

我衷心感谢这位网友，从某种意义上说，他的确道明了我的初衷。

用优美中文写美好中国人

艾克拜尔·米吉提

对于我这样一位作家委员，政协生涯提供了更为广阔的视野空间和与社会生活千丝万缕的紧密联系，由此创作空间进一步开阔，写作笔触不断得到延展。同时也极大地丰富了我的个人生活空间，内心过得十分充实。

2013年9月和10月，习近平总书记出访时，分别提出共建"丝绸之路经济带"和"21世纪海上丝绸之路"战略构想。"一带一路"是中国将自身发展战略与区域合作相对接的重大战略构想。而文化走出去，才能使"一带一路"战略构想落在实处。

在2014年全国两会期间，我把关注的焦点放在了"文学走出去"大课题上，递交了多份具有可操作性的提案，包括《关于建议设立外国翻译家奖项的提案》《关于对周边地区中小国家翻译介绍中文作品、配音影视产品设立配套补偿资金的提案》以及《关于建议孔子学院应配置国内版现当代中文文学书籍和国家级文学期刊的提案》。由于历史原因，西方不少人对中国存在刻板印象，用文学消解这种成见无疑是最好的方式。文学翻译是一种自觉选择，翻译者用自己的文化眼光去遴选、甄别，再作翻译介绍。为了进一步调动各国文学翻译家的积极性，中国作为文化大国，应当设立专门的奖项以奖励那些专门翻译中国文学的翻译家，以此利用已有的平台更好地推广中国文学，为文学走出去带来更多可能性。

与此同时，我以政协委员的身份，给全国政协副主席、时任国家民族事务委员会主任王正伟同志写信：

2013年9月7日，国家主席习近平在哈萨克斯坦纳扎尔巴耶夫大学演讲时，提出共同建设"丝绸之路经济带"五点建议中明确指出："加强民心相通。国之交在于民相亲。""必须加强人民友好往来，增进相互了解和传统友谊，为开展区域合作奠定坚实民意基础和社会基础。"

共同建设"丝绸之路经济带"，在加强政策沟通、道路联通、贸易畅通、货币流通的同时，加强民心相通也同等重要，应当同时推进。而民心相通的最佳方式，就是进行民间文化交流，即进行文学艺术交流。

目前，相关省区市经济、商贸、能源、交通口动作迅速，相关工作有实质性推进。借此良机，建议民间文化交流——文学艺术交流应当适时起步，加快交流步伐。

为此建议，开展民间形式的"新丝绸之路文学之旅"，组织国内有影响力的作家艺术家，沿丝绸之路进行采风、文学交流活动，以促进友好往来，增进相互了解和传统友谊，为开展区域合作奠定坚实民意基础和社会基础服务。

我的建议得到支持，在国家民委主管的少数民族对外交流协会立项推进。迄今为止，我们组织了一系列相关活动，发挥了积极作用。

我在《中国作家》主编任上，2009年提出"用最优美的中文，写最美好的中国人形象，为全世界热爱中文的读者服务"的办刊宗旨。这是因为在中国经济强势发展背景下，世界性的中文热悄然兴起。

学习语言通常分几个阶段：第一阶段是入门，学习语言的ABC（中文要开始识字），开始掌握初步词汇；第二阶段是提高，学习语法、掌握词汇，开始文字和口语运用；第三阶段是熟练，通过报刊新闻阅读，熟练掌握特定语言，做到基本语言运用自如；第四阶段是深入，通过特定语言的文学作品，深入了解特定文化背景以及由这种文化积淀构成的特定民族心理，并以这种文化心理来思索。学习语言第四阶段是最高阶段，而这个阶段需要阅读大量古典文学和鲜活的现当代文学作品。因此，我们有责任向世界提供用最优美的中文，描写最美好的中国人形象的文学作品，让国外受众通过文学来了解最真实的中国。

2016年8月29日，我列席政协第十二届全国委员会常务委员会第十七次会议，作了题为《坚持以人民为中心的创作导向，让文学从高原走向高峰》发言，提出坚持以人民为中心的创作导向，就有一个如何评判人民群众对于生活的态度问题。文学艺术源于生活，又高于生活，但是，高于生活并不意味着高到离奇的地步。更不是说，商业化了，一切都可以随心所欲，只要赚得着钱，什么都可以不管不顾，没有了任何底线。坚持以人民为中心的创作导向，还有一个是否熟悉人民群众真实生活问题。坚持以人民为中心的创作导向，还有一点是作家面对人民群众的态度问题。文学艺术创作永无止境，随着中国经济的强势发展，对文学艺术提出了新的时代要求。因此，文学不能简单地为政治服务，但是必须为国家利益服务。

2016年10月19日，在由全国政协教科文卫体委员会举行的"讲好中国故事，提升文化软实力"专题情况介绍暨座谈会上，我作了发言，提出社会上存在诋毁英雄、贬低英雄、调侃英雄的现象，狼牙山五壮士的声誉都不得不动用法律手段才得以维护，我们的文学艺术作品缺乏正面表现英雄题材，谁要正面写了英雄还会被嘲讽。一个不尊崇自己英雄的民族是不值得尊重的。世界上任何一个国度、任何一个民族都会尊崇英雄，描写英雄的文学艺术作品，是可以走向世界的。我们应当树立英雄、尊崇英雄、宣传英雄，英雄文化符合社会主义核心价值观，英雄体现了正能量。我们的文学艺术应当反映民族英雄、历史英雄、革命英雄、当代英雄。我的发言获得与会者的赞同。

我的本业是写作。我从17岁时开始执笔写作新闻，24岁时开始写小说，25岁时处女作《努尔曼老汉和猎狗巴力斯》荣获1979年全国优秀短篇小说奖，自此在文学的道路上一路走来，当过编辑、做过文学翻译、写过评论、从事过文学组织工作，担任过文学期刊主编、出版集团负责人，做过文化产业，研究过历史，出版了一大批文学著作和翻译、研究专著，手中的笔始终没有放下。如今，我虽已退居二线，但是作为一个写作者——作家是不能退休的，我将一如既往地写下去。

当然，作为一名政协委员，对社会的责任与担当同样要勇于承担，我有一支笔和作家的良知可以面对天下。

京城早春侧记

艾克拜尔·米吉提

每年早春三月，是北京两会召开之时。于是，两会氛围悄然聚于京城，上上下下开始为迎接两会忙碌起来。人大代表、政协委员从祖国各地汇聚首都，回顾过去一年辉煌成就，商讨新的一年国家施政大计，关乎千家万户百姓日常生活，可谓国计民生，众人瞩目，成为社会生活的中心。

报到大厅充满亲情

每年的两会召开，从某种意义上说，其实是从在驻地报到开始的。

当你走进报到大厅，便洋溢着融融春意。工作人员满面春风地迎候，为你办理所有入住手续，那些相识的和不相识的人互相嘘寒问暖，充满亲情。2011年我在友谊宾馆报到后遇到的第一位委员，就是中国藏传高级佛学院院长那仓·向巴昂翁丹曲成来活佛。他今天身着一件黑夹克，戴着浅色鸭舌帽，60多岁的人，看上去很精神。"扎西德勒！"我用藏语问候词向那仓活佛问好。我和他从北京市政协起就在民宗委，是多年的老朋友了。他很友善地回应着"扎西德勒！"和我握手。他是一个慈悲天下的活佛，我和他聊过多次，有许多故事容我日后向读者细细道来。

委员们因提案和大会发言都有截止时间，便会利用报到后的这一段时间，极力挤出一切可以利用的时间，把未及完成的提案抑或是大会发言写出呈交大会。大家全然进入一种全速运转状态。这便是京城早春一幕。是的，一年之计在于春，时不我待，大家都有一种紧迫感。尤其2011年是"十二五"规划开局之年，每一位委员都深感责任重大，都在深思熟虑如何为开好局建言献策。

人民大会堂风景

人民大会堂前，每当举行大会，各路摄影记者便会聚集在那里，举着各种摄影摄像器材（我想象得出那些器材的沉重），将镜头对准两会代表、委员，从这里便将两会盛况第一印象报道出去。而每次最吸引镜头的，就是身着鲜艳的少数民族服装的各民族代表、委员。他们手挽着手迈向人民大会堂的台阶时，洋溢着各民族兄弟亲如一家的手足之情。

进得人民大会堂，前厅两边摆满了圆桌。先到的委员便在这里一边饮茶喝水，一边交流，一边等待后续驻地代表、委员的到达，等待大会的召开。记得去年政协会上，我和新疆政协艾斯海提·克里木拜主席坐在前厅靠墙的沙发上交谈，新华社一位女记者就跑过来采访。当天她关于《新疆政协主席：新疆发展会更好》的报道就出现在网络上。

而在政协大会发言期间，正好在大会堂和前厅之间的走廊遇见小班禅。他身披红色袈裟，戴着金属细框眼镜，肤色白皙，我迎上前去向他问好："活佛您好！"他含笑伸出手来与我握手，他的手心甚至略略潮湿。他待人非常谦和，非常平易近人，在年轻的活佛身上，释放着一种崇高的辉光。

小组讨论气氛热烈

政协委员参加两会就是要说话，说心里话，说真话。小组讨论充分体现政协特点，政协委员在小组讨论会上围绕政协报告、政府工作报告、两院报告展开讨论，各抒己见，充分体现社情民意。邓小平提倡的三不主义——不抓辫子、不打棍子、不扣帽子，便是政协会上最广泛的民主体现。

朝鲜族民营企业家李成日委员在我所在的民族49组小组讨论会上的发言中就提出，西部城市在招商引资方面要讲诚信，树立城市品牌，后任领导要落实前任领导的承诺，不能因领导的更替而改变政策，损害投资企业的利益。

包俊臣委员是蒙古族，也是内蒙古自治区政协副主席。他曾长期在基层工作，当过盟委书记，对基层情况十分熟悉。所以，每年两会他都会带来关于草原生态、牧业生产、牧民生活问题的提案和大会发言材料。在小组会上，他发言的题目也是围绕这一点展开。大家对他很尊敬。

鄂温克族女委员杜梅，也是一位作家。她在小组会上就提出两点建议：一是要像保护耕地一样保护水资源、设立警戒线。水资源保护刻不容缓，在湖泊、湿地周边开发矿产资源应进行充分论证，城市扩容要充分考虑水资源对人口的承载力，并合理规划城市规模和扩容速度。二是边远贫困地区保障性住房建设要实行零配套，同时要加大对保障性住房的监督力度，避免地方政府低水平、低标准建设。

大会专门为塔吉克族委员代依米克·地瓦那和柯尔克孜族委员阿曼吐尔·木

沙两人配备了口语翻译。他们在小组会上的发言都要由翻译同步翻译，成为政协会议一道亮丽的语言风景。而代依米克委员成为去年来自新疆、乃至全组提案最多的委员。今年他照例提了一系列提案。

周明甫委员却成了我们组里唯一的汉族。他常常打趣地说，现在我是少数民族了。不过，在小组讨论会上，关于民族地区经济发展、社会建设和文化建设、民生问题，他提出了一系列建设性的建议。在讨论今年的《政府工作报告》时，他提出的具体修改意见被采纳，最终体现在了《政府工作报告》中。

瞧，这就是政协委员小组讨论会的意义和作用所在。

友谊宾馆，充满友谊

友谊宾馆是京城新中国成立后建起的最老的宾馆之一，这里的建筑具有20世纪50年代风貌，服务也非常周到，具有老牌宾馆的人性化服务风格。尤其这里的清真饭菜做得十分可口。因此，每次政协会议民族宗教界都被安排到这里。于是，一日三餐，在清真餐厅可以遇到来自十个穆斯林民族的委员。他们当中有党政要员，有将军，有律师，有法官，有教授，有作家、艺术家，有医生，有经济师……各行各业的精英，几近囊括。

全国政协副主席阿不来提·阿不都热西提常常会在餐桌上与我们相遇。他一边吃着盘里的自助餐，一边与我们各位交流，谈笑风生，其乐融融。我们也常常在这里与中国伊斯兰教协会会长陈广元大阿訇相遇，互道色俩目（问候），共享自助餐。餐厅里的服务人员，无论从长者到后生，个个彬彬有礼，让人有一种回家的感觉。

当然，在去小组讨论会议时，或是集中出行赴大会堂开大会，抑或集体参观，便会遇到五大宗教的领袖们。他们当中很多人都是老朋友、老熟人，见面大家都在友善地打着招呼，互道安好，友谊宾馆充满了友谊。

而当会议结束，各民族委员要返回祖国各地各自的岗位时，那种依依惜别之情更是油然而生。大家期待着来年两会的相聚。在带来各自新的提案、新的建议、新的思路建言献策的同时，也带来各民族人民浓浓的情意，共建美好家园、共同繁荣祖国、共同实现和谐社会的美好心愿。

此时的京城，迎春花已经开始绽放，高大的杨树也开始抽芽，吐出浅棕色的绒团。经过一场春风的洗礼，北京的天空蓝得出奇，预示着又一个明媚的春天降临。

为自己活一天

陈祖芬

我儿子叫峰峰，我家女孩叫丽丽，我妈妈88岁。峰峰和丽丽架着我妈走进《建党伟业》的放映厅，我在前边带路。厅里的台阶扁扁的，很可以一步跨两级。妈妈哼哼着怎么也迈不上第一级。峰峰举起外婆上了一级，又上一级。妈妈已经返老为童，看不懂电影电视了。她去年在家下床时摔断了腿，别人都说这样的老人只能好生在家待着。不过我不是别人，我想试一试，让妈妈走出门，走进电影院！厅里的观众齐刷刷地看着老太太被一级一级架上台阶，他们或许只能找出一个答案：这老太许是革命老前辈，许是建党伟业之后人？

我不知道妈妈能不能坐上这两小时，刘烨扮演的青年毛泽东一出场，我赶紧对妈妈说，看，这是青年毛泽东！妈妈点头。刘烨又上场，我又说：看，这是年轻时代的毛泽东！妈妈又点头。我不时看看她，妈妈眼睛睁着呢。好像，不需要我再喊毛泽东了。终于架上妈妈走下台阶走出放映厅的时候，我觉得，我也完成了一个伟业。

影片中，反对袁世凯的宋教仁，遭袁世凯的刺客枪击。宋教仁尚有一息时说：家中贫苦，我死后，拜托诸公，替我照顾老母亲。这组镜头不太被人评说。但叫我很动心：人之将死，最苦的莫过于还有放不下心的老母。人在不同的年龄有不同的伟业，到了妈妈88岁的时候，做女儿的伟业，就是让妈妈过好。

妈妈80来岁的时候还一个人在中国和美国间飞来飞去。那时我对她说，我希望你90岁还能一个人飞去美国。我相信奇迹，希望妈妈能创造生命的奇迹。譬如一周后又想让她上电影院。妈妈已如幼儿，想怎么样就怎么样，这回说什么也不肯出门。丽丽推来轮椅让她坐，妈妈一见轮椅，就好像小孩一见穿白大褂的就知道要打针，妈妈知道上了轮椅就得出门。我们说了多少胡话，总算锁上家门把妈推到楼下。在楼前的绿荫下街道上，我们把轮椅转过来这么这么说，把轮椅掉过去那么那么说：去电影院多好呵。妈妈说：我要回家。

我们终究都得听她的，因为她是妈妈。

我们把她再推回家，扶下轮椅。妈妈困了，所以像小孩闹睡那样。丽丽带妈妈去卧室，我和峰峰在餐厅说话。已经中午了，我说，你忙去吧，今天的革命失败了。这时却见丽丽护着妈妈出来了。睡醒了？"峰峰！"妈妈欣喜地叫起来："你什么时候来的呀？"我笑：他今天刚来。妈妈说：那我要请客。丽丽说那去哪里请客呢？妈妈心情大好地说：峰峰去哪里我就去哪里。我们就像训练有素的特战队似的，赶紧架起她走出家门，连轮椅都省略了，一路架进电梯，架上出租车，架进电影院。我们只是为了让妈妈多一些活动的空间，并没有明确想看的电影。立即开演的下一场，叫《假装情侣》，好，4张票。让妈看爱情闹剧？或许她只能假装观众？

我大学毕业时，老师说有一个留上海的名额，是我。我说不，如果想做事业，就要到北京。我就这样坐上北去的火车。而现在，我才记得那句老话：父母在不远行，我才开始了我的"伟业"。

这一年来，我家人这个病那个病，再加上我的工作，好像不再有放松的日子。有一天我说，我要为自己活一天，先生梦溪曰甚好。我一人去看电影，去服装市场。我在摊位间转着，就想着一会儿是不是转到妈妈那里去？终于觉得没什么可看的，走吧，走到门口，站住了：还是去妈那里吧？可是，好不容易下决心为自己活一天的，就这么算了？狠狠心，去几家我喜欢的玩具店。上了出租车，路经一家我常给妈妈买蛋糕的店，那一瞬间，就想拉开车门跳将下来。很奢侈的仅仅是为自己的一天过了，偏偏郁郁的。觉得不如平时为家人忙乎，心里扎实而有成就感。更不用说写作了。

而且，我自己呢？我自己在哪里？那一天下来，迷失了自己。

我凌晨5点写下这些文字，然后走到窗前，院里满满的绿树在雨蒙蒙雾蒙蒙中碧绿而幽深，好像一幅经典的油画，叫我大惊的是，那一院经典的绿里，独一辆红车探出半截身子，我怔怔地站那儿，被这一派绿和一截红镇住了。上苍给予我这么多，这么多呵！

我是开淘宝的哈？

陈祖芬

我小时候，我上海老家的房门后，从上到下、顶天立地，贴满了我喜欢的图片，那都是我从各种报刊图书上剪下来的。50年代，尽是黑白的，好像只有一张有色彩，是我妈妈给我买的俄语读物的封面，浅紫色的底上，是一个梳小辫的小姑娘，叫我好喜欢啊！那时考试是5分制。每次考试我得一个5分妈妈就给我5毛钱。如果是两个5毛呢？如果是3个5毛呢？啊啊！我拿上巨款就往我家附近的一个小书亭奔跑，那里有我最爱的童话书。我那时有一个痴心梦想——把全世界的童话书都买下来。因为小学生陈祖芬相信，全世界的童话书都在这个小书亭里了。

我从小体弱，常常发烧不能上学，那时家里没有电视，没有玩具，我一个人躺在床上，睁着眼睛看着斑驳的天花板，简直像爱丽丝漫游仙境。那斑斑驳驳之间，有神秘美丽的园林，有可爱的小女孩，有小王子小公主，更有舞动的仙子。我把童话世界搬上了天花板。

后来，妈妈用布和棉花，给我缝了个布娃娃，再用毛笔给娃娃画上眉眼、小嘴，娃娃一下活了，老缠着我，我到高二上学还抱着她。有一天班里的团支书找我谈话，说你知道为什么没有发展你入团吗。我说不知道。他说你都高二了，还抱着娃娃上学，你太幼稚了。这位班干部忠诚老实，又比我大几岁，我非常相信他，从此再不敢抱着娃娃上学，到高三我入团了。

我到北京文工团工作时，把我的童话书都带来了。倒也不太多。虽然每次考试后我都会手捏着巨款奔向那个小书亭，但是老有同学借，我又老不记得是谁借的，所以书大体就那么一摆。有一段时间文工团集中住在一个地方，都是双层床。我睡上铺，我把我的宝贝书全搬到床上，放在我的枕头边。好像天天睡在童话里。

到80年代，这个世界变成彩色的、缤纷的、充满了挑战充满了机会的，我可能一口气跑11个县或一个星期每天采访十五小时一直只啃干面包。我不再记得这世界上还有娃娃还有童话。

大约十来年前，我忽然做起了娃娃。南到广东北到东北都有人来找我合作。但是我停下了。因为我还想写作。不过我小时候对娃娃的深爱，到我在天花板上漫游童话世界，在一个对的时候爆发了。之所以说是"对的时候"，因为我身体差了，不能一星期只啃面包那样猛干了，潜伏在我心底的情结，水到渠成地被唤醒了。

小时候我有小美人鱼为我歌唱，有拇指姑娘和豌豆公主为我讲故事。后来，后来我没有了大时候——我现在好像还在小时候。

我小时候有一本画着彩图的书——《大皮鞋》，那鞋帮上端是可爱的红瓦屋顶和伸出的二层楼的小窗户，小动物们快乐地住在大皮鞋里。后来我的大皮鞋哪儿去了？再后来，这只大皮鞋突然出现在伦敦诺丁山的街头，就这么一只。是从我童年的那本书里跳出来，跑到这里来等我的？世上万物，都属于最钟情于它的人。我蹦跳着哇哇叫着，卖货的英国妇女立马把价提了上去。

这世界上的人，都住在红瓦屋顶的大皮鞋里多好，就像可爱的小动物们，就像很多童话的结尾：后来，他们幸福地生活在一起。

我家里已经有很多人快乐地生活在一起。

各地来的工艺小动物小娃娃住满了我的书柜，开始还能平放着，后来只能堆放着。后来我的纸质书箱、我的矿泉水纸箱都装进了我的卡通我的娃娃。偶有生人来，一见堆积的纸箱，便问：你是开淘宝的？

我是开淘宝的哈？

也对，我的玩具家族可不就是我淘来的。这些年凡投奔来我家的玩具，我不问出处不论国籍不讲贵贱，与我投缘便是我家人。他们来自各地，千里万里，不知道是开派对，还是联合国大会？我好像饭店的服务生，给他们带路，把他们一一安顿住下。或者先帮他们擦把脸掸掸土。在这个玩具家族，只有我永远在为所有的人服务，除我之么外，全是大明星，而且谱很大，我稍有闪失，他们就可能倒下，不动，等着我战战兢兢地把他们扶起来。他们知道我一定会全力帮他们的，所以他们一个个都很任性。当然，也是我把他们宠的。没办法，这就像带孩子，付出越多，感情越深。

有时我笑：我一人的工资要养这么多人，我是贫困线以下的。

写作之余，小狗小猴小熊小牛就跟我挤眉弄眼地逗我和他们玩，或者就骗我上钩让我在书柜上搭起小摄影棚，给他们照相。他们大模大样地摆pose，我么，左手打灯，右手拿相机按快门，把他们最可爱的瞬间变成永恒。我实在是他们的公仆。我把那陆陆续续留下来的瞬间做成一本书，叫《我的小小世界》。我们玩具家族想和大家分享，分享奇思，分享妙想，唤醒童心，和好奇心和想象力，和快乐的能力和幸福的能力。

给人们送去单纯，送去天真，祝愿美好，祝愿年轻。

或许有人觉得怪怪，成年人还用得着天真？非要成人像小孩，就好像非要小孩像成人。

对了，就是因为现在不少小孩也像大人。

而且，为什么长大成人后，就要乖乖地交出人之为人的起码的权利：天真和快乐。

我相信，本来，每一个成人的内心，都有一份天真。

现代人，是追着信息走，赶着钟点走，跟着时尚走，望着高处走。一路前进，一路丢失。丢失了单纯，丢失了天真，丢失了快乐，甚至丢失了爱。

现在的孩子被功课压着，焉有闲之消费？不过或有一个功能常常赋闲：想象力。

人一路长大一路丢失多少色彩？多少人还没怎么玩过，就不会玩了。还没有烂漫过，就不敢天马行空想入非非了。还没有小过，就已经老了。还没有老呢，就已经旧了。还没有旧呢，就已经过时了。

还没有过时呢，因为潜伏着童心了。还没有失去童心呢，因为有好奇心和想象力，和独特的表达自己、与世界沟通的能力。

成功的人未必是一个成熟的人，童真是想象力和创造力的源头。爱迪生8岁时因为老师叫他笨蛋就离开了学校。他的学历到了8岁就终止了。但是世界发明史上，有多多少少个专利是以爱迪生的名字注册的？

《福布斯》把推上封面人物的首位中国企业家马云，概括为"顽童"。我也认为马云的个性里，一直有两个字，一个是"顽"，一个是"童"。长相卡通而做事神通。当年他带着"丐帮"开闯IT业，虽然那时他对电脑只知皮毛，不I也不T。十几个穷哥们住他家，谁累得没办法了就钻地上的睡袋睡会儿。旁人叫他"疯子"，其实他只是一个像米老鼠那样天真快乐又奋不顾身地去创造IT童话的孩子。

马云39岁那年，他说：我现在也是童年。

于是创造了IT的童话。

于是就有了他的童话人生。

沃尔特·迪士尼说："我要唤起的是这个世界正在泯灭的孩子气的天真。在我所有的作品里，我试图实现并证明这种天真。"他在20世纪30年代就有这样的先觉。后来，1931年米老鼠诞生的第三年，米老鼠俱乐部的会员已达到一百万人。世界上各种俱乐部很多，唯米老鼠俱乐部的会员最可爱——因为他们天真因为他们孩子气。

孩子喜欢童话，以为生活就是童话；大人喜欢童话，因为生活不是童话。

我一回家，我的玩具家族就一个个活起来，就探头探脑地招呼我，我一下融入温馨享受真纯。虽然我最忘不了的，是我妈妈用布和棉花给我做的那只布娃娃。

不就是买台电视机吗

陈祖芬

想起了90年代末的圣诞节。节前我在加拿大的一家沃尔玛超市，买了一个大约60加币的随身听。当时这种随身听，在北美的中小学生里的时髦指数，相当于现在的iPhone4。两个多星期后我从加拿大去美国，把"iPhone4"作为圣诞礼物送给一个小学生。那孩子钢琴好，乐感好，立刻拆开包装，一通手忙脚乱，然后，然后怎么声音不对？我不知道到底出了什么问题，孩子他妈说可以去沃尔玛退，我说我是在加拿大买的，又过了这么长时间，怎么可以在美国退呢？孩子妈带着我就去了，到超市收银口她把那随身听和发票递给收银员，于是，奇迹发生了——收银员一句不问，一声不吭，把60加币折合的美元，如数递给我们。

毕竟，两个多星期过去了，毕竟，这个随身听是从加拿大漫游到美国。再说该随身听到底坏在哪里？怎么能证明确实坏了？还是顾客自己弄坏的呢？

其实当时我并没有想这么多，倒是事过十多年后的今天，我才使劲儿想使劲儿想。因为，我8天前买了一台电视机。

不就是买台电视机么？又不是本山大叔买私人飞机。现在买台电视机还值得一提？

那么多超市、电器城都有那么多的销售员，各种品牌的平面液晶，全都亮丽地在我眼前作秀。我一下晕了头，好像掉进了彩色的陷阱。

然后，家中大小喜孜孜地大开着餐厅的门：新电视机驾到。卖方把原来的电视拉走。因为交出老电视可以打9折。那老电视一如戏文中的老家人，忠心耿耿！当时我没在，我若看着离去的老家人，于心不忍。

入晚，全家安坐在新电视前，准备享用这个大液晶。然而，液晶君不说话了，不发声了，面孔一板咔嚓一下自行关上了。

不搭理我们？

再开，又是自行关上了。

大家不敢再惊动液晶君，悻悻然地各自回房，晚安。好像，全世界都睡去了的时候，突然，一声什么响，像惊悚片似的令人不安。大家爬起来向餐厅走去，就见电视大亮着，正在播节目。电视自己开了？

当大家还没明白过来的时候，液晶君又啪地关上了。是有什么神秘的力量在操纵？若是独自在家还真有点害怕。

如此我行我素的电视机，吓得谁也不敢惹他。打电话要求退货，对方说要鉴定看有没有坏。鉴定的人来了，家中女孩赶紧打开电视，好像医生一到叫病人乖乖地让医生检查。没想到现在的电视机也进化得很机灵，一看是"上峰"派人来了，尽可能展示自己最好的一面。3小时过去了，一点破绽没露，乖乖女似的。家里老的小的都陪着鉴定男看电视。妈妈年事虽高，人还聪明，就是有时有点糊涂，所以复杂一点的事大家不去烦她。她全然不知餐厅换了一台麻辣电视。电视机越乖巧，女孩越怨屈。偏偏妈妈还来这么一句："这电视机不是好好的吗！"

于是电视机越发表现得乖乖女似的。妈妈说"我看这电视机很好的。"然后又加上一句自嘲："我是乡下人我不懂。"女孩说这电视是有问题的，妈妈说："这台电视机已经买了几十年了，那时你还没有生出来呢！"

鉴定男走了。液晶君真相毕露，自行关上了。做人也不能这么势利呀！

女孩再打电话，再要求退货，卖方再派人来鉴定，电视再作乖乖女状。不知为什么，从卖货的到电器店到鉴定方到什么总部，女孩这边一个电话，那边就有不同的座机号和手机号打来雷同的电话。这边恨不得用录音机录下自己的话来放给各方听，那边最重复的话是：有没有鉴定过有没有鉴定单，和是不是换机。当然换机的话卖方不用退钱了，但我们如何敢再买这个牌？于是得一再一再地说，是退机不是换机。

如此天天和电话那头的不知何方神仙扯皮，女孩深陷退机门，上火、感冒，脸色苍白。直到第8天晚，才把液晶君请出。于是我一再一再地想，为什么我在美国退掉在加拿大买的小电器就那么简单？做一个消费者就那么享受上帝的感觉？

记得国内刚有电视的时候，倒也很简单。每逢年节或有好节目，我便当然地挤进拥有9寸黑白电视的邻居家里，虽然人家只有一间屋，不过那屋里总是坐着几个像我这样当仁不让的仁兄。

那时我想，要买就买彩色的。但又一直一直买不起。80年代初有人去香港，买了一台运回来。我记得那天我赶到机场，等到半夜，脖子伸得长长的等国际航班出口处有人推着电视机出来。电视机放在我家餐厅显得很大，我和先生买了一大块红丝绒，把电视机前后左右地盖个严严实实。好像，红丝绒盖电视机，这是那时的极品时尚了。再加上也是当时盛行的红色化纤地毯，和红绒布面座椅，一位美籍教授进屋笑道：你们家怎么像人大会堂似的？

大约90年代初，我家买了一台火箭炮——我至今也不知为什么要把这种最新流行的9比16的电视机叫火箭炮。这位9比16先生精诚工作，一无差错，终于我们想到一晃20来年了，他已超龄服役。该换液晶了。于是就有了买电视的连续8天的电视连续剧。可怜那火箭炮不明不白地去了不明不白的地方。家人后悔不迭：为什么要把火箭炮送走呢？至少现在，我们是不敢再买电视了。

社会的发展是我在邻居家看9寸黑白时不能想象的，譬如电视机已经寻常如同日用品，而且越来越丰富多彩，也包括自己会打开。

住在后三楼的日子

杨立新

我们人艺的首都剧场坐落在王府井大街的北端路东，是一座很漂亮的苏式建筑。门前有个不小的广场，站在广场上仰望十几层台阶上的剧场，觉得它很雄伟，很庄严肃穆。在首都剧场看北京人艺的话剧，也是一件颇享受的事。

但是估计大多数观众都没有见过那红得发紫的丝绒大幕背后的首都剧场。按照最初的设计，剧场后台是一座呈凹字形分部的化妆楼，一共四层，同时容纳七八百人一起化妆是不成问题的。但因为这里同时又是北京人民艺术剧院的所在地，而北京人艺的话剧根本用不了那么多化妆室，结果除了一楼化妆室功能不变以外，以上楼层自然而然地就成了剧院各部门的办公用房和单身宿舍家属宿舍用房。办公室大多集中在二楼和三楼，相对于前面的剧场，那里就被我们俗称为"后二三楼"。而三楼的一部分和整个四楼，在漫长的计划经济年代，住房是紧缺物资，这里一直是剧院部分成员的宿舍，由单身而家庭而拖儿带女。于是之、林连昆、苏民、吴桂玲、吕中，还有很多演员都或长或短在这里住过。我本人，也在这"后三四楼"度过了几乎整个青葱岁月。

慰问演出

刚刚到人艺的时候，我们班十六个男同学一起住在后四楼东北角那间最大的屋子里（现在已经改成博物馆陈列厅）。那时的四楼，只有南侧的房间住着少数的几家住户：雷飞（已退休多年的老演员）、黄清泽（人艺资深舞美设计）。于是之住在西南角，那是里外两间的房子，条件比其他人略好些，但也只有二十多个平方。其余东侧和北侧的房子除了几个青年演员的单身宿舍外，多是空闲的，有的就成了我们学员班的教室和老师的办公室。南侧我们很少去，楼道里放着许多居家过日子的家什：煤油炉子、碗柜和做饭的一应用品。

1976年7月下旬，刚到剧院没多久的我们在这里经历了一个噩梦——在我们睡得正香甜的时候，地震了。由于震感比较强烈，睡在上铺的同学比睡在下铺的同学还要快地跑到楼下的院里。虽然正值半夜，但所有的学生、值班老师以及住在后四楼的老同志，剧场各部门的值班人员，全都聚集在楼下，大家惊恐地望着天空，不知这突如其来的地震将会造成什么样的损失……还是年岁大些的剧院舞美部门的服装设计李玉华阿姨（现已离退，其丈夫是著名国画家李行简，师从国画大师李可染）首先反应了过来——好多女孩儿由于是刚从睡梦中惊醒就跑到楼下，很多人穿的是极简单的睡觉衣着，"来来来！女孩子们到这边来！"她用下楼时顺手带下来的床单遮住了那些惊魂未定的女孩儿。只有我们班的陈明同学这时候才慢慢悠悠地从楼里出来，并称：楼要是真倒了，你们站在院子里岂不是更危险。众人愕然……

紧接着，就是持续了很久的抗震——我们和剧院的所有人一起在故宫神武门筒子河北侧马路边一起用分配下来的物资搭建了几百米的"抗震棚"。忙着帮厨、忙着往筒子河送饭送菜；忙着夜间巡逻防火、防盗、保安全；忙着排练小节目到协和医院（当时名为首都医院）住院部慰问从唐山来的地震伤员。

虽然我一直觉得作为话剧团体参加综合娱乐形式的晚会是我们的弱项，因为相较于其他专业团体，具体到吹拉弹唱上我们就显得样样稀松了。而这次在北京协和医院的慰问演出，却使我格外感动。当然我们依旧是吹拉弹唱都稀松，但我们有着一腔热情，记得当时的"老"演员郭家庆（现人艺舞美处长郭斌的父亲）采访了几个从唐山来的伤员，用很短的时间编成了一个朗诵故事，就在协和医院的草坪上为伤员们表演。当他说到"唐山的兄弟姐妹们，你们到北京了"！这一句的时候，在场的每一个人，不管是伤员、家属还是医务人员无不涕泪横流。当时在场的我，第一次感受到生活真实的震撼。时隔三十几年以后，我参与电影《唐山大地震》的拍摄，在那期间，每一个场景、每一句台词都一次又一次地把我拉回到公元1976年那个酷热的7月——我们是如何惊慌失措地聚集到院子里，李玉华阿姨的床单，筒子河北侧马路边上的简易抗震棚，协和医院草坪上郭老师的朗诵，这一切都又回到了我的脑海里，活灵活现挥之不去。

百花齐放的日子

就在那一年，几个月之后，一个震撼力不亚于地震的大事件发生——"四人帮"倒台了！我们从后三四楼的宿舍下来，在院子里，每人身上捆一个腰鼓，咚、咚、咚戚、咚戚地练了起来。几乎所有演员都参加了，不光有刁光覃、于是之、童超、郑榕这些当时的"老"演员，有当时还是年轻人的谭宗尧、米铁增、王大年。至于我和蓝法庆、张福元、李春立、丛林、张万昆这些学员更是生力军。大家穿着黄绸子上衣、蓝绸子裤子，头上系着白毛巾，打着腰鼓，从首都剧场往南经王府井上长安街，经过天安门，从西单到西四再转回来。人们唱啊跳啊，尽情在长安街上扭啊……那是一场怎样的狂欢啊！直到今天，每当电视里出现1976年天安门广场上的镜头时，我都会格外留意——多希望能看到当年我们的身影啊！

打倒"四人帮"以后，中国文化艺术的春天到来了。那是百花齐放、姹紫嫣红的几年，我们也跟着忙起来了——剧院复排了《蔡文姬》。我们的宿舍也从四楼搬到三楼，由原来十几个人住的房间，变成了三个或两个人住一个房间。三楼排练厅就在我们住的房间斜对面。《蔡文姬》排练的整个过程中，虽然只是龙套，我们这些人基本上是"形影不离"、"分秒不差"地从头到尾跟了下来——就住在对面嘛，几乎和住排演场里没有什么区别。

更有趣的经历是，那时我们年轻，精力旺盛，白天排练结束，晚上我们就去剧场前面的售票处帮亲友排队买票。《蔡文姬》的复演轰动京城，观众竞相购买，盛况空前。买票的观众从头天晚上开始排队，剧场前面的广场人头攒动热闹非凡。早晨9点售票之前，排了一宿队的观众生怕买不上，纷纷往前挤。虽然及时采取措施，宣布每人限购两张，最后还是把广场的南墙挤倒了……一出话剧，怎么能有这样强的吸引力呢？当时的我虽然还年轻，但是从那倒塌的南墙废墟上，仍然隐约感受到了什么——那是某种禁锢被摧毁后的欢腾，那是长年压抑后喷薄而出的激情！观众需要话剧。

住在三楼的时候，我在312房间。左面就是刘锦云和李龙云、王梓夫的"创作用房"，右面是丛林、高行健。作家们每天早上到院里来，偶尔到二楼去办办事儿，其他时间都能听见他们在"创作用房"里聊天。午饭时到食堂打了饭，会有于是之或林兆华陪他们一起吃，吃饭时也喝上几盅，聊的是山南海北，上下五千年。大家都知道，于是之当时是剧本组组长，主抓创作。正是有了这样能长时间聚在一起的生活机缘，才成就了这几位"大家"精神上和创作构思上的碰撞，擦出了火花。以至于后来一段时间剧院的剧目创作相当活跃，像《小井胡同》《天下第一楼》《红白喜事》《狗儿爷涅槃》都是在那前后诞生的。

那几年的我们，青春勃发，精力旺盛。二十啷当岁，也是求知欲最强的年龄，住在剧院后三楼，无忧无虑，早上跑步锻炼，白天或上班排练，或出去看展览、看电影，晚上演出或到北京的其他剧场看戏。然后是半宿半宿的畅饮、畅聊，真正是"同学少年风华正茂"！

我们在那时看到了不少难得见到的剧目：总政文工团的《万水千山》；青艺的《豹子湾战斗》《伽利略》《猜猜谁来吃晚餐》；承德话剧团的《青松岭》；战友文工团的《槐树庄》，记得连西藏话剧团的来京演出都去看了。

住在三楼到剧场看戏很是方便的——可以看全剧，也可看前半场或后半场，甚至可以专门挑着自己喜欢的那一幕或那一个段落看。当时剧场经常放内部参考电影（亦称内参片），后台和后台通往舞台的门会被锁起来。但我们也有自己的办法——从北四楼排练厅（位于北副台上面）的窗户钻出来，沿着窗外只有二十多厘米宽的抱角廊台一点一点蹭到剧场北休息室顶上的阳台上（现此处已为实验剧场的咖啡厅），沿着长年放在那里的一个梯子，爬到剧场的屋顶，再往东绕到舞台顶楼的东面，那里的墙壁上有一串通往顶部的悬梯，爬上去，顶上有只用铁砣顶着没有锁的两个小门，慢慢儿用力顶开，进去关好门，再沿着舞台顶部的盘旋铁梯一圈一圈转着下到舞台，坐在台板上就能看"反面电影"了。虽然电影里的人都用左手打枪，左手做事，虽然银幕中央有一个白色的放映灯很刺眼，但我们觉得只要能看上电影，就非常高兴和满意了——我就是在那时看了《这里的黎明静悄悄》《罗马之战》《蛇》《沉默的人》这些经典作品。更难得的是，还能看上一些老的戏剧作品改编的电影，比如《奥赛罗》《王子复仇记》《钦差大臣》等。当可以公开放映越剧电影《红楼梦》时，我们已经可以大大方方地到剧场里看电影了。《红楼梦》一连看了十几遍，"宝玉哭灵"、"黛玉葬花"等重要段落，我几乎都可以背下来。前几年到上海演出，东方卫视采访我，知道我对越剧"红楼梦"格外痴迷，还特意牵线带我到徐玉兰的家里，拜访了徐玉兰老师。她送了我纪念册，我送了两张《雷雨》演出的票，也不知她老人家来看了没有！

"人口膨胀"的宿舍区

在漫长的计划经济年代，住房是紧缺物资，那时首都剧场三楼的一部分和整个四楼一直是剧院部分成员的宿舍，由单身而家庭而拖儿带女，"宿舍区"的人口开始膨胀。到了20世纪80年代，四楼已经住满，人口逐渐向三楼发展，三楼有些房间原本是办公室，渐渐也被改编为"家属宿舍"。

每天下午5点前后，是后三四楼最热闹的时候。由于很多男演员和男舞美工作人员的媳妇在外工作，5点钟下班，路上还需一段时间，等到她们回来再操刀下厨，就赶不上晚上的演出了。所以人艺的男同志，尤其是住在后三四楼的男同志，厨艺都不是一般了得的。楼道里一家挨一家，家家门前有个三屉桌，桌上做饭的家什一应俱全，矮凳上高压锅、煤油炉呼呼作响，一个个男人操刀挥勺，煎、炒、烹、炸，互相切磋技艺也是常有的事，整个楼道一时之间成了个大厨房。等媳妇们带着从幼儿园接回来的孩子到家了，一起吃完晚饭，下楼化妆准备演出，嘿，一准儿正是时候！

是啊！现在回想起来，大家住在一起真是个挺有意思的事儿。那时候，我们这些当年的学员大多都已经成家了，成家了就得过日子，柴米油盐酱醋茶，一应俱全，全部在楼道里。可像黄树栋（现官称"毛毛"的舞台监督）、李果（著名舞美设计），和刚刚来到的八五班学员们，还是一群孩子，在他们那儿，则是吓人搞怪恶作剧，一应俱全。所以我们出来做饭，发现什么东西丢点少点那简直是常有的事儿，尤其是楼道里用报纸包好的冬储大白菜，被黑虎掏心半夜去拌白菜心儿做了下酒菜更是家常便饭——而且酱油、醋还一定也是出在你身上。楼道里的"美味佳肴"也经常不翼而飞，锅里炖的鸡经常在你揭开盖子的时候，两条大腿不知怎么就没有了。但也许你拉开厕所小隔间门的时候，里面正巧就蹲着一个正在啃鸡腿的人。哈哈，也只能互相笑笑也就算了——孩子嘛，正是长身体的时候！更有甚者，居然有人把雷飞老师高压锅里炖的肘子拿去吃了，又怕被发现，在汤里补上了一块砖头……说实话，谁都从年轻时过过，但把这样一批"才华横溢"的年轻人集中在一起，"淘气"得确实有点出圈。

别看平时经常搞得你哭笑不得，但到了大事的时候，这些小青年们还是很让人感动的。1986年我爱人怀了儿子，我当时在加拿大演出。有一天她在食堂排队买饭的时候，突然觉得眼前一黑就什么都不知道了，当时排在我爱人身后的就是毛毛。用他自己事后的话说："我还正耍贫嘴呢，忽然间发现，嫂子直打晃……"就在我爱人倒下的一刹那，黄树栋伸手把嫂子从后边抄在了怀里，送了医务室。等我们演出归来，看他这通表功！后来，我儿子生下来接回剧院之后，他们还在楼道横拉上铁丝挂上纸牌，上面写着：嘘，安静！孩子在睡觉呢……

儿子四五个月的时候正值盛夏，我们每天上下午排练晚上演出。偶尔没有演出的傍晚，也会推着小竹车，里面躺着洗过澡的胖儿子到传达室门前的树下乘凉。有一次，一帮日本戏剧界的朋友到剧院做客，走到传达室门前，看到小竹车里的儿子一个个露出喜欢的表情，我顺手撩开盖在孩子身上的毛巾被，露出来男孩子的"标志"，一帮"国际友人"竟然边欢呼边鼓起掌来——原来他们也"重男轻女"！

毗邻而居的作家们，语言总是那么"独特"得不中听。看见你在楼道里给孩子洗澡，王梓夫会笑眯眯地问上一句：哟！洗孩子哪。惹得一楼道的同志们笑着叱道：怎么说话呢，这是！看着孩子满地乱跑越来越可爱了，刘锦云喜爱地说：这孩子真好看，我早就说过槽头买马看母子（"子"字轻读）嘛！

浑然一体的优越环境

住在后三楼是那个房屋作为生活资源极度短缺的特殊时期的特殊现象，但却给我们剧院一代又一代处于学习阶段工作初期的年轻人，营造了一个特殊的生活与工作，排练与学习，工作与休息浑然一体密不可分相互促进的特殊的优越环境。

1988年四五月，我们在三楼排练厅排练《天下第一楼》。每天晚9点排练结束后，都会有几个住在三四楼的中青年演员且不走呢，说呀聊呀没完没了。我就经常利用这段时间，拉住同样没有离开排练场的任宝贤、李光复，帮我看帮我想帮我当对手反复一遍一遍地排，直到他们看着不别扭，自己也觉得舒服的时候，才会关灯锁门各自回宿舍。我儿子杨功当时一岁多一点，正是蹒跚学步咿呀学语的时候。他也经常夆着小手晃晃悠悠地溜达进排演场，爬到椅子上胡乱拍响导演的"手铃"，七嘴八舌聊天的人们会下意识地瞬间安静下来，待看明白是他的"手笔"的时候，有的喜爱地摸摸他的头，有的善意地嘱咐"这东西"不能瞎玩，有的偷偷把铃收起来——大家的神经对那个"小东西"实在太敏感了。丛林用他的照相机记录下了孩子当时可掬的憨态，这些照片现在越发珍贵了。

舞台上的演出经常会发生意想不到的事情，住在后三四楼的演员和舞美人员经常成为"救场如救火"的救火员。那一年演《谁是强者》，剧中演科长的严燕生突生急病上吐下泻，舞台监督到三楼叫我下去"钻锅"，我关掉煤油炉，盖上炒了一半的菜锅就到台上对词去了。后来，由于严燕生带病坚持工作，忍痛上台演出，我才回到三楼继续炒菜做饭。还有一次演《田野田野》，一位年轻演员在社会上惹了事受了伤，直到开演前最后一刻才决定由李光复代替他。李光复在后台做了简单的准备就上了台，演对手戏的林连昆老师还蒙在鼓里，看到李光复晃晃悠悠地走上台来，睁大了眼睛看着他，眼神里分明在问：你怎么上来了，那小子呢？后面的一段戏，俩人演得很慢很"深情"。看似林老师很照顾"戏生"的李光复，实则林老师一边说词一边用眼睛向后台逡巡——这到底是怎么回事啊？

剧场属于公共设施单位，防火检查相当严格。由于后楼住有大批的家属，消防部门下达了多次令首都剧场停止营业的通知。时任第一副院长的于是之同志反复找市政府，终于在1991年，由市里拨款，为后三四楼的住户，购买了东直门和劲松的30多套房子。搬离剧院的时候，有心人方义（北京人艺舞美）、李果，竟用相机拍了后三四楼大量的生活场景。现在看来，这些资料弥足珍贵。

前些时，我问妻：如若时空能倒流，你能忍受后台三楼的生活吗？妻回忆着说：什么叫能忍受吗？其实那时候的生活，还真挺好的。大家住在一起，挺有意思。

孔师于我

弥松颐

　　孔干先生是我在汇文中学读书时的班主任老师。先生渝北长寿人也，四川大学毕业，先参军，后赴朝，1954年归国转业，即分配到了我的母校，教"政治"课，并当了我们初二6班的班主任。1954年至2013年，整整六十年，一个花甲子，我们师生之间，从未间断联系，甚至包括在"文化大革命"当中。

　　六十年来，先生对我的关爱呵护，无时无处不在；而我对先生的行履足迹，亦步亦趋，紧紧跟随。先生后来调到女十二中（原贝满女中），在尖尖的教堂、青青的草坪旁院，半间颇为清冷的小屋，我看到铺满整桌整床的报纸，上面写满了字如拳大的书法墨迹，先生是在不停地练字，并问我的进境如何。

　　孔先生后来又调到北城的女二中，住在净土寺女二中宿舍。骑车北去，从宝钞胡同西插，便是宿舍大门，这条道儿，我再熟悉不过了。南屋两间，先生在此安了家，并把老母亲孔太夫人从四川老家接到了北京。南屋西里间儿，师生对坐，谈书、谈事、谈人，总有谈不完的话题。快到"饭口"了，先生便留我在家里吃饭，孔奶奶执炊，我也不记得在这儿吃了几次饭了。告辞出来，先生总是把我送到大门口，站在台阶儿上，看我蹬上车，或者一步一送，爷儿俩一直走到东口。

　　后来便是"文革"，大百科出版社编辑，退休致仕，撰写《孙子兵法古今谈》《三十六计古今谈》等，寄赠剪报文章……先生总用毛笔写信，哪怕是一两句话的一个便条。远远看到苍劲古拙的墨笔信封，便知是恩师飞鸿来到。

　　1959年我上了南开大学，师生仍有书信往还。由于"家庭出身"问题，助学金没有申请下来，我并没有向孔师"告贷"，但突然寄我一张汇款单，汇来五元钱，真是金贵啊。若干年后，我向先生提起此事，先生说，当时并不知道你这么困难，要早知道的话，我还要"多兑一些来"。给学生钱，还要表示歉疚。（谈起赠金，还有两个五元钱的事儿。就是70年代初，出版社内的"补助"我也申请不下来，原因是政策规定：月均人收入12元以下者，方够"补助"条件。编辑室的张惠卿、周杰二位组长，看我状况维艰，于是各拿出五元，凑了十元，借给我，当然后来我也还上了。加上孔师的五元，人生三"五元"，恩义重如山。）

1971年我从干校分回北京，在人民出版社工作，住在附近拐棒胡同内的后炒面胡同。由于干校过重劳累，"肝功能"有点异常，不知怎地，被孔师知道了。一个严冬的清晨，一缕阳光刚刚抹上屋门。我还未及起床，就听堂屋门响，笃，笃，"松颐，松颐，我是孔干（先生老是用四川音称自己'空敢'）"！开开门，一件军大衣，就在门外，先生对我说："这是一只小子鸡，送给你熬点汤喝！"说完，头也不回，便匆匆出街门而去，天寒地冻，我也未着衣，竟也不曾送先生出大门。从北城到东城，我也不知道是骑车是坐车，先生冒着哈气的严寒，就为了给学生送一只小子鸡，这是何等至爱的情谊！

1967年春节，我结婚，只买了五元钱的糖果，分送给楼里的街坊。又被先生知道了，傍晚，携女儿孔平，送来了一对白地窄边绣松鹤朝阳云图的枕套。一对枕套，我夫妇俩一直在用，收藏至今。

先生古道热肠。在我上中学的时候，一阵子提倡与"最可爱的人"交朋友，先生便把挚友军人郑道行同志介绍给我，通信数年，并曾邀至北京我家小住，合影留念，今仍存相册中。

先生还把挚友、汇文中学同事，也是我的老师沈信夫先生、刘培华先生的交谊告诉我，引我拜见，此后，我与沈、刘老师通信往还多年。说起来一件荣幸并尴尬的事儿：一次，我请孔、沈、刘三老，并中医医院名医鲍友麟，四老一起驾临舍下，约好吃火锅。刚买的铜锅子，未及试用，临阵，怎么也点不开火，就这样乌乌涂涂地吃了一顿涮不开的涮羊肉，后悔不迭。

世居京城，1949年以后，搬了若干次家，有人说，搬一次家，就等于着一次火。寒家"着火"数次，虽说无甚细软，但日用家什、零七八碎儿也损失了不少。即便这样——我最近还整理出了自己从小学到中学到大学的若干日记、周记、作业、卷子、成绩单、通知书、毕业证书一大堆，排列一大厚册。其中就有孔先生于1955年初，我在初三6班上学时，先生填写的期终成绩单，及操行评语，并盖上篆书名章。阿拉伯字的分数，一笔不苟，数行认真书写的评语，字迹劲遒，神采飞皇，字里行间，寄托着对学生们多么殷勤的切盼与愿望啊。借刊发此文之机会，我也把孔老师写的成绩单，复印出来，更可见恩师泽被，"雪泥鸿爪"之云尔。

情系两岸"留种园"

卢咸池

"留种园",这不是一片田园、一座公园或花园的名字,它是我家祖上在台湾创立的家塾,并成为我们家族的"灯号"。一百多年来,它延续着我们卢家绵绵不断的两岸情怀。

1895年,甲午战败的清政府被迫把台湾割让给日本。以台北宣告成立抗日临时地方政权"台湾民主国"为起点,台湾同胞"义不臣倭",进行了长达半年的全岛性惨烈的反割台斗争。台北失陷后,许南英、许献琛等士绅诚迎刘永福入驻台南府城继续领导抗日,并以"民主国"名义设立议院和"筹防局",史称"台南抗日政府"。1895年10月上海出版的《万国公报》卷八十一以"选绅设院"为名刊登了刘永福发布的一份告示,其中称:

"据绅民许南英面称,公议不服日,立为自主国,请创议院,以通上下之情,并金举公正绅者为议院主等。……兹特准派许绅献琛、徐绅元焯、王绅蓝玉三人为议院主议,卢绅振基、陈绅鸣锵、林绅香山三人为议院参议,并刻发关防,俾昭信守。"

告示中提到的议院参议"卢绅振基"为同治二年台湾县岁贡生卢振基,他就是台南卢氏家塾"留种园"的创建者、笔者的高祖父。据有关资料,卢氏二十世祖振基,字立轩,约生于1828年,祖上原系福建永定客家人,18世纪末清嘉庆初年"由汀(州)永(定)莅台(湾)",原居台南府县口街(今台南市赤街),后迁至米街(现称新美街)。他"弱冠入邑庠","以母在,不远游……始终淡于仕进",从不参加应举的省城乡试,"年未四十以岁贡生归部铨选",授宁德县学训导未赴任。他在台南"乡居设教,声称籍甚,门弟子遍及台南北",著名台湾进士施士洁的亡妻黄恭人早年就是他的学生。几个儿子均为秀才,长子卢宗煌(笔者的曾祖父,字杏堂)光绪十九年(1893)六月在云林县学训导任上病故,时任台湾知府陈文为其撰写挽文。长孙卢东启(笔者的祖父,字霞村,1875年生)在战乱之时匆忙成婚,长孙媳郭莞卿是安平县人,据称娘家系"土著望族"。高祖父是岁贡生,自可称为"卢绅",再加其家塾名师的声望,被推举为抗日议院参议确在情理之中。

　　日本占领台南之后，深受中华文化传统熏陶的卢家祖孙"不愿为日寇顺民"。当时高祖母、曾祖父均已去世，于是我的祖父母陪同我年迈的高祖父和曾祖母，带着我的四叔公卢文启（字蔚其，时年11岁）、六叔公卢心启（字乃沃，时年9岁）和姑婆卢德璇（时年6岁），离台内渡。同船的还有安平人王舜中、王人骥父子和嘉义人黄星华、黄鸿翔父子，卢、王、黄三家从此结下世代情谊。民国年间的《厦门市志》卷廿五"文苑传"同时载有卢振基、王人骥、黄鸿翔的传记。

　　定居厦门之初，我们家赁居大同路朝天宫附近的海岸街，我父亲弟兄三人（祖父膝下三子，大伯卢雨亭为长、父亲卢嘉锡居次、六叔卢万生为幼，按内渡的全家大排行为一、五、六，下同）都出生于此。家里以在台时的"留种园"为灯号继续设塾授徒，不少名流子弟慕名而来，包括当时思明县（即今天的厦门市）县长的两个儿子。1901年，17岁的四叔公卢文启、15岁的六叔公卢心启同期考中秀才，分别名列龙溪县学第4名、第2名。同船内渡的王人骥、黄鸿翔则于1902年考中举人。我们家在大同路一带还先后住过大井脚巷、顶井巷等几处，后来迁至镇海路附近的苏厝街，抗战爆发、日本占领厦门后又迁居鼓浪屿。

　　高祖父离台时带走的是长子一支，而将其他几个儿子（我的曾叔公）宗燫、宗炘、宗燧三家留在台南，卢氏兄弟几家人从此隔海相望。内渡之初，祖父曾返台料理家产，后眼疾加重、几至失明。据父亲说，这是因为日本人强行砍掉卢家祖上赴台开基时种下的一棵"指甲花树"，祖父制止未果，心急上火所致。此后他将"祖遗财产悉率而让诸叔"，回厦门全心主持留种园，以塾师为业支撑家庭，鲜于外出，一世未取功名。有人疑问：眼睛失明，怎么教书呢？早年均进过留种园的父母告诉我，祖父博闻强记，古代经书诗词全都熟记心中，能信口背出；学童们写的作文，他听早入塾的学生念一遍，就能说出什么地方写得不对或写得不好，应该怎么改。

　　台胞祖籍地多在闽南的漳州、泉州（早年厦门属泉州府），故内渡的台湾士绅许多人定居于闽南大港厦门，或往来于厦门与内地的漳州、泉州之间。相同的境遇使他们相互过从甚密，成为当地一个引人注目的群体。台北板桥林家子弟林尔嘉（字叔臧）随父林维源内渡后，为寄托思乡之情，令人仿照台北故居庭院的式样在厦门鼓浪屿建造了一座大花园，以"叔臧"的谐音命名为"菽庄花园"；又发起创立"菽庄吟社"，一时吟侣众多，名声远播闽台两岸乃至海外。同在厦门的台湾名人施士洁、许南英、汪春源、蔡谷仁、王人骥（字选闲）、黄鸿翔（字幼垣）以及我的两位叔公卢文启、卢心启等都是吟社的骨干成员。在《台湾文献汇刊》第七辑"菽庄收藏杂录"中收录有他们以及我大伯卢雨亭的多篇诗作。六叔公卢心启还娶了同住厦门的台湾雾峰林家女、林祖密的妹妹林岫云为妻。同样饱受背井离乡之苦的台南留种园卢家与台湾望族台北板桥林家、台中雾峰林家就这样在厦门结下了文缘、亲缘。

台南进士施士洁与卢家在台本为世交,内渡后两家仍交往频繁。1903年高祖父去世,施士洁应我四叔公之请写下"司训立轩卢公家传"("司训"为县学教官教谕、训导的别称),称其"性至孝"、"督学徐公宗干,目为端人正士"、"在台诸有司,闻其风者,咸礼重之",内渡后"鹪栖蛛隐,抱道以终",并回顾了卢、施两家在台南米街三代比邻而居的诸多轶事。他与我的叔公之间常有诗词唱和,收入《后苏龛合集》的"卢沃茂才□□索题"、"十二时·和年家子卢乃沃茂才悼亡之作"("年家子"系科举时代称有年谊者的晚辈,茂才则系秀才的别称)就是他写给我六叔公卢心启(乃沃)的。

内渡士子们虽然抛弃了台湾的家财,但他们知书达礼,热心各地文化教育事业,卢、王、黄三家都成为厦门的教育名家、文化名人。王人骥参与创办和安小学并曾任校长,后任厦门自治研究所所长、思明中学校长。黄鸿翔创办育才学社,并先后任教于厦门自治研究所、玉屏中学、思明中学、集美学校、厦门大学,他创作的"集美学校校歌"流传至今。卢东启除主持留种园家塾外,还在川颖学堂、龙山小学任过教。卢文启先后创办文启塾社、崇实小学和师范传习所,还在厦门台湾同乡会创办的旭瀛书院等学校任过国文教员。卢心启曾任吉祥小学校长,1919年前后任厦门教育总会会长,其时与厦门总商会会长黄世金、厦门道尹陈培锟、思明县知事来玉林、福建暨南总局经理龚显灿等共同发表"扩充厦门教育募捐启",强调"国家之强弱,以教育之良窳为衡",呼吁教育救国。他还响应著名华侨领袖陈嘉庚禁种鸦片的呼吁,参与发起成立"闽南烟苗禁种会"并任干事。

卢、王、黄三家经常一道参加文化界聚会。近几年厦门收藏家们收集到的藏品中,有一幅作于民国甲戌年(1934年)的"赋秋草堂图",上面题字的22位名家就包括黄鸿翔、王人骥、蔡谷仁、卢心启四位客居厦门的台湾文人;还有一本于右任题写封面的《1932年北溪别墅名人雅集》,其中收有王人骥、卢心启等名家的作品;另有一个特制的"焕堂先生荣寿志庆"祝寿杯,留名的有王人骥、卢心启等多人。六叔公曾应聘在黄鸿翔创办的育才学社任教,并将少年时期的父亲带到学社读书。四叔公还特邀王人骥做四伯结婚的证婚人。由此可见三家往来之密切。

灯谜是一种历史悠久、雅俗共赏的中华民间文化。闽台两地历来谜事兴盛、精品迭出且交流密切。我的祖父卢东启和叔公卢文启、卢心启都是制谜能手。光绪壬寅年（1902年）厦门谜家陈厚等发起组织当地最早的民间灯谜爱好者成立"萃新谜社"，参加者主要是文化教育界名人，我的叔公卢文启、卢心启双双列名谜社"三十六天罡"。谜语大师谢云声所著《灵霄阁谜话初集》在介绍谜语书目时专门提到《留种园谜稿》一卷，卢文启撰。文启，字蔚其，籍台南。《留种别墅谜稿》一卷，卢心启撰。心启，字乃沃，籍台南。按：乃沃先生与蔚其先生为昆仲"。当时日据台湾，又常有海匪冒充台湾人骚扰福建沿海，致部分沿海民众对台湾人存有成见。为避免"台人"身份带来不便，"留种园"在厦门曾长期冒称是"龙溪卢家"（前述"菽庄收藏杂录"中收录的四叔公一篇诗作就署名"龙溪卢文启蔚其"），后辈则自称"厦门人"。由谢云声所述既可见两位叔公心中的留种园情结，也可知当地文化界完全了解卢家系内渡台人，但仍交往密切、无任何歧视之意。

王人骥和黄鸿翔中举后曾赴日本留学，主攻法政。留学归来后，他们参加了清末民初厦门各界民众反对英国占据"海后滩租地"的斗争，黄鸿翔还搜集历史文献编成《厦门海后滩交涉档案摘要》，为收回"海后滩租地"提供了交涉的法律依据。当时厦门民众组织了"保全海后滩公民会"，并推举福建省议会议员黄廷元和时任厦门教育总会会长的六叔公卢心启二人为代表赴外交部请愿，他们途经上海、天津到达北京，沿途向各地民众宣传，争取全国同胞的支持。最终英国殖民者被迫在"厦门海后滩善后办法"中承诺退出扩占的土地。抗战期间，四叔公卢文启和王人骥均避居号称"万国租界"的鼓浪屿，拒不出任日伪官职；黄鸿翔则迁居香港，后日军占领香港，他在贫病中去世。

父亲弟兄几人幼时都是在"留种园"家塾接受的启蒙教育，家学传统让他们打下了深厚的国学功底，而且个个都写得一手好字。我小时常听有人称赞父亲字迹隽秀，父亲总是回答说：三兄弟中，我哥哥、弟弟的字都比我好，他们写的字是可以当字帖使的！讲到家传，还有一个小故事。同样在厦门长大的江苏省台联前会长陈神民先生曾告诉我，一次他父亲在城里听了我父亲做报告，回家就说：这个卢教授讲话带台湾口音，一定是个台湾人！看来父亲不仅承继了祖辈的中华文化传统，连台湾口音都延续下来了。父辈们成年后也多承祖业，从事教育工作。大伯卢雨亭是首届厦门集美师范生，为维持家计、支持弟弟求学，毕业后放弃深造，曾入商界为职员，后返回教育界至终老。父亲卢嘉锡毕业于厦门大学化学系，留美回国后任教于厦门大学、浙江大学和福州大学，他自诩为"教书匠"并以此为荣。四伯卢敬亭（四叔公之子）毕业于厦门大学法律系，曾留学日本，后长期任教于福建师院（现福建师大）历史系。四姑卢季珍（四叔公之女）、表叔方虞田和小表姑方稻香（姑婆之子、女）等也都终身从教。

　　言传身教还让父辈们继承了前辈爱国爱乡的传统和同胞乡亲之间的情谊。厦门沦陷时期，年轻的八叔卢万金（四叔公之子）因参加反日活动蹲过日本人的监牢。1948年，父亲在厦门《星光日报》发表"反对美帝扶植日本笔谈"。新中国成立之初，四伯在报上发表"双重压迫下的留日华侨"，揭露美日对旅日华侨的欺侮压迫以及国民党驻日机构的软弱无能。20世纪70年代初，美日勾结企图吞并钓鱼岛，熟谙历史、法律的四伯又积极搜集有关资料编辑成册，并写下"编后结语"，列举大量事实证明钓鱼岛是我国固有领土。著名台胞林尔嘉的孙子林慰桢早年厦门大学化学系毕业后出国留学。新中国成立后，林先生看到祖国一天天强盛，希望能为国家发展尽一份力量。他通过关系联系上了同为厦大化学系毕业、又有前辈交谊的父亲。20世纪70年代中期到80年代，林慰桢教授几次来到福州，与在中科院福建物质结构研究所工作的父亲开展合作研究。不少台胞当年内渡后改籍福建。王人骥的孙子王世昌先生青年时代去广西工作，20世纪80年代退休回到厦门，特请我父亲作为证明人，恢复了台湾籍贯。黄鸿翔的儿子黄启巽在厦门大学化学系学习、毕业后留校，成为父亲的学生、同事。1986年到1995年，他连任两届厦门市台联会长，现在还担任名誉会长。我父亲曾被聘为福建省台联名誉会长，三姑卢巽珍和四姑、小表姑也都参加过各地台联的工作。

　　父亲对故乡台湾、对留种园一直怀着深厚的感情。父亲早就对孩童时代的我和弟妹们叙说过祖上在台湾创建"留种园"、后因不甘沦为日本"臣民"渡海来到厦门的往事。1980年大伯去世后，堂弟、堂妹将他生前部分诗词、照片编辑成册，父亲专门题写了封面"园仍留种，诗以言志"，以表达对祖上创立的家塾"留种园"和长兄的怀念。父亲曾经两次到台湾。1946年夏他第二次到台南，发现幼时随长辈回台时住过的米街祖屋已被毁，原先住在这里的亲人们不知迁居何处。他经好心人引线，见到了此前从未谋面的大姨母和表弟，又因其后两岸隔绝而失去联系。父亲晚年多次跟我们叨念这些事，他常对人说："我的父母来自台湾，我生长在福建厦门，海峡两岸都是我的故乡。"父亲去世后，我们兄弟姐妹决定把他的骨灰撒在台湾海峡，代表他的心永远与两岸的土地和人民连在一起，让海峡的波涛带着他的骨灰和他无尽的思念，去亲抚彼岸故乡的土地。

　　百年沧桑，斗转星移。如今，割台后内渡的祖父一辈人早已离世，内渡后才出生的父辈仍然在世的也日渐凋零。当年离台内渡的留种园杏堂公卢宗煌一支今天在祖国大陆已经繁衍成一个大家族，不少人也走上从教之路。我们家在厦门从无房产私宅，祖上也没有留给我们什么丰厚的家产，但他们的中华赤子之心和教育救国之梦却让后世受益不尽。我常骄傲地自称属于"两岸五代（从高祖父、曾祖父、祖父、父亲到我）教育世家"。台湾光复后，六叔公、六婶婆和他们的子女——我的七叔太平、大姑荆欢返回台湾。两岸隔绝局面打破之初，当时还在世的荆欢大姑有幸到福建探亲，与四婶、父亲、八叔、四姑等见面叙旧。近年来卢家兄弟姐妹也有多人赴台访问观光，代父辈们亲吻了故乡的土地，并在台中见到了七叔的女儿、我们的兆漳堂妹，但遗憾的是却一直没能寻访到当年留在台湾的三个曾叔公宗爀、宗炘、宗燧的后人，我们衷心期盼着两岸留种园的后代重新聚首的一天。

江南第一勾青　湖山几抹新绿

徐　坤

　　台州作协主席金岳清兄寄来春上第一抹羊岩勾青绿茶。正是人间四月天，京城风干物燥，意绪浮动，若能呷上一口明前春茶，那滋味，一定能够美入人心啊！于是，我迫不及待打开茶叶包装袋，但见一枚枚圆头圆脑的绿，恬然睡于袋子之中，一股子江南春天的潮气、带着临海的湿气、羊岩山的硬气，还有香草本身特有的清气袅袅飘散开来，登时暗香扑面。赶紧烧上一壶矿泉水，洁手净面，拿出高腰透明玻璃杯，恭恭敬敬冲泡茶叶。将80多摄氏度的水注入杯子，但见一片片青绿的叶芽在水波里翻滚、逐舞，嫩芽一点点舒展开，成三叶草的形状，一瞬之间香飘满室。那茶汤清绿，宽敞明亮，叶片圆润，娉婷袅娜，饮上一口，唇齿生香，美得似乎连心都要化了。真个是：尘心洗净千山秀，品茗更知春味长。

　　一抹羊岩勾青绿，几回临海湖山新。春日袅袅的茶香，勾我想起去年元月那趟到临海的旅行。那时正值冬季，北京寒冷枯燥、阴郁而多霾，直到阳历十二月底，都没有下过一场雪。快过新年时，顾建平兄来信问愿不愿意到南方走一趟？浙江的临海，时间不长，就两三天，利用放假的机会，邀几个作家去看一看。我一听"临海"这名字，就心生好感，说好啊！可以去啊！虽然不知临海在哪儿，但凭经验，以往到过的以"海"命名的城市，大抵都是很不错的，如上海、珠海、北海、威海等。这回要去的城市"临海"，听着离海更近，更像是一个把海临风的城市，当然也错不了！

　　于是新年刚过，就迫不及待从北京出发，1月2日早晨只用了3个小时不到，就从冬天到了春天，从寒冷坚硬的北方飞到了温暖如春的临海。到了临海，第一印象，感觉到的就是温暖、湿润、气候宜人。简直是太温暖舒适了！海边的湿润气候，与山中的暖风一起袭来，小城满眼温润，气候清新。路两旁的行道树全都是油绿的，一簇簇紫色的花朵在街边昂扬地盛开。"面朝大海春暖花开"，说的就是冬天的临海吧！

　　冬天的临海，满城满眼皆春色。在寒冷的北方已经封闭起来的毛孔，这会子，一点一滴地在暖风里给润开。即使是仍穿着上飞机时的羊绒外套，却也并不觉得热，好像薄厚也正合适。临海的一切都是那么舒适、惬意，一切都摆出一副刚刚好的样子：刚刚好的暖，刚刚好的绿，刚刚好的明净湿润，刚刚好的可以随意在晴暖的冬日大街上漫步遐思。临海冬天里温暖，是贴心的、怡人的，舒缓有致、不温不火的，让人不知不觉地享受和喜悦。冬到临海，绝不会像冬季到了别的南方城市譬如海南三亚那样，一下飞机就必须急三火四地把羽绒服换成游泳衣，沉睡的肌体被反季节的燥热一下子给炸开，最终往往会以一场严重的感冒作为收场。冬天的临海，是和风温煦，树叶常青，柔水碧波，山湖新绿。

初到临海，守着一肩的暖阳，只感受到它的暖与软，殊不知，待走进小城的深处，方知这块古代东南沿海海防重镇的坚与硬。临海的风光霁月背后，掩藏着它古代军事海防前线的刀光剑影。临海现在所留下的人文景观，最著名的都是古代战争的遗迹，如明代戚继光抗倭遗址桃渚古城，始筑于明洪武二十年（1387年），保存比较完整，有三座城门，城门外筑有瓮城，城内是古军事巷格局，有练兵的校场，有通向敌台的通信道，还有用于运兵防御的车马道。整个城郭的建筑既利于防守，也便于杀敌。游人穿梭于城中错齿交叉的小巷时，还能感受到当年英雄戚继光荡平倭寇保卫国疆的英勇壮烈。

及至走到坐落于临海市老城区的台州府城墙时，战争的阴影更加浓重。这条始建于东晋时期的台州府城墙，被称作"江南八达岭"，城墙依山势而建，有城门七道，城楼七座，易守可攻，全长六千多米，据建筑学家说，其可以作为北方明长城的"师范"和"蓝本"，但它比北方长城多出了一个防汛功能。我们一行人从它巍峨气派的望江门城楼拾级而上，气喘吁吁、歇过三起才勉强爬到城楼顶。城门楼上站定之后，放眼一瞧，但见它背依青山、虎踞龙盘、城墙蜿蜒、绿树葱茏，感觉像是回到了居庸关或慕田峪长城，回到了历史上兵戎相见箭镞咻咻的北方年代。原先对这里的有关"南方"的印象立刻没了。

再走一趟它这里著名的以道教南宗始祖紫阳真人张伯端的号命名的"紫阳古街"，印象又不一样。一条满是宋代遗风和明清格局的古街，临街一幢幢二层和三层小楼的店铺，各种卖糍粑、卖旧书、卖针头线脑小玩意的和蔼的中老年生意人，还有端着海碗坐在店铺门口小板凳上吃面条的老爹爹、老婆婆，感觉他们这些人本身就是街景的一部分，十分悠闲古朴，看着不像是做生意，都像是在展示南宋遗韵。好像穿上哪个朝代的衣服，他们就会逼真地回到哪个朝代里去。时光在紫阳古街这里仿佛一直停滞着，从来就没有流逝过。

如果不是被引向"头门港新区"码头参观，还真就差点忘了这个地方还叫做

"临海"，真就感受不到临海人轰隆隆的迈向现代化的急切脚步。一大片滩涂湿地的尽头，就是正在建设中的头门港码头。海风阵阵，海浪涟涟。近距离观瞧，铅灰色的冬天的海，其实比较无趣和乏味，只有人们的建设热情可以使海边的沉寂变成亢奋。数台起重机大吊车停在附近，运输石料的大车开过，趟起满眼街尘，两条临时搭建的栈桥伸向海水深处，一车车建筑物资不断运送到码头作业地点，这是台州人加速走向现代化的节奏。这个面积136平方公里的临海头门港新区，综合了港口、产业、城市体系，目标是建设大港口，搭建大平台，发展大产业，打造新城区。参观的人群里有人憧憬：待头门港建成之后，是不是可以直追和超越就近的上海港、宁波港、舟山港？

在临海灵湖岸边的赏月亭里，第一次喝到了羊岩勾青茶。

待夕阳西下，我们终于得把疲倦的脚步歇息在灵湖边的亭子里。一杯绿茶上来，登时眼前一亮！但见茶叶碧绿，叶芽饱满，茶汤清亮，冬天里得见这么品相好的茶，这茶可绝对不一般！一问方知，这就是当地著名的羊岩勾青茶。按说，临海之处多盐碱滩涂，土质不适宜种茶。但是当地朋友告诉我们，浙东多山，山区和农区特色多过海滨特色。羊岩山位于临海市区西北30公里处，主峰海拔786米，一年中有三分之一时间笼罩在云雾中，气候土壤，均适合种茶。羊岩山上产茶也就不奇怪了。特殊的地理位置，使得羊岩山所产的茶在绿茶里属于口味偏重的系列，跟龙井有几分相似，味道醇厚，经得起冲泡。现任中国国际茶文化研究会会长王家杨曾题字："江南第一勾青"。中国工程院院士、中国茶叶学会名誉理事长、国际茶叶协会副主席陈宗懋也赞羊岩勾青茶："羊岩勾青，香高味醇，实乃茶之极品。"

大冬天的，却坐在湖边亭子里喝起了绿茶，北方人特觉不可思议。绿茶性属寒凉，本就不适宜于冬季里喝，尤其在露天。然而，三道茶过后，我们喝得浑身舒爽通透，竟也喝出了脸蛋上的一抹春色和肢体上的融融暖意。这会子，经过两天马不停蹄的参观，程序都走完了之后，静心喝着茶，又体会到江南的春意了。但见这个临海最大的贯城湖面上，水波袅袅，微风悠悠。就着一杯上好的羊岩勾青茶，随便说着美食、风月与美景，真有点不知今夕何夕、此季何季的倒错感。

离开临海前，金岳清兄赠我一墨宝，录的是清代黄钺《二十四画品》中《明净》之句："虚亭枕流，荷花当秋，紫（花）的的，碧潭悠悠。"生动俊逸，毫无沾滞黏连，大概正是此时他学书既成又荣升作协主席的澄空万里心境吧！

转眼之间，冬季过去，春天的明媚已经来临。此时，隔着山和海的距离，品着四月香茗，回想着元月里临海的风光霁月，我却不再想《明净》，只想以《二十四画品》之《苍润》遥谢岳清兄：

"妙法既臻，菁华日振。气厚则苍，神和乃润。不丰而腴，不刻而俊。山雨洒衣，空翠黏鬓。介乎迹象，尚非精进。如松之阴，匠心斯印。"

学会寻找快乐

柳 萌

如果对某位朋友突然发问：您会寻找快乐吗？相信很多人会一时茫然，不知如何回答是好。仔细地想一想，自己寻找快乐，好像是容易，其实也不尽然。寻找快乐，是生命的本能，更是生活的技巧，人人有意识，却不见得真正做得到。尤其是对于那些习惯往日生活的人。

可以这样说，但凡上点年纪的人，甭问，年轻时候的生活质量，十有八九不如今天年轻人好。有的因战乱四处奔波，有的因政治精神压抑，有的因家累操劳伤神，总之很少有更多开心的日子过。即使是生活比较平顺富裕的人，在愉悦自己的快乐方式上，恐怕也没有像现在这样多。所以身体健康的年长人，特别知道珍惜今天的条件，总是想着法子补偿缺失的快乐。跳舞、扭秧歌、打门球、爬山，穿大红大绿的花衣裳、美容美发，吃西餐品尝各式各样的小吃，手头钱稍微宽裕的还要出国旅游，饱览四海风情观赏五洋景色。只要年轻人享受的美好事物，他们也总是想着亲自去经历。这就是衣食无虑的年长人，在今天的整体生存状态。

年轻时受苦受累受委屈，如今好容易赶上轻松年月，为什么不快快乐乐地生活呢？为什么不高高兴兴地度日呢？创造是人生的义务，享受是人生的权利。拥有这两者才是完整美好的人生。光知道创造和光知道享受，这样的人生都不算很精彩。

诚然，我说的这些年长人的快乐，在有权有钱的人或者年轻人看来，也许算不得什么真正的大快乐，充其量只能算是低级的小乐呵。可是就是这样的小乐呵，对于大多数年长人来说，他们也就很知足很满意了。

如果把话再说回来，无论是痛苦还是快乐，都纯粹是个人的体会，完全跟着真实的感觉走。假如把痛苦和快乐比喻为硬币，快乐是正面，痛苦是反面，谁想花这个钱谁就得双面触摸，单摸一面是不大有可能的。倘若把触摸当做人生的体验，这痛苦和快乐的滋味，对任何人又都是一样的，区别只是程度上的不同。就拿快乐来说吧，有钱人一掷千金的游戏，做官人被拥戴的得意，跟卖红薯小贩数钱时的开心，街头下象棋老人的高兴，从本质上说并没有多少差异，如果让他们用笔书写，写出来的"快乐"二字，都是一模一样的形象。因为在造字者的眼中，人的生理机能相同，对事物的感受接近，所以文字不分贵贱高低。只要个人感觉快乐就是快乐。快乐永远是个人的感觉，别人无法代替也无法夺走。

然而，快乐又并非是与生俱来的，更不是永远附着在躯体上，快乐像一切宝贵东西一样，得由你自己想办法去寻觅。富人花千元打高尔夫球，是去球场找快乐；穷人花十元钱听相声看戏，是去剧场找快乐；读书人终日读书，是在书本里找快乐；无所事事的人闲逛，是在街头找快乐，如此等等。还有的人哪儿也不愿意去，就自己在家里侍花逗鸟，或者找几个人打打麻将、玩玩小牌，从中寻得一时半会儿的乐趣。反正不管怎么说，快乐不会从天而降，总得你自己去主动寻找。谁会寻找快乐，谁就生活得愉快；谁不会寻找快乐，谁就生活得郁闷。

可是有的人不懂得这个道理，他们对待快乐的态度，有点像每月等候发工资，总是处于被动地位，希冀某个时辰由某个组织，把快乐的活动带到自己身边。这样做倒是蛮省心的，只是没有了寻找的过程，自然也就少去了许多乐趣。不能说别人给予的快乐不是快乐，只能说这样的快乐不会持久，一旦别人不给了自己就会陷入尴尬。前人积累的人生常识告诉我们，再辉煌的生与再伟大的死，都只是人生的终极两端，而且是刹那间的闪烁与暗淡，永远代替不了对过程的体验。唯有人生过程的快乐才是快乐。因此在人生过程中寻找快乐显得非常重要。人们经常说一些人，生活得有滋有味儿，而不是说一些人，生或死得有滋有味儿，我想正是这个意思。

说到这里兴许有人会问，那么自己如何寻找快乐呢？对不起，我也说不准。我在前边已经说了，快乐是一种人生体验，自己觉得快乐就是快乐，因此寻找快乐没有统一方法。只要你愿意做某件事情、参与某种活动，并且自己从中感觉快乐，那就要坚持去做、去参与，这快乐就会无可争辩地属于你。寻找快乐是需要勇气和智慧的，主动地积极地去寻找快乐吧，以便让自己的生活更有声有色。

五岁的记忆

高　平

　　这里所写的事，有的也可能发生在我四岁的时候，因为记不准，就都归入五岁吧。按公元来说是1937年。

　　我的父亲是在北平朝阳大学学法律的，毕业后回老家山东工作，先是在峄县当"承审"，大概是审判员之类的职务，后来调到高苑县当看守所所长。父亲是带着家眷的，包括我的母亲、哥哥和妹妹，还有我。我四五岁时就生活在高苑。

一

　　父亲是抽纸烟的。那时的纸烟一盒只装10支，比较流行的牌子是哈德门。烟盒里都装有一张彩色画片儿，上面印的是动物，如老虎、狮子、长颈鹿、犀牛等等，但每一张只印一种动物全身的三分之一，或是头，或是身子，或是尾部，要对齐了三张才能凑成一个完整的某种动物。我玩这个有瘾，拼接动物心急，而父亲抽烟、买烟的速度哪能赶得上我的需要，除了拿上重复的画片和小伙伴们交换以外，就得靠自己去捡了。

　　县政府西墙墙角是倒垃圾的地方。垃圾堆虽然发出一股霉味，苍蝇乱飞，却常有空纸烟盒混杂在内，有些里面画片犹在，我就隔三见五地去那里淘宝，常有令人惊喜的收获。

　　每当对齐了一个动物，我就把它贴在墙上。那是我唯一觉得好玩的东西。我们小的时候，父母是不曾给谁买过玩具的。我们也都没有上过幼儿园，大概高苑县根本就没有。我每天都是自己在家附近溜达着玩，大人也没有担心过我的安全。

二

　　高苑的县大队不足百人，肯定不是正规的军队，而是地方武装，也没见过他们进行什么训练。他们每天早晨出操的时候，唱的是国民革命军的歌曲，因为听了不知多少遍，记熟了，加上母亲的解释，我至今还会唱那首歌，歌词是"黑夜过去天破晓，朝日上升人起早。努力奋斗，精神荣耀，革命快成功了！"

平时没事的时候，士兵们见到我，就逗着我给他们唱京戏。我那时最拿手的是一段《珠帘寨》的流水板，他们百听不厌。不用伴奏，我张口就来："甲子年，开科选，山东来了一生员。家住曹州并曹县，姓黄名巢字子迁。三篇文章做得好，试官点他为状元。夸官三人游宫院，宫娥彩女笑连天。唐王爷见他的容貌丑，斩了试官贬状元。斩了试官不要紧，贬了状元起祸端。祥梅寺，贼造反，立逼天子幸驾走西川。学生到此无别干，一来是搬兵二来问安。"也许由于我是童声唱老生，小孩儿唱老头儿，他们特别赞许。每次都给我大声喊好。

我的父母对我给士兵们唱戏是支持的，高兴的。一直到我上了中学，父亲还经常叫我"清唱一段"作为对来访客人的款待。谁不希望自己的孩子受人喜欢、被人夸奖呢？

三

不知是从哪里来了个唱京剧的戏班子，在县城的空旷处搭了个戏台，前面摆了一排桌子和板凳，坐的是县政府的官儿和当地有名望的、有钱的人。我父亲也在其中，而且把我这个小戏迷也带在身边。其他观众都是站着、拥挤着、游动着看戏的。

开演之前或者演出中间，戏班的班主要拿着戏折子来请坐着的人"点戏"。那种折子也是商铺、记账人、大家庭常用的，可以看作是折叠式记事本。大小和现在的小手机差不多。外面是硬壳布面两头通的套子，里面装的是折叠着的白色厚纸，抽出来，一展开，可以竖写若干行的字。戏班用的折子上写的全是他们会唱的剧目，大多是整出戏的选场，所以也叫"折子戏"，供点戏的人在上面寻找爱看的戏名，点到哪一出他们就唱哪一出。当然，谁点戏谁就得给赏钱，人家尊重了你，给了你点戏的特权，你能好意思不出钱吗？这也是戏班保证收入、维持生活的一种惯用方法。一方得了面子，一方得了实惠，可谓双赢。

当班主请我父亲点戏的时候，父亲不点，叫我点，我毫不犹豫地说："珠帘寨。"因为我知道父亲也喜欢唱其中的一段。站在后面的观众虽然不能选择自己喜欢的戏码，但是不必掏一文钱，没有买票或者被摊派这一说；而且可以自由地来去，没有迟到或者早退那一说。点戏要给多少钱我不知道，反正不会少，少了是拿不出手的。

当时的流通货币主要是银元，中华民国三年铸造的，一块是壹圆，正面有袁世凯的侧面头像，俗称"袁大头"，又叫"现大洋"。零钱是铜元，俗称"大子儿"。以角为单位的纸币也有，叫"毛票"。父亲的月薪大概是50块银元，养家用不完，还寄给爷爷去买房买地，结果把我爷爷"买"成了个"地主"成分，那是1945年家乡搞"土改"时候的事了。

四

有一天，我独自在外边玩耍，走到县政府影壁墙外，忽然看到了一个巨大而可怕的怪物，它通身漆黑，趴在那里，瞪着两只明亮的大眼睛。我吓坏了，从没有见过这种动物，纸烟盒里的画片上也没有。我怎么也不敢从它的前面走过，觉得它会猛地扑住我，把我咬死。我战战兢兢地绕到它的屁股后头，逃回家去。

回家后，我向母亲报告了我的历险记，母亲告诉我那叫汽车，是博兴县长坐着来看望高苑县长的。博兴是高苑的东邻，两个县的县长大概是朋友。为什么他有汽车，高苑县长没有汽车呢？可能博兴是大县，高苑是小县吧。博兴县长不把汽车停在政府门口，而停在靠近大街的影壁墙外，许是要让更多的人看到，特意显示大县的气派。

我是见过高苑县长的，瘦高个儿。父亲只说过他也是大学毕业的，名叫李子甲。对于博兴县长则从未说过半个字。那时候，县长就是全县最大的官了。父亲对于县长不是"敬而远之"而是"不敬"且"远之"的。说到这里，我要补充一句：我在两三岁时就记得两个场景，一是我家内室挂着白布门帘，二是父亲手扶着桌子骂人。我说给母亲，她证实是对的，我家在峄县时挂的确实是白布门帘；父亲骂人是喝醉酒以后大骂峄县的县长。我想这大概正是他从峄县调任高苑的原因。

父亲一辈子没有参加过任何党派，也不曾搞过拉帮结派的事。《论语》中说，子曰："君子矜而不争，群而不党。"意思是：君子庄重而不与别人争执，合群而不结党营私。"不与别人争执"父亲远没有做到，"不结党营私"父亲是绝对做到了的。

五

那时的山东省政府主席是大名鼎鼎的韩复榘。我五岁时在高苑见过他。

高苑县的政府官员知道了韩主席要来视察，都非常紧张。他们要写好简短的述职报告，当面念给韩复榘听。父亲还找人突击把看守所犯人住室内的栅栏式隔墙用报纸裱糊起来。我不知道他为什么要这样做，是不是那些木栏破旧了，太脏了，来不及更换？

韩复榘到来之后，不是在办公室召开会议，而是在县政府门前的操场上放了一把椅子，往那里一坐，让县上的各级官员一个接一个地到面前来站着汇报工作，接受询问。群众可以在场观听。我也站在旁边，看到父亲也和别的官员一样，腋下夹着文件夹，跑步到他面前，立正报告。之后，韩复榘走到看守所进行巡视，还一把撕开了囚禁室隔墙上新糊的报纸，看了看，没说话。可能让父亲出了一身冷汗。

我对韩复榘的印象只有三点：个子不太高但很健壮，脸有点黑，表情非常严肃。韩复榘与许多复杂的历史人物一样，对他的评价多年来一直褒贬不一，这应当属于正常现象。但是我发现贬他的一方虚构的东西太多，譬如，他本是河北霸县人，因为在山东当了七年多省主席，就把他说成是山东人了，侯宝林在他的相声《关公战秦琼》中让韩复榘的叔老子都说一口标准山东话。又譬如，他是读过一些孔孟及理学著作的，能诗能文，而且写得一手好字，当年冯玉祥将军把他看上了，留在身边当书生，而贬他的人却把他说成是大字不识几个的大老粗，编造了许多说明他没有文化没有知识的笑话。再譬如说他不抗日，不战而逃，把山东丢给了日本人，这也不完全符合事实。他坚决反对日本人搞的"华北自治"，断然拒绝日本人让他去当汉奸"首脑"的诱惑，日军进攻山东时，他也曾奋起抵抗，进行了夜袭桑园车站、血战德州、坚守临邑、济阳遭遇战、徒骇河之战、济南战役、夜袭大汶口、配合台儿庄的外围战等比较大的战役或战斗，甚至给他夫人写了类似绝命书的信。他重创了日军，自己的部队也遭到惨重损失。当时南京都已经失守，蒋介石又调走了他的炮兵，山东的失守当有多种原因。当蒋介石在开封军事会议上责备他要对放弃济南、泰安负责的时候，他当面反击说："南京丢失是谁负责任呢？"韩复榘被判犯了"不遵命令，擅自撤退"之罪，于1938年1月在武昌被执行枪决。看来他确有傲上抗命、保存实力等问题，但蒋介石杀他不无剪除异己之嫌。

韩复榘在山东主政期间也做过好事，他在实施四项施政计划，即澄清吏治、根本清乡、严禁毒品、普及教育中是有成效的。而彻底否定韩复榘的人则写下了一套四册的《韩复榘祸鲁秘史》。

父亲对我讲过一个关于韩复榘的故事：泰安县有个女子从十几岁守寡，守到了80岁，县里联名为她写了守节报告材料，用轿子把她抬到省政府，呈请韩复榘主席批钱给她立个贞节牌坊。韩复榘只在上面批了两个字，就把报告和烈女退回去了，那两个字是：傻瓜。

六

母亲有个很大的洗衣盆，盛上水放在院子里，让夏天的阳光晒热。有一天，大地剧烈地摇晃起来，盆里的水泼了出去。挂在门后的一杆秤的秤砣也像钟摆一样摆动着。母亲说是"地动了"。老人们说：地是方的，起先靠三条大鱼在底下驮着，姜太公钓走了一条，王祥冰走了一条，只剩下一条了。他三十年眨一下眼，六十年翻一下身，翻身就地动了。这种传说竟然把姜太公钓鱼和二十四孝中的王祥冰鱼与地震编织在一起，也是有些想象力的。

这就是华北大地震。被认为是老天爷对日本制造卢沟桥事变表示愤怒。后来知道那次地震是1937年8月1日，震中位于山东菏泽，震级7级，共死亡3000余人，伤一万余人，毁掉房屋30余万间。高苑的震感只是它的波及，也是我平生第一次体会地震的威力。

在高苑，我第一次看到电影。一天晚上，在县政府影壁墙的内面挂起了一块很大很大的白布，场子里站满了人，忽然白布上出现了黄河大堤，大堤上站着一个人，他的长袍大襟被风吹得飘起来。啊，和相片不同，它竟然会动！全场爆发了既新奇又兴奋的欢声笑语。那是一部无声电影，不长的纪录片。银幕上还出现了低空盘旋的日本飞机，大概是侦察机，没有投弹。引起大家意外、茫然、惊恐、愤慨的各种声情。

日本侵略军逐日南侵，高苑无防线，县政府解散了。县长李子甲骑着自行车独自出逃。后来听父亲说，不知是为了报仇还是劫财，李县长被当地人截杀在路上。当时父亲把看守所的人员和全体在押人犯召集起来，作了一次最后的讲话，大意是：国难当头，日本鬼子就要打来了，大家已经听到了大炮声。你们各自回家吧，一切都既往不咎了。希望以后不要做对不起国家和老百姓的事情。对此，他们都深感意外，千恩万谢地散去了。没有谁趁机对我父亲非礼或者报复，足可证明他待人宽厚、为官清廉。

父亲雇了一辆独轮手推车，一边坐着我缠过脚、怀着孕的母亲，一边坐着我三岁的妹妹，基本保持着车子的平衡，父亲在前边拉着襻带，我在后面跟着，从高苑向老家济阳走去。途中并不平静，遇到过土匪刘黑七儿的队伍，遇到过日本鬼子的骑兵，黑烟翻滚，难民络绎……

就此打住吧。以后的事，我已写进了总题为《故乡系列》的文章。

再遇台湾

黄殿琴

当我再一次来到美丽的宝岛台湾，我便拼命地在找寻七年前来过台湾的印象。从渐冷的北京飞到台北最直感的就是这里还在过夏天，那种热力还是让我体会到两岸间的深情与热情。

不一样的地方

当然，到了台湾首要的是要走进博物馆。提到台湾的博物馆，通常会想到赫赫有名的台北故宫博物院，那里收藏着众多举世闻名的古代艺术珍品。然而，给我留下最深印象的要数中台山博物馆。在中台禅寺旁的中台山博物馆是以佛教文物为主题的博物馆，位于台湾省南投县埔里镇新里的中台山，塔寺合一的创新建筑以石雕造像为主轴，创办人为惟觉大和尚，其宗旨在于弘宗演教，保存佛教历史文化，承继、研究、发扬佛教艺术。中台山博物馆在2009年10月3日隆重开馆。馆内保存有600多件文物，主要是古代的佛像和雕塑等。

观览这里似乎要屏住呼吸，我们每人戴着一个耳机远近不等地听身穿长长佛衫的女僧用轻轻的声音向我们娓娓道来。我不间断地把耳机拿掉，是为听一听她的原声，她发出的声音很小很小，似乎只有她自己能听得见，微弱而有力、细弱而清晰，生怕发出的声音惊扰了石像。记不清是在哪一尊打坐的佛前，她摘下佛帽背对着我们深深鞠躬，我看清她的眼睛里有像她声音一样透亮而干净的泪水，她说的最多的一句话是：这里是一个不一样的地方，会有不一样的感受。

中台广传、落地生根，这确是一个很不一样的地方，让我有着很不一样的感受。到了这里，人就不再想东想西，这么简单的感受是不是就是人们常说的超越了时间和空间？我铭记着她的美妙而生动的声音，最真实的声音是心中的一支花，那支花抚慰着我的心灵，永远开在了我的心里，或许它会永远开放吧？起码在我心中是这样，也或许它会随风而去，走的仓忙，只留给我时过境迁的黯然神伤。

给我留下最深印象的还有佛光山佛陀纪念馆。"菩提东来"、"梵迹流光"、

"佛光普照"，那一些令我心驰神往的词语和故事啊！似乎前世注定今生就该在这里与之相见。公元前1世纪西域古国寺院和石窟寺遗址、西汉时期河西走廊、隋唐时期丝路沿线的佛教艺术珍品，无论任意哪样，恐怕您都会没有只看一眼就作罢的想法吧。来自陕西、新疆、甘肃、麦积山石窟、法门寺地宫等世界文化遗产和著名遗址的文物似乎在这之前都站在了历史的背面，很长一段时间我们都不得真容，可如今他们悄悄转身，于无意间轻轻地告诉我们，正是因为那长久时光的沉淀，才能带给你无穷的震撼。愣怔之后，恍然警醒，然后满心欢喜又肃然生畏，似乎那句"朝闻道，夕死可矣"就为今天而准备。

诺贝尔文学奖得主莫言去年9月刚刚来过，我们曾经还是鲁院的同班同学，莫言在这里以"文学家的梦想"为题发表了演讲。莫言对人性有深刻的了解，懂得真正的勇敢，也明白真正的悲悯。他掌握了人心难用是非善恶定性的朦胧地带，生动描述每个人，也展现了这片土地的现实以及对真理和正义的憧憬与坚持。发端于事件但超越事件，关心政治却又大于政治。这，正是文学的力量。只要坚守住，梦想都会成真。而我从这里又一次感受到真正的梦想的力量。看见梦想的力量，扩展更大的视野、提升文学、宗教、历史、经济、法治、文化、教育各方面的思考和观念而得来的创造、追求、实现梦想的虔诚之心不正是我们这次赴台的意义吗！

平生第一次

令我很温暖的是，一下飞机就看见了一辆标有"全国第一家专业轮椅接送服务"字样的车正在接一位20来岁的男子，他在轮椅上平静地双手抱拳端坐，身材微胖、面目白皙。一位中年男子正熟练耐心地操纵按钮将乘客从地面升进像中巴大小的车中。这一幕让我感知到，行动不便的人也可以十分畅通地出行，也可以有着舒适、便利、安全、无障碍的生活。这是我平生最偶然的一次遇见，也带给了我平生最大的发现。

令我最诧异的是，我说不清我们来台的时间是旺季还是淡季，而一路上见到最多的不是游客而是孩子与学生。在安平古堡的民族英雄郑成功的参观地我看到了许多学生，在赤楼里看到了许多学生，在圣母安润的堂前看到了许多幼儿园的孩子，这里的历史教育该是多么的浓厚。

令我最感慨的是，在101大楼的最顶层，我又见到了几年前来这里时见到的收放耳机的瘦瘦的中年男子。只他这么一位，快捷熟练、不声不响、井然有序、不拥不挤，我问他就这么一项收与发的工作干了多少年？他头也不抬依然将着手中一个个耳机线，平淡地告诉我已经十年了。这一句话好像囊括了一个人一辈子的生活，简单甚至有些呆板，可他又那么温婉。谁说生活中如此平凡、繁琐的呆板是受鄙夷的呢？发收耳机这一项工作可以一干就是十年，他一个人完成的极小的小事换来的却是我们大家的完美享受与津津乐道。而他从始至终都是低着头、手不闲地一丝不苟。这是我平生第一次看到一个人在这样一个岗位干得如此用心。

令我最开心的是，在高雄爱河码头我平生第一次看见闻名世界的亚洲最大的黄色小鸭，应该说它是黄色的大鸭子，超震撼。悠游在爱河，仰望着蓝天加上黄色小鸭的可爱模样，这其中的惬意又何足与外人道哉。

爱河发源于高雄县仁武乡，流经高雄市区，为高雄主要河川之一，全长约16.4公里，犹如城市的母亲之河。下游河岸整治而成河滨公园，是市区内散步休憩的好去处，也是端午节划龙舟与元宵节灯会的舞台。过去由于工业污染与都市废水排放不当，使得爱河因污染严重而恶名昭彰，但近年来经政府努力整治，并陆续在河岸两旁进行绿化，辟建休息设施，方使爱河的浪漫风华得以重现。

令我最敬重的是，导游刘冬梅对于导游这份工作的敬业精神。一路上她是如此认真，没有一丝糊弄之举，就是在行进的车中她都把台湾的地图挂在最前面的空处，不顾颠簸，需要站着时就站着为我们讲解。途中她的胃病犯了，强忍着到了晚饭后把我们送进房间才去买药。她做了许多边边角角的细致工作，在摇晃的车上用她的手机为我们展示各种水果等照片，还为我们特别介绍了当地很有特点的思慕鱼。就在吃过思慕鱼的第二天早晨，我没去吃早餐，就是为了收藏一张早餐券，加盖上宾馆的纪念章，作为永远留恋的记忆，收藏起导游冬梅美丽漂亮的微笑。

令我最爱喝的是，台湾的小米酒。品尝当地的小米酒真是很惬意，味道微酸、很香。小米酒是台湾原住民文化中最重要的生活与传统元素之一，是台湾最原始的酒酿，相传已有近千年文化。向往啊，坐船来到伊达邵码头九族文化村品尝台湾著名的小米酒和当地的美食。日月潭小米酒博物馆就在此，探访邵族文化之美就在此。日月潭伊达邵的小米酒博物馆，将小米酒的文化内涵、制作过程、器具等完整地呈现在博物馆内。借由文物的展示、文字与图像的解说，让参观的游客详细而深入地了解小米酒的世界。值得一提的是，博物馆里的制酒器具，都是主人陈家兄妹用心打造的，更可让游客一览小米酒的酿造过程。博物馆内还收藏了邵族文物及传统农业社会里的旧器具、生活用品等，还有许多邵族人过去生活在日月潭的珍贵老照片与图说。这些传统工艺在现代的科技社会中已经相当少见，让人仿佛进入时光机器，感受先民的生活智慧与刻苦精神，当然还具有学术教育的价值。

再遇台湾带给我那么多的平生第一次，挥之不去、记忆犹新的见识与惊奇，不正是这次赴台的真正意义吗！

同胞情

圣·保罗说："我把鼻子贴到窗上，很快，南方乡野的气味就攫住了我。"事实上"我们把鼻子贴到旅游车的车窗上，很快，台湾城市的气味就攫住了我们"。多大的鸟才是小鸟，多小的岛才是大岛，台湾真是个好地方，呼吸和说话是分不开的，鸟群永远在海上飞翔。于是，我想赞美台湾。月亮下面有云彩，云彩下面有什么，有填海造物的台湾。上了阿里山的山，下了太平洋的海。我想赞美自然的台湾美景，丰富的人文景观，那笔直的高大的香樟树、牛樟树、肖楠树、枫香树、橡皮树，它们和时间交织在一起。

几年前第一次到高雄，结识了高雄两岸劳动文教发展协会的廖振兴廖总。几年交往下来，廖总已是我多年的朋友了，他更是我尊重的长辈，我请示了团长后便有了当晚的晚宴。为了让全团人都能品尝到真正阿里山比赛头等奖的乌龙茶，廖总及秘书莉莉忙了个不亦乐乎。请阿里山茶商会的会长拿出了头等奖的乌龙茶，在中午及时送到，这正是廖总一贯的为人之道：深情厚意、真挚凛然。早在去年他就患了肝癌，做了手术，一见面才觉得他果真消瘦了许多，他在给我的一条短信中是这样写的："为了两岸和平发展的愿景而奔驰而与生命赛跑，我十分珍惜在短暂的人生旅途中结识了许多朋友结伴而行，我的人生历经过大悲大喜的淬炼，是朋友让我能一路走过荆棘与艰辛，生命就像一首诗也有起承转合，我的生命正像是此刻北京冬季的枯叶凋零落尽，生命是如此的萧瑟，对朋友是永远的牵挂。"这条短信我一直珍存着没有删除。

我们的车到了用餐地点，廖总一行四人早已排成横队恭候在门前了，一一握手后坐定寒暄。饭菜吃得不快也不慢，气氛严肃而活跃，十分融洽。团长在最后总结说：今晚的聚会应是一次"不是正式的正式访谈"。我们双方都觉得意犹未尽，感受颇深。没有不散的宴席，我有三句话：相见恨晚、时间太短、来日方长。

　　马拉美说过："世界的存在就是为了一本完美的书。"结束了这趟不是短暂的短暂之旅，突然记起第一次从台湾回来后写的一篇随笔《同一种文化同一个梦想》，文化的力量与梦想的力量依然是我们不懈追求的意义。我深深地记住了：垦丁的海水沉浮，日月潭根据水位深浅呈现出的不同色彩，海滨餐厅的高粱酒，电视里播放的人间频道。再遇台湾，又不知何年何月，更不知从何说起了……

旅途中的小坑洼

唐天宠

我们一行"六人帮"（其中五人在70岁以上，最老的84岁，其次是80、76、74、72，依次排列），从北京出发到山西、河南游走九天，累得够呛。好在老命均得以保住。

此行，我曾刻意要求避免"豪华"，一切食宿交通均以"经济实惠"为准则。并且舍去乘坐飞机，不要"蜻蜓点水"式的走马观花，全部交通采用地面车辆，以便实际观察沿途风土人情。

正因如此，这一路让我发现许多可以提出建议之处，都可算是"鸡毛蒜皮"的小问题，但因小失大是颇为不值之事。所有的旅游景点，管理都很严格，卫生环境都维护得很到位，几乎无可挑剔。问题都出在一些和真正旅游景点无大关联的事务上，这些"小事"大概国内尚未注意得到。现我分别陈述如下：

火车悲与喜

所有的火车站，大老远地就不准任何汽车驶入。要搭乘火车的旅客，都要远远提拉着行李"起旱"（这是个100年前的名词，最早是指从平稳舒适的河/海船上下船，以后改为"步行"。大概等于文雅名词的"跋涉"，其代表的意义就是"疲劳＋痛苦"）。我们一群老人在北京北站，从下了汽车开始"起旱"，等到进入火车车厢，两腿都要走直了。还好，找到一位"红帽子"帮我们输运各人的大件行李，但堆积了大堆行李的四轮推车不能走"人走的路"（例如自动电扶梯）而必须在车站内到处找"大车路"，绕来绕去，我们一群老家伙就必须"紧跟"红帽子以免脱队。中国的长途火车动辄十多节车厢，火车站的月台（站台）好像飞机场的跑道一望无际，上到火车以前都要先靠两条腿走上一大阵。这是新的"二万五千里长征"啊，只差了爬雪山过草地，也还没有子弹在头上飞。终于走到我们的车厢，但是，红帽子不准进入火车内帮客人安置行李，因此，我们老人都要自己把行李拉上火车自己找地方安放，然后才能坐下来喘口大气。我建议：火车站可以引进好像飞机场那种"电动车"，让老人可以带着行李乘坐这种电瓶车前往规定的车厢，酌量收费也是合理，这是可以让双方皆大欢喜的好事。红帽子应该可以进入车厢把行李安放妥当才算完成任务，否则好像只是用双手"把"小孩子拉屎而不给他擦屁股——让他自己擦——行吗？

从北京到大同，我们坐的火车是国内"一般"的火车（从内蒙古的赤峰到呼和浩特，途经北京、张家口和大同），硬卧是三层，我们都是下铺的票，而且是白天。车行奇慢，见站就停，有时候还为了爬山（八达岭长城一带）火车来回向两个不同方向行驶（台湾的阿里山登山火车也是如此），这段火车走了七八个小时。这种硬卧车厢的厕所都没有"马桶"，只有蹲下式的"茅坑"，我曾试蹲一次，不简单啊。火车震动，弄不好会一屁股跌坐在那个坑上，而且老人会像乌龟翻身一样地难以"改正姿势"。最后一天从郑州回北京的"软卧"车厢（上下铺），每节车厢有9个房间（每间4人），每节车厢有两个厕所，一为马桶，另一为蹲坑式。真是功德无量。

从北京到大同，我和五姐一路看到车窗外的"美景"，只见铁路两边的近距离内一路都是满地垃圾，有瓶子罐子，破砖烂瓦，最多的是最难消除的塑料垃圾，虽不能说"漫山遍野"，但也是令人触目惊心。这种乱抛垃圾的恶劣"风光"我只在埃及看到过，那是在公路旁边的小河沟岸上，景色几乎一样。我在车厢走廊内和一位要去呼和浩特的"房地产开发商"有机会交谈，我提出这些垃圾的问题，我说：中国一般城市内都见不到垃圾，环境清洁的工作相当不错，为何铁路两旁有这样多的垃圾而无人处理？他的答复是：铁路两旁都是"三不管"地带，城市政府认为应该由铁路负责清理，而铁路方面认为乱丢垃圾的都是城市之人，应该由城市负责——结果就是没人肯负责。我相信，去过埃及的游客，再也不会对埃及人从心里发出敬重。国内铁路两侧的这些垃圾奇景，如果给外国人看到，将产生多严重的负面效应？中国将一下子立刻变得和埃及一样的分量。

住宿之苦

曾多次听说大同是中国的"煤都"，地上地下到处都是煤。但是到了大同，空气中的煤烟子味并没有比北京更糟。我们下了车先去云冈石窟，有电瓶车从公园大门口直接把我们带到石窟面前，游客稀疏（天气还冷），我们觉得非常舒适。第二天，去恒山悬崖上的悬空寺时，气温零下12摄氏度，加上吹得人站立不稳的狂风，也是游人稀少，正对了我们的期望。再下一站，是五台山。我事先没有详细研究过五台山的情况，总认为大概是个光秃秃的平顶山，上边有些佛教寺庙而已。到了才知道，五台山最高峰已超过3000米，我们要住的地方海拔较低，但是也接近3000米。我们住在一个很大的旅馆，少说会有几百个房间，但是因为淡季，似乎只有我们六个人三间和另外两间房有人，这五间房都集中在一楼的一个角落，其他各处空空荡荡，黑乎乎，阴森森。外面气温又是零下12摄氏度，加上呼呼响的大风。入住以后，发现电话线早已在几天前被大风吹断，目前无法修理，所以不能在房间内上网。过了不久，停电了，全部漆黑，大概是电源线也被吹坏。自备发电机等了半个多小时才发动，总算有了灯光。但是，空调或暖气全无，房间内极冷。我穿上全部衣裤盖上两层被子还是冷。更糟糕的是逐渐感到"呼吸困难"，显然是海拔高的缺氧现象。我必须大力喘气才能免于"要被憋死"的痛苦感觉，这样怎能入睡？半夜2点钟，我实在难忍各种痛苦，起来前往酒店大厅找人协助。在暗淡的灯光下，只见柜台内无人值班，大厅内有两个年轻男子身穿军用棉大衣坐在沙发上睡觉，大概这就是唯一的服务人员。我故意弄出声响把这两个人惊醒，问他们旅馆有没有氧气设备，他们完全不懂氧气是啥，我解释说我的房间"空气不好，喘不上气"，他们说：那你可以把窗子打开，通通气。我说，外面零下12摄氏度哎。他们说，不是每个人都有两床被子了吗。我看到和这两位无话可讲，只能回到房间去。又经过一段时间的煎熬，我感到肚子奇饿，真是饥寒交迫。这次，我打电话，我打到总机，居然有人接听。我说，我无法入睡，现在肚子很饿，你们有啥吃的。回答是，现在是淡季，我们没有客房服务。我说，我真的很饿哎。那位女生说，我们私人有些泡面，你能不能吃辣的？我说，我不要辣的。她好像发现新大陆，兴奋地说：还有一包"康师傅酸菜面"，你能不能吃酸菜？我说，你快送来吧。于是，我就在五台山上享用了一大纸盒闻名已久的"康师傅方便面"。我的建议是：这样高寒的地带，旅社应该准备一些氧气筒供有高山症的客人购买使用（如九寨沟等地），也许在淡季可以在停止供应暖气的房间内暂时提供小型电暖风扇或是电毯……举手之劳，何乐而不为。

平遥古城，名不虚传，果然一切保持原样，古色古香。我们入住的是一所老房子改造而成的旅店。北京也有些四合院改为旅店供游客体验一下住在老四合院内的味道。我们住的地方显然花费了很大的人力、物力，将老式平房装修成旅游酒店的客房，配上老式中国家具。但是卧房内放置了两张大号单人床后，已无转身余地，感到很怪。最可悲的是，浴室内通风不良，有一股很强烈的厕所味，好像就睡在老年月极不卫生的露天公共厕所旁边。对我们这些"有经验"的人来说，真是时光倒流，万分逼真。但若是洋人或是新生代的本国人，都会感到"异香扑鼻"，有中国特色的"古老民居"，终生难忘。也许这是故意安排的一幕"仿古"风味。

逆流而上的电瓶车

在洛阳的那一天，正逢周末假日，又是洛阳每年一度的"牡丹花节"。我们偏偏安排了要去龙门石窟和牡丹花园两个景点。所到之处，人山人海，看车牌可知是来自全国各地。在龙门石窟，照旧的问题是，外来车辆都必须老远停车，游客都必须步行一大段路才能来到景点入口。我们到了大门口才知道，从这里都要步行走进去，必须走上"许多"公里的路，绕一个大圈，才能走到石窟面前。虽然有电瓶车，只能回程乘坐，去程必须人人走路。这不知道是哪门子的规定？为何如此规定？令我百思不得其解。本来我以为在一路上会有许多小店或是摊贩，要你一一经过，促进你购买纪念品的冲动。但是一问，并非如此。管理当局只是为了"容易维持秩序"而不准任何人乘车，只准步行（当然达官贵人例外）。在这种毫无道理的荒唐规定下，我当时立即拒绝前进，我对导游说，我们不要看了。那年轻导游让我们找个树荫暂时休息等候，她去奔走。过了很久，她才回来，说是拿出我们的护照表示我们是国外人士，又一一出示我们护照上的照片和年龄，表示我们是"弱势团体"；最后，"上面开恩"容许我们乘坐电瓶车逆流而上，到第二个关口为止（其他人是转一大圈倒流到了这里才能乘车回到大门口）。我们乘车到了第二个关口，因为是"逆行"，把守二道关口的人员不准我们再向前进入。导游又再一次让我们在树下等，她跑去管理处办理交涉，又过了半天，导游回来说，今天是周末假期，领导都不上班，还是用手机联络到分散在各处的多级领导，又是陈述一遍外来老华侨回祖国探亲旅游等等原因，最后由"最高领导"拍板决定"可以让这批老家伙逆流进入第二道关口"，并且电话通知把守关口的警卫"放行"。但是，我们若要走到石窟面前，必须走很远后经过一个大桥过河（伊水，大概就是《诗经》中"蒹葭苍苍，白露为霜，所谓伊人，在水一方"出典之处），然后再往相反方向沿着河的对岸走到石窟面前。看完了那些石窟，又要原路走回来，没有车子可坐。我们没有人有兴趣再继续前行。只能隔着伊水遥望对岸山崖上的从北魏幸存至今的几座大佛石像（比较小的佛像都早已被凿下盗卖），好在听说龙门石窟并没有云冈石窟的规模大，也被破坏得更厉害，我们不去近看也罢。

在三门峡市，我们去看了一个"虢国博物馆"，属于和兵马俑一样的"出土考古遗址"。可想而知，主要的"展品"是在地下的坑内。然而，要进入这个博物馆，先要到一个很大的平台，可以向下俯视黄河从面前流过，确实令人胸襟开阔。然后，要一级级登上一个大约等于五六层楼高的坡度很陡峭的宽阔台阶（横宽几十米，没有栏杆扶手，但看来有如面前一座金字塔，气势恢宏），爬到顶端令人上气不接下气。然后，马上又是同样高度和陡度的下坡台阶要你向下走。终于，来到一个定点，大概正好是你刚才爬上来又立刻走下去的两个同等高度——也就是说，你从外面的平面来到里面的平面位置，必须毫无道理地先爬上后爬下一个人工特制的"小山"。我想，设计者的唯一原因是这样会令人感到此博物馆的"宏伟壮观"。否则，那将只是从一个平地向前一直走，到了另外一块平地，向下看，地上有一个大坑，坑底下横七竖八躺卧着一些死人和死马破车的枯骨而已。这样的话，简直是无法出售门票啊。伟大的博物馆设计者，你可真行，愚公移山让你办到了。你就在人民的眼前建造起来一座高山，让人们爬上来再爬下去，修养身心，锻炼体魄。在这高坡上看下去的黄河，河水并不黄，倒也浩浩荡荡。但是听说在一些水库一路积水后，黄河的下游，现在经常"断流"——河床干涸。

请中国大地的千万景点领导打开心扉，设身处地地为一些老弱残疾体力有限行动艰难的弱势人物想想，设法让这些人也能够顺利出游安享晚年时光岁月。否则，他们只好关在房间内打打麻将了此残生。中国已经"基本上"走上世界一流的道路，高速公路和高速铁路足以见证。但是路上仍然有些坑坑洼洼必须填平。天下无难事，只需有心人。

父辈们的那些画

刘小东

我的父亲康东从1952年起一直在中国人民解放军总政治部解放军画报社担任美术编辑。我的公公董辰生是父亲的同事。作为活跃在那个年代的解放军画家，我的父辈们用他们的热情和画笔，为我们真实记录了那个年代的故事。

一

小时候，那是60年代初，每星期从幼儿园回来，最好玩的地方，就数爸爸办公楼里大大的画室了。画室里有很多好玩的东西，有个镂空雕花的大木框，比大人还高，中间有个轴，轴上有一面大镜子，镜子可以上下翻转，前后倾斜，有时还见大人们站在镜子前面摆各种姿势。画室到处都摆放着颜料和画画用的工具，仿真坦克和汽车模型是我和小伙伴最喜爱的玩具。孩子们也会学着大人们的样子涂鸦。孩童时代的记忆，至今想起来恍如昨日。

上小学以后，妈妈到乡下劳动改造去了。为了完成一个任务，搜集题材，爸爸总是出差，要去各地采访写生，家里只剩下我一个人。我每天三顿饭在大院里的食堂吃，到了晚上就去院里小朋友家睡觉，部队大院里的孩子们都是这样生活的，每天一早起床到院子里的食堂去排队，小战士们把孩子们的早餐准备好，一个馒头加点北京辣菜或者半块酱豆腐，冬天也得顶着西北风边走边吃去上学，每个孩子在食堂的伙食费都会记在各自爸爸的小账本上，小账本一排一排地插在一个布袋子里，布袋子挂在食堂的墙上，每个月底伙食费从大人的工资里扣。

那个年代的文化生活，就是孩子们反复地看着仅有的几部电影，电影台词都成了孩子们的口头禅，出版物品种也有限，画报、连环画是当时孩子们主要阅读的刊物。那个年代的人都知道黄继光、董存瑞、刘胡兰、焦裕禄和高玉宝。后来才慢慢知道是爸爸和叔叔们每天都在忙着画这些图画。

我的父亲康东1926年生于四川康定，1949年毕业于四川大学。1948年在大学期间参加共产党领导的地下青年组织。1950年参加中国人民解放军，任西南军区战斗文工团美术组创作员，是中国人民解放军首批随军入藏的军旅画家。1952年奉调进京，成为解放军画报社的美术编辑和编辑组组长。父亲绘画涉猎广泛、画种多样，在连环画、年画、版画、油画和国画上均成就卓著。创作和发表了大量的反映革命题材和部队生活的绘画作品。

1958年，为了表现人民公社第一个春节，父亲到顺义焦庄户采访，当时地道战的创始人马福和支部书记肖长春接待了他，并详细地谈了地道战的情况。对这个在焦庄户过的春节，父亲记忆犹新，直到几十年后，还一直念叨焦庄户当年的事情。今年我特意带老人去了趟那里，到了那儿，他逢人便打听马福和肖长春，恰巧遇到有位村里的老人知道过去的事情，告诉他马福和肖书记都已经于前几年过世了。

1962年，总政治部文化部召集了解放军画报社记者康东、李夫培，军博的高虹、黄胄，《甲午海战》的作者李恍等传达了邓小平同志的指示。邓小平说：连环画是种便于阅读的好形式，广大的人民和战士们都很喜欢，应该把英雄模范的事迹，用连环画的形式画出来。随即总政组织他们到中印边境前线收集英雄模范材料。1962年12月，父亲等人赴西藏前线采访写生，几个月的部队生活，留下了大量的写生和笔记，四个月回京后，编辑出版了10个英雄模范的连环画，为一本文集配绘了插图，创作了许多反映解放军战斗生活和藏族人民生活题材的画。那时，在藏区军民关系很密切，住在藏区的寨子里，每天都要去河边洗脸，旁边都是藏族妇女在洗衣服。一次，父亲正在河边洗脸，一转头，帽子就不见了。当时在藏区的老百姓都很喜欢戴解放军的帽子。父亲回到连队告诉了排长，排长找到村支书进行调查，才发现是一位洗衣服的妇女把帽子拿走了。

二

我的公公董辰生是父亲的战友，曾在解放军报社担任美术编辑20余年，离休前几年调入解放军画报社。1928年，公公生于秦皇岛，幼年从父学艺，青少年时期就崭露过人的绘画天赋，由秦皇岛老街的民间画师成长为一名"战士画家"，形成了自己独特的艺术风格。解放后，他先后在广州军区、解放军报社、解放军画报社任美术编辑。从20世纪50年代起，公公就在军报和各种刊物上发表了大量的革命题材的连环画、封面和插图，还创作了许多抗战题材的美术作品。可以说，他的作品影响着几代的读者。

1957年8月1日，《解放军报》配图发表了周恩来总理亲笔修改的《八一起义》文稿。实际上，这份文稿是董辰生当年为创作组画《八一起义》亲自起草的文字说明稿。如今这份已成为革命文物的组画说明稿，不仅是周总理参与缔造人民军队的重要历史证物，也是周总理结缘军队美术的珍贵文献资料。

《八一起义》这套组画是董辰生1957年画的，共画了8幅，发表在1957年8月1日的《解放军报》上。1957年是建军30周年，在这前一年，也就是1956年7月，解放军总政治部向全军和全国人民发起了一次征文活动，主题是"纪念建军30周年"。这次征文活动不仅范围广，而且时间长、声势大，要求"人人拿起笔来"，朱德、贺龙、陈毅等老师和很多老将军都写了纪念文章。这套组画可以说既是形式的需要也是军报的需要，因为这是军报第一次向国内正式介绍八一南昌起义。

在报社担任美术编辑，创作任务都有着严格的时间限制，当时没有传真照片，文字排版的同时就得把插图画出来，因此必须练就一双快手才行。画组画从准备素材、起草文字说明到构思创作需要在很短的时间内完成。大概是1957年6月，江西南昌的杜南同志给报社寄来一篇关于八一南昌起义的来稿，建议解放军报社在纪念八一南昌起义30周年时配图发表。这件事最初由军报美术组策划，提出初步的宣传方案，拟以画为主，篇幅较大。为了保证宣传的质量，报社特派董辰生去了趟南昌，南昌方面的接待人就是杜南同志，当时八一南昌纪念馆处于筹备阶段，他是纪念馆的筹备人之一。董辰生当时住在江西大旅社也就是后来的南昌纪念馆，八一起义指挥部就在江西大旅社的主楼，他先后参观了贺龙指挥部、朱德老总的军官教育团旧址和当年巷战的地方，并且画了许多的速写。组画的文字部分是根据杜南同志的来稿和查阅当时的有关资料，经过反复修改起草的。组画完稿后，在交审时，总编考虑周总理是八一起义前敌委员会的总指挥，他对八一起义军史最有发言权，也最具权威性，为了慎重起见，准备呈请周总理审阅。当时想到一个人，这个人名叫侯树德，她在报社的通联组工作，她的爱人是周总理办公室的秘书周家鼎同志。组画说明稿就是通过他们转给周总理的。周总理非常详细地修改、校正了历史事实的细节，亲自修改了董辰生的文字说明稿，使军报编辑部深受鼓舞，因此郑重决定，文稿与画稿全部刊印见报。

公公董辰生后来回忆的时候还记得，周总理对当时的文字主要修改了三处，一是补充了参加起义的三个部队的番号和这三个部队的领导人贺龙、叶挺、朱德；二是进一步明确了参加起义的其他重要领导人贺龙、叶挺、刘伯承；三是补充了起义失败的原因，周总理作为南昌起义的主要领导者承担了主力失败的责任。

文和画稿见诸报端后，组画原稿被革命历史博物馆要去了，那时人们对原作都不大重视，也没有任何交接手续。周总理修改的文字说明稿后来交给了八一南昌起义纪念馆来北京征集文物的同志。

几十年的工作和绘画背后有太多的故事，今天都成了我们珍贵的资料。几十年的工作和绘画，早已烙在父辈们心中的是对党、对人民军队、对祖国、对人民的热爱，他们是在用发自内心的情怀，对革命年代中血与火的历史进行追忆和记录。今年，早已进入耄耋之年的董老与康老，为纪念中国人民抗日战争暨世界反法西斯战争胜利70周年，还提笔进行了创作。这是时代的烙印，也是他们心中久久燃烧的"红色情结"。

农活儿

周振华

神州华夏，遍地英雄下夕烟。

是谁在支撑着一个拥有八亿农民的巨大农业体系与产业框架，其实，就是农活儿。

农活儿，即广阔农村围绕农业生产过程展开的各项作业，如开荒、垒坝、耕地、播种、施肥、浇水、锄草、收割、脱粒、扬场、晾晒、入库、碾米、分装等等。以上这些，也只是狭义上的农活儿，广义讲范围还大。发生在960万平方公里陆地上和300万平方公里海疆上的与农业相关的所有行为，均为农活儿，包括辅助农业主项的林业、牧业、渔业和各项副业。

眼下，虽相当一部分农活儿已被机械机器代劳了，但仍有很多农活儿需人工作业，特别是分布在山区和半山区以及丘陵、坡地的区域。

原始的农活儿，几乎完全靠人工来完成，土地、种子、农具构成农活儿的三要素，阳光、雨露、肥料助推农活儿永续循环，日复一日，年复一年。

当下，熟悉农活儿的人不是太多了，这是社会进步的表现。生活在蜜罐子里的人们，无需走近它，过问它，理会它，满目的农产品，不用问其来路，需要什么尽情挑选，除了付钱时有所触动，一切是那么轻松。需要做的只是如何更好地组合它们，搭配它们，有滋有味地享用它们。可我记得，早年不是这样，想吃什么更多是靠你的身板和力气去交换，不光是农民。

20世纪中后期，农活儿仿佛成了人生必修课，农活儿在很大程度上塑造了国人顽强的精神，也不同程度地提升了人们向命运挑战的动力。重大的农业工程都少不了全社会参与，涉农人员可以说是当时最大的农村农事农活儿的志愿者队伍。工、商、学、兵，包括机关干部，每个群体，每年都要浩浩荡荡奔赴广大农村，参与夺"三夏"，战"三秋"的战役，厂矿、商店、学校、部队，甚至常年自备各式各样的农具和用具，铁锹、镐头、镰刀和围裙、套袖、垫肩一应俱全，应时应季与农民同甘共苦，协同作战。记得那时农村的中小学校都辟有"试验田"，老师带领学生开荒垒堰，拾粪追肥，精耕细作。每个班级拥有一亩两亩或三亩五亩的土地，亲手种上果树、蓖麻、小麦、高粱、谷子等，每周设有劳动课，同学们在实验田里大显身手，班级之间畅谈心得，交流体会，践行农活儿。让他们学到了很多书本外的东西。还有那么多上山下乡的知识青年，十五六岁就离开了大城市，告别父母，奔向广阔农村，在艰苦的环境，在祖国最需要的地方，一干就是几年甚至更长时间的农活儿，有的索性把根深深地扎在了那里，农活儿伴随着它们一生。

冷静思考过后，农活儿应该是一个神圣的字眼，尽管大部分人离它越来越远。但在拥有农活儿经历的人群中，我想他们的大脑一定不时地还会被农活儿塞得满满的。这些人会由衷地感到它的亲切与分量，因为它无时无刻不在维系和助推人类的进步与文明。

要说，可能所有的人，一生中都做过农活儿，也非常愿意和迫切表白这样的经历，哪怕是做过一天两天，一件两件，那也是很值得炫耀的。农活儿给每个人留下的记忆，是深刻的，难以忘怀的。有意思的是，农活儿具有很大的"欺骗"性和"诱惑"性。起初，它会激发你对它产生无比的兴趣与好奇，看庄稼人在田野里的一招一式都富有新奇感，加上文人笔下及周围环境所烘托出的诗情画意，你会迫不及待地想去尝试它，体味它，感受它。当你亲身领教后很快就会发现，农活儿并不简单，怎么会是这样？反正不是想象的那样！如果你从来没做过农活儿，一会儿的工夫胳膊腿儿就会不听使唤，一天或几天下来，你的精神会涣散，你的筋骨会酸软。当"欺骗"与"诱惑"被揭穿，现实与你的主观想象产生偏离或冲突的时候，你会坚定地重新定义农活儿——它，不好玩儿，更不浪漫。即使从小生长在农村的孩子，也常常会被农活儿折磨得哭鼻子，掉眼泪，说梦话。因为很多农活儿会使人达到生理极限难以承受的程度。

做农活儿，看似闲情逸致，其实不然。就拿以下两项活茬儿来说，都是很考验人的。在山区，挑水抗旱是常事。生产队集中强壮劳力抢救即将枯萎的秧苗，不服输的半大小子们也加入了队伍。坡地与水源的距离往返两公里，时间持续个半月，每天太阳刚刚露头，人们就下地了。上百人的挑担队伍每人肩负两只七八十斤的水桶，大步快速，你追我赶，场面就像体育竞赛一样，队友们死死咬着领跑的人，互不示弱。如果你还是个要强的人，有脸有皮的人，如果你还有自尊，你就不能放慢脚步，就不能掉队，就得咬着牙往前冲，没有一股坚忍的精神，人早就散架了。这场景，就是农活儿。还有锄地，正值三伏，烈日当头，赤膊上阵的爷们儿，一头钻进一眼望不到头的青纱帐。玉米叶子在他们身体上刺啦刺啦地划过，胳膊、前胸满是道道血印，刺痒、隐痛都顾不上。要紧的是要用浑身的力气将硕大的锄板深深的插进泥土，再将它用力拉出泥土，一锄一锄循环往复，全速推进。不多时，脊背上的汗水就汇成了小河儿，腰，即使疼得快折了，也不能直，心里默念着，坚持！不能落后，除非你是个软蛋。这，还是农活儿，况且不同的季节还伴随着酷暑或严寒，事故与工伤。于是，在叙述这样的经历时，人们或多或少带有自豪感、光荣感，会不由得将所做的农活儿放大细节，清晰过程。日后他们着实感觉曾经的农活儿，冲淡了他们的娇气，磨炼了他们的意志，丰富了他们的人生，积累了他们的财富，农活儿的这一课在一生中应该说很重要。

农活儿是一项很繁复的劳动，不要认为它很土，没品位，没格调儿，里边的学问多的很。如果把它往深里说，往细里说，说出道道儿来，那可不是一件容易的事情。农活儿里边涉及气象、气候、水文、地质、土壤、生态、科技等等，啥时育种、啥时播种、啥时收获，都有其严格的逻辑与步骤。掌握农活儿，驾驭农活儿，做好农活儿，那需要几年、几十年、乃至一辈子的摔打与磨炼，要的是真功夫。

农活儿的典型特征：脏、累、苦，如果不是身临其境，农活儿到底有多脏，有多累，有多苦，那是局外人绝对体会不到的，或是难以置信的。怕脏，真就做不了做不好农活儿，不嫌脏，才是庄稼人的本色。尘土暴扬，满身泥土又算什么！那都是很平常的事情，庄稼人要和所有的粪便打交道，猪粪、马粪、牛粪、鸡粪，急了上手抓，最脏的大粪也不在话下。可能浑身上下里里外外被粪便包围着，甚至常常溅到嘴里，但为了庄稼，他们习以为常，在长期的进化中，以致庄稼人的嗅觉都不再那么灵敏；累！有多累？汉子们常常要扛二百斤，背三百斤的重物，就连女人的负重，一百多斤也是常事。赶上突击性的农活儿，可能要一连三天五天不休息，不合眼，为此常有人累得晕厥过去，或由此使腰背弯成了弓形；苦，怎么叫苦！做了一天、两天，一件、两件农活儿，那都有盼头儿。一年三百六十天，几十年、一辈子就泡在田里，风吹雨洒，日晒寒袭，还不算蚊叮虫咬，蜂蜇蛇攻，却一个工都舍不得歇。只有暴雨大雪封门的时候，才能在屋里猫个半天，可这就非常神仙了。

早年的农活儿，由于农事集中，突击性强，特别是"三夏"、"三秋"季节，人们常挑灯夜战。最多的活茬儿是收秋打场，各种农作物，按季采收回来集结摊放在生产队的场院里，各家各户的男女老少齐上阵，对它们进行分拣、脱粒、扬场、晾晒、装包（筐）。场面有说有笑，好不热闹，别看那时日子过得拮据，人们凑在一起，兴致畅怀，欢乐不减。月光下的劳动也是常事，比如打畦、浇地、布粪等。小青年们似乎更期盼这样的机会。记得知识青年上山下乡那些年，村里一下多了好多年轻人，原野里弥漫着青春的气息，往日异常沉闷的村庄，由此变得生动、清新而明快。这些从大城市来的孩子们的一言一行都带给农村不少的新观念，他们的精明与才智优化着各村各队的生产力结构，每个身影都活力四射。月光下的他们，似乎有更多的憧憬需要此时的碰撞，在那个特殊的年代，城里的和村里的年轻人在劳动中融合在一起，彼此之间的差别暂时被缩小或被抑制。记得那时秋种之前，主要利用有月光的晚上往地里送粪、布粪。两个人一辆小推车，一男一女自愿组合，皎洁的月光下，他们高频率地穿梭在田野里，每一组都干得热火朝天，尽管收工已将近午夜，但忘了什么是累。月光，为他们其中的一些人提供了交流的环境，增进了感情，或许由此奠定了一生的情感基础。

农活儿，并不将就，倒是非常讲究。农活儿要在农时的精确统领和指导下，严格按照农时有计划、有分寸地把握，每一项活茬儿都有出处，不是瞎来。

做农活儿和所有行业一样，也讲天赋、讲悟性、讲童子功。一名称职的农民，要伴随一生的学习、探索、实践。农民的手粗却心细，半路出家，浅尝辄止，一知半解，很难成为一名出色的农民。因此，从小就要在农事农时的熏染下，在父辈的帮带敲打下，倾心学习，勇于吃苦，善于实践，那才能成为一名做农活儿的好把式。

在行家眼里，谁干没干过农活儿，不用标榜，他一张口一投足就够了。笨人是做不好农活儿的，农活儿也需要出类拔萃的人至少是有头脑的人去做的，不然很多人会饿肚子的。不要小看农活儿，那里面满是学问和经纶。

什么农活儿，配置什么农具，工欲善其事，必先利其器。农活儿做得好，取决于农具的使用方法或熟练程度，优秀的庄稼人，要十八般武艺，刀叉剑戟，样样精通。农具使得好，使得熟练，得要领，农活儿才效率高，收成才有保障。

做农活儿，来不得半点偷奸取巧，应付糊弄。每一项活茬儿都是棒打石凿的，都需要你卖真力气，动真格儿的，否则，人误地一时，地误人一年。

农村老辈人常说，谁做的农活儿多，谁就会有大出息，或者说，有大出息的人，都曾经做过很多农活儿。这话有没有道理，需要印证。我的理解是能够善于吃苦、主动吃苦，吃大苦的人一定会有大出息。农活儿就很苦。苦，进入人身体后，必须要转化，转化成什么呢？那就是你个人的事情了，学学牛是怎么做的。

如果苦来了，不去和它较劲，吃苦拉苦，这个人从里到外就彻底变苦了，就被苦泡死了、淹死了。

农活儿也许太苦了，所以它有激发和催生的功能。很多农村的孩子，为了改变自己的命运，改变农民的命运，改变农村的命运，追求梦想，奋发学习，暂时走出农村，学成后再回到农村，运用所学到的知识，投身伟大的新农村的建设。

农活儿的话题说起来真的很多，我们每个人都有自己关于农活儿的故事。

温暖的智慧

张　弛

最近央视的科教频道连续报道了江西和福建的观鸟协会救助珍惜鸟类的事件，这让国人知道了中国竟然有着一个庞大的人群天天以观鸟为人生的至乐，以观察到最珍稀的鸟类为人生最高的理想。稍微多了解一点又发现这样的人绝不是中国特有的，英国的观鸟者占全国人口的1/30，在英美这些人被称为"鸟人"（birds man）。

另一个大有关系的头条新闻是，今年12月在伦敦一本书创造了世界图书拍卖的天价，730万英镑。这本书既不是《圣经》的古本，也不是达·芬奇的手稿，而是美国人奥杜邦的Birds of America的（中译本名为《飞鸟天堂》）首印本。奥杜邦就是美国历史上最著名的"鸟人"。只不过在他的时代，没有今天这样精良的照相机和望远镜，他要想保留观鸟的记忆，都是靠手绘的。

观鸟，观鱼，或者像法布尔那样观察昆虫，以及观察花草树木，都叫博物学。博物学按照英文nature history理解，是自然史的意思。但这其实并不准确。像古罗马博物学家普林尼的《自然史》就天文地理人文历史，无所不包，是关于人类世界的所有方面的知识和记录，而非仅仅关注今天所说的自然界。

博物学是人类历史上最为古老最为持久的知识。从几万年前原始人严冬中对野牛野马的描画，到今天高科技仿生学都属于博物学传统。而且古代的科学、哲学、文学、宗教都和博物学结合在一起，大哲学家亚里士多德、朱熹、卢梭，文学家迦梨陀娑、苏东坡，科学家阿基米德、达尔文等都是杰出的博物学家。

居住于"去自然化"的大都市中，栖居于水泥蜂巢里，穿行于水泥森林间，我们和自然界最亲密的接触就是吃一道"野"山菌或几片三文鱼（如果不是养殖的）。最可悲的是教育体系中关于认知自然、描摹自然和热爱自然的部分被心照不宣地剥夺了。

自然课早就名存实亡，一个孩子要想获得点直观的自然知识，只能花高昂的票价去海洋馆、科技馆、动物园看看，或者长途跋涉去城郊的植物园逛逛。

描摹自然的美术训练成了"艺术特长"的培训内容，这是中国教育最不可理解的荒诞之处之一。因为艺术能力和体育能力，例如唱歌、画画、运动，应该是人类的基本能力，现在成了"特长"，从而就局限在一部分人群中，而之外人就成了没有艺术能力，也不接受艺术训练的人了。美国著名的博物学家奥杜邦绘制了历史上最精美的鸟类和兽类图谱《飞鸟天堂》《走兽天下》，他不但从年轻时就学画，而且他的两个儿子，甚至他的太太都能作画。欧美发达的博物学绘画行业是和他们坚持不辍的博物学教育密不可分的，日本也树立了好的榜样。所以我们看到好莱坞巧夺天工的视觉特效，看到了宫崎骏美不可言的动画电影，这是他们的教育中一直强调的描摹自然的理念的必然结果。我们老是奇怪我们这么多美术和设计行业的从业者，可是在电影视效和动漫产业方面老是追不上欧美和日本，因为这不是技术的问题，技术是实现人的想法，如果想不到又怎么能做到呢。而我们的孩子从小就被剥夺了认识自然、描绘自然的能力，想象力怎么能不贫乏呢。这样的人从事美术、设计和影视行业，再多又有何益？

至于热爱自然那更是被排在政治教育、纪律教育和道德教育之后。所以爱自然对于自幼接受这种教育的西方人来说是很自然的，而我们就需要不断地通过一些事件来唤起，诸如泼熊啦、虐猫啦，甚至像可可西里要有人为了保护羚羊死掉才有国人知道，有的人为了保护动物竟然那么"严肃"，也从"周老虎"事件中了解到，有的人保护动物是那么"不严肃"。

博物学源远流长的中国，如今在教育体系中销声匿迹，而在西方，今天的西方人却越来越珍视自己的博物学传统。就像在英国，英国皇家鸟类协会有会员120万。相当于英国总人口的1/60，而这样的鸟类协会在英国有十几个。在英国，你伸出手，鸟儿会以为你在喂食，在中国，你一伸手，鸟儿就以为你要打气枪。在繁忙的法兰克福火车站，或者很多德国火车站，鸽子忽起忽落。没人喂它们，也没人赶它们。

让我们和它们各行其是，这不就是最理想的共生关系吗。我们不需要动物园和水族箱来表达对金丝猴和斑海豚的珍爱。要看就远远地看，要爱就让它们自由自在。

饺子

蒋伟涛

不知道是不是快过春节的缘故，最近经常想起饺子来。可以说在中国，没有一种食物像饺子那样从制作到享用，是由全家齐齐参与的。饺子在我国影响深远，无数文人留下文章，著名散文家梁实秋先生还专门写过一篇散文《饺子》。

一

在当下的中国，对每个家庭来说，吃饺子是再平常不过的事情了，但是对二十多年前的普通乡村家庭，吃饺子并非常事。我是80后，很多同事认为那时候的中国乡村处于家庭联产承包责任制下，粮食年年丰收，还能有电视剧《老农民》里描述的偷吃饺子的场景吗？在我的记忆中，也就是1990年前的孩童时期，吃饺子在我家真的是不经常的。

听父母说，他们小时候吃饺子，不仅关心馅料，还关心饺子皮。那时候粮食匮乏，白面是难得一见的奢侈品，一般都是家里来了贵重的客人，才吃一次饺子，但是饺子皮是用豆面或者红薯面做的，包出来的饺子是五颜六色的。父母的这种生活经历根深蒂固地印刻在我的脑子里，如影随形，因此，我始终把吃饺子作为饮食中的最高享受。

在我孩童时代，虽然经常吃饺子，但是吃肉馅饺子却是一种奢侈。记得我刚记事时，那一年春节别人家的鞭炮声在村子上空盘旋着，久久不能停息，而我却为吃肉馅饺子挨了一顿揍。可能是弗洛伊德的理论吧，这件事情我记得很清楚，当然我不是为了寻父母的仇，而是记住那段生活的艰辛和父母的不易，现在和我女儿讲起来，她都觉得是天方夜谭，不可理解。那年春节的两顿饺子，年三十中午吃的是猪肉馅的，但是家里不富裕，买的猪肉有限，还要招待客人，所以肉馅做的不多，只够家里吃一顿，年初一早上吃的饺子只能是素馅的，用豆腐、粉条、白菜做馅。当母亲把饺子盛在碗里，我咬了一口知道是素馅的，就把碗打翻在地上，说要吃肉馅饺子。父亲听见响声，急忙走过来，看见我把碗打翻在地，上来就给了我一巴掌，我倒在地上大哭。母亲也急忙跑过来，数说我的不是。至于后来的事情我已经记不得了。

二

儿时家中包饺子，是一件重大的事，父亲很早便动手和面，清水白面的比例，揉面及醒面的程度，如何恰到好处，他心中有数。最后父亲把和好的面放在盆里，用一块湿布盖上，防止干裂，这样面就妥当了。母亲把和好的面揉成长条，然后再揪成一个一个小块，用手掌压一下，就可以用擀面杖擀皮，饺子皮最好擀成中间鼓，四周薄。饺子包好了，一般放在高粱秆做的盖帘上，母亲在上边撒一些白面，防止饺子粘在上面。包饺子一般是全家齐上阵，剁馅、拌馅、揉面、擀皮、包捏、烧水、煮锅，忙成一团，大家不亦乐乎。

台湾唐鲁孙先生在《故园情》一书之《北平人三大主食——饺子、面条、烙饼》中写道，包饺子有两种方式，一个用"捏"，一个用"挤"。父亲慢慢"捏"出来的饺子呈半月形，很讲究，好看也好吃，但容易破。母亲"挤"出来的饺子呈尖圆形，不受看，但包起来很快，下饺子时不轻易煮破。所以我们家的饺子下好之后盛到盘子里，一看便知是谁包的。我总觉得还是"捏"的好吃，因为"捏"出来的饺子都带一道薄边，这是饺子皮最精彩的部位，少了它就不完美了。现在城市里都是"挤"饺子，"捏"饺子的极少见，实在是一种遗憾。

在我的记忆里，吃饺子大多是春节除夕的事情，在家乡豫东平原有一个传统，那就是春节大年三十中午和大年初一早上都要吃饺子。尤其是下饺子时要准时放鞭炮。大年初一的早上每家都会比谁家起得早，吃饺子早，当然放鞭炮也就早，这样就意味着来年好运能够及早到这个家里。我记得，每年除夕12点钟后，村子里就会有放鞭炮的声音，母亲不相信这一套，总觉得时间太早了，吃饭不好，每次大概都是四五点钟，天刚蒙蒙亮的时候起来煮饺子。头天晚上包好的饺子整齐地放在高粱盖帘上，等着在锅中完成自己的使命，升华自己的味道。锅里事先放好了水，母亲麻利地点火、烧秸秆，随着一声声带有韵味的风箱声在厨房中回荡，红红的火苗照在母亲的脸上，不一会工夫锅盖上就冒起一阵阵的水蒸气。这个时候父亲已经把鞭炮挂在院子里，母亲利索地把饺子下到热水中，这个时候院子里也响起了鞭炮声，响彻整个村子上空，与村子里的鞭炮声一起汇合成欢乐的海洋，响彻通宵。

饺子在锅里，不一会的工夫就飘到了水面。看着那些各式各样的饺子一起在沸腾的锅里翻滚，心情也跟着沸腾了起来。母亲等到水烧开，往锅里添上准备好的凉水，反复三次烧开，饺子终于熟了。当热气腾腾的饺子从锅里盛出来，母亲把头三碗放在灶台上说，第一碗是给老天爷吃的，不准动；第二碗是给灶王爷吃的，也不准动；当然第三碗也不准动，是送给爷爷奶奶的。母亲说要趁着饺子还热乎，让我赶紧送到爷爷奶奶家。回来后才能吃盼望已久的饺子。包饺子的过程、做饺子的程序，每年都在每家每户如此重演着，但是庄户人家不觉得繁琐，觉得这是美好新生活的象征。这一碗碗饺子传递着中华民族血脉相连、同根同源的文化，反复向后代传递着家族的亲情和对美好生活的期盼！

饺子不仅自己吃，还作为礼物送人，春节的饺子除了送给爷爷奶奶外，一般还往叔叔家送，叔叔也是让孩子送一碗给我们，这属于互换与互惠，可以尝尝其他家的饺子。在饥荒年，也许就是相互调剂一下口味，把自己家的肉馅饺子让亲戚吃一点，用互换的方式，可以避免施舍的感觉，让亲戚感到心理平衡，没有心理负担。这是中华民族普通老百姓的美德，可惜的是这样的做法随着生活水平的提高，慢慢地在乡村消失了。

过去春节很冷，有时候肉馅做好，可以多放几天，为的是能延长吃饺子的次数和时间，同时也是为了元宵节后给姥姥送饺子。母亲也不知道这个传统是什么时候就有的，但坚持每年都给姥姥送饺子。元宵节后，母亲选一个好日子，带上我，到集市上买一捆韭菜，骑着自行车去姥姥家送饺子。那时候没有冰箱，做好的肉馅十几天是会变酸的，姥姥特意在肉馅里多放些酱油，把酸味祛除掉。现在想一想这是很不健康的，但是二十多年前，姥姥和母亲就是用这样的方式生活，每每想到我都会心痛。

三

包饺子不是女人的专利，在我老家豫东一带，基本上不论男女老少，大人小孩都会包饺子。第一次包饺子是跟母亲学的，现在已记不得是多大岁数学习的了。但是母亲说那时候很小，我的两只手似乎总不听使唤，母亲就手把手地教我包，我也很用心地学，辛苦地练，慢慢地，包出来的饺子越来越漂亮。

到了20世纪90年代，家里慢慢地富裕起来了，春节吃肉馅饺子的机会也多了，但是平时吃肉馅饺子的机会还不是很多。平时母亲为了调剂我们的营养和口味，经常做素馅饺子，夏天一般是韭菜馅的，冬天一般是白菜、萝卜馅的，韭菜和白菜见了盐，极易出水，不好包，于是母亲想了一招，在拌馅时放方便面和油条，把方便面和油条切碎，放在馅里，可以把多余的水分吸收起来，这样饺子里就没有多余的水分，吃起来口感很好，感觉像是肉馅的。春天的时候，地里菜不是很多，母亲也是想方设法做饺子。比如杨树花、洋槐花、榆钱、楮树花、荠菜等，都可以做馅。这些花和菜先用热水焯一下，挤干水分，切碎就可以当做饺子的主料。夏天，母亲把吃不完的苋菜晒干；秋天，母亲还把萝卜的叶子晒干，储存起来，当做冬天或者春节吃饺子的主料。

在北方吃饺子还有一些说法，比如说"头伏饺子、二伏面、三伏烙饼摊鸡蛋"、"冬至日吃饺子"、"破五吃饺子"、"出门饺子进门面"、"自在不如躺着，好吃不如饺子"等传统说法。上高中和大学期间，每一次我回家，母亲都会早早地在灶台前忙碌擀面、切面、煮面，还没有进家就已经闻到面条的香味，葱末、鸡蛋、手擀面，没有高档的作料，也没有复杂的工艺，吃起来却是津津有味。每次快到上学的时候，母亲也会早早地在灶台前忙碌着做饺子。看着劳累的母亲，吃着香香的饺子，母亲把她全部的爱都和在了面里，包在了饺子里，融进那浓浓的饺子汁里。

儿欲养，而母不待。由于患病，母亲50多岁就离开了我们。有好长一段时间，我不愿意回老家，尽管父亲依然在期盼着我。因为每次回去再也看不到妈妈包好饺子等我的情景了，无论家人怎么热情，总是难以抹去我心中的失落与忧伤！直到现在，每当我吃饺子的时候，我眼前都会浮现出妈妈包饺子的身影，饺子的美味难以抵消儿子思念母亲的酸楚。

出门在外、朋友聚餐、家人团聚、逢年过节，饺子都会成为我家餐桌上必备的主食。我喜欢吃饺子，也喜欢包饺子，喜欢在包饺子时想着自己的心事，那一缕一缕的情思尽在圆圆的面片和拌馅之中，相信吃的人也一定能感受得到我的温暖情怀。我更喜欢除夕一家人围在一起包饺子的氛围，在欢声笑语之中一个个似乎还印着指纹的饺子就诞生了，它们是一个个快乐和幸福的吉祥物，一家人团团圆圆快快乐乐地在鞭炮声和祝福声中吃饺子是一年之中最幸福的事情了，吃在肚里，暖在心里。有了饺子，年也便更像是年。现在女儿六岁多，也跟着学会了"捏"饺子。我想中华民族吃饺子的习俗一定会一直流传下去。

春节前夕收到一则关于饺子的短信，内容很好，作为结语：其实人生就像饺子，岁月是皮，经历是馅。酸甜苦辣皆为滋味，毅力和信心正是饺子皮上的褶皱，人生中难免被狠狠挤一下，被开水煮一下，被人咬一下，倘若没有经历，硬装成熟，总会有露馅的时候。

大视野　大境界　大情怀

—— 电影《辛亥革命》制作人手记

王浙滨

　　王兴东和我策划、创作完成《建国大业》电影剧本之后，我们曾经思考过创作《辛亥革命》。可是，面对浩如烟海的资料如何提炼？面对波澜壮阔的历史如何节选？面对百年前可歌可泣的历史人物如何再现？对于任何一位创作者来说，创作《辛亥革命》都是极大的挑战。因此，我们迟迟未能下定决心。

　　2009年新中国成立六十周年之际，时任全国政协主席贾庆林在国家大剧院观看我们为纪念北平解放六十周年而创作的大型话剧《北平·1949》。演出之前，贾庆林主席接见主创人员时对我和兴东说："《建国大业》《北平·1949》都很好，你们想到没有，2011年还有大文章可做，纪念辛亥革命一百周年，你们考虑能不能拍摄一部电影呀！"

　　正是贾庆林主席这一偶然的提议，点燃了我们积蓄已久的创作激情，打消了我们的困惑。我们清醒地认识到，纪念辛亥革命一百周年，既是电影创作者肩负的历史使命，也是我们这一代电影工作者百年一遇的历史机遇。如何再现一百年前孙中山先生领导的这场改变中国命运的革命，对于今天中华民族的伟大复兴，有着巨大的影响和深远的思考。

　　写《建国大业》时我们查看过史料，1949年中国人民政治协商会议成立的主席台上，悬挂着孙中山先生的巨幅照片，很多与会代表曾是孙中山先生领导的同盟会会员。60年来，人民政协从未间断对于辛亥革命史料的收集与研究。今天，当历史的脚步进入辛亥革命一百周年的时刻，我们作为政协委员理应奉献一部表现孙中山、黄兴领导的辛亥革命的大型史诗影片。由于孙中山当年在美国募捐与海外洪门致公堂关系密切。因此，中国致公党也十分支持我们的创作，并给我们提供了珍贵的资料。

　　随着创作的一步一步深入，我们发现：

　　没有任何题材能像辛亥革命那样意义深远。辛亥革命打落了亚洲第一顶皇冠，推翻了统制中国267年的清王朝，结束了中国两千年的封建君主专制，建立了中华民国，拯救了民族命运，推进中国步入现代文明的进程。

没有任何故事能像这场惊心动魄的革命，充满悬念、遍布危机，尖锐的冲突，激烈的厮杀，意外的和谈，这是最富有电影表现力的历史时代。

没有任何人物能像孙中山先生那样，受到中华民族各党派、各民族、各地区的尊敬与爱戴。一位拿手术刀的医生成为世界最古老民族中国的第一任民选总统。他的国际化视野具备广泛的影响力，为世界华人所瞩目。

没有任何电影能像辛亥革命产生如此多的话题，中国从何时没有了皇帝？中国男人从何时剪掉了辫子？中国女人何时不再裹脚了？中国何时开始公元纪年？中国何时开始有了民主投票选举？

我们的创作时时都被原始的真实所感动，黄兴与徐宗汉的革命柔情及生死离别，七十二烈士血染黄花岗，林觉民留下的"与妻书"，秋瑾为革命赴死不惜一双儿女，革命志士的崇高信仰和理想之光令我们始终以崇敬之心来创作。在创作中我们也逐渐清晰，强调历史绝对的真实是不存在的，历史的叙述也存在无穷的可能性。关键是历史的伟人给观众呈现什么样的形象，只有打动观众心灵才是真实的，才是观众认可的。因此细节就显得格外重要，只有通过虚构想象的细节建立起来的历史才能真正成立。

创作是艰辛的，内心期待越高，其实越具有创造力。创作者就像一名旅行者，什么艰难险阻都不能阻挡他前行的步履。挑战过去，挑战自己，挑战未知。无论是写历史还是现实，从《飞来的仙鹤》到《离开雷锋的日子》，从《建国大业》到《辛亥革命》，我们的电影剧本几乎都是原创。原创不仅包括对生活的发现，更包含对这种发现敢于表达的勇气。

《辛亥革命》电影文学剧本分为四章，第一章"血染黄花岗"，第二章"武昌城首义"，第三章"阳夏保卫战"，第四章"创建共和制"。

剧本得到了贾庆林主席三次重要批示，经中央重大题材领导小组讨论通过，听取全国政协文史委员会、致公党中央的讨论意见进行多次修改。被列为中宣部、广电总局纪念辛亥革命100周年的重点影片。

作为电影《辛亥革命》的总制片人，我时时感到"辛亥革命"这四个字，字字千斤，字字如山，压在我的肩上。几乎超过了我的承受力，从影片筹备到拍摄，我经常彻夜难眠。剧本通过，立项确定，投资落实，最重要的就是组织创作团队，如何选择演员来诠释辛亥革命中的众多历史人物，无疑是我和我的团队最花费精力的，也是电影《辛亥革命》能否成功的关键。

选择赵文瑄饰演孙中山，除了考虑他形似孙中山，有四次饰演孙中山的经历，还考虑海峡两岸艺术家的沟通与合作。辛亥革命时期的孙中山主要在海外活动，在影片中有大量英语对白。赵文瑄英语口语非常流畅，但为了剧中孙中山在伦敦面对四国银行演讲的重场戏，他还是专门请来专家指导。赵文瑄出色地完成了孙中山的人物塑造，同时他良好的职业道德和艺术修养给全组留下了深刻的印象。

邀请成龙大哥饰演黄兴现在看来仍是明智之举。历史的黄兴亦文亦武，是革命家也是军事家。成龙从未演过此类角色，我想，是纪念辛亥革命100周年的伟大意义让他做出了这个重要决定。同时，正逢成龙从影第一百部影片，为此，他将正在筹备的《十二生肖》停了下来。可以说是《辛亥革命》选择了成龙，也可以说是成龙选择了《辛亥革命》。从成龙试妆造型的那一刻起，他就是银幕上无法替代的大将军黄兴。我相信，饰演黄兴将是成龙演艺生涯中的一次重要突破。我期待，海内外观众会认可成龙大哥塑造的大义大勇、大爱大恨的黄兴。

邀请李冰冰饰演徐宗汉时，她刚刚在美国拍摄完成《雪花秘扇》，她是一口气读完文学剧本的，她为黄兴与徐宗汉侠骨柔肠的爱情故事所感动，她说她许久没有读到过这样让她心动的剧本。我曾与李冰冰深谈过一次，我感受到她对这个角色的热爱和创作激情。历史中的徐宗汉不为广大观众所知，也从未在银幕上表现过，但徐宗汉这个人物在电影《辛亥革命》中的作用是不可或缺的。她的智慧和魅力，她的胆略和胸怀，使影片蒙上了一层浪漫与柔情。李冰冰是渐渐走近徐宗汉的内心世界的，当她在上海一整天泡在雨水里拍摄"黄花岗起义与潘达微收尸"这场重场戏之后，她告诉我，她许久没有这样震撼了，她再一次感到电影的伟大！

影片开机之后才确定请陈冲饰演隆裕皇太后，这位曾经在《末代皇帝》中饰演皇后婉容的陈冲，这位多年在好莱坞打拼从演员到导演的陈冲，看过剧本从纽约风尘仆仆赶到浙江横店《辛亥革命》剧组，对于这位在剧中戏份不多却扮演的是统治中国276年的大清王朝的最后一位皇太后，陈冲诠释了一个复杂多变，神经崩溃，没有选择的末代皇太后隆裕。我相信，看过影片的观众会在银幕上忘记陈冲而记住隆裕。

电影《辛亥革命》还邀请了孙淳、姜武、黄志忠、宁静、魏宗万、陈逸衡等众多实力派演员加盟，演绎了众多历史人物在革命大潮来临之际的抉择。邀请了余少群、房祖名、胡歌等青春偶像派演员饰演一百年前的"80后"革命志士、海外赤子，他们才华横溢，奋斗牺牲，上下而求索。

电影《辛亥革命》的拍摄难以仅仅用"艰辛"二字概括，拍摄过程犹如经历一场轰轰烈烈的辛亥革命，波澜壮阔，危机四伏。如果没有对电影犹如生命般的热爱，如果没有为了共同目标的大视野、大境界、大情怀，如果没有个人意志的坚强、坚忍和坚守，如果没有对辛亥百年犹如信仰般的责任与担当，电影《辛亥革命》当不会一次次化险为夷，绝处逢生。

拍摄电影《辛亥革命》犹如一次精神的探险，有迷失，有困境，但没有绝望。对于拍摄中承受的绝处和历练，虽不堪回首，却是影片之外珍贵的收获。

此时此刻，我深深感到个人力量的渺小。

在影片上映之际，我虔诚地向一百年前为辛亥革命壮烈牺牲的革命志士致敬，这部电影是一百年后中国电影人的祭奠。

我畅想在纪念辛亥革命百年之际，全球华人心潮澎湃地仰望着银幕中孙中山先生走来，聆听先生的期望与嘱托。

与《离开雷锋的日子》一起走过……

王兴东

乔安山每次来北京都要挤出时间和我见面，他说，没有16年前我去铁岭找他写剧本，就没有《离开雷锋的日子》这部电影，也就没人知道他是雷锋的亲密战友。

71岁的乔师傅，念念不忘参与拍摄《离开雷锋的日子》的人，电影使他走出了意外撞倒雷锋心灵忏悔的阴影，激起人们对他更多的理解和同情。随着电影的宣传，乔安山去了全国200多个城市，作了2000多场报告，从广东到新疆，从四川到黑龙江，每到一地都受到了各地政府领导和群众的欢迎。他说："为了传播雷锋精神，有时一天讲六场，我都不觉累。我一站在那儿，人家知道这部电影是真的，咱这个故事是真的，我这个人也是真的。"

打开乔安山的心锁

我从戴红领巾到戴红领章，经历了学雷锋的全过程。雷锋只活了22岁，他是怎么牺牲的？直到1995年的一天，我看到报纸有这样一则消息：1962年8月15日，一个叫乔安山的人，与雷锋一起出车执行任务，他在倒车时，意外撞倒一个晒衣服的柞木桩子，打在了正在指挥倒车的雷锋的太阳穴处，导致雷锋经抢救无效而牺牲。

乔安山，这个与雷锋真实死因有关的人物，像谜一样地吸引着我。那时，我在长影做编剧，当我来到辽宁省铁岭市，找到了56岁的已下岗在家三年的乔安山时，心情一下攥住了。他住在一座很旧的宿舍楼的三楼，一间半房，透过房间里的摆设可以知道他家的拮据程度。他和老伴每天在农贸市场里卖茶叶、糖果，以维持生活。他询问了我采访的目的，而后便十分警惕，害怕拍了电影，人们都知道雷锋是他撞死的，想拒绝我。我尝试着同他慢慢聊起雷锋牺牲的往事，他顾虑太多，不愿讲。让他放心的办法只有一个，答应电影拍成后请他去审查，他不满意不能通过。于是，他相信我了，开始倾心而谈。

至今，乔安山讲起那次车祸就像发生在昨天一样，仍历历在目。他后悔如果自己当时速度慢点也不会出事故。岁月逝去，然而雷锋埋在乔安山心里的情感是永远不会逝去的。

老乔没有读过书，雷锋为了帮助他提高文化知识，先后给他买过两支钢笔，老乔的母亲生病时，雷锋给老人家买过饼干，并瞒着老乔三次给他家里寄钱。

这一点我问过老乔，为什么雷锋总把陌生人当作亲人，把自己分到的一份苹果、一块月饼也送给疗养院的工人，把自己的钱捐给了受灾的公社？"雷锋一家人在旧社会都被迫害致死，他是孤儿，从小是在党的关怀下长大的，他把所有的人都当作家里人，一点都不陌生，在公共场合做好事如同在家里一样自然平常。"老乔说起，有一次跟雷锋坐火车，只见班长上了火车，还没坐下就开始找笤帚扫地，抓过水壶就给乘客倒开水。

"他对班里的每个战士都像兄弟般地爱护"，老乔又讲起另外一件事。一次，班里有个战士修车时不小心让硫酸把棉裤给烫了个窟窿，晚上也没在乎就睡了。第二天早上起来，发现裤子已补好了。原来，是雷锋趁大家都睡了后，从自己的棉帽子里抽出棉花，堵塞在那条裤子的窟窿里，给战友补好了棉裤。

为了更准确考证雷锋牺牲的真实情况，我到辽阳市司法局找到了雷锋的同班战友庞春学、于泉洋。谈起车祸，庞春学给我当场画了示意图，他说这是意外事故，因为当时雷锋着急指挥倒车，站在车的侧面，如果站在车的后边，就不会被木桩打到。事故发生后，连长怕乔安山想不开而做出傻事，还专门对他做了很多思想工作。

为了解熟悉乔安山这个人物，我从长春去辽阳市刘二堡子村拜访田生绵同志，谈起车祸之事，田生绵回忆说，那天他在菜地干活，听说出了事，就跑了过去，正看到虞连长抱着倒地的雷锋，不停地呼喊他的名字，雷锋嘴里在吐血，浑身抽搐。乔安山当时吓得脸色煞白，不知所措。团里马上把雷锋送往医院抢救。后来调查事故原因，结论是意外事故，所以也就没有处分乔安山。在全国宣传雷锋的事迹时，也就没有对外说起这件事情，主要也是怕对乔安山造成压力。电影和话剧《雷锋》都没有用真名乔安山。

"你们让班长的精神回家了！"

1996年3月，中宣部在长沙召开电影会议，我作为长影厂的代表参加。会议期间，时任北京市文化局副局长的张和平找到我，询问我手里在搞什么剧本？

当我把八集电视剧《雷锋的死与我有关》剧本递给张和平，他请来北京市电影公司总经理王珠，发行专家高军、卓顺国召开论证会，结果大家一致看好这个题材，并且认为这是一个极有"新闻热点、思想亮点和市场卖点"的好故事，如果能在明年学习雷锋纪念日时推向市场，是最佳档期。

于是，电影公司要求我两周内改定电影剧本，争取11月开机拍摄，次年3月份进市。当时，除了拥有位居首都的电影发行机构优势外，一切皆无。没有合法的出品厂标，也没有制片机构，更没有组织电影制片的管理人。距离开拍就剩下四个月时间，似乎真有点异想天开。

改革年代要向所有障碍发起挑战。经多方协商，厂标决定使用"北京电影学院青年电影制片厂"，制片人选定了长影编剧王浙滨，请长影的雷献禾和康宁导演抱病上阵。

乔安山由谁来演？张和平和王珠开车去天津找到刘佩琦，把剧本送给他看，希望他来演乔安山，刘佩琦又推荐自己的战友吴军来演雷锋。

1996年11月26日，顶着东北的大雪，在辽宁省抚顺雷锋墓前，《离开雷锋的日子》开机拍摄了。由雷锋精神而点燃的热情，焕发了剧组从未有过的创作激情，从寒冷刺骨的大东北到温暖如春的福建厦门，45个日日夜夜，摄制组转战辽宁、吉林、福建三省一市，分分秒秒，抢进度抢时间抢市场。

为了抢上映时间，时任北京市委宣传部长的龙新民、副部长李牧，率广电局、文化局领导飞到长影现场审查台词样片，并提出修改意见，力争创造精品。我和张和平、阎于京等留下来的人，研究了修改方案，补录台词。同时，根据领导的意见，为影片写了歌词《对待》。

当剧组请来乔安山审看影片时，他边看边流泪，影片放映后他满面是泪，握着我和导演雷献禾的手说："你们了却我一块心病，我对班长有了一个交代，现在的人，不相信雷锋精神，你们让班长的精神回家了！"

票价2元，票房580万

3月份，《离开雷锋的日子》推向全国，呼唤雷锋精神与观众心灵产生了共振。一时间，北京电影市场热放《离开雷锋的日子》，观众踊跃观看，达185万人次。

在北京市委宣传部的领导和支持下，电影体制改革的信号从北京市场悄然传递，"制、发、放"一条龙机制，当时票价是2元到5元钱，北京票房达580万。

团中央向各省团委下达传真文件，要求组织好共青团，少先队学生结合学习雷锋活动观看影片。一块石头投到井里能知水的深浅，这部电影投放市场方知人们对雷锋的情感厚薄。没想到这部表现雷锋和乔安山的电影受到观众的热情欢迎。长影洗印厂35毫米拷贝印了241个，16毫米880个，可见电影的发行市场良好。

北京地质礼堂的陈淑萍经理给我描述过：这部电影好看也好懂，我们影院近千座位，场场都满，我们给学校一天安排五场，租来五辆公交大客，集体接送看电影的学生。孩子们看了很感动，很投入，我在办公室那边，一会儿听到影院内出现了哭声，那是雷锋牺牲了；一会儿有跺脚声，那是宋春丽痛斥负义一家，孩子们解恨了；一会儿传出一片掌声，那是乔安山智斗车匪路霸。乔安山折射出来的雷锋精神，激起观众强劲的道德感，使他们不知不觉地置身于影片的特定情境，在善与恶，无私与自私的较量中，内心世界也波澜起伏，欲罢不能，与电影中人物共同体验善终于战胜恶，灵魂得到了升华，心灵得到了满足。这样的主旋律不是多了，而是少了。

为表彰电影《离开雷锋的日子》，林文漪代表市政府奖励剧组20万元。我提议奖金不分，创立一个"源泉奖"，奖励生活原型人物，以保持电影创作与生活紧密相连的纽带，主创人员都赞成。因为，没有乔安山允许我们用他真人真事，贡献他内心封闭已久的素材，我们是写不成这样一部电影的。当时老乔还是下岗职工，生活困难。大家一致同意。拿出两万奖金，先奖励了乔安山；后来又发给了甘肃贫困学生李勇，他创造了《背起爸爸上学》，孝心感动了中国；《共和国之旗》主人公曾联松——五星红旗的设计者；《芬妮的微笑》中的瓦格纳夫人——嫁到浙江省金华农村生活了一辈子的奥地利女人；被孩子们誉为《法官妈妈》的尚秀云；第一个代表中国参加奥运会的《一个人的奥林匹克》中刘长春的家属。

人们没有离开雷锋

一个老故事做出新市场，看过后没有说后悔的，赢得观众满意、专家满意、领导满意。毋庸置疑，这都是"雷锋"的影响力，蛰伏人们心中的模范好人，被电影呼唤出来了，人们没有离开雷锋……

我两次去抚顺参观雷锋纪念馆，站在雷锋墓前，如同翻阅一部生命的史册，寻找一种精神的索引……

学雷锋要学什么？一个年仅22岁的青年人，他有什么样的英雄壮举和久战沙场的功勋吗？没有。他有什么超凡的学问和天才的发明吗？没有。埋葬地下的雷锋生前永远不会想到，上至共和国的三代领导集体，下至中华大地亿万国民，都在向他学习和看齐。

雷锋，好德乐善而无求，成为体现中华民族传统道德的排头兵。他的战友们总结出雷锋的五种精神：一、忠诚信仰的爱国爱党的"报国精神"；二、助人为乐热心奉献的"傻子精神"；三、干一行钻一行爱岗敬业的"螺丝钉"精神；四、刻苦学习和钻研理论的"钉子"精神；五、勤俭节约、艰苦奋斗的"节约箱"精神。这些都凝聚着人性最美好的品格修养，体现了社会主义公民的价值观念和行为准则。

雷锋虽然22岁就离开人世，但他的名字宛如蛰伏在人们心宇中的响雷随时呼唤着我们沉睡的良知。最先唤醒的就是那个因车祸肇事撞死雷锋的乔安山，他把自己锁在终生悔恨的心狱里，精神的痛苦像无家的孩子找不到归宿，他拒绝一切采访，把自己封闭了30多年。然而，他每年的清明节都去抚顺雷锋墓地看望永远22岁的班长。

"别人不学雷锋，我不能不学，我是雷锋班里出来的人，我得多做好事，像班长那样帮助别人，等于为雷锋精神争光！"这就是乔安山的性格，从内疚转化为执着地接过雷锋理想的接力棒，坚定地走下去，特殊的命运形成了他独特的个性，创造了一个平凡而感动中国的故事。

乔安山又来到北京，他说北京精神的"厚德"，就是雷锋精神……

《秋之白华》革命者的爱情传奇

吴　高

向建党90周年献礼的影片《秋之白华》，描述了中共建党时期重要领导人之一瞿秋白和杨之华的传奇爱情故事，展示了瞿秋白短暂而光辉的人生。

《秋之白华》的片名，源自革命先驱瞿秋白赠送爱妻杨之华的一枚印章"秋之白华"，意指秋白、之华，寓意"你中有我，我中有你"。影片塑造了两个愿为理想献出生命的纯净青年，讲述了一段发生在动荡年代的传奇爱情故事。导演霍建起、编剧苏小卫夫妻再次默契搭档，"谋男郎"窦骁与"谋女郎"董洁倾力加盟，使得这部影片自开拍起就成为媒体关注的焦点。

洪流中绽放的玫瑰

在霍导看来，《秋之白华》是瞿秋白和杨之华爱情的最好纪念，能够创作这部作品，让后人感同身受这样动人的情感，他感到很欣慰。他在导演阐述中这样讲述这段爱情传奇："在中国革命风起云涌的大时代中，他们因觉悟而革命，因革命而相爱，因相爱而勇敢，因勇敢而从容。作为革命者，他们为国家和民族的解放事业献出了自己的一切；作为青年，他们为纯真爱情和美好生活投入了全部热情。"而"革命者的爱情最终体现为相互的支持、鼓励和安慰，爱情是他们信心、毅力和勇气的来源之一。不管是在白色恐怖的环境下坚持斗争，还是在监狱中面对敌人的迫害，爱情的力量一直是强有力的"。在影片的拍摄上，他依旧着意营造出散文诗的风格，将两个走上革命道路的知识青年的斗争生活和传奇爱情用他特有的细腻笔触、唯美画面和舒缓节奏表现出来。

描述革命先驱的感情经历，这是主旋律电影很少触及的题材。苏小卫在创作时将特定的历史阶段和事件置于人物及其情感历程的背景中，重点着墨于这段传奇爱情。她刻画出两位革命青年面对情感时的克制与内敛、勇敢与坚定，以及爱情所给予他们参与革命斗争的力量，并从生活化、人性化的角度剖析人物，还原了历史人物的真实面貌。比如，片中最重要的一场戏"瞿秋白就义"，瞿秋白的衣着形象是根据他就义前的真实照片而精心打造的。他上身着至爱杨之华为他亲手缝制的黑色中式夹袄，下穿当时西方留学归国学子时尚的过膝短裤、黑色长袜。他唱着中文、俄文的《国际歌》奔赴刑场，选了一处干净地方，平静地说了句"此地甚好"，遂席地而坐，从容就义。这场戏既高度还原了历史，再现了瞿秋白坚定勇敢的革命信念，又传达出瞿秋白对杨之华至死相念的感人情怀，催人泪下。

演绎那个时代的革命情侣

现在仍旧是北京电影学院在读学生的窦骁，因2010年出演张艺谋影片《山楂树之恋》中的"老三"一角而迅速成名。他在塑造角色时表现出的纯净、阳光、深情，使得他在一时间收获了着迷于怀旧、传统之美的大批影迷的拥趸。

窦骁饰演的瞿秋白，不仅在外形上与瞿秋白相像，更多的是在气质上的贴近。江苏常州人瞿秋白，多才多艺，学识渊博，气质儒雅，同时更是一位不折不扣的坚定的共产主义战士、光荣的革命先驱。他在革命斗争中英勇无畏，面对敌人的枪口从容赴死；但面对有别于世俗的爱情，他同样表现出自己的责任感，更怀有特别的浪漫情怀。如果仅仅是本色表演，可能对窦骁不难，但是作为一名新人，从"谋男郎"的光环中走出，第二部作品就要塑造一位建党初期的革命先驱，不能不让他颇感压力。为此，窦骁翻阅了很多历史资料，还专门学习了一段时间俄语。在瞿秋白就义这场戏中，窦骁已然可以流利地用俄语唱歌，并从他了解的历史背景中还原心目中的革命先驱瞿秋白，达到神形兼备的表演境界。

同样从张艺谋作品中走出的董洁，此次在片中饰演后来成为瞿秋白革命伴侣的青年革命者杨之华。说到参演感受，她表示，主人公之间唇齿相依的爱情和为革命奉献生命的勇气深深地感染了她，她也认为这些对于现实生活中的年轻人应该有着深刻的启示作用。

杨之华在当时的时代背景中是一位"先锋"女性，她外柔内刚，敢于主动追求自己的爱情，并追随丈夫投身革命，在瞿秋白光荣就义后依然默默坚持做着革命工作。对于如何塑造杨之华，董洁表示最大的挑战在于"捕捉那个时代的人的精神气质"，"最主要的还是'信仰'，这是他们生活的动力和追求。我们现在离那个年代已经很久远了，生活中充斥着各种各样的信息，信仰仿佛离我们越来越遥远，所以把握这一点是很困难的。如果演得过了，就会感觉太正经，太做作；如果抓不住，又会感觉失去了时代人物明显的性格特征，所以在这方面下了很多工夫。"她说，以往扮演的角色都比较年轻，大都生活顺利，性格被动，这次在扮演杨之华的过程中，也感觉自己慢慢成长了。

曾携手

"曾携手，风雨高楼，知我者，谓我心忧；曾携手，投身洪流，不知我者，谓我何求。秋霜白胜雪，杨花似含愁。相思情切切，觅渡水悠悠。秋之白华，何日相逢忆旧游。"影片主题曲《携手》的歌词展示了主人公传奇的人生与坚贞的爱情，旋律舒缓、优美、大气，恰到好处地契合了影片浪漫诗意的影像和叙事风格，为影片营造出的诗意意境增色不少。

为了更好地演绎这样一首与影片内容结合紧密的主题曲，导演最终决定由窦骁和董洁两位主演来演唱。他认为，两位主演对人物的理解更深刻、准确，演绎这首歌曲将会使得这首主题曲与影片更加水乳交融，达到1+1>2的效果。

李俊与《闪闪的红星》

孙建民

小小竹排江中游，
巍巍青山两岸走，
雄鹰展翅飞，
哪怕风雨骤，
革命重担挑肩上，
党的教导记心头，
党的教导记心头。
……
砸碎万恶的旧世界，
万里江山披锦绣，
万里江山披锦绣。

每当我听到这首优美、豪迈的歌曲，眼前便浮现出竹排江水、两岸青山的诗样画面，同时还有那个长着胖乎乎的圆脸蛋和清澈大眼睛的小男孩。对！他就是红军战士潘冬子！这首名为《红星照我去战斗》的电影插曲伴随着影片《闪闪的红星》曾经红遍全国，时至今日同影片一样仍被视为经典。

然而提起影片的导演——李俊，可能对于大多数人来说，并不是非常熟悉。那么李俊到底是一位怎样的导演？他有着怎样的人生经历？他是怎样在电影之路上建功立业的？在他的电影背后又有着怎样的故事呢？就让我们一起展开历史画卷，来找寻答案吧。

学兵到导演

1922年4月出生于山西夏县的李俊，受家庭和环境的影响，在孩童时代就已经迸发了爱国热情。在他9岁的时候，正值"九一八"事变爆发，他就经常登台参加抗日演出。14岁时参加了"牺盟会"。1937年抗日战争全面开始后，李俊参加了"中华民族解放先锋队"的一个青年学兵队，在这个八路军为培养后备军而成立的组织中，李俊也算是八路军的一员了。在那里，李俊系统地接受了抗日救国政策的培训，由此他的爱国思想和救民意识有了较大增强。他至今还记得一间"救亡室"的两幅字："列宁说学习学习再学习"和"理论不是教条而是行动的指南"。这两句话影响了李俊的一生，他没有进过军事院校，但在战争中懂得了战争。同样，他没有进过电影院校，但在拍电影中学会了导电影。李俊正是靠着好学、执着和创新的精神，终于由一名普通学兵成长为一位杰出的电影导演。

1938年10月，李俊奔赴当时许多青年心目中的"圣地"延安，并进入抗大学习。艰苦的生活并没有阻碍他如饥似渴地投入到学习之中。

1939年9月，李俊从"抗大"毕业后被分配到八路军工作，先后担任过文化教员、分队长、指导员、宣传科长、文工团团长，曾参加过百团大战、上党战役、平汉战役等，不过他的主要任务还是做好文艺宣传工作，鼓舞部队士气。

1947年，身为三十八军十七师宣传队指导员的李俊与副队长李杰根据战斗英雄李鸿喜的事迹创作了一部大戏——多幕歌剧《李鸿喜》，深受观众喜爱，在部队召开的庆功大会上，李俊和李杰都被评为一等功臣。

1951年春，李俊以抗日战争期间朝鲜义勇队来华与中国人民并肩作战的真实故事为切入点，精心创作出一部共有八场24曲的歌剧——《患难之交》，在西北军区文艺会演中荣获一等奖，他本人也被评为优秀文艺工作者。

在部队从事宣传工作的十几年间，李俊创作了许多文艺作品，有力地配合了战斗任务的完成。李俊取得的这些成绩为他后来进入八一电影制片厂担任导演奠定了基础。

1951年底，李俊调入正在筹备中的中国人民解放军总政治部军事教育电影制片厂（1956年更名为八一电影制片厂）。在此之前，李俊从未摸过摄影机，也没怎么看过电影，但他从一个电影的门外汉到一名优秀的电影导演只用了6年时间，他对电影的执着和不断探索，使之成为了自学成才的典范。

1953年，李俊带领摄制组赴朝鲜拍摄了一部反映我人民志愿军对待"联合国军"战俘真实情况的纪录片——《宽待俘虏》，这也是李俊的电影处女作。此时，他已完成了从戏剧编导到电影编导的转变。

对于电影编导而言，从纪录片转到故事片，应该说是一个不小的跨越。都说万事开头难，可到了李俊这里却并非如此。经过充分地收集材料、潜心地创作剧本和精心地组织拍摄，1959年国庆十周年之际，李俊主导的故事片《回民支队》

参加了"国产新片展览月"活动，凭借其鲜明的艺术形式和民族风格以及精彩的人物刻画和细节描写，赢得了广泛好评。时任电影局局长的陈荒煤大声叫好："不错，这是正儿八经写人物的。"

李俊的第一部故事片宣告成功！

银幕结硕果

在《回民支队》一炮打响之后，李俊在电影创作上可谓日臻成熟，精品佳作鱼贯而出。

1964年，李俊第一部可以在中国电影史上大大书写一笔的作品——《农奴》与观众见面，它后来被看作是当时电影艺术创作的一个奇迹。周恩来总理将影片带到万隆亚非会议上去放映，其中表现的翻身农奴的生活，在国际上产生了很大的影响。影片于1981年获菲律宾马尼拉国际电影节金鹰奖。

《农奴》之所以能取得这样的成就，以导演李俊为核心的摄制组对剧本的二度创作，演员、外景地的选择和对电影艺术的探索等都起到了至关重要的作用。

1974年上映、由李俊和李昂联合执导的电影《闪闪的红星》是一部赏心悦目的影片，其曲折的情节、感人的故事、优美的画面以及成功的人物塑造，无论是孩子们还是成年人都十分喜欢。随着影片风靡全国，潘冬子成为当时青少年学习的榜样，后来更是几代少年儿童心目中的英雄偶像。老演员刘江的那句"我胡汉三又回来了"的台词，至今还有人喜欢借用。而本文开头引用的影片插曲《红星照我去战斗》也被誉为既革命又浪漫的音乐作品。这部《闪闪的红星》，在当时历史条件下所产生的轰动效应，可说是前无古人。影片于1980年荣获第二届"全国少年儿童文艺创作奖"二等奖。

1979年，李俊导演携两位电影新人赵尔康和斯琴高娃共同奉献了中国电影史上的重要之作《归心似箭》。影片上映后，好评如潮。文化部电影局很重视，专门召开了影片座谈会。与会人员对该片给予了高度评价，认为"它是一部散文式的电影，人物刻画细致，感情朴实动人，镜头流畅自然，充满诗情画意，像长白山流水那样清澈见底。影片的民族风格也很浓，充满了乡土气息"。"导演调动了各种艺术手段，从各个不同的角度，去追求和表现美好的东西。""影片大胆地描写了爱情，这是一个突破。"

《归心似箭》获1979年文化部优秀影片奖、上海第一届"文汇电影奖"最佳影片奖以及第12届菲格达福国际电影节评委会奖等。

1987年，作为经历过抗日战争、解放战争和抗美援朝战争的老导演，65岁的李俊出任《大决战》总导演，为他一生的导演艺术创作画上了一个圆满的句号。

面对这样一部命题作式的鸿篇巨制，面对时任军委副主席杨尚昆"《大决战》拿出来就一定能站住"的指示，李俊经过认真思索，完成了《〈大决战〉导演自问自答》。这是影片筹备初期最重要的一份纲领性文件。

在李俊的统筹协调、三位首席导演的通力配合之下，三部六集的《大决战》呈现出浑然一体的风格。1991年到1992年，影片相继上映，其气势磅礴、震撼人心的大场面、大制作以及真实生动的领袖群像，在观众中引起了很大的轰动，在几个大城市还出现了一票难求的情况。

《大决战》获1991年广播电影电视部优秀影片奖、第15届百花奖最佳故事片奖、第12届金鸡奖最佳故事片奖和最佳集体导演奖等多项大奖。

怡然度晚年

离休后的李俊生活充实而平静。过去由于工作的原因，很少顾家，所以退休之后，李俊最愿意待的地方就是家，可以多陪陪老伴，弥补一下以前对她的亏欠。李俊和夫人杨光玉是1950年走到一起的，相濡以沫已经60余载，非常令人羡慕。

李导的业余生活很丰富，钓鱼、养花、养鸟、养狗，他都爱好，其中钓鱼可是从小练就的本事。他喜欢钓鱼时的那份清静，那种全神贯注。他是中华名人垂钓俱乐部成员，经常会一展身手。1994年在俱乐部举办的首届"东芝"杯中华名人垂钓赛上，勇夺第四名。在2000年的比赛中，又获得了二等奖。直到现在，在俱乐部的垂钓活动中依然可以见到他的身影。

近两年来，我有幸数次到李导家拜访，老人硬朗的身板儿、响亮的声音都给我留下了深刻的印象，特别是李导的热情好客，脸上始终带着和蔼可亲的微笑，几乎每次都把我送到屋门口，让我非常感动。

政北京协

第三辑

文之道：当时只道是寻常

到底什么是国学

刘梦溪

国学概念的渊源与流变

"国学"这个概念中国历史上就有，《周礼》《汉书》《后汉书》《晋书》里面，都有"国学"的概念。唐代也有，庐山下面有个白鹿洞书院，这个书院最早是在南宋朱熹把它建成为当时的"四大书院"之一，但是在朱熹之前，这个地方不叫白鹿洞书院，而是叫"白鹿洞国学"。白鹿洞国学是个什么意思呢？是所学校。可见，在中国历史上，"国学"这个概念是有的，"国学"这个名词是有的，但历来讲的所谓"国学"，都是指"国立学校"的意思。

那么，"国学"作为一个现代学术的概念是什么时候出现的呢？至少从我们现在掌握的材料，1902年梁启超和黄遵宪的通信里面，就开始使用"国学"的概念了。要知道这两位都是1898年戊戌政变的时候被处罚的人员，梁启超跟他的老师康有为跑到海外，而黄遵宪当时在湖南参加陈宝箴领导的"湖南新政"，黄遵宪也受到了处分。他有在日本的经历，有外交经验，很了不起的一个人。其实他很稳健，在湖南的时候就提出主张渐进的变革，反对激进的变革，实际上他跟康、梁的激进是有区别的，但还是处分了他。

在慈禧太后政变后的晚些时候，被革职的黄遵宪回到广东老家，而这个时候梁启超有一段在日本。他们在1902年有一封通信，梁启超写给黄遵宪的信我们看不到了，我们看到的是黄遵宪写给梁启超的信。黄遵宪在信里说："你提出要办《国学报》，我觉得现在还不是时候。"办《国学报》是不是时候，我们探讨国学概念可以暂且不管它，至少在1902年这一年，一个是梁启超，一个是黄遵宪——试想，他们在晚清，是何等样的地位，何等样的人物——他们提出了并且使用了"国学"的概念。

而在1902至1904年，梁启超写《中国学术变迁之大势》，里面最后一节，又使用了"国学"的概念。他说，现在有人担心，"西学"这么兴旺，新学青年吐弃"国学"，很可能国学会走向灭亡。梁启超说不会的，"外学"越发达，"国学"

反而增添活气，获得发展的生机。他在这里再次用了"国学"的概念，而且把"国学"和"外学"两个概念比较着使用。

我们知道，在1898年——维新改革最高涨的时期——当年五月，张之洞，晚清的大人物，写了一篇大文章叫《劝学篇》。他在《劝学篇》的"外篇"里面有一节专门讲"设学"——设立学校——他说在课程设置的时候，要以"旧学为体，新学为用"。可是在1921年梁启超写《清代学术概论》，转述张之洞的主张，他说，自从张之洞提出了"中学为体，西学为用"，全国一时以为"至言"——以为这个话讲得太好了，谁都同意。可是，他在转述的时候做了一个改变：张之洞本来是讲"旧学为体，新学为用"，梁启超在《清代学术概论》里转述成为"中学为体，西学为用"。

从此以后，"中学为体，西学为用"这个判断，一个晚清以来学术思想史上的重要判断，就被所有研究文化研究历史的人记在脑子里了，而忘记张之洞在《劝学篇》里面本来讲的是"旧学为体，新学为用"。我们今天研究"国学"这个概念的渊源与流变，我可以说，张之洞在《劝学篇》里讲的"旧学"，梁启超转述的时候讲的"中学"，跟"国学"的概念——梁启超和黄遵宪1902年讲的"国学"的概念——几乎是同等概念，实际上就是中国的这套传统的学问。可是，当时虽然这么讲了，对于什么是"国学"，没有人作分疏。

1922年，北京大学成立"国学门"，1925年清华大学成立"国学研究院"，这个时间很重要。在1923年的时候，北京大学的"国学门"要出版一个刊物，叫《国学季刊》。北大这个《国学季刊》的发刊词请胡适之先生来写，胡适之先生就在这个发刊词里讲——他因为有西学的底子，又有中学的底子，他喜欢下定义——什么是国学呢？他说："国学"就是"国故学"的"省称"。"国故"是谁提出来的呢？他说自从章太炎先生写的一本书叫《国故论衡》，"国故"这个词，大家就觉得可以成立了。这是在中国现代学术史上，胡适之先生第一次对国学的概念作了一次分疏。

但是这个概念的内涵太宽，所以胡先生这个定义事实上没有被学术界采纳，后来很长时间，20世纪30年代、40年代—50年代不讲这些了——后来到"国学"的概念继续讲的时候，都不见再有人说"国学"就是"国故学"的省称。为什么呢？"国故"这个概念太庞杂，古代的社会制度、人物、语言、文字、文学、艺术、礼仪、风俗、习惯、衣饰都包括在里面了。如果"国学"就是研究这些漫无边际的所有中国历史上的东西，你很难把握住哪些是这一"学"的主要内容。

所以，事实上，学术界没有采纳胡先生的定义，学术界不约而同地在三四十年代都认可"国学"的另一个定义，就是国学是"中国固有的学术"。什么是中国的"固有学术"呢？就是先秦的诸子百家之学、两汉的经学、魏晋的玄学、隋唐的佛学——当然唐代的文化内容多了，经学在唐朝也很发达，有《五经正义》——但唐朝的佛学的地位格外突出。而到宋代的时候，一个新的哲学流派出现了，就是理学，以朱子为集大成的理学。而到明代，则出现了以王阳明为代表的心学。清代中叶的时候——主要是乾隆和嘉庆时期，清代的学术比较发达——这时候的学问，以考据为主要特征，也叫"朴学"，甚至也叫"清代汉学"。

就是这样一个学术史的流变，大家觉得这就是"国学"。钱穆先生在北大讲国学的时候——后来整理成书叫《国学概论》——他首先讲，"国学"这个概念将来"恐不立"，然后说明，他书中讲的是"本国学术思想的流变和变迁"。而马一浮先生给"国学"重新下定义的时候，也说："今人以吾国固有的学术名为国学。"只不过他并不认可这个定义。因为人家会问：你是指哪个时代的学术呢？先秦的、两汉的、魏晋南北朝的、唐代的、宋代的、明代的，还是清代的？还有，你是指哪一家的学术？讲中国的学术，不仅有儒学，还有道教，还有佛学，你是指哪一家的学术呢？所以，马先生觉得把国学定义为"中国固有学术"，还是太笼统、太宽泛。

马一浮重新定义国学

1938年5月，浙江大学竺可桢校长请马一浮先生去开了一个国学讲座。竺可桢是大气物理学家，哈佛博士，也是中研院的院士。他1936年刚到杭州就任浙大校长，听说此地有个马一浮，学问超群，立刻登门拜望，邀请马先生到浙大来任教。马先生拒绝了。要知道，马先生不愿在大学里任教，文章他也很少写，观念上与当时的潮流不合。

不久，竺校长又带着人去了，再次恳请马先生来学校任教，马先生又没有同意。第三次，他又去了——这个中国传统的礼仪，事不过三,三次邀请，对方不好再拒绝了——于是谈到用何种名义去开讲座，马先生想到是否可以用"国学讲习会"的名义。因为马先生不是教授，也没有职称，他觉得需要有一个合适的身份名义。他自己提出，可不可以就叫"国学大师"。以马先生的学问和身份，"国学大师"当然没有问题。但是，浙江大学的领导研究，说是以"研究会"的名义肯定不行，那是要成立"组织"了，需要上面批准。至于"大师"的名字，认为有点像佛教，也不好，就没谈成。

第二年，日本人打来了，浙江大学迁移到江西泰和，马先生自己也去逃难了。开始他逃难到了桐庐一带，几个亲戚，几个私淑弟子，一百箱书，他没有太太。马一浮先生这个时候想，如果跟浙江大学一起逃难是不是会好些？于是马先生给竺校长写了一封信——这封信写得措辞之典雅，表达意思之婉曲，只有马一浮写得出来。竺校长接到此信，立即将马先生接到了泰和，就在1938年5月的一天，开了国学讲座。

马一浮国学讲座的第一讲，就是从"楷定国学名义"开始，他提出，时下关于"国学"是固有学术的提法，还是太觉"广笼统，使人闻之，不知所指为何种学术"。所以他提出："今先楷定国学名义，举此一名，该摄诸学，唯'六艺'足以当之。""六艺"就是《诗》《书》《礼》《乐》《易》《春秋》，即孔子之教。马一浮先生认为，国学就应该是"六艺之学"，这是他给出的新的不同于已往的国学定义。"六艺"就是"六经"，是中国学问的最初的源头，是中国文化的最高形态。

马一浮提出这样一个国学定义，它的了不起之处在哪里呢？它可以跟教育结合起来。你讲"国学是中国的固有学术"，那是关于学术史流变的学问，专业人员研究起来尚且不无困难，你怎么可能叫社会学科、自然学科、其他学科都来关注这样一个"国学"呢？一般民众更不用说了。可既然叫"国学"，就不能跟一般民众不发生关联。如果定义"国学"是"六艺之学"，就是"六经"，跟全体民众都会有关系。马先生的两位朋友——熊十力和梁漱溟——熊先生就讲过，"六经"是中国人立国和做人的基本依据。你要了解"基本依据"这四个字，实际上是说中国人的精神源头和根底在"六经"。所以如果把"国学"定义为"六经"的话，它就可以进入现代的教育。

国学和"六经"的价值论理

"六经"的文词很难读，怎么进入呢？《论语》和《孟子》可以看做是"六经"的简约的、通俗的读本，因为孔子和孟子讲的思想，就是"六经"的思想。孔、孟阐述的义理，就是"六经"的基本义理。我把"六经"的基本义理概括为"敬""诚""信"。这个"敬"是什么？就是人的"自性庄严"。马先生在《复性书院演讲录》里面，主要讲的是一个"敬"字。"敬"是个体生命的庄严，是人性的至尊至重，是每个人都应该具有的。我甚至认为"敬"已经进入中华文化的信仰之维。

这种"自性的庄严"，是不是一般人不能实现呢？马先生当然实现了。陈寅恪一生提倡"独立之精神，自由之思想"，当然是"自性的庄严"的表现。马先生对这个"敬"字的解释，有一极重要的特见，他说《论语》里讲"三军可以夺帅，匹夫不可以夺志"，"志"是什么，马先生说"志"就是"敬"。因此这个"敬"是不可以被"夺"的，已经构成个体生命的价值信仰，当然不可以"夺"了。

学者、知识人士应该有"自性的庄严"，一般人士、没有文化的人有没有"自性的庄严"？当然有。我们看《红楼梦》，当贾赦要娶鸳鸯做妾的时候，鸳鸯坚决不允，做了很多极端的举动，包括破口大骂，甚至把自己的头发剪下来，所彰显的就是鸳鸯这个年轻女性的"自性的庄严"。孟子讲的"富贵不能淫，贫贱不能移，威武不能屈"的"大丈夫"精神，更是"人的自性庄严"的突出体现。人的"自性的庄严"，就是人的良知，匹夫匹妇都可以做到，男女老少都可以做到，有文化没文化都可以做到。我们当下所缺的，就是这种人的"自性的庄严"。当代文化价值理念的建构，亟须填补的，就中国传统这一块，我讲的以"敬"来带领的这些价值理念，包括诚信、忠恕、仁爱、知耻、和同等，应该是最重要的亟待填补的精神价值。

而以"六经"为内容的国学，就可以通过教育的环节，和全体国民联系起来。所以我主张在小学、中学和大学的一二年级开设国学课，在现代知识教育体系之外补充上价值教育。当然文化价值的建构，还有另外一个方面，就是现代文明的观念、途径、方式、礼仪，也需要填补建构。在这方面，中外的价值理念可以互阐。

丰碑式的情怀

——读萧乾晚年给冰心的信

李传玺

　　这次去京开会，住在职工之家，恰好与文洁若先生住处一路之隔，于是给文老打了个电话，想去看看她老人家，文老一听，高兴地说，你来呀，正好刚出了本新书。下午跑去拿来了。此书是上海三联书店新出的《冰心与萧乾》。

　　此书的开篇收了四十一封萧乾与文洁若给冰心的信。可以看出"姐弟二人"相互关怀的深情，有的篇章交代了一些文坛往事的缘由，更可以看出萧乾夫妇二人晚年为翻译《尤利西斯》的拼命精神，以及对文史工作的无私奉献。

　　对冰心，萧乾一直以"大姐"相称。萧乾曾说："我也喊过旁人'大姐'，但冰心才是我货真价实的大姐。"冰心也认这个弟弟，以致冰心的女儿吴青先生到现在说到萧乾先生时仍亲切地称之以"饼干舅舅"。信中你可以看出，萧乾遇到什么对身体有益的运动或保健器械，在自己使用感觉不错后，总是不忘向冰心推荐；有什么好的保障方法，也向她介绍；对报上发表的冰心或报道冰心的文章总是非常留意，一看到会立即写信报告，并给以中肯或高度的评价；到了冬天，总是不忘问候，并劝告冰心要当心不要感冒。针对冰心见人太多，影响身体，萧乾"很着急"，一方面劝告她门禁不妨严一些，一方面通过各种方式劝告别人不要打扰老人。以致自己曾无奈地说："每次去见您一次，就像吃了一顿精神上的丰馔"，"真想您，只是不敢去看望你。我到处劝旁人别去烦渎你，自己怎好带头去惊扰"。自己和文洁若在创作上一有什么收获，总是不忘立即报告。而冰心也在心中惦记着萧乾。老人家心中一直记着萧乾的生日，每遇萧乾生日，不仅致信或致电问候，有时还送上礼物，1993年冰心送上的是文房四宝（据文老回忆），以致萧乾激动说："谢谢你赐赠的宝贝"，"我真惭愧，多少比我出色比我好的人都没能存活下来。我只有拼命工作，努力做人，以不辜负这份运气"。读着这些信，洋溢在字里行间的历经70多年风雨酿就的温情，既浓得化不开，又纯得不杂一点儿尘埃，你不由得不感动，又不由得不缅怀那代人以及那代人随之带走的这一切情怀。

每封信很短，但涉及往事，萧乾往往旁衍一两句，极精粹地点出其源头。此书里最早的一封（1986年7月3日）是说送照片给冰心的事，接着萧乾说了自己小时的一件事："望着像片儿，我想，要是当年剪子巷（注：冰心早年住此，萧乾与冰心弟弟冰季同学，常去玩）同您照一张，摆在一块儿，该有多好！可那时我迷信，说照相会摄魂儿。有一回崇实照集体相，百十来人，我坐在地上，在尽头儿上。转镜头快转到我那儿时，我把身子整个掉过去了。照了我的后脑勺儿！"原来照片中萧乾"模样"是这样来的，人们在好笑时会感到一个真实的小萧乾：有点蒙昧，但又是那么执拗与顽皮。信中多处提到皖籍老作家苏雪林。1992年1月31日信是萧乾读到一篇文章，可能既说到冰心又说到苏雪林，于是萧乾在说了此文后，写了与苏雪林曾经的交往以及对苏早年的评价："我们打过一回交道，她送来一篇骂鲁迅的文章，在一九三七年描写鲁迅在地狱里如何。她先交给老板胡霖。胡把我找去。我当面退给了她。"胡霖这位成都人，以报人身份与胡适、董必武等人参加联合国成立大会，却是在安徽长大在安庆接受的教育。据其孙女胡玫告诉我，胡霖终生说一口安徽话，视安徽为故乡。正是由于萧乾的拒绝，大公报才没有发表苏雪林批鲁的文字。萧乾有一信还说明了替滁州首届醉翁亭国际散文节讨要冰心题辞的经过："安徽滁县要在十月二十至二十五日举办首届醉翁亭国际散文节。今天（1992年6月20日）来看我，他们还要去看您，请您题字。（一共六个人！）我替您拦住了。我说，字我替你们去求，你们别去打搅她老人家了。他们很懂事，就同意了。我相信您喜欢欧阳修的《醉翁亭记》，也一定赞成他们举办这个国际散文节。可否请您随便哪一天有兴致，给他们题一下——首届醉翁亭国际散文节——十个字，寄给我。这里我附了个信封，您可以省点事。先给您磕头啦！"这里一方面看出萧乾对冰心的关心，另一方面也看出他对基层文学活动的真诚支持，你看他为了能给滁县争取来冰心老人的题辞，一步步想得多仔细多周到，你完全可以在想象中看到萧乾那一脸标准的老顽童式的微笑。

萧乾1989年5月出任中央文史馆馆长，但好在不必天天去上班，"我还是坐在家里干我自己的那点杂活"，这就引来了他和文洁若老夫妇二人晚年的一大工程——翻译乔伊斯的《尤利西斯》这本"天书"。两人订有明确的目标计划，三年内完成，每天必须翻完一页原文，翻不完不睡觉，连带要做完那页上的所有注解。先由文洁若初译，然后再由萧乾润色。读萧乾给冰心的信，我们再次看到了两位老人——那时萧乾仅有一个肾——为此付出的巨大艰辛。"我同洁若每晨五点就起来，写或译到八点半才吃饭。'一对老人，两个车间'。"（1992年1月10日）"弟现尚好，只是忙、忙、忙。每天五点爬起，写到八点半。"（1992年3月22日）"我们都好，都忙，在啃James Joyce的Ulysses，每晨五点双双爬起来拼命，要在一九九四年完成，纪念我们的四十周年。"（1992年4月29日）"我们公母俩还是天天在忙Ulysses，早五点，有时不到五点就爬起来了。明年希望译竣并出版。"（1993年4月18日）为什么要这样拼命，萧乾说，反正趁还没有成为植物人，先苦干一通，从1979年一直在补那空白的二十一年。而更让人感动的是，两位老人用如此长的时间，用如此珍贵的晚年生命之光持之以恒拼下来的书籍换来的稿费，并没有揣进自己的腰包，全都奉献了出去。1990年5月24日给冰心的信中说："我也学您和文老师的榜样，储蓄交给文史馆，明年可交三万元。"第二年底萧乾果真把三万元交了上去，随之他兴奋地对冰心说："等凑齐十万，就举办优秀文史写作奖金。"但接下来文史馆把这笔钱退还给了萧乾。两位老人并没就此收了这份心思，当1993年上半年翻译《尤利西斯》一书稿费提前全部给付后，他俩随即将之再次全部捐给中央文史馆，用来出版文史书籍和创办《世纪》杂志。

这是一种什么样的情怀？萧乾说人应该活得勤奋、正直、有意义。这有意义是什么意义呢？应该并不仅仅是自己的闲适、健康与幸福，而应该更为弘阔。它不是当下许多文化人利用"文化人"光环对文化的利用与攫取，应该一心想的是怎么用自己的文化生命去构筑文化延续的坚固根基。

于是整个文化就矗成了他们的丰碑。

好读书

——钱钟书如是说

舒　展

　　钱钟书、杨绛将他俩一生的全部稿酬，捐献给他们的母校——清华大学，作为对考上该校贫困生的援助。为它取的名称叫"好读书奖学金"。二位老人不冠以自己的姓名，这是他们的一贯风格。据悉：此奖款项至2006年底累计金额已经超过人民币500万元。捐赠初衷，杨先生已经讲明，无赘述的必要。奖学金的命名，看似平实无华，通俗易懂，但怎么才算"好读书"呢？似有深意存焉。笔者不揣浅陋，从钱先生关于读书的若干论点，方法，略陈管见。

　　陆文虎向钱先生请教读书门径，回答是：有些书，如先秦诸子，特别是孔、孟、老、庄、列、韩，如《左传》《诗》《骚》，又如《史记》《汉书》《后汉书》《三国志》《宋书》《魏书》《南齐书》，再如《宋元学案》《明儒学案》等等，都是研究中国文化的基础书——必读书。他认为，一个人只要多读书，多比较，多思索，就能有自己的见解。钱先生到底读过多少书，根本无法统计。但是，仅《管锥编》一书的引文，据陆先生编著《索引》略算，已逾万种。我认为钱先生以他一生韧性的实践和学术成就，有力地证明了"好读书"三个字的分量。他说过："假使人生是一部大书……这部书真大！一时不易看完"。他并非象牙塔中的学者，从他们在临解放时与胡适聊天的内容，即可窥测一斑（详见杨绛《怀念陈衡哲》）。

　　钱先生在读陶渊明《五柳先生传》后说："好读书，不求甚解"，所谓"甚"者，一穿凿附会失其本旨耳。"奇文共欣赏，疑义相与析"；若不求"解"，则"义"之"析"何为乎？窃谓陶之"不求甚解"如杜甫《漫成》之"读书难字过"也；又如杜甫《春日怀李白》之"重与细论文"也。培根论读书云："书有只可染指者，有宜囫囵吞者，亦有须咀嚼而消纳者"，即谓有不必求甚解者，有须细析者。《二程遗书》卷六《二先生语》："凡看书各有门径。《诗》《易》《春秋》不可逐句看，《尚书》《论语》可能逐句看"；《朱子语类》卷一九：《论语》要冷看，《孟子》要热读"；亦犹陶诗既言"不求甚解"而复言"疑义与析"也。朱熹虽以"如鸡伏卵"喻热读，而此"热"字颇乖义理，《论语》岂不当"热读"哉？"热"当作"热"字为长，谓快读也，与"冷"字相对；《孟子》词气浩乎沛然，苟十目一行，逐字数墨，便拆碎不成片断，难以领会其文澜之壮阔。"冷看"则正是二程之《论语》逐句看"也。赫尔岑尝道一英人言：英、法两国人性习大异，观其啖咽之状可知："法国人热吃冷牛肉，英国人冷吃热牛肉。"吃相判"热"与"冷"，犹读法判"热"与"冷"，一心一闲、一急一徐耳。《孟子·万章》："不得于君则热中"，焦循《正义》即以"焦急"、"燥急"释之。语较周密，然亦只道着一半：书之须细析者，亦有不必求甚解之时；以词章论，常只须带草看法，而为义理考据计，又必十目一行。一人之身，读书之阔不拘与精细不苟，因时因事而异宜焉（《管锥编》（四）三联版第25—27页）。

杜甫名句有云："读书破万卷，下笔如有神"（《奉赠韦左丞》），这个"破"字，愚以为不仅是数量上所指，只作"遍"、"尽"、"韧"解；我觉得还在于能从古今中外典籍中突破，站立起来，会通旨略，有自己的创造性劳动成果。这才是"好读书"的正义。

一次"终身成就奖"评选

刘庆邦

从报纸上看到，上海评出了新一届上海文学艺术家"终身成就奖"和"杰出贡献奖"，获奖者各十二位。这项评选被称为上海文学艺术界的"荣典"，颁奖典礼大张旗鼓，那是相当隆重。

看到消息我想起来，北京作家协会也为北京的作家评过"终身成就奖"和"杰出贡献奖"，而且已评过两届。这项活动是作为"北京文学节"的其中一个项目而举办的，每种奖只评一人。2004年的那次评奖，"终身成就奖"的获得者是王蒙老师，"杰出贡献奖"的获得者是刘恒。颁奖典礼是在著名的首都剧场举行的，记得王蒙老师在"获奖感言"中说了一些幽默的话。高兴之余，他对"终身成就"的说法感到"惊异和悲哀"，他希望他的"终身成就"还没有到头儿，还不到"结账"的时候，"怎么着也得再拼一下子呀！"刘恒在"获奖感言"中，感谢大家对他的劳动的肯定，说他"感到了一个劳动者应有的喜悦"。不管怎么说，这两位作家获奖是名至实归，各得其所，不存在什么异议。

到了2007年的第二届评奖，"终身成就奖"有两位候选人，一位是浩然，一位是林斤澜。候选人是经过北京作协全体会员投票产生的，得票最多的前两位老作家被确定为候选人。候选人的产生算是初评，最终谁能评上，还要由终评委员会投票决定。终评委员会由北京作协党组成员和主席团委员组成。作为评委之一，我参与了那次评选。若是等额评选，那就省事了，评委们走个程序，在候选人名字后面画个圈儿或打个对勾，哈哈一乐就完了。二者只能选其一，就给评委们出了个不大不小的难题，是评浩然，还是评林斤澜呢？投票前有一个讨论，意思是先把意见统一一下。可意见不够统一，或者说发生了一些争议。回想起来，那些争议挺有意思的，越想越有意思。我想我还是把那件事情粗略地写下来吧，不然的话，时间一长也许就忘记了。

终评是在一天上午，安排在一家饭店的大包间里进行。应到的评委除了北京作协副主席张承志因故未来，别的评委都到了，连史铁生都坐着轮椅按时到场。评奖开始，北京市文联的主要领导先说了一番话。他声明他不是评委，没有投票权，但他个人有一个建议，建议把"终身成就奖"评给浩然。他说了两个理由：一是浩然所取得的公认的文学创作成就；二是浩然因病卧床多年，病情不容乐观，要是把这个奖评给浩然，对浩然的精神将是一个很大的安慰。

北京作协是小作协，是文联领导下的一个协会。文联主要领导这样讲，对评奖无疑带有导向作用，等于差不多把评奖定了盘子。接下来有评委发言，对领导的建议表示了同意。发言把浩然和林斤澜作了比较，认为浩然的创作影响比较广泛，提起浩然的大名，全国的读者很少有人不知道，而林斤澜的创作影响就小些，读者相对小众，如果问起林斤澜是谁，很可能会有人想不起来。还有评委从人道主义立场出发，谈到"终身成就奖"只评给在世的作家，就浩然的身体状况而言，如果这次不评浩然，浩然也许再也没机会得奖了。

话说到这儿，该我谈点儿看法了。我说什么呢？如果可以评两个"终身成就奖"，我给浩然和林斤澜都会投赞成票。规定只能评一个，我选择评林斤澜。不管别的评委怎么说，对于这个选择，我不会有丝毫犹豫。

我承认，浩然的名气的确很大。我在农村老家读初中二年级的时候，语文老师反复给我们推荐了两本书，其中一本就是浩然的《艳阳天》。语文老师操着生硬的普通话，不仅自己在课堂上大声朗读《艳阳天》，还让同学们模仿他的声震整个校园的声调，轮流朗读《艳阳天》。我们为书里的故事所感动，以致对书中每一个正面反面人物都记得清清楚楚。我对浩然是景仰的，但从不敢设想今生会见到浩然。然而，我从煤矿调到北京，不仅见到了浩然，后来还有幸成了浩然在北京作协的同事。我还愿意承认，浩然老师为人谦和、厚道，对人也很好。浩然接替林斤澜当上《北京文学》的主编时，我有一篇题目叫《汉爷》的短篇小说，先期已在编辑部获得通过。这篇小说是写改革开放之后，一个跟当官的儿子在城里生活的老地主，还想寻找当年被雇农分走的小老婆的故事。有朋友跟我说，浩然要把通过的稿子重看一遍，因浩然对有关阶级的事情比较敏感，我那篇小说能不能发就不好说了。我说没关系，《北京文学》不发，我改投别的刊物就是了。结果是，小说不但很快发了出来，还排在比较突出的位置。浩然当上主编不久，编辑部在戒台寺举办了一个北京作者的笔会。笔会间隙，不少作者纷纷和浩然合影留念。浩然披着驼色呢子大衣，一直微微笑着，慈眉善目的样子，谁跟他合影都可以。我那时和浩然老师还不太熟，加之生性怯懦，我没敢要求与浩然老师合影。浩然老师看见我了，招招手让我过去，说庆邦，咱俩也照一张。这件事给我留下了难忘的印象。

每个作家都有自己的局限。回头再看浩然的作品，因受那个时代以阶级斗争为纲的制约，浩然长篇小说的大纲，也只能是阶级斗争为纲，纲举才能目张。乃至于每个人物都要严格按照不同的阶级定位，以家庭成分画像，感情是阶级情，人性是阶级性。人物是什么成分，只能按照事先规定好的成分逻辑，说那个成分的人才能说的话，办那个成分的人才能办的事。贫下中农不但不能说地主分子才会说的话，连中农的话都不能说，一句说错就是阶级立场出了问题。如果抽掉阶级斗争这个"一抓就灵"的东西，故事的开展就失去了逻辑动力，整部小说就没有了支撑点。后来的《金光大道》，是以路线斗争统揽全局，所有人物以路线排队，以路线画线，为走不同道路的人设置冲突，让他们互相掐架，甚至掐得你死我活，昏天黑地。这样的小说很难说能经得起时间的淘洗和历史的检验。也许因为浩然老师人太好了，太听话了，小说才写成那样。

林斤澜和浩然不同，他主要是写短篇小说，好像从未写过长篇小说，创作量较少。他在创作的道路上不断求索，寂寞前行，从来没有"红"过。正如孙犁先生所说："我深切感到，斤澜是一位严肃的作家，他是真正有所探索，有所主张，有所向往的。"又说："他的门口，没有多少吹鼓手，也没有多少轿夫吧。他的作品，如果放在大观园，他不是怡红院，更不是梨香院，而是栊翠庵，有点冷冷清清的味道，但这里确确实实储藏了不少真正的艺术品。"

林斤澜不是好为人师的人，但他愿意跟他故乡温州的作家说，我是他的学生。林老对我的创作多有教诲和提携，他的确是我的恩师。林斤澜老师跟我说过，作家写作要有一个底线，就是独立思考。所谓独立思考，就不是集体思考，不是别人替你思考，不是人云亦云。独立是思考的前提，无独立就无思考。可以说林斤澜本人就是一个独立思考的典范。十年"文革"期间，他宁可一篇小说都不写，也不愿放弃自己的独立思考，不愿写违心的作品。

林斤澜老师也跟我谈起过浩然的为人和浩然的小说，他说浩然人是好人，但小说实在说不上好。浩然的小说除了阶级斗争，就是路线斗争，浩然的文学观里没有文学。可浩然对自己的小说不但没有反思，没有任何悔意，还固执地宣称自己的写作是真诚的，这让林斤澜摇头叹息，大为不解。

我的发言可能有些激动，发言之后，觉得脸上有些热，我用手一捧，脸颊热辣辣的。

接着发言的是邹静之，他也主张评林斤澜。他说终身成就奖嘛，主要是对文学创作而言。至于别的因素，包括身体状况的因素，就不必考虑了。

　　史铁生说的话比较激烈，我与铁生交往多年，这是第一次听他说出那样言词激烈的话。他说，要是把"终身成就奖"评给浩然的话，那个"杰出贡献奖"别人愿意不愿意得还不一定呢！史铁生这样说，因为他是同届的"杰出贡献奖"候选人。史铁生的意思再明确不过，如果浩然得了"终身成就奖"，他就不愿意得那个"杰出贡献奖"。

　　眼看两种意见相持不下，评委的人数又是一个偶数，主持评选的人有些担心，要是出现两位候选人票数相同的情况怎么办呢？于是把这个问题提了出来，让大家再讨论。

　　一个简单的事情，不会这么复杂吧！这时我有些急，说不要讨论了，投票吧，投票吧，都是有判断能力的人，我相信大家一定会做出正确的选择，不至于出现票数相同的情况。后来有传说，说刘庆邦当时拍了桌子。这肯定是讹传，我哪里是拍桌子的人。不管遇到什么事，我从来没拍过桌子。我要是拍了桌子，我的手疼，桌子还疼呢！我当时只是有些激动，说话有点儿急而已。

　　投票结果出来了，林斤澜以微弱多数票当选"终身成就奖"；史铁生以绝对多数票当选"杰出贡献奖"。评委会为林斤澜写的授奖词说：林斤澜一生致力于小说艺术的探索，在小说语言、小说艺术及理论方面有独到发现和见解，对中国当代白话文创作极具启发意义。为史铁生写的授奖词是：史铁生的写作直面人类恒久的生活与精神困境，他对存在始终不渝的追问，构成了当代文学中一支重要的平衡力量。

　　这里顺便说一句，我作为第二届"杰出贡献奖"的候选人之一，一票都没得。当唱票者大声唱出刘庆邦零票时，我一时有些尴尬。但我很快就释然了，坦然了，这表明我没有投自己的票，而是把票投给了我尊敬的铁生兄。

　　2007年之后，又七八年过去了，北京再也没举办文学节，再也没有评选"终身成就奖"和"杰出贡献奖"。别说举办文学节和给作家评奖了，听说连在全国有广泛影响的"老舍文学奖"也不让评了，不知为什么？

文艺组趣事拾捡

陈祖芬

每年开政协会，会议内外，文艺组的委员们互相抛掷如珠妙语。这种畅快淋漓，好像一种智力的健身运动。他们不少人都有一个沉重的过去。他们的聪明才智，被塞进深井再盖上盖子。他们就都有一个深爱改革开放的情结。

中国选择了改革开放，也就是告别愚昧选择了聪明。改革开放这个年代，尤其在政协文艺组，人的心理年龄变得很年轻甚至很小。改革开放把这些人压抑几十年的智慧机敏和探索精神一下喷发出来了。大家消化改革开放的精神财富。人人都是改革开放的成果。

我从1993年，从八届全国政协开始，在政协文艺组看到的聪明人便很多"年龄不详"，一如改革开放三十年出现的一个新名词：无龄现象。政协，也是一个聪明集散地。

乔羽：译成男蝴蝶还是译成女蝴蝶

八届政协我们文艺组坐在一辆大轿车里去人民大会堂开大会。我又想起那首叫我第一次听了就走不动的歌词："你从哪里来，我的朋友。好像一只蝴蝶，飞进我的窗口……"我说：乔老爷，这首歌词你是不是为一只女蝴蝶写的？

一车人笑过后出现一个"定格"——看乔老爷怎么回答。词随心改。无论如何，这首歌词不像是男士写给男蝴蝶的。

乔老爷调动了一下他的聪明，笑笑地说：这首歌词被译成几种外文。其中有一个国家——是哪个国家我忘了——他们的文字里，男蝴蝶和女蝴蝶完全是两个不同的词。不像我们加一个"雌"或者一个"雄"就行了。译者就问我译成男蝴蝶还是译成女蝴蝶？我说，演唱时如果是男士，就译成女蝴蝶；如果是女士，就译成男蝴蝶。

这天上轿车前我问大家怎么都穿了大衣？人说今天降温十度你不知道？我只好抱住自己冲进寒风冲进大轿车。乔老爷说我：你总不记这些小事。大人物变成小人物，就什么都不会了，可能连怎么坐公共汽车都不会。如果小人物变成大人物，那就什么都会了。

我想，或许很多都在经常转换自己的角色。一会儿转换成大人物，一会儿转换成小人物。一会儿有大智慧，一会儿有小儿态。开会时，正好我右边坐着乔老爷，左边坐着韩美林。会前有人请韩美林在首日封上画个牛，乔老爷小学生那样地看个出神。他拿起桌上一个袋泡茶的小纸包，撕开弄平。他低低地垂下大脑袋，盯着相距顶多半尺的小纸片，画着一笔一笔弧线，想用这些弧线，拼成一个美林式的牛。

从"文革"到改革："帅哥"张贤亮

九届政协张贤亮在文艺界联组会上，做了一个关于西部大开发的发言，得到了李岚清副总理的肯定。会后他说小平南方谈话后，市场经济的发展是中国几百年来最深层次的革命。如果这次我不能亲自投入进去，终身遗憾！

张贤亮劳改22年时熟读《资本论》。我看他成天像电视里打出的一种饮料广告，叫作：高兴就好。好像22年的不快活，就在今天补上。

他的眼镜是在日本买的，西服是在意大利买的，皮鞋是英国的，T恤是德国的。他说借用《茶馆》里唐铁嘴的一句台词：咱这是八国联军侍候着！不，至少可以说是西方七强侍候着。

于是大家在餐桌上正式任命他为"帅哥"。他自是得意非常，一副我不帅谁帅的模样。

细想起来，六七十年代谁吃过、谁见过、谁听说过自助餐？谁身上有哪怕西方一强侍候着？现在谁家没有西方几强侍候着？谁的个性不是得到了从来没有的张扬？

一个张贤亮证明了压制人性、压制生命的极"左"的失败，更证明了发展就是硬道理的道理。

从"文革"到改革，我们个个都是"帅哥"！

王蒙：为国家的改革开放形象做了一个绝好的注脚

全国政协二十组的召集人是王蒙。

二十组是画家作家组，总有人讲到物质文明的上升和精神文明的滑坡，王蒙滔滔说起小平同志的无量功德。他说改革开放使我们从以阶级斗争为纲转移到以经济建设为中心，这不仅是对物质文明的促进，也是对精神文明的促进。过去一人生病，大家吃药，现在是个案处理，不会形成政治压力，文明度大大推进了。

王蒙说原先儿女情家务事都在批判之列，现在有了消费文化消闲文化，这说明有很大一部分老百姓在享受生活、歌舞升平。很——好。执政党当然要居安思危，但是如果十二亿人一起思危都不消闲这社会还正不正常？他说从来在天安门广场的集会：建国、"五一"、"十一"、支持越南、支持古巴卡斯特罗，再往下想，"四五"，再往下想——咱们就不想想，社会越稳定，越用不着在天安门集合。不能想象为了改革开放召开百万人大会。

王蒙发言时全场轰笑着，轰动着。

王蒙穿着双肘带"补丁"的西服，系着挺括提神的领带。他的头发是在香山饭店刚理的。虽然对委员收半价，但这半价竟是20元，比普通理发店高得多！委员们望之咋舌。不过王蒙理了。王蒙不理谁理？新理发的王蒙风发地坐在前排正中，为国家的改革开放形象做了一个绝好的注脚。

"冷娃"张艺谋

好像，是《英雄》上映的前一年。政协文艺组的召集人笑道：张艺谋很少说话，今天我们把参政议政的机会先让给他！我朝四周看看，没有张艺谋呵？这时，一个闷闷的声音，好像远远的天边传来隐隐的滚雷。我循着闷雷寻找，才发现张艺谋坐在我后边，是他在讲话。只是低低的太不嘹亮的声音里，还透着一种不自信——不自信自己能发好言。

后来我问他。他说他导演时，对几个人说话可以。一旦开会，还是这几个人，就不会说话了。他说陕西人是冷娃，脸上没什么表情，不会见人就热。

张艺谋确实不需要再说什么话了——他的作品尽情地宣泄着他要对世界说的话。他言语朴拙，可电影语言恣肆张扬。他是个陕西冷娃，但是他的热情他的梦想他的挚爱他的想象，汹涌奔腾在他做导演的每一天。

我想起张艺谋的签名。他把张艺谋这三个繁体字派生出那么多的笔画。笔画多到几乎把他的名字都要覆盖了，几乎看不清他的名字了，要把他这个人隐去了。一如他这个"冷娃"做人的低调。张艺谋签一个名都这么勤奋！世人看来的最简单的事情，张艺谋都铆足了力气。那么，他那每一个磅礴而简约的镜头或场面后边，天知道张艺谋画了多少笔画。

陈钢：所以他年轻，所以他花样

2006年10月2日文艺组委员陈钢去北大的百年纪念堂。当年小提琴协奏曲《梁祝》风靡全国的时候，陈钢才20来岁。现在，他不知道台下这代20来岁的人能坐得住听他的演讲吗？台上只一台钢琴和一把提琴，没有乐队，没有伴舞，没有灯光闪烁。只有一个年方70的陈钢。2100人的讲堂，坐满了花样年华，但是静得连翻开节目单的声音都能听到。他感叹北大有这样一个文化大气场！他没有想到花样年华们和他这么相通，当然，他的音乐还活在年轻人的心里。所以他年轻，所以他花样。

后来朱军在《艺术人生》节目里，说陈钢是50岁的容貌，20岁的心灵。陈钢说音乐不老，他就不老。

2007年正月十五的晚上，我找到陈钢下榻的1601房间。正是全国政协十届五次会议。从16层看出去，北京城浸在一天焰火中。今年百姓爱鞭炮更爱焰火，从年夜到元宵，百姓要放掉多少焰火烧掉多少钱？第二天，3月5日，温家宝总理在十届全国人大五次会议上作政府工作报告，讲到2006年城镇居民人均可支配收入11579元。有钱啦，高兴啦，焰火是最好的表达。

恭喜恭喜恭喜你呀！

冯小刚：吹响集结号后做什么

十一届一次会上，老看到有人在问冯小刚：你下一步做什么？

我可以准确地告诉大家：他在参加全国政协会。

开幕式那天，在电梯里，宋祖英招呼他，他一看是小宋，说你来啦，我得捏自己一下呢！

当然又是冯式幽默表示不敢相信这是真的。

宋祖英说，我前天就来了！你呢？

是的，昨天是预备会，前天就报到了。冯小刚还能更早？

冯小刚一个反手球：我几天前就来了！

我想又是玩笑。再一想，可不，他是新委员，要提前来学习的。

文学馆随想二则

宗　朋

无尽的逗号

中国现代文学馆庭院式建筑的东侧，有一块产自北京房山的奇石，石的中央有天然形成的镂空一撇，因其形酷似逗号，文学馆人便把它称作逗号石，并以此为其馆徽。原馆长舒乙先生称这是因为中国古典文学没有任何标点符号，逗号意味着现代，而逗号又代表着还没有完结，一直在持续，恰好代表了中国现代文学的发展历程。如此奇妙的联想，也就是这些文化人才能想得出来。

徜徉在文学馆里，看到文学巨匠们留下来的一张张发黄稿纸上那一颗颗、一粒粒逗号，再看看室外那块逗号石，令人不能不产生无限的联想……

以拉萨为圆心，乘坐在西藏最受欢迎的丰田4500吉普车往四下驶去，无论在柏油大路，还是荒僻小道，都能见到磕着长头、匍匐前行的朝圣者。他们虔诚地一步一匍匐，一步一叩首。每个人的膝盖上、胳膊肘下绑着的厚厚护垫，都已经磨破。磕长头的有的结伴而行，多数则独自前往。他们花光了毕生的积蓄，变卖了大小家当，从容上路。一个长头，仿佛就是一个逗号，无数个"逗号"由四面八方聚向拉萨市中心的大昭寺。寺内光线较暗，细细看去，用手抠抠，木头柱子的裂缝上，竟然布满了人们的牙齿。那就是朝圣者的牙齿，是那些没有写完朝圣路上的逗号，就飞升天国藏民们的牙齿。他们用尽平生最后一丝气力，拔下自己的一颗牙齿，托付给并不相识的同路人，请他们将自己的信仰带到大昭寺去，带到释迦牟尼等身像前。千百年来，无数藏民牙齿组成的逗号，像史书一样纵向排列在寺内的柱子上……

我们的视野继续向西瞥去，数百万头角马和斑马滚滚而来，东非大草原上，一年一度的非洲动物大迁徙开始了。每年五六月间，经过漫长的旱季，坦桑尼亚塞伦格蒂草原已无草可食，数百万头饥肠辘辘的野生动物追逐着青草与水源，南下肯尼亚马赛马拉野生动物保护区。在著名的马赛马拉渡口，上演了最为悲壮的一幕。无数动物拥挤在狭窄、陡峭的河床旁，食肉动物紧随其后，逼近河床。经过短暂的踌躇，第一批年老的角马果敢地冲下河床，用震天撼地的举动杀开一条血路，驱赶早已伏击在此的鳄鱼。游至对岸，突兀的河床阻住去路。老角马用前蹄奋力攀缘，用力过猛致使河床的泥土一块块坍塌下来，一匹匹角马滑落水中，离群者立刻成为鳄鱼的美餐。又一批老角马向河床上方攀去，一次又一次地滑落，当它们累得无力攀登的时候，静静地叠卧在那里，把对生的渴望留给了后辈。前赴后继的青壮年角马们踏断了老角马的脊梁，踩踏着一具具先辈的躯体冲上河床，向着水草丰美的自由王国奔去，一个个生命的逗号向远方延续。身后，留下一匹匹老角马的尸体。

攀缘在文学之峰上的朝圣者，行走在人生之路上的迁徙者，大多已告别了在20×20的稿纸上爬格子的岁月。敲击键盘，续写着无尽的逗号。一路走来，并不轻松。当我们打算放下担子歇歇肩的时候，当我们面对坎坷畏缩不前的时候，当我们环视四周举目无亲的时候，当我们经受挫折怨天尤人的时候，西藏天路上的朝圣者、东非大草原上执着地奔向目的地的角马，还有那些文学馆的陈列柜里泛黄稿纸上先贤们留下的一个个逗号，难道不是一种力量么？于是，逗号，一个简单得不能再简单的符号，富有了灵性。于是，生命的逗号，斑斑点点地散落我们前行的路上，留在了我们的身后。我们打起精神继续前行，续写着人生的逗号。继续，继续……

握住巴金的手

前一阵子，不少电视台的访谈或娱乐节目中，经常可以看到按手模的情景。往往是在节目的最后，主持人极为郑重地请上一方印泥，其肃穆的表情好像明天就见不到被访谈者似的，又似乎是赏赐给对方至高无上的荣耀。至于那个手模最终被遗弃在库房，还是送到什么名人殿堂供起来，无人过问。一些娇小的"明星"伸出金枝玉叶般的小手，装腔作势地自责道："哎呀，我怎么按不动啊！"于是，早已虎视在一旁的主持人用其宽厚的"熊掌"毫不吝惜气力地死死按在"明星"细嫩的小手之上，认真地喊道："使劲啊，使劲！"良久，不肯释放。

说起手模，我以为，最为神圣的要数中国现代文学馆每扇大门扶手上的那些手模。这是同一个人的手，是一只牢牢抓住真理不放的手，是任何一个成年人都会觉得过于瘦小的手，是一位病入膏肓的老人的手。每一位来到这座文学殿堂的人，都会按着这个手模推开文学之门步入大厅。重重的青铜大门，只要你按住那手模轻轻一推，那扇门就产生了一股强大的引力，将来者吸入其中。20世纪80年代，巴金向当时我们党的最高领导人表达了他晚年最大的心愿，即建立我国现代文学馆。为筹建该馆，他捐出了15万元稿费作为开馆费用。1985年3月中国现代文学馆老馆开馆（暂借万寿寺一部分房屋）的时候，巴金特地从上海来京主持开馆典礼。而巴老的手模，则是印在新馆的大门之上。

如果做个调查，巴金对中国文坛的最大贡献是什么，结论几乎肯定是敢讲真话。巴金的手模就是他的风格，是啥样就是啥样，没必要把自己伪装成雄伟高大。他晚年在一位画家给他的画像上题字："一个小老头，名字叫巴金。"画面上一个小老头背着手，佝偻着腰背，在院子里散步，这就是巴金。

徜徉在文学馆中，看到一队队中小学生，握着巴金的手推开文学之门；众多上下求索的80后、90后，握着巴金的手步入文学殿堂；许许多多抱着怀旧心情的中老年人，握着巴金的手，踏进这座文学的聚宝盆。

握住巴金的手，走在文学之路上的朝觐者，不会迷失前进的方向……

握住巴金的手，我们学会了照镜子，懂得如何使自己变得纯洁、善良……

握住巴金的手，大大小小的知识分子明白了怎样把一颗滚烫的心掏出来，奉献给社会……

握住巴金的手，后生们知道了怎样反思和"随想"，使自身和我们的民族不那么健忘……

握住巴金的手，五四的前辈们，新文学之路上的新青年，他们踏着你们的足迹走来了……

作家冯骥才说，由《家》到《随想录》，他一直是社会良心的象征。作家是生活的良心。萧乾说，巴金是一个对人对己都很诚实的人，一个敢于透视自己的人，总是把他的心血、悲欢尽情地倾泻在纸上。巴金达到的高峰是那一代中国知识者拥有的高峰，也是我辈无法企及的高峰。他所代表的那一代中国知识者曾有的彷徨、迷惘、懦弱，以及晚年可贵的随想和忏悔，都是中国现代文学的最高峰。

巴金不是文圣，他也曾经彷徨、迷惘、懦弱，但丝毫不掩盖他敢讲真话的勇气。一位伟大的作家通过其伟大的作品影响读者的心灵，这就是他的文学使命。翻开《随想录》看看，哪一篇不是掷地有声的大实话，哪一句不震撼着我们的良心。

巴金，用自己瘦小枯干的手，高高举起讲真话的大旗。愿这面旗帜，永远飘扬在我们的文坛之上。

读老庄·说作家

高 平

一

老子说："天下皆知美之为美，斯恶已。皆知善之为善，斯不善已。"（《道德经·二章》）意思是："天下人都知道了什么是美，丑就显示出来了；都知道什么是善，恶就暴露出来了。"这是辩证的认识论。

美与丑，善与恶，是对立的统一体，也是认识对象的统一体，不知道这一面就不知道那一面。不识正面就不识反面，不识反面就不识正面。没有白天哪来黑夜？没有生命何言死亡？

当代文学评论标准的混乱，源于价值观念的混乱，有些作家和写手，由于不知道什么是美，也就不会以丑为丑，甚至以丑为美，美丑颠倒，或善恶不分，以至贬善褒恶。比如，在革命的名义下宣扬暴力凶杀，在爱情的名义下描绘性行为的细节，在个性的名义下让人物大说脏话，在创新的名义下破坏文艺的基本规律。

当务之急是要重温文艺发展史，坚持美学原则，尊重文学的普世价值。

作家心中要有对美的足够认识，特别要有对于人间大美的信仰，如共产主义理想、大同世界蓝图、仁爱慈悲胸怀、民主自由平等、热爱人民、尊老爱幼、诚信守约、文明礼貌，都是放之四海而皆尊的美；与之对立的就是丑的。作家在落笔之前，首先要明确认识美丑。同时要坚决排除名利思想对于认知美丑的干扰。

说到底，所谓人类灵魂的工程师，所谓文学的功能，无非是让人善良美好。为此，作家首先应当是美育课的优等生。不知道什么是美什么是丑的作家，会写出什么样的作品来可想而知。

二

人们都承认虚心是有益的、必要的，是做人的美德之一。道理何在？老子不止一次地做出过形象的解释。他说："天地之间，其犹橐籥乎？虚而不屈，动而愈出。"(《道德经·五章》)意思是说："天地之间，不正像一架风箱？因为空虚，藏的风才不会穷尽；越是排除，它里面的风越是扩张。"他又说："埏埴以为器，当其无，有器之用。凿户牖以为室，当其无，有室之用。"意思是："揉和黏土制作出器皿，器皿中间是空的，东西才能往里充填。开凿有门窗的房屋，屋里有相当的空间，才能进入人、空气和光线。"

做人应当虚心的道理是容易懂得的，用言辞表示谦虚也是容易做到的，但是发自内心的确实不多，能够真正"闻过则喜"的人更是凤毛麟角。根据我的观察，在世界上最不虚心的人中，占第一位的是大权在握的统治者们，占第二位的就是作家了。因为作家是个体劳动者，从事的是主观性极强的事业，作品好比是作家自己经过怀胎、生育、养大的孩子，肯定受到"母亲"的热爱、疼爱、偏爱、溺爱。孩子是自己的好，作品也是自己的好。你说他的孩子不好看、有毛病他能高兴吗？

真正淡泊名利的作家，视野宽广的作家，胸怀大志的作家，追求突破的作家，是不会护自己作品之短的。他们不会满足已有的成就，不愿停滞于已经达到的水平，他们总想着下一部作品会更好，因而能摆脱自满，与评论家和读者并肩站在一起，客观地看待自己的作品，冷静地分析自己的不足。他们能够虚心听取意见，尊重不同的看法，欢迎"一字之师"；他们敢于承认失败，甘于否定自己的平庸之作，他们期望的是能够为读者留下有生命力的作品。

作家应当像老子所说的"风箱"一样，总是不停地把自己抽空，保持虚心，才能永远充满着鼓劲之风，写出新的更好的作品。

二

老子曰："圣人无常心，以百姓心为心。"意思是"圣人没有固定的意志，以百姓的愿望为转移。"(《道德经·四十九章》)

作家不是圣人，但可以学习圣人，努力使自己的创作动机和作品的效果符合老百姓的愿望。这和"文学是人学"正好对得上号，和"以人为本"也完全一致。

许多年来，我们文学界的指导思想之多可以说世界稀有，原则到宪法、党章、"延座讲话"，具体到"革命现实主义与革命浪漫主义""双百方针""二为方向""三突出""主旋律""三贴近""正能量"等等，足够不停地学习、贯彻、落实、遵循的了。

其实，说一千道一万无非还应当是那句老话，那个宗旨，就是：为人民服务。

作家对自己的作品，有声言是写给自己看的，有宣称是给亲爱的看的，有表示是给小圈子的人看的，不过这样的作家我看为数不多。而且不见得全是真话，内心里大概还是希望看他作品的人越多越好。绝大多数作家是不会拒绝为人民写作的，是愿意自己的作品能够走向最广大的群众中间的。

那么，作家的心，就必须以百姓的心为心，就要和百姓同心，而不能只打自己的小算盘，和百姓离心离德，对百姓怀有二心。那种以精神贵族自居、以时代精英自诩、以天下才子自慰的作家，可能哄骗一伙，可以炫耀一时，但难成大器，终会被人民从敬而远之到完全遗忘。

现在的文学之所以被边缘化，尤其是诗歌被空前冷落，原因当然很多，社会因素复杂，但主要问题恐怕还是出在作家、诗人身上，其中的关键就是他们不注意、不关心、不懂得、不焦虑或者不愿写、不敢写人民的愿望。许多诗人、作家自我封闭，游离于社会之外，安居于温饱之中，仅陶醉于描述身边的婆婆妈妈和花花草草。

老子的"以百姓心为心"的声音，可谓"大音希声"。对作家足可振聋发聩，也是长鸣之警钟。

四

人们都知道，语言是表达思想的工具，但问题并非如此简单。

老子说："信言不美，美言不信。"（《道德经·八十一章》）意思是"真话不需要修饰，修饰出来的话不真实。"他讲的是感情的真假与语言修饰的关系。

比较容易讲清楚的是以诗为例。

诗是语言的艺术，诗的语言是"信言"，即真话，是真话表达真情。对诗来说，语言不是目的，也不能简单地认为它是手段。在诗里，语言与感情是一体的，诗的语言离不开诗的感情，二者不能割裂，否则就是矫揉造作与文字游戏的结合。

诗的语言是要"惊人"的，是要"推敲"的，是要加工的，但它不等于脱离感情的修饰，真情是修饰不出来的，也是不需要修饰的。

诗的语言是美的，美的语言是高雅、简洁、准确、含情量极大、以一当十的语言，单靠修饰是无法达到的。有些人把诗的语言误解为是花花哨哨的语言，刻意选择一些富有色彩的名词，堆砌大量的形容词。这是一种幼稚的做法，很像是为了把一个女子打扮得漂亮，给她插了满头的鲜花，不但不美，而且给人以滑稽可笑的感觉。

以为用漂亮的语言可以弥补感情的不实，用所谓的文采来拔高文章的档次，是一种小学生常会产生的误解，往往和语文老师的误导有关。

其实，实话实说才是感情与语言相统一的高境界。空洞无物的语言，夸夸其谈的语言，言过其实的语言，无论怎么修饰，都掩盖不住感情的不实。尤其作为作家，切不可养成这样的习惯，误作为自己的风格。

五

古人主张做学问的人（尤其是作家）要"读万卷书，行万里路"，目的是增加知识，丰富经历。因为要开掘创作源泉，必须进行生活体验，读书是获取间接的生活体验，行路是获取直接的生活体验。无数事实证明，读的书越多，走的地方越多，可写的题材就越多。当然，对于感受迟钝、思路狭窄、才情不足的作家来说，可能无济于事。

庄子说："且夫水之积也不厚，则其负大舟也无力。"（《逍遥游》）就是说水浅了无力浮起大船。正如土薄了长不起大树。同样的道理，浅薄的作家也写不出厚重的作品。

古今中外的优秀作品，呈现的都是厚积薄发的状态，都会给人游刃有余的感觉，也就是"冰山理论"所讲的，作品像是冰山露在水面的部分，它的更大更重的部分还在水下。

读书太少的作家，不知道别人写过些什么书，达到过什么样的成就，盲目写来，会在无意之中拾人牙慧，落得个无效劳动。

经历太少的作家，会缺乏真情实感，观察不到多少生活细节，使描写苍白无力，概念多于形象。同时也必然使联想力与想象力受到限制。

有了知识的积累和生活的积累还不够，还要有思考的积累。比如产奶的牛，喝了水吃了草以后，还要反刍咀嚼。人是有思想的动物，作家应当是思想家。懒于思考的作家难有新的发现，其作品不可能耐读。只有勤于思考，才能悟出道理，升华为哲理。"悟"字是由"我"和"心"组成的，是要由自己的思考完成的，别人不能替代。释迦牟尼的觉悟，就是长时间深入思考的结果。作家思考得多了，才可能悟出深刻的思想，成为作品的灵魂。

作家如水，作品如舟。在大自然中，浅水上的小舟倒还是可看的风景，但是形如浅水浮小舟式的作家则不可赏，因为它只能运载轻浮货。

知识的积累，生活的积累，思考的积累，都是要费时间的，都是要吃些苦的。作家和社会上的各种人相比较，与苦行僧最相像。

六

《庄子·天运》中有言："夫鹄不日浴而白，乌不日黔而黑。"天鹅并不天天沐浴，羽毛也是白的；乌鸦并不天天暴晒，羽毛也是黑的。这两句大实话引起了我的联想。

中国的知识分子，自古以来都是非常看重名的，"人过留名，雁过留声""扬名声，显父母""青史名标""赢得生前死后名""名扬四海""名垂千古"等等，成了他们的座右铭，是他们生活的目标，生命的动力，毕生的追求。

当代的作家们，固然有了新的表白，如"为人民写作""为时代代言""革命的功利主义""做人类灵魂的工程师""淡泊名利"等等，实际上对于名的追求，对于名的计较，其热情与认真程度并未稍减，而且随着智慧的增长和科技的发展，其手段也更为丰富、高明。最常见的一种就是炒作。

作家希望自己的作品能够被尽可能多的人所了解，是正常的；自己或请人做一定的介绍和宣传，是正当的。如果愿意默默无闻、无人问津，那就不会去写了。即使是把它"藏之名山"，也还是想让它"传之后世"的。

但是有些作家明明知道或恰恰因为知道自己的作品档次不高，水平不行，又不甘心居于下游，甚至妄想引起轰动，一举成名，于是利用媒体，借助权威，夸大作品的成就，进行廉价的颂扬，制造名著的假象。岂不知只能热闹一阵，收效甚微。正如货物的优劣要靠质量说话，而不由吆喝声的大小来决定。

当前社会上为收取费用帮人出名组织的活动甚多，卖头衔的名堂也不少，而且动辄冠以"中国""中华""东方""世界""杰出""优秀""骄子""功勋"等前置词，十分吓人。它满足的只能是一部分作家的虚荣心，而终将成为泡影，给人留下笑柄。

作家应属于人类中的精英，是高尚的。应当保持本色，守住品位，老老实实做学问，踏踏实实写文章。虽然不必甘于寂寞，但也不可热衷炒作。因为人的名气，作品的光彩，绝不是靠炒作可以得到的。

"夫鹄不日浴而白，乌不日黔而黑。"有了名作自然会成为名人。

七

争名夺利是贬义词，但是争名夺利的行为在社会上从未减少，名利场始终是处处都有、硝烟弥漫的一大战场。尤其在求名心切的作家中，争名之事更是屡见不鲜。

比如，在评论文章中争位置，在排行榜中争名字，在评奖中争等级，在会议上争座椅，在介绍中争评语，在集体创作中争排列署名的前后。又比如，或赤裸裸或拐弯抹角地打击别人，抬高自己，在商榷文章中把争鸣变成了争名，甚至进行人身攻击。再比如，更有出下策者，即自身无力去争时，干脆使用剽窃、抄袭的手段。我在文学界逛荡了六十余载，对此可谓见多识广，为争名脸红脖子粗者有之，当场对骂者有之，宣布绝交者有之，诉诸公堂者有之，使鬼点子搞小动作者有之。古人说的"文人无行"多半是源于争名。这其中也是有规律可循的。

一般文人学士作家之类，可以耐得了清苦，受得住物质的贫困，但对于名这个东西则特别在乎，因为这是他的精神寄托，生存支柱。庄子早就看到了这一点，所以他说："众人重利，廉士重名。"（《人间世》）但他同样并不赞成争名。他认为"名也者，相轧也；知也者，争之器。二者凶器，非所以尽行也。"争名必然相互倾轧，调动智谋去争斗，所以名和智二者好比是凶器一般，都是不可肆意使用的。

其实，作为作家，应当是胸怀天下的有识之士，应当知道"文章千古事"，岂可逞一时之能，争一时之名？一手拿笔，一手执"凶器"，是与作家的形象不相符合的。

台语歌曲的乡土情怀

汪 舟

诗言志，歌咏怀。台语歌曲是台湾同胞用乡音抒发的心声，尤其是那些流传久远的台语老歌，是台湾同胞的集体记忆，积淀着对生于斯长于斯的乡土的深情眷念。不同历史时期的台语歌曲，呈现出不同的内容和风貌，反映了台湾同胞对特定历史时期社会现实的内心感受和精神诉求。

台湾是移民社会。早期移民中，以漳（漳州）、泉（泉州）、厦（厦门）汉族移民人数最多，其次是从广东迁台的移民，他们入台开发、建设家园，自然也从祖籍地带去了方言、习俗、信仰等民间文化，其中包括民间音乐和地方小调。

台语歌曲源自漳州小调、泉州小调、厦门小调等民谣。据考证，早年就有大量记录闽南地区民谣唱本的"歌仔册"从厦门流传到台湾。台语歌曲在发展过程中还受到闽南地区戏曲，如歌仔戏、南音等曲调唱段及民间宗教音乐的影响。这种传承不是简单的移植、翻唱，而是融入了新的生活经历和情感体验，无论是内容或曲调都有了新变化。

台语歌曲始于开台拓荒的台湾先民的传唱，是伴随着先民们在那片土地上筚路蓝缕、开启山林而孕育、而生长的。随着时代的推移、社会的变迁，台语歌曲从早期的民间歌谣发展到创作歌曲，形成了极富乡土情怀和地方特质的歌曲种类。根据大的历史时期的划分，台语歌曲大致经历了四个发展阶段。

思想起思故乡

第一个阶段是清治时期。据史料记载，明代中期，已有一些福建沿海的渔民、农民、商人、海盗渡海移居台澎。明代后期，以郑芝龙为首的海上武装集团实际控制了福建沿海，促进了海峡两岸贸易活动，并有组织地将大批饥民从福建运送到台湾。明末清初，郑成功收复并治理台湾期间，更有组织地进行了大规模的军事移民和民间移民入台。清康熙统一台湾后，又出现数次移民高潮，至1893年，台湾人口达到250多万。

自16世纪末至19世纪末，一波又一波或零散或成规模地从闽粤渡台的移民潮，形成了台湾移民社会。在长达300年的移民过程中，先民们离乡背井渡海来台，在台岛开发、建设家园，这种经历表现在精神层面就具有强烈的祖根意识。先民们在族谱、宗祠、牌匾、墓碑都会记载自己从哪里来；先民们在劳作之余会吟唱故乡小调来寄托浓浓的乡思乡情，这些小调经过口口传唱，孕育出了优美动听的民间歌谣。

台湾早期民间歌谣如《思想起》《天黑黑》《牛犁歌》《台东调》《丢丢铜》《劝世歌》《草螟弄鸡公》等，都广为流传。这些歌谣的曲调基本不变，内容则往往根据吟唱者的经历自编而有不同版本。《丢丢铜》是宜兰一带的民间小调，没有固定的歌词，是随情景的变换而即兴填词吟唱的。最典型的是《思想起》，以念唱形式叙述先民们从唐山过台湾的拓荒史，充满浓郁乡情，在南部民间就有50多种版本。

岁月沧桑，许多早年的民谣已蒙上厚厚的尘埃。20世纪70年代中期，台湾民间老艺人陈达根据恒春一带的民谣游唱各地而引起反响，一些早年民间歌谣如《思想起》《劝世歌》等才逐渐为后人所知。"唱一段思想起，唱一段唐山谣，走不尽的坎坷路，恰如祖先的步履……"描述的就是陈达怀抱月琴弹唱祖先流传下来的民谣的情景。

心酸酸望春风

第二个阶段是日据时期。1894年，中日爆发甲午战争，清政府战败，于1895年被迫签订《马关条约》，将台湾割让给日本。同年，日本以武力侵占台湾。从此，日本对台湾实行了长达50年的殖民统治。日本殖民当局强制推行同化政策，迫使台湾人民学日文、讲日语，甚至生活习俗也要日本化，禁止台湾人民使用汉字，禁止民间宗教和习俗活动，台湾人民饱受了异族的奴役和压迫，苦闷无助的心情无处宣泄，只能私下偷偷吟唱台语歌谣寄托悲情。

当年在嘉义一带传唱一首歌谣《一只鸟仔哮啾啾》，内容描述了一只小鸟在夜里找不到自己的鸟巢，伤心哭叫，悲愤地质问是谁把我的鸟巢弄破，如果让我抓到他绝不善罢甘休。这首歌谣形象地表达了台湾同胞痛失家园、誓必雪恨的心情。民间传说曾有一支台胞抗日武装在诸罗山（嘉义）被日军镇压，勇士们唱着这首歌谣慷慨就义，故事极为感人。

1932年，由阮玲玉主演的上海影片《桃花泣血记》到台湾上映，电影公司为了招徕观众，根据剧情专门制作了同名台语歌曲进行广告宣传。这首歌曲由詹天马作词、王云峰作曲，被公认为是第一首台语创作歌曲。这首电影广告歌曲经纯纯演唱后，竟风靡一时。日本古伦美亚唱片公司见有商机，便聘请了一批词曲作者创作台语歌曲并灌制唱片发行。1935年，日本胜利唱片公司也开始灌制发行台语歌曲唱片。一时间台语歌曲兴盛，标志着由原先的民间歌谣发展到创作歌曲时期。

20世纪30年代中期，台语歌坛涌现出众多杰出的词曲作家和一批脍炙人口、广为传唱的台语歌曲，其中"四月望雨"（即《四季红》《月夜愁》《望春风》《雨夜花》），被誉为四大经典台语歌曲。这些词曲作家都具有忧患意识和民族意识，他们创作的台语歌曲虽然反映的是乡愁、离别、爱恋的题材，但内容情调贴近乡土、贴近现实，隐隐折射出日本殖民统治下台湾人民的悲凉心境，因此引起广泛共鸣。

1937年，日本发动全面侵华战争。日本为了强化在台湾的殖民统治，推行了所谓的"皇民化运动"，从思想文化上对台湾人民进行奴化教育，禁止民间演出布袋戏、歌仔戏，禁止使用方言。在这样的背景下，出版台语歌曲的唱片公司纷纷关闭，曾经繁荣了五六年的台语歌坛走进了黑暗时期。

补破网寄希望

第三个阶段是戒严时期。1945年，日本投降，台湾光复，台湾同胞欢天喜地回归祖国怀抱。台湾学者写道："在日本强暴的统治下，度过了艰辛苦难的五十年之后，我们全体台湾人民终以纯洁的中华血统归还给祖国，以纯洁的爱国心奉献给祖国。"但是，时隔一年多，台湾爆发了"二二八事件"，台湾同胞的美梦瞬间破碎。1949年，国民党政权败退台湾，随之而来的是长达38年的戒严时期，台湾同胞在专制统治下痛苦呻吟。

台湾光复初期，台语歌曲曾有过短暂的复活。面对当时族群矛盾、民生凋敝、百废待兴的台湾社会，一些词曲作家创作了反映现实疾苦的台语歌曲，最具有代表性的是被称为"战后四大名曲"的《望你早归》《补破网》《烧肉粽》《杯底不可饲金鱼》。另外还有一首《收酒矸》也很出名。

《烧肉粽》描述了一位青年学生毕业后没有工作，为了谋生只好当小贩沿街叫卖肉粽的情景，是底层民众生活困苦的真实写照。

《补破网》是一首情歌，作者李临秋有感于一对情人因误会而造成感情破损，所以写歌希望两人共同努力来补感情的破网。由于当时台湾社会满目疮痍，这首歌曲被赋予了深刻意涵，用来比喻补社会这张破网；网和望谐音，也有修补破碎希望的意思。这首歌曲在20世纪50年代初就被台湾当局禁唱，理由是有影射政治的嫌疑，直到70年代中后期才解禁。

《杯底不可饲金鱼》是一首饮酒歌，作者吕泉生有感于"二二八事件"后台湾社会省籍鸿沟加深，族群矛盾加剧，便以此为背景，创作了这首歌曲。作者呼吁不分省籍族群，大家坐下来一起喝酒，彼此消除隔阂，化解矛盾，喝干杯中酒，从此和谐共处，肝胆相照。歌曲明快豪迈，深受民众喜爱。

进入50年代，在戒严体制下，台湾社会处处是政治禁区，台语歌坛也开始走向低潮。尽管如此，仍有少数词曲作家在艰苦的环境下坚持创作，如《港都雨夜》《锣声若响》《夜半路灯》《旧情绵绵》《淡水暮色》等。由于创作人才凋零，这一时期出现了许多"混血歌曲"（即将日本歌曲改填台语歌词），代表作是《黄昏的故乡》和《妈妈请你也保重》。60年代后，开始有大批乡下青年到都市打拼，《黄昏的故乡》《妈妈请你也保重》这两首台语歌曲成了这一代人思念家乡的心灵慰藉。

与此同时，60年代初，国语歌曲开始流行，早期主要翻唱老上海的流行歌曲和香港、日本的流行歌曲。到了60年代后期，以姚苏蓉、邓丽君等为代表的国语流行歌曲兴盛，加上西洋歌曲大量涌入台湾，大大压缩了台语歌曲的生存空间。六七十年代，国民党当局加强对台语歌曲的管控，许多优秀台语歌曲遭到禁唱，台语歌坛逐渐趋向沉寂。

70年代中期以后，面对国民党当局的文化压制和西方文化的泛滥，台湾一批文化人士、青年学生开始进行反思和批判，从而推动了乡土文学运动、校园歌曲运动、现代民歌运动，掀起了一股回归传统、关注乡土、审视现实的文化思潮。在这种文化思潮的激荡下，加上民间老歌手陈达的出现，一些音乐人开始挖掘、整理流失民间的台语歌谣，一些歌手开始演唱台语歌曲，邓丽君也翻唱了不少台语老歌。

80年代初，沈文程的《心事谁人知》、洪荣宏的《一支小雨伞》唱红台语歌坛，随后有江蕙、陈小云、黄乙玲等歌手涌现出来，沉寂的台语歌坛开始复苏。

爱拼才会赢

第四个阶段是解严以后。1987年，国民党当局被迫宣布解除戒严，长期被压抑的社会能量一时间喷涌而出，政治上加速了民主化的进程，文化上呈现出多元化的局面。台语歌曲也终于走出历史的阴霾，抖落一身尘埃，抚平累累伤痕。

解严之初的1988年，叶启田的《爱拼才会赢》震撼台语歌坛，唱红台湾全岛。时值台湾人民以勤劳奋斗创造了经济奇迹，又以不屈抗争冲破了专制禁锢，这首曲风明快、内容励志的台语歌曲，正唱出了台湾人民勇敢拼搏的精神："……人生可比是海上的波浪，有时起有时落，好运歹运，总嘛要照起工来行，三分天注定，七分靠打拼，爱拼才会赢！"

1989年，"黑名单工作室"推出台语歌曲专辑《抓狂歌》，以创新的音乐表现形式和反叛的姿态，抨击社会时弊，也引起不小的轰动。紧接着，1990年，林强的《向前走》以念唱加摇滚的演唱，再次在台语歌坛刮起一阵旋风。这首台语歌曲描写了一位乡下青年在前往台北打拼的火车上，充满矛盾、好奇和憧憬的复杂心情，唱出了年青一代的心声。

90年代以后，台语歌坛迎来了蓬勃兴盛时期，佳作无数，歌手辈出。在台语歌曲热潮的带动下，许多国语歌手也跨界来唱台语歌曲。这一时期，台语歌曲在台湾流行歌坛占据了半壁江山。

随着两岸人员往来和各项交流的展开，台语歌曲也流传到大陆，受到大陆同胞的喜爱。大陆同胞到台湾交流访问，在宴会上常常听到台湾朋友用《流浪到淡水》开头一段唱词来劝酒："有缘，无缘，大家来作伙，烧酒喝一杯，乎干啦！乎干啦！"正是两岸同胞感情交融的生动体现。

我们回顾台语歌曲步履蹒跚的发展历程，就如同跟随台湾人民走过苦难的岁月。哭腔哭调是台语歌曲的显著特点，铭刻着日据时代的印记，也反映了台湾人民特殊的历史遭遇和心态。那些历经沧桑的台语老歌，散发着那片乡土的芬芳，承载着那片土地上一代又一代同胞的泪水与希望，如泣如诉的歌声带领我们走进台湾人民的心灵深处……

钱钟书与陈寅恪的异同

刘梦溪

20世纪30年代初，吴宓在清华园一次谈起学问人才，说年龄大一些的要数陈寅恪，年轻的首推钱钟书。陈、钱都是有识人慧眼的吴雨僧所欣赏的人物。陈生于1890年，钱生于1910年，相差20岁。陈钱并非齐名，但常为人所并提。并提是缘于学，而忘记岁年。

陈钱的学问结构

陈、钱为学的共同特点，一是都精通多种文字。过去研究者说陈寅恪懂二十几种文字，后来汪荣祖先生分析，认为大概有十六七种左右。陈掌握外域文字的独异处，是通晓一些稀有文字，如蒙文、藏文、巴利文、西夏文、突厥文等。他研习蒙文和藏文，是为了读佛经。不了解蒙、藏文，对佛经的原典不能有真切的了解。后来他在清华任教的时候，仍然每礼拜进城向钢和泰学习梵文。钱先生也懂多种文字，包括英、法、德、意、西班牙等国文字，还有梵文。他的懂，是通晓无碍，使用熟练，可写可说。杨绛先生整理的《钱钟书手稿集》，三大厚册，两千五百多页，经由商务印书馆于2003年出版。里面的读书笔记，很多都是各种文字交互使用。其次是，他们都具有惊人的记忆力，读书广博，中西典籍，过目不忘。此两点可以证明，陈、钱都是学问天才。第三，他们都出身于名门，得益于家学传统。陈的祖父陈宝箴、父尊陈三立，是晚清学植深厚的名宦，吏能和诗文为当时胜流所称道。钱的尊人钱基博子泉先生，是风清学厚的国学大师。强为区分，则陈寅恪的出身，不独名门亦为高门。

不同之处是，陈的学问，直承乾嘉，钱则受外域学术的影响比较深在。我们在陈寅恪的著作中，很少看到西方学术观念和方法的直接使用。可是又不能不承认，陈的西学训练非常之好。他在德国学习研究的时间最长，很多人说他受到德国史学家兰克的影响。钱钟书先生不同，他的著作融中外于一炉，大量直接引用各种西方典籍。他是把中外学问一体看待的，用不同的文字阐释不同问题的相同理念。如果不把钱的学问方式，称作比较文学或比较文化学研究，用他自己喜欢的说法，应该是求得中外学问的打通。

陈寅恪先生跟钱钟书先生为学的不同，主要在科业门类的专攻方面。陈的专业根基在史学，钱的专业根基在文学和诗学。但他们都是通儒，在打通文史、贯通中西这点上，是相同的。陈的方法是用诗文来证史，文史兼考，交互贯通。钱的方法是打通文史，中西会通。只有在极特殊的情况下，需要细读深思，才可能发现，陈的著作中不是没有西学的痕迹。譬如他给冯友兰的《中国哲学史》写的审查报告，中间使用了"结构"一词。这个概念百分之百是西方的。陈先生还有几篇涉及比较语言学的文章，使用了西方的学理概念。他对比较语言学情有独钟，尤其在与刘文典论国文试题的信里，谈得集中。傅斯年当年在中研院建立历史语言研究所，跟陈有一定关系，他们都受到德国比较语言学的影响。现在台湾"中研院"的历史语言研究所，名称一直没有改变。张光直先生担任中研院副院长的时候，曾经考虑，索性将历史语言研究所一分为三，语言的归语言，历史的归历史，考古的归考古。当时我恰好在那里访学，他请我在史语所讲陈寅恪。我特别讲到，我顺便提个建议，史语所的名称似乎不应该改。张先生当时在场。后来他私下跟我说，你的想法可能"获胜"，因为史语所很多老人都不同意改。

陈寅恪先生的著作里，西学的影响不轻易流露。钱先生的著作则融中西理论典例于一炉，处处引用，一再引用，引得不亦乐乎。我们作为晚生后学，读他们的书，感到是一种难得的享受。我读钱先生书，四个字：忍俊不禁。学理是严肃的，学问方式，是调皮的，幽默的。读得一个人老想窃笑。读陈的书，也有叫我窃笑的时候，他考证到佳绝处，直接走出来与古人调侃对话。

陈的《柳如是别传》，把柳如是和陈子龙的爱情，钱谦益和柳如是的婚姻爱情，写得极其细致入微，当事人的爱情心理都写出来了。钱柳半野堂初晤后，互有赠诗，且钱牧斋已为柳修筑新屋。此时，曾"追陪"柳如是不离不舍的嘉定诗老程孟阳来到钱府，钱柳当时之关系他无所知闻，显然处境相当尴尬。强颜和诗钱柳，诗题作《半野堂喜值柳如是，用牧翁韵奉赠》。寅恪先生考证，诗题的"喜"字系钱牧斋所加。然后发为论议写道："虽在牧斋为喜，恐在松圆（程号松圆——笔者注）转为悲矣。"又此前《别传》亦曾考证，程氏尝往吊追逐柳如是最力的谢象三的已过时的母丧，目的是希望得到谢的周济。因明末的一些"山人"，寅老说，都难免有此种德性。行笔至此，寅恪先生下断语曰："益信松圆谋身之拙，河东君害人之深也。"史家的职司，文学的能事；文学的职司，史家的能事，陈、钱两大师悉皆具备。

陈钱辨华夷

不妨举几宗中国史上的典型学案，以见陈、钱诠解的异同。陈寅恪学术思想的一项重要内容，是关于种族与文化的学说。这是他学术思想里面的一个核心义旨。他认为文化高于种族。所谓胡化和华化的问题，是文化的问题，不是种族的问题。他的《隋唐制度渊源略论稿》和《唐代政治史述论稿》两书，以很多考证来辨明此义。晚年写《柳如是别传》，又特别标明，当年他引用圣人"有教无类"之义，来阐释文化与种族的关系。"类"即种族，"教"是文化。"有教无类"，即是文化高于种族之意。这是他贯彻一生的学术理念。

这个理念的重要性在于，它至今不过时，今天仍然有现实的和现代的意义。如果我们了解陈寅恪的这一学说，就会知道前些年哈佛大学亨廷顿教授的"文明冲突论"不过是一隅之词。亨廷顿说，冷战后的世界，文明的冲突占主要地位，西方文化跟伊斯兰的冲突，跟儒教文明的冲突，将成为左右世界格局的动因。他只看到了文化的冲突，没有看到文化的融合和人类文化追求的尚同。他不了解大史学家陈寅恪的著作，自然不懂得文化高于种族的道理。

但我这里传递一个学术信息，钱钟书先生也如是说。他说华夷之辨在历史上没有确指，其断限在于礼教，而不单指种族。例证是汉人自称华，称鲜卑是胡虏；可是魏的鲜卑也自称华，而说柔然是夷虏。后来南宋人称金是夷狄，金称蒙古是夷狄，金自己也是夷狄。钱先生的引证很多，很多是陈先生引用过的。但我相信钱先生一定是自己看到的材料，而不是使用陈的材料。他们是不约而冥合，读书广博，取证雷同。《北齐书》的《杜弼传》，记载高祖对杜弼说，"江东复有一吴儿老翁萧衍者，专事衣冠礼乐，中原士大夫望之以为正朔所在"。钱先生说，这是"口有憾，而心实慕之"。这是钱先生的解释。同样这个例子，陈寅恪先生的称引不止一次，此为陈的说史常谈。

钱先生引《全唐文》卷六百八十六皇甫的《东晋元魏正闰论》一文，其中谓："所以为中国者，礼义也；所谓夷狄者，无礼义也。岂系于地哉？杞用夷礼，杞即夷矣；子居九夷，夷不陋矣。"显然具有更直接的说服力。然后钱先生又引《全唐文》卷七百六十七陈黯的《华心》一文："以地言之，则有华夷也。以教言，亦有华夷乎？夫华夷者，辨在乎心，辨心在察其趣向。有生于中州而行戾乎礼义，是形华而心夷也；生于夷域而行合乎礼义，是形夷而心华也。"钱后来对此节作增订，又引元稹《新题乐府·缚戎人》："自古此冤应未有，汉心汉语吐蕃身。"钱先生说这是汉人"没落蕃中"者。不是由于地域，而是由于文化。钱并标出英文为注，写道："华夷非族类（ethnos）之殊，而亦礼教（ethos）之辩。"

陈、钱在华夷之辨问题上，机杼相同，理路相同，结论相同。但我发现，钱先生的引证，增加了许多文学方面的资料。陈先生在华夷之辨问题上，在种族与文化的引证中，虽也引证元稹和白居易的诗作，但主要是新旧两《唐书》和其他史籍的材料，这是由于他们为学的专业类分各有专攻也。

陈钱的文体论

陈、钱的学问里面，都包含有文体论的内容。他们对文体的重视是惊人的，此点大大异于其他人文学者。但陈、钱文体论的侧重点虽有不同，都是文体革新派则一。他们都主张文无定体，不拘一格，力倡文体革新。钱先生在《谈艺录》里对韩愈的"以文为诗"，给予肯定，并引申为说："文章之革故鼎新，道无他，曰以不文为文，以文为诗而已。"升华了文章学和诗学的理论容度。陈先生论韩柳与古文运动，对韩愈的"以文为诗"更是大加称赏。他说："退之之古文乃用先秦、两汉之文体，改作唐代当时民间流行之小说，欲藉之一扫腐化僵化不适用于人生之骈体文，作此尝试而能成功者，故名虽复古，实则通今，在当时为最便宣传，甚合实际之文体也。"对韩愈的评价比钱还高。

陈的《论韩愈》写于50年代初，发表于《历史研究》，钱肯定会看到此文。有意思的是，钱先生也一直有写一篇专论韩愈的文章的打算，可惜未及动笔而斯人已逝，真是遗憾之至。否则陈、钱两大家共论"文起八代之衰"的文雄韩愈，各出以巨文，该是何等好看。

对野史小说可否考史的问题，陈、钱的看法约略相同。陈在此一方面持论甚坚，其《顺宗实录与续玄怪录》一文，可为力证。他说："通论吾国史料，大抵私家纂述易流于诬妄，而官修之书，其病又在多所讳饰，考史事之本末者，苟能于官书及私著等量齐观，详辨而慎取之，则庶几得其真相，而无诬讳之失矣。"陈著显示，以野史小说来补充正史的不足，是陈先生的史家之能事。钱先生涉及此一问题，他引用司马光《传家集》卷六十三《答范梦得》的说法："实录正史未必皆可据，野史小说未必皆无凭。"盖其撰《资治通鉴》，即曾采及野史小说。钱先生因此写道："夫稗史小说，野语街谈，即未可凭以考信人事，亦每足据以觇人情而征人心，又光未申之义也。"此可见钱、陈虽都重视野史小说的作用，陈用来直接考史，钱则认为考信人事未必可据，但可以见出当时的人情和人心。

关于不同作者的著作和作品，有时会出现相似甚或相同的见解和论述，对此一问题如何看待，钱、陈有不约而同的胜解。艺苑文坛，著作之林，不同的作者居身不同地域，彼此互不通问，但写出来的文章或著作，义旨和结论竟然相似或相同。这种现象如何寻解？是否可径以抄袭目之？陈寅恪先生在《论再生缘》一书中，专门讨论了这个问题。他以他本人和陈垣先生都曾撰文考证杨贵妃入道的时间，而结论不谋而合，以此例来说明发生此种现象的原因。他写道："抗日战争之际，陈垣先生留居京师，主讲辅仁大学。寅恪则旅寄昆明，任教西南联合大学。各撰论文，考杨妃入道年月。是时烽火连天，互不通问，然其结论则不谋而合，实以同用一材料，应有同一之结论，吾两人俱无抄袭之嫌疑也。"钱先生对此一问题也有类似看法。他在考论《太平广记》一书时，对多种典籍都曾使用以鼋为津梁的典故，是不是存在彼此抄袭仿效的问题，给出了他的论断："造境既同，因势生情，遂复肖似，未必有意踵事相师。"钱、陈对此一现象，得出了异地易时而同的结论，足可成为学界佳话，而不必怀疑他们是有意"踵事相师"。

陈、钱比论粗毕，兹有一事，向读者交代。即钱、陈论学的文字风格是截然不同的。陈1969年离世，显然无缘一睹钱的《管锥编》。《谈艺录》1948年印行于上海，战乱流离，陈未必得观，即观亦未必感兴趣。陈如何评价钱钟书先生，我们无缘得知。但陈的著作，钱肯定是读过的。如前所说，钱应该读过陈的《论韩愈》。还有《柳如是别传》，钱先生肯定也读过。不过钱对《别传》的著作体式和文辞，似颇不以为然。钱先生在与汪荣祖先生晤面或通信中，流露过这方面的看法。

我对此有一旁证。80年代末、90年代初，我和钱先生有通信，他总是有信必复，致使我不敢接写第二封，怕劳烦他再写回函。只有一次，我寄1990年第三期《中国文化》给他，他没有回示。因此期刊有我写的《陈寅恪撰写〈柳如是别传〉的学术精神和文化意蕴及文体意义》，文长两万余字，是为第一次系统阐释《别传》的文章。照说钱先生当时会目验此文，并有便笺给我。结果几周过去，声息全无。我意识到，钱先生可能不赞同我的论说。后来汪荣祖兄告以钱对《别传》的态度，始证实我当时的感觉不误。

　　然我对《柳如是别传》的评价，至今没有变化。反而越研究越知其旨趣不同寻常。就以诗文证史的方法使用和创获而言，此著可谓陈寅恪先生的学术制高点。而就陈先生说诗治史的学术历程来说，《别传》不啻为陈著的最高峰。但这丝毫不影响我对陈、钱这两座现代学术的高峰，经长期研究而秉持的情感价值和学理价值的坚守。

当时只道是寻常

张　涛

　　2013年北京人艺的演出计划新鲜出炉了，人们忽然发现其中赫然出现了《小井胡同》的名字，不免让许多人一时充满了期待。

　　也许有人说，这场演出或许有些迟了，毕竟那位机智幽默、执着激烈的作者已经离开了人世，那位经历了20年等待的苦命人依然没能有幸看到他的《小井胡同》再次走上舞台。的确，那种心愿已偿，大慰平生的幸福，李龙云是无福领受了。那种郁郁不欢，令人怅然若有所失的心情也依然在他故旧之间蔓延。然而从另一个角度来看，久违剧场20多年的《小井胡同》再次走上舞台，依然像20多年前一样闪耀着光芒，其实不也是李龙云生命延续的另一种方式吗？他曾经热切的希望、巧妙的构思、神奇的想法不是已经一一呈现在观众的面前了吗？

落花无言

　　对现代观众而言，《小井胡同》只是一场戏，而对于李龙云而言，则是他对那个时代全部的生活和感悟。熟悉《小井胡同》的人知道，这个剧本写于1980年冬，是李龙云在南京大学读书时的毕业作品。当年著名剧作家陈白尘曾赞誉道："这个剧本从横剖面说，五户人家，十三根线索，四五十个人物，形成一幅北京下层市民的风俗画。从纵剖面说，它通过解放前夕、大跃进时代、'文革'初期、'四人帮'垮台和十一届三中全会以后五个迥不相同的时期，又是五幅相连贯的历史画。这种结构，是中国现代戏剧史上的罕见之作。"

　　《小井胡同》在1983年被北京人艺搬上舞台。当时的演员阵容十分强大：林连昆、黄宗洛、韩善续、任宝贤、谭宗尧、吕中……能叫得出名字的演员就有一大串，然而这样的阵容只持续了三场，《小井胡同》就被停演了。至于理由，则是被指责"剧本选取的几个横断面，即1949年、1958年、1966年、1976年、1979年。在这五个时间段中，除1949年外，其余都是执政者政治上出现失误的时期"。更被有些人指责这是哪壶不开提哪壶，说他第二幕写大跃进，第三幕又接着写"文革"，尤其是戏中刘家祥那一段台词"这文化大革命，就仿佛是一家子不打算过了。老大从掌柜的那弄来一把切菜刀，老二从掌柜的那抽出一根擀面杖。哥俩，打！往死了干！不下毒手是孙子……""这样的文字背后隐藏的是何等居心？"

带着类似诸如此类的指责，《小井胡同》被禁了。当制景间的工人师傅们把《小井胡同》的布景从舞台搬开的时候，李龙云哭了。在他的心中，那就是他的命啊。

李龙云是土生土长的北京人，从小生活在胡同中的他亲眼目睹了"一条胡同30年命运的起落兴衰"，大跃进年代里，他就曾"穿件小背心，跟在大人们的身后，搬砖运瓦砌过小高炉"。长大当个说书的，把南城的故事讲给所有人听，曾是他一直追求的梦想。可是当《小井胡同》被叫停的那一刻，他的梦破灭了。

梦破灭了，李龙云还被扣了一个好大的帽子，大到一度使他失去了写作的信心。

1983年7月27日，陈白尘致信安慰李龙云："这剧本即使过了10年、20年，还是会迸发出光彩。总之，《小井胡同》的前途是乐观的，否则，戏剧文学不松绑，不允许百花齐放，中国话剧也没有前途了。"

戏被停了之后，作为李龙云挚友的于是之也是颇为郁闷的。早在1982年9月，于是之为《小井胡同》的事，从外地给李龙云写了封长信："我希望它能成为剧院的力作，像《茶馆》那样地排练，像《茶馆》那样地保留下来，毫无愧色地成为《茶馆》的续篇。"

于是之主持北京人艺工作以后，李龙云总算是盼到了拨云见日的一天，《小井胡同》也终于迎来新生。1985年初，《小井胡同》再次公演，连演112场，并且场场爆满。1992年，北京人艺再次复排《小井胡同》。李龙云说："小井的故事太多太多了，我将继续试着写下去，用我的作品不断和老街坊们谈心……《小井胡同》会有第二部、第三部、第四部……"只是可惜，天不遂人愿，从此之后，《小井胡同》再次沉寂了下来，而且这一待就是20多年，再也没有登上过舞台。

据北京人艺老演员李廷栋回忆，李龙云曾不止一次地对他说："趁着你们还在，把《小井胡同》恢复了吧。"他也一次又一次向领导反映，但是颇多阻碍困顿，将这件事情一直搁置了下来。直到李龙云过世之后，才被杨立新重新捡起来。

20世纪90年代曾是李龙云人生中最为晦暗的一个时期，这个时期造就了他阴郁低沉的性格，也使他最终忍受不过，离开了北京人艺。从1995年开始，李龙云的作品一次又一次遭到剧院的退稿，让他一度开始怀疑自己是否真的江郎才尽了。他曾在接受记者采访时说道："我接连遭受退稿，次数多了，有的时候自己都开始怀疑自己。在很长的时间里，我就是用戏剧的形式来搞我的文学，剧本发表了我就知足，而剧院演不演我的戏我不太计较了，能修炼到这种程度、培养自己的心态都是很长的过程，后来我把剧本发表看作是一个创作的终极，但对于一个剧作者来说，总也得不到舞台实践，这样的打击很难接受。"也正因此，2002年李龙云受当时国家话剧院院长赵有亮之邀，从人艺调入国家话剧院，而这一走就再也没有回来。

但是，不论李龙云走到哪，他的心是向着人艺的，人艺的同事们始终相信这一点。现任北京人艺院长张和平说，2010年1月，北京人艺曾经向十位不在人艺工作却为人艺做出过巨大贡献者颁发荣誉编剧证书。在2009年此事准备阶段时，院里曾经打算让李龙云接受这样的荣誉。然而，李龙云还是拒绝了。至于为什么，杨立新带来了答案："龙云当时是这么说的'咱就是人艺的人，要什么荣誉啊'。"人艺的同事们明白，他的拒绝不是出于出走人艺的仇恨，恰恰是因为他爱人艺，他不想因为接受了这个荣誉，就被定义为这个家门之外的人。就像一个被赶出家门的孩子一样，在他的内心，家的感觉远比什么荣誉都重要。

这件事情之后张和平感悟说："人事档案关系放在哪儿就真那么重要吗？老舍先生的人事关系也不在人艺，谁又能否认老舍先生对人艺的贡献呢。对于一个艺术家来讲，最重要的是他的作品，只有他用所有生命和智慧浇灌出来的作品才是他灵魂的归宿。对于龙云来讲，这就是他的家。"我想，李龙云也一定是这样觉得的。

李龙云曾创作过《落花无言：与于是之相识三十年》来追忆于是之坎坷的一生，而他自己的一生又何尝不像这本书的题目一样，落花无言呢。没有什么描述，没有什么感言，只像这落花一样静静地掉落，一直默默地等待着有心人的拾起，只是那个有心人也许真的来得稍晚了些。

为了情意的演出

新排《小井胡同》的导演杨立新说："我是一个演员，我没有干导演的野心，之所以排这场戏就是为了龙云。"其实即便杨立新不讲，这点也不难看出。《小井胡同》之所以要赶在炎热的八月开始重排，肯定就是要赶上李龙云一周年的忌辰。对于杨立新而言，数十年兄弟临终时却来不及看上最后一眼是颇为遗憾的。

然而，亲手完成兄弟的心愿，又不能不说是一种荣幸。为此，杨立新在接起这个活儿起，便一直战战兢兢，不敢懈怠。

我们都知道，《小井胡同》是一场历史剧，是通过发生在"小井胡同"里最普通的老百姓身上的故事，折射出建国后30年社会的变迁。1983年演出的《小井胡同》中30多个角色各个都浸透着地道的老北京民风民情，而那些角色身上体现出的乐观、豁达和困难岁月里的坚韧，也让全剧处处透出浓浓的温暖和深情。这样一幕饱含京韵的《小井胡同》曾经感染了一代人，然而杨立新面临的问题是，那样的京韵不再有了。

老舍曾说：如果不是老北京人，则不会真正明白老舍小说里的幽默。杨立新知道，当年的《小井胡同》之所以取得那么好的演出效果，跟演员的个人素质是分不开的。当时的演员，本身就是土生土长的北京人，对于城门、胡同都是熟悉得不能再熟悉了，因此对于《小井胡同》这样一出京味话剧来说，文化层面的引导是没有必要的。加之当时还是20世纪80年代，"文革"风暴刚刚过去不久，每个人都是那场浩劫的见证者和亲历者，亲身经历的人来演出自己的故事自然是不会差的。杨立新在评价当时的演员时便说："也许他们不是明星演员，但是他们都是最好的演员，最棒的演员。"

然而，当年的优势就是如今的劣势。今天的演员大多来自外地，生活习惯和文化背景与北京大不相同，即便是来自北京的年轻演员，因为北京的环境已经大大改变，在他们身上也很难找到老北京的气息。更何况青年演员大多是80后90后，在内心深处，实不知"串联""公私合营""三反五反"为何物。用如此一帮演员重排《小井胡同》的难度是可想而知的。

为了重塑这场从里到外都透着京味的话剧，让演员找到感觉，杨立新带着青年演员沿着大街一点点地去体验生活。杨立新说："我们从正阳门、箭门楼子、粮食店、大栅栏、六必居、瑞蚨祥、内联升、大观楼电影院、朱家胡同、王寡妇斜街、烟袋斜街、外馆斜街，一直走到湖广会馆，后来我们又去博物馆，看了北京旧城的模型，还请了专家来专门授课，目的就是要让大家找到老北京的感觉。"在体验生活的过程中，杨立新始终让演员们抬头向上看，因为下边店铺华丽的招牌幌子早已经没有了当年的风貌，只有在高处，才能隐约寻到当年的影子。

杨立新认为，演员其实演的不是戏，而是演人，要演生活在那个年代的人。因此，如果没有亲身经历过一样的感觉，那么这场戏是没法演下去的。他让演员们建立了一个《小井胡同》的微群，让大家将自己能够找到的所有资料都放到上边共享，又组织观看了许多纪录片，让大家了解"七千人大会"等历史事件的始末，力求让演员就是剧中的人，做的就是剧中的事。

杨立新的心血没有白费。此次重排《小井胡同》的首场演出便大获成功，受到了观众的一致认可，那些经历过"文革"的老同志无不是红着眼圈看完了全场，连李龙云的夫人王新民在观看了新排《小井胡同》之后竟也在台下黯然落泪。杨立新成功了，他真的做到了，李龙云也许真的可以瞑目了。

人说季札挂剑，虽然其节义之心昭然天下，却依然是一种遗憾。的确，虽然杨立新很尽力，但是李龙云还是走了，连同那个时代，也随他一起离开了。正如曾参演《小井胡同》的人艺老演员李源所说的那样："虽然演出就是胜利，但是不能不说我们的演出还是晚了，我们的历史断档了，我们的观众也失掉了。"没人怀疑，如今复排的《小井胡同》很精彩，没人怀疑，杨立新的尽心竭力和演员们的一片赤诚。只是时代已经过去了，杨立新即便补得了演员的课却补不了观众的课。在观众的叫好声和掌声的背后，再也看不见当年观众席中那种热血如沸的激情和近乎疯狂的兴奋。一个令人略为尴尬的细节是，当演员们脱口而出属于那个年代的专有名词的时候，观众脸上是一脸困惑和茫然。

向李龙云致敬

季羡林老先生在写《牛棚杂记》的时候曾经认为，"文化大革命"中那么多老师进了牛棚，这样悲惨的境遇和晦暗的历史有一天终会有人用自己的大笔写下来的，可是一年又一年过去了，到他已经垂垂老矣的时候，依然没见到这样的作品问世。所以，老人才拿起笔来写下了《牛棚杂记》，用以记述中国历史上最为残暴、最为丑陋、最为愚蠢的十年浩劫。当然老人或许并不知道，一个年轻的30多岁的小伙子已经这样做了。并且已经为了这部作品，付出了惨痛的代价。

《小井胡同》与李龙云的冷遇，难道仅仅是1983年被停演时期所感受到的压力吗？当然不是。在《小井胡同》第二次复排的时候，那么多领导、同志支持他，关心他，鼓励他。因为大家知道，他们支持的不仅仅是一场戏那么简单。他们支持的是李龙云敢于正视历史的态度，支持的是《小井胡同》背后那强大的民族自信，支持的是中华民族敢于改正自己错误的决心和勇气。可是现实是《小井胡同》依然沉寂了20多年，李龙云依然从人艺出走了，并且一直这样郁郁不欢地走完了人生。那些曾经爱护过、支持过他的师友们即便有"不辞冰雪为卿热"之心，也终于还是没能挽回"一宵冷雨葬名花"的结局，这不是属于李龙云一个人的悲剧，而是属于所有人的。

有人说，李龙云脾气太大，他的作品从不让人修改，哪怕一个标点，一个字都不行。不可否认，李龙云脾气确实不小，有时当对方坚持要修改时，他甚至直接撂挑子不演了。李龙云常说："我点每一个标点都是有不同的意思的，导演不懂我的意思，凭什么改我剧本，是他们懂，还是我懂。"李龙云的骨鲠执着成就了他的文学和个人的骨气，也确实得罪了不少人，但这不足以构成他悲剧的全部，更为重要的因素是我们的时代依然缺乏正视自己，正视过去的勇气。

钱穆先生谈历史时曾谈到："今人率言'革新'，然革新固当知旧。不识病象，何施刀药？仅为一种凭空抽象之理想，蛮干强为，求其实现，卤莽灭裂，于现状有破坏无改进。凡对于已往历史抱一种革命的蔑视者，此皆一切真正进步之劲敌也。"的确，方今中国改革开放正到中途，稍有疏失便会前功尽弃。当此之时，正是把脉历史，问诊病理，寻医求药的时候，倘若忘却历史，掩盖真相，仿佛找医生看病却忌病讳医一样，岂不是很难做到的吗？

对杨立新而言，重排《小井胡同》也许是他表达自己情感最为完美的方式。然而对于过世的李龙云而言，他的心中一定还有比这更高的愿望。正如李源所说，我们在这里纪念李龙云不仅仅是回忆他苦涩的一生，在这里重排《小井胡同》，也并非仅仅用来告慰李龙云的在天之灵。我们应该从李龙云的事情上吸取教训，让李龙云的事情不再发生，让《小井胡同》的悲剧不再重演，这才是对龙云最好的告慰。

他说得多好啊，我们回忆李龙云是为了以后不再有如此伤感的回忆，在舞台上上演《小井胡同》也是为了这样的悲剧在社会的大舞台中不再上演，这才是李龙云一生真正要追寻的意义。

李龙云患病之后曾经到于是之的病床前探望，我们不知道他说了些什么，但是这样的相聚场面是可以想象的。李龙云可能已经知道，他也许会走在自己这位亦师亦友的知己的前面，而且可能不会再看到《小井胡同》重上舞台了，但他没有选择，这就是他的宿命。

他不想看到今后谁会再有这样的宿命，也不想看到人们在他在世的时候浑然不知珍惜，而当"昔人已乘黄鹤去"之后才忽然想起他曾经的诸般好处，叹惋起什么"当时只道是寻常"的桥段来。那是《小井胡同》的悲剧，他自己的悲剧。当然，他更希望这个悲剧也仅仅属于他一个人。

"李龙云的寿命和生命不一样。墓碑上刻的是他的寿命，而他的生命则在舞台上不朽。"这句话出自著名戏剧评论家童道明之口，但也应该算作李龙云最大的心愿吧。王新民说，李龙云把他的人生概括为一句话，而她则把这句话刻在了他的碑上——我用文学创造了我的生命，我有一个终点，我的终点是朦胧的，但却注定是辉煌的！

向《小井胡同》致敬吧！向李龙云致敬吧！

端午与传统文化之魂

袁济喜

传统节日端午节被列为我国的法定假日。如今的端午节与千年前的端午节有什么联系与区别？国内与国外的端午节又有何渊源？作为法定节假日的端午节有了什么新的意义？如果要了解这些，我们必须从端午节的由来说起。

端午的名称最早可见于晋人周处《风土记》："仲夏端午，烹鹜角黍。"在两千多年的时光流逝中，端午节的民俗内容不断变化，也不断地除旧更新，呈现在今人眼中的是多姿多彩、丰富异常的面貌。

端午节以祭祀屈原为主要活动已不知确切起源于何时，文献中最早出于南朝梁代吴均的《续齐谐记》和北周宗懔《荆楚岁时记》的记载，道出了粽子、龙舟和屈原的关系。传说屈原五月初五自投汨罗江，死后蛟龙困之，世人为驱赶蛟龙，以五色丝缠粽子投入水中，以后成为定俗。又传，当地百姓听闻屈原投水后，争相划入洞庭湖，欲打捞尸体，终不见三闾大夫的踪影。为了寄托哀思，每年此日人们遂泛舟洞庭湖上，发展为龙舟比赛。此后为爱国诗人屈原招魂、祭祀其忠魂成为端午节的主流活动，唐代诗人文秀《端午》曾云："节分端午自谁言，万古传闻为屈原。堪笑楚江空渺渺，不能洗得直臣冤。"宋代张耒也写《和端午》云："竞渡深悲千载冤，忠魂一去讵能还。国亡身陨今何有，只留离骚在世间。"这些诗歌都写出了端午节当天人们对屈原受冤含屈的同情与怀念。对爱国诗人悲壮的殉国行为的敬仰与哀思，成为笼罩端午节的感人氛围，也成为代代中国人从中得到教育的不竭资源，成为民族的伟大精神力量。

虽然传统节日在中国人心目中近乎神圣，但最近几十年，人们却普遍感到节日越来越索然无味，就连春节也越来越"没年味"了。原来只有在节日才能吃到的粽子、月饼、元宵等，在超市货架上随意都可买到，许多孩子对它们的认识就是来不及做饭时，从冰箱拿出下锅的方便食品。随着生活节奏的加快，端午节时人们没时间去赛龙舟，城市的人们无从购买菖蒲和艾叶；中秋节也无暇赶回家团圆。在商业化、国际化的冲击之下，传统节日也只剩下了下班后匆匆吃些代表食品，饺子、汤圆、粽子、月饼已经基本成了春节、元宵节、端午节和中秋节的代名词。殊不知仅仅是物质层面的食物，不可能代表传统节日完整的文化内涵。就在中国本土节日越来越只剩下一个文化符号的同时，发源于古代中国的韩国江陵端午祭申请世界非物质文化遗产成功，给中国人非常大的震动。韩国的端午节为什么能成功获得独立性，抵挡住现代化的冲击，并获得世界的承认呢？在几年后种种声音都尘埃落定的今天，我们可以更清醒地看到，为什么端午在韩国而不是它的本土迎来了世界的赞许。

韩国在东部海岸的江原道有不少与古楚国相似的地名，如江陵、襄阳、洞庭湖等，因为太白山脉纵贯周围，保留了较完整的巫俗，带有明显的楚苗巫俗色彩。江陵端午祭在新罗时代就有记载，以祭祀为主，长达20余天，由"儒教式祭仪"和"巫俗祭仪"为主，由众多不同的祭祀活动组成，如大关岭山神祭、奉安祭、迎神祭、朝奠祭等等。与端午祭相关的神话人物都是本土人物，如大关岭山神为新罗将军金庾信，大关岭国师城隍神为9世纪的梵日国师，大关岭国师女城隍为传说江陵的郑氏女等等。这些人死后都被当地人尊为守护江陵的神灵加以供奉。另外，还有许多群众积极参与的民俗活动，如画官奴假面舞、农乐表演比赛、投壶大会、武神道特别战、弓道大会等等，由此可知，韩国端午祭在各个方面都与中国的端午节有很大的不同，已具备了完全的独立性。中国人已经不能从端午节发源于中国为理由去质疑韩国的"拿来主义"了。

有人往往认为传统节日不像西方节日，如情人节、圣诞节等，很难找到商业培植点，所以很难满足现代化的需要。但我们再看江陵端午祭，在官方的推动和民众的积极参与下，已被打造成现代性与传统性结合的国际观光节，成为一场宣传本土文化的盛宴。这其中不仅仅是当地的民俗，也离不开背后精心的运作。以2004年江陵端午祭为例，定名为"2004年与千年端午节同乐——江陵国际观光民俗节"，主题为"神与人类的相聚"，副主题为"千年的呼唤，与世界人同乐"。可以说，官方的宣传既符合端午祭祀的主旨，又非常吸引国际游客的眼球。韩国政府邀请了几十个国家的代表和艺术团体前往参观和表演，参加活动总人数达到100多万人，仅设置的包括餐饮、食品集市的"乱场"，当年营业额就达到30亿韩元左右。另外还有各种附属活动，如象棋大会、摄影大会、汉诗白日场、学生美术大会等等，因为对传统文化的合理利用，当地民众积极参与，获得了节日的快乐和教育。外国游客为丰富的本土民俗活动所深深吸引和折服，当地政府也能赚得盆满钵满，给当地带来不少经济收入。

作为法定假日的端午节，更加凸显的是官方的推动与全体韩国人对于保护传

统节日的自觉。节日不是自生自长，它的发展需要人们有意地维护和引导。早在
1871年，在刚开始现代化进程的时候，日本就制订了第一部有关文化遗产保护的
条例《古器旧物保存法》。在1950年，日本政府又将各相关法令综合为《文化遗
产保护法》，将文化遗产分为有形文化遗产、无形文化遗产、民俗文化遗产、名
胜古迹、文化景观和传统建筑群六大类。民俗节日就属于无形文化遗产，或可称
为非物质文化遗产。1967年，江陵端午祭就被韩国列为"重要无形资产"。韩国
形成了较为严密的非物质文化遗产保护制度。在韩国，文化遗产真正的决策机构
是文化财委员会，其中的委员必须由德高望重的专家学者组成，以此为核心，形
成了较为严密的管理体系。此外，我国对于非物质文化遗产的保护，一般还停留
在普通的即消极的层面上，如保存记录、采谱、录音、摄影等等，而韩国推动了
十分积极的保护措施，如汉城在1997年建成了重要无形文化遗产综合传授会馆，
成为教育、演出、展览、广告等多功能的公共文化空间。又如，被认定为技艺保
持者的个人，如无特别理由，每年应至少向市民公开其保持的技能一次。这样，
非物质文化遗产就在广大民众心中形成"活的"印象，而不是仅仅由相关部门记
录而作为泛泛介绍出现在报纸和书本上。据报道，中国的众多古乐，如文昌洞经
古乐、纳西古乐、丽江古乐等古乐已属濒危，韩国江陵古乐也曾一度陷入困境，
但政府进行了及时的干预，如成立"江陵农乐保存会"、开办"江陵农乐学校"、
举办全国性的民俗竞赛等，使江陵农乐绝处逢生，成为当地有名的民俗活动。

　　我国经过近几年的反思，对包括传统节日在内的非物质文化遗产引起了高度
重视。2006年，《国务院关于公布第一批国家级非物质文化遗产名录的通知》明
确提出："保护和利用好非物质文化遗产，对于继承和发扬民族优秀文化传统、
增进民族团结和维护国家统一、增强民族自信心和凝聚力、促进社会主义精神文
明建设都具有重要而深远的意义。"过年过节，不应该仅仅是饭店爆满，精神文
化层面更应该得到重视。西方节日在我国的兴盛主要靠西方传媒的强力推动、本
身的新奇感等，使西方节日本身成为了现代与时尚的代名词。而中国的传统节日
不可避免带有农业经济生产方式的烙印，如缺乏竞争、缺乏对个人的尊重等。但
节日的发展不可能几千年保持同样的内容，应当根据时代的变化不断汰旧添新，
更加符合本民族文化心理、不断被强调更加健康向上的内容，如对国家赤诚忠
心、至死不悔的屈原的崇敬逐渐成为主流，对毒月的驱邪等虽完整保留，但退居
次位。我们如今应该薪火相传，有自觉的意识去创新传统节日的载体和内涵，充
分利用现代手段，如网络、动漫、电视比赛等等，创造一批受广大群众欢迎的节

目与产品。同时，尊重和保留不同地区的文化差异，如在端午节苗族流行赛马、斗牛，台湾近海地区流行扒龙船活动，苏州举行的端午节活动又恢复了纪念伍子胥的内容等等。传统节日中所蕴含的文化之"根"是不能磨灭的，但我们必须有意识地去保护和创新。作为法定假日的节日就是成功的第一步，首先让我们有时间去过节，与每个中国人的生活联系在一起。毕竟，节日的共同记忆是存在于具体的社会生活与每个人的心理认同中的。这样的端午节就有了新的生命，当然，这个全民族的生命还亟待我们的保护。

　　今年春节，正逢严重雪灾，但无数人宁愿冒着在路上延堵数天和严寒等各种危险，也要回到一年未归的家中。火车站中数以万计等待回家的人们心中燃烧的共同愿望敌过了严寒。一年一次的回家朝圣，为每个中国人注入温暖和依靠，而不至于成为人生旅途中的游魂。传统节日的深层魔力正是这样牢牢抓住每个人的内心，使我们无论何时都记得自己是谁。作为法定假日的端午节也是如此，几千年前，来自荆楚的风俗至今仍令每个人难以忘怀，无论是龙的子孙在水上飞翔的咆哮，当年江边形容枯槁的诗人的飘飘广带，还是层层苇叶中包含的甜蜜。可以说，它是中华文化魂魄的不朽符号。

诗说守岁

谢 林

"一夜连双岁，五更分二天"，除夕这个辞旧迎新的特别夜晚，中国人已经习惯阖家大小团团圆圆，吃罢年夜饭，古人是围炉而坐，儿童游戏，大人谈天、抹骨牌、喝屠苏酒，现代人呢，几年前是看春节联欢晚会，现在大家都伤了脾胃，不过也还是开着电视应个景儿，人人"强不睡"，努力熬着。古人今人一年三百六十日专拣除夕熬夜，迎接新年的到来，在12点钟声敲响的那刻，向家人笑道"新年快乐"，四邻鞭炮声密如连珠，感觉连空气都是新崭崭的，一切如新。我们这么做的时候，也许已经遗忘了这就是"守岁"，不知道我们正在无意识地延续传承了千年的习俗。

守岁，是我们炎黄子孙最为重要的年俗之一，雅一点的说法是："士庶之家，围炉而坐，达旦不寐，谓之'守岁'"（孟元老《东京梦华录》）；通俗的说法就是：除夕那天，全家熬夜，辞旧岁，迎新年。最早的记载见于西晋周处（即传说中的"三害"之首）的《风土记》："蜀之风俗……至除夕达旦不眠，谓之守岁"，不过，那时守岁的风俗还仅限于巴蜀地区，到了南北朝时期，就开始在全国流行开来了。梁代徐君流传下来的诗作只有寥寥几首，其中《共内人夜坐守岁诗》却十分出名，以前私塾里老师经常叫学生背诵的："欢多情未极，赏至莫停杯。酒中喜桃子，粽里觅杨梅。帘开风入帐，烛尽炭成灰。勿疑鬟钗重，为待晓光催。"这是现在能看到的最早的守岁诗了，写得很是轻倩可喜，诗人和妻子（按，史书上说徐君好声色，侍妾数十，则诗题中的"内人"其实未必指妻子，但也不必深究，姑且称之）喝了几杯后，蜡烛已经燃尽，夜已很深了，妻子渐渐觉得困了（"勿疑鬟钗重"），诗人劝妻子再熬一会儿，等到天亮（"为待晓光催"）。可见那时守岁果然是终夜不眠，以待天明。

到了隋唐时期，守岁的风俗已经非常盛行了，宫廷除夕夜往往用沉香、檀香木燃起篝火，亮如白昼。据记载，隋炀帝时，除夕夜要烧掉沉香、檀木这些珍贵的香料二百多车，火焰高达十余丈，香闻数十里。唐代没那么夸张奢侈，但也还是沿用燃起香料和巨烛的做法，灯火辉煌中大摆宴席，君臣唱和，作守岁诗。唐太宗就写过《守岁》诗："暮景斜芳殿，年华丽绮宫。寒辞去冬雪，暖带入春风。阶馥舒梅素，盘花卷烛红。共欢新故岁，迎送一宵中。"李世民虽是豪杰，写诗却也脱不掉当时齐梁体的遗风，绮靡而无甚情感。唐代的文学侍臣们写了许多守岁应制诗，可谓汗牛充栋，多数与唐太宗的大作一个风格，不过也可从中窥见唐代深宫守岁的盛况。如杜审言（杜甫的祖父）的《守岁侍宴应制》诗云："季冬除夜迎新年，帝子王臣捧御筵。宫阙星河低拂树，殿庭灯烛上熏天。弹琴奏即梅风入，对局深钩柏雨传。欲向正元歌万寿，暂留欢赏寄春前。"可以想见宫廷除夕夜红烛高烧，王公贵族宴饮达旦，一派歌舞升平的景象。

诗人们在岁末年初往往感慨良多，应制诗之外的大量守岁作品不必拘束于君臣之礼，不必满口称颂太平盛世，流露出了古人在守岁时的真实心境。除夕夜虽是几家欢乐几家愁，但诗人们于岁暮之际难免想到去日苦多，笔下究竟还是乐少苦多。如杜甫《杜位宅守岁》诗云："守岁阿戎家，椒盘已颂花。盍簪喧枥马，列炬散林鸦。四十明朝过，飞腾暮景斜。谁能更拘束？烂醉是生涯。"诗人人到中年，已经觉到暮景扑面而来，惟有以酒解忧。诗论家司空图在《岁尽》诗中也表达了庶几近之的心情："莫话伤心事，投春满鬓霜。殷勤共樽酒，今岁只残阳。"较之杜甫，更添了几分颓丧之气。同是岁末借酒浇愁，诗人卢同却认为，一杯酒怎么消得了两年的悲愁呢？逝去的岁月弃我而去，无从挽留，而新的一年不管你要不要，都会出现在你面前，无可奈何，只能由它去吧！（《守岁》："去年留不住，年来也任他。当酒，争奈两年何？"）

至于在异地过年特别是被贬谪到蛮荒之地的诗人，在家家团圆的时刻，想起过去的惊心岁月，更是感慨丛生。白居易诗云："守岁尊无酒，思乡泪满巾"（《客中守岁》），索性连杯淡酒都没有了。接着说道："始知为客苦，不及在家贫"，道出了千古异乡人之苦。宰相诗人张说留下了好几首守岁诗，大都作于外放时期。《岳州守岁》描写了除夕夜醉舞酣歌、爆竹惊眠的热闹景象："夜风吹醉舞，庭户对酣歌。愁逐前年少，欢迎今岁多"、"桃枝堪辟恶，爆竹好惊眠。歌舞留今夕，犹言惜旧年。"而《钦州守岁》却是愁绪满怀："故岁今宵尽，新年明旦来。愁心随斗柄，东北望春回。"李德裕在牛李党争中失败而被贬到岭南，守岁时的心境与张说十分接近："冬去更筹尽，春随斗柄回。寒暄一夜隔，客鬓两年催。"（《岭外守岁》）数尽更筹，怅望北斗，叹息这一夜连着新旧两年，催白了客子的鬓发。

守岁渐成固定的年俗之后，历代都有诗人写作守岁诗，与唐时一样，内容大多不脱对逝水流年的感叹，对家乡亲友的思念，只是个人才力不同，作的诗自然也有高下之别。苏东坡的守岁之作可谓其中代表。当时他在陕西为官，岁暮思归而不可得，给弟弟苏辙写了三首诗《馈岁》《别岁》《守岁》，苏辙和了哥哥三首。其中《守岁》诗云："欲知垂尽岁，有似赴壑蛇。修鳞半已没，去意谁能遮。况欲系其尾，虽勤知奈何。儿童强不睡，相守夜喧哗。晨鸡且勿唱，更鼓畏添挝。坐久灯烬落，起看北斗斜。明年岂无年，心事恐蹉跎。努力尽今夕，少年犹可夸。"大文豪虽忧惧新年心事也是一样蹉跎，但仍然在诗末表示了奋进之意。其中"儿童强不睡，相守夜喧哗"、"坐久灯烬落，起看北斗斜"至今常常为人引用，非常形象地描绘了北宋除夕之夜的景象，尤其是"儿童强不睡"一句，今天的孩子们在守岁的时候也还是一样的兴奋，强撑着不睡，等着放烟花炮仗，大人也会破例允许这小小的放纵，不会深责。范成大则比较沮丧，在唐代守岁诗中经常出现的酒显然浇不了他心中的块垒，他在《除夜书怀》中写道："……昨梦书三箧，生平酒一杯。床头新历日，衣上旧尘埃。……隙光能几许，世事剧悠哉！"我们大抵可以看出，守岁诗基本上是在岁末最后几个时辰感叹逝去的时光，珍惜未来年华，席振起的《守岁》诗堪为后者的代表："相邀守岁阿戎家，蜡炬传红映碧纱。三十六旬都浪过，偏从此夜惜年华。"现代人常常引用此诗，为其进取惜时的积极意义，其实细玩诗味，其中无可奈何、自我解嘲的意味比奋进的意思倒要浓许多。

当然也不是人人都这样悲愁，诗僧贾岛就喜欢趁守岁的时候整理诗作，相当于现代人作年终总结，区别在于，大诗人是主动作的，十分勤奋进取，只是其中也未免有些"一把辛酸泪""谁解个中味"的凄凉。《唐才子传》说他每年除夕守岁之时，"必取一岁之作置几上，焚香再拜，酹酒祝曰：'此吾终年苦心也。'痛饮长谣而罢"。明代江南四才子之一文征明的习惯跟贾岛很像，也许是向前辈诗人学习，其《除夕》诗云："人家除夕正忙时，我自挑灯拣旧诗。莫笑书生太迂腐，一年功事是文词。"最为积极奋进的大概要算清代诗人赵翼，他于八十五岁高龄之际，尚有"老夫冒冷披衣起，要听雄鸡第一声"的豪情（《除夕》）。

守岁的词也不少，多数失之堆砌，其中杨无咎的除夕之作倒是甚为佳妙，既道出了对新年的美好祝福，情态又极悠闲："劝君今夕不须眠，且满，满泛觥船。大家沉醉对芳筵，愿新年胜旧年。"

一位人文学者的忧思与愿景

谢保杰

《梦话录》是钱理群先生退休之后的又一本演讲录。早在2008年，他曾经出版过演讲录《致青年朋友》，在青年学生中间产生很大影响。这本演讲录接着上本往下讲，演讲的对象依然是青年，只是范围有所扩大：从学校讲到工厂，从大陆讲到台湾。

"当代中国需要讲什么，我能讲什么。"面对中国经济的迅速崛起，消费主义的蔓延，钱理群延续他一贯对精神性命题的关注，在尽可能的言说范围内，对目前中国社会出现的许多重大问题进行了回应。在他看来，当前中国经济的迅速发展，并没有带来精神的高扬，相反，却陷入了物质主义、消费主义、虚无主义的泥坑。今天中国需要大讲精神，需要说一些超越于物质的"梦话"，这也是他把演讲集定名为《梦话录》的原因。书中的"梦话"看似不合时宜、不切实际，仔细想一想却真切、实在，针针扎在痛处。在现实生活中，这些"梦话"不仅和我们每日遭遇的疑虑与思考相连接，也坚定了我们对某些问题的判断。

解决了温饱问题之后的中国将向何处去？这是一个举国瞩目的大问题。在演讲集中，钱理群反复强调对精神层面的坚守。他引用一百多年前鲁迅的"立人"思想，认为现代化、现代文明、国家兴盛的"根柢在人"，物质和科学技术的发展只是"现象之末"。如果忽略了人，物质和现代科技包括民主都有可能走向反面，在所谓的现代文明社会里，也有可能成为物质的奴隶、金钱的奴隶、科技的奴隶以至民主的奴隶。那么怎样进行"立人"呢？在钱理群看来，就是关注"人的个体精神自由"，这也是现代化、现代文明的根本目标。今天的中国，在物质富裕、科技发展的基础上，应该及时地实现一个转变：由富国强兵的国家主义的现代化路线转变为以"立人"为中心的以建立"人国"为目标的现代化路线。这显然是有识之论，显示了一位人文学者的忧思与愿景。

在钱理群看来，国家之道也是人生之道。解决了温饱问题的中国人也遇到了新的问题：幸福感完全建立在物质生活的享受之上；为了房子、汽车透支了情感，透支了健康，也透支了生活；无休止的竞争带来了人与人之间的疏离、冷漠与不信任。这些问题都是他内心的隐痛，他认为解决了温饱问题的中国人应该重拾梦想，重建生活，要对习以为常的"以物质生活和享受"为核心的幸福观进行反思，以建立一种更为合理的新的幸福观。当前最迫切的任务，就是要解决"心安何处"的问题。鲁迅有一句名言："我们目下的当务之急，是：一要生存，二要温饱，三要发展。"钱理群提醒大家要铭记鲁迅对这句话的解释："我之所谓生存，并不是苟活；所谓温饱，并不是奢侈；所谓发展，并不是放纵。"在今日看来，这仍是每一个国人必须铭记的常识。

钱理群对中国社会与中国人的忧虑并没有让他走向悲观，他的充满理想主义的思考有明确的指向，那就是青年。就像他自己所说，青年学生是他一生的情之所系，是他"梦想"的寄托。他从不回避自己对青年的"崇拜"。退休之后，他曾经说一切都看透了，唯一没有看透，唯一不敢看透的是青年人、孩子们。如果青年人、孩子们都看透了，那还有什么希望呢。《梦话录》是钱理群与青年学生进行对话与交流的记录，用他的话来说就是一个"老理想主义者"与"新理想主义者"的心灵碰撞。他尊重当代青年对现实人生的不同选择，但也提醒青年今天的中国不能没有梦，一个无梦的人生是很难想象的，一个无梦的民族也是可怕的。他认为大学应该成为中国年轻人做梦的一方净土，一个作为精神寄托的"梦乡"。在这个精神萎顿、高度物质化的世界里，青年应该"做梦"，活出生命的庄严与诗意。更令人鼓舞的是，他从自身的经历出发，为青年寻找行动的路径："从能够改变的地方做起"；"想大问题，做小事情"；"沉潜十年"。他理想中的青年应该具有的生命状态是："脚踏大地，仰望星空"，一方面把生命之根深扎于大地，和养育自己的土地，土地上的文化，土地上的人民保持密切的联系；另一方面把生命的枝干伸向星空，向超越于物质生活的精神空间扩展。这些"带着体温的思想"，闪烁着理想主义的光芒，为成长中的青年重拾梦想、重建生活开启了广阔的精神空间。

钱理群出生于一个多灾多难的中国，他坎坷的人生经历，几乎铭刻着20世纪中国所有的苦难记忆——民族的、国家的，政党的，家庭的，个人的。他用"人生如梦"总结自己走过的道路，在这条道路上，有鲜花与掌声，也有曲折与荆棘。生活的苦难并没有把他压倒，反而转化成精神资源，这是因为他内心拥有超越苦难的力量。他喜欢阅读梭罗的《瓦尔登湖》。梭罗曾因看早晨的阳光，而产生"黎明的感觉"。钱理群内心向往的人生境界是"黎明的感觉"。按照他的解释就是每一天早上醒来，都意味着一段新的生命的开始，一切对你来说都是新鲜的，你应该用新奇的眼光和心态去发现世界。很多人认为钱理群有"赤子之心"，"赤子情怀"，就是指"黎明的感觉"。在《梦话录》中，他希望青年读者内心葆有"黎明的感觉"，不论生活中遇到什么挫折、磨难和打击，永远用新奇的眼光打量世界，对新鲜的东西保持旺盛的热情，活出生命的诗意和庄严。

境界人生

袁济喜

中国传统学术是一种人文学说体系，倾心人生观问题，具有极浓的人文关怀意蕴。西方的人文关怀主要通过宗教精神来建构，而中国传统文化与传统学术与此不同，主要依托自己的世俗文化来建设，通过五千年文明史，三千年学术史来展现出来，续续相生，辉映着我们今天的日常生活，启发着我们的人生境界，点亮了我们的心智。

近代著名学者王国维写过一本名著《人间词话》，其中的主要范畴是"境界"，读过这本书的人都知道，王氏所说的境界，是人生境界与艺术境界的统一。王国维在这本书中强调人生境界是文学境界的前提，没有人生境界是写不好诗词的，从汉魏至唐宋元明清，境界是文学家与文学作品的灵魂。

人生境界论的第一个方面，是关于人格的学说。中国古代的思想学说，大部分是教人如何做人的学说，当然也就涉及人格境界的问题。在传统文化中，人生境界与人格境界直接相关。"人格"一词从原始含义来看，它是从拉丁文来的，意思是指"面具"，早期一般指个体的公开的自我，亦即大庭广众前的形象。西方人比较强调人格的表演性，亦即人格的内在结构与外在形象的差异性。西方人认为人的内在想法与外面的表现可以有两面性，不一定要做到内外统一。他们比较重视人的隐私性，大约也是出于这一点。而中国人自古至今，较多地从道德的层面上去看待人格现象。中国古代虽没有人格这个名词，但与此相关的"格"的概念早已有之，儒家经典《礼记·缁衣》记载孔子有言："言有物而行有格也，是以生则不可夺志，死则不可夺名。故君子多闻，质而守之。"这里所说的"格"也就是指内在道德与外在行为的统一。孔门认为，人生在世如果能够言有文而行为遵守道德原则，那么生则有名，死后不朽。境界人生缘此而生成。

中国古代的先哲热爱生命，不像佛教与希伯来系统的宗教那样厌生，但是他们也不赞同犬儒学派的贪恋世俗而不顾人格，而是将人格的最高境界建立在价值与意义上，从而使中国文化具有不同于宗教但又具有宗教魅力，既世俗化又能够超越其局限性的审美性质。中国古代推崇的人格境界，就是一种有着自我体认的道德意识与坚定意志能力，达到了与天地并流，与宇宙合一的超越境界。中国传统文化始终围绕着造就这种高尚人格的建设而展开，离开了人格境界，人生观的建设也就失去了依据。

人生境界与心灵境界相关。心灵境界是人格境界的底蕴，没有心灵的真善美，自然也就谈不上人格境界的高尚。在中国古代，境界原来的意思是从佛教那里发展而来。按丁福宝主编的《佛学大辞典》的解释，"心之所攀援游履者谓之境"，这句话的意思是说，心灵攀登游历所达到的层次叫做"境"，即境界。它是指对于世俗利益的解脱之后，达到的心灵修养境致。在中国古代，儒家非常强调心灵境界的向上，主张真善美的统一。孔子说："知之者不如好之者，好之者不如乐之者"。认为道德的境界有三种，第一种是了解与知道，第二种是喜好，第三种才是乐以为之。这分明说的是三种道德境界的依次攀登升华。

人生境界论是多元思想组成的。老子与庄子这些道家人物，对人生境界的理解与儒家有很大的不同。老庄认为人之所以不能取得自由，不能摆脱"人为物役"的悲剧，原因在于人的自由本性受制于各种外物的束缚，只有将这些束缚人的"假我""非我"统统扔掉，人类才能走向自然，实现自身价值。在《庄子·大宗师》中，庄子假托颜回之口提出："堕肢体，黜聪明，离形去知，同于大通（道）谓坐忘。"庄子用"心斋""坐忘"的心理特征说明人生境界的实现。中国文化与学术的内在生命力，比如对于自由情性的追求，对于高风遗韵的向往，都与老庄的人文精神有关。

中国古代的人生观，虽然存在着儒道两家的对立，但是这两派的观念并不是一成不变的，而是可以互相补充的。儒家与道家都将人格境界奠定在农业社会的天人合一意识上，主张在与自然和谐相处中建构人格，而不是在与自然界的对立中建设人格，这就造成了儒道两家文化人格的顺从性与和谐性。儒家"与天地参"的道德境界，与道家的自然之道也可以相通。孔子晚年也希望自己能在"浴沂舞雩"的美境中获得解脱。他的"浴沂舞雩"与庄子的"逍遥游"实质上是相同的，都是人生的自由境界。儒道两家人格的不同有助于中国文化的活力与人生境界的多元化，他们彼此之间的互补，造成了中国文化人格的广博精深，中国后期受儒学熏陶的文化人物，没有不出入佛老的，苏轼、王夫之等人就是典型。

唐宋时期，禅宗渗入中国文化之中，影响到人们的生活领域。禅宗常用三种境界来说明悟的境界。第一境是"落叶满空山，何处寻行迹"，以喻精神的漂流，没有得到禅境的指引；第二境是"空山无人，水流花开"，这是形容已经破除法执与我执，即超脱了客观性相与主观痴迷，使精神获得一定的自由但尚未悟道；第三境是"万古长空，一朝风月"，这是形容在顿悟中获得永恒的体验高峰，这虽是一刹那间的顿悟，但却是超越时间与空间的永恒，禅境即是这种高峰体验的产物。这种体验由于建立在日常生活基础之上，是与砍柴担水，观花赏月的平常生活相伴，因而它没有出世的寂灭与"高处不胜寒"的虚幻。相反，倒是充满着日常生活的趣味，是一种恬淡闲和，平静如水的心境，体现了中国文化一以贯之的宁静而世俗的品格趣味。现代著名作家林语堂在《中国人》这本书中指出："诗歌教会了中国人一种生活观念，通过谚语的诗卷深切地渗入社会，给予他们一种悲天悯人的意识，使他们对大自然寄予无限的深情，并用一种艺术的眼光来看待人生。诗歌通过对大自然的感情，医治了人们心灵的创痛，诗歌通过享受简朴生活的教育，为中国文明保持了圣洁的理想。"这种诗学精神固然直接来自于中国传统的儒道思想，但与禅宗的作用也是分不开的。

人生境界论的另一个重要方面，指人生品味与趣味。比如六朝时是一个讲究雅人深致的时代。所谓雅人深致，是指一个人有很高的文化修养与门第血统。魏晋六朝是所谓雅道相传的年代。雅道是人生的品味，审美的趣味，它区别了人生的修养层次与道德修养的层次，而这些最直接的显示便是一个人的趣味。北宋黄庭坚说过："余尝为少年言，士大夫处世可以百为，唯不可俗，俗便不可医也。"国学大师梁启超写过一篇文章叫做《趣味教育与教育趣味》，其中举了《世说新语》中两个名士的轶事来说明。一个叫祖约的人喜欢钱，一个叫阮孚的人喜欢木屐，人们对他们的喜好不能分其高低。但有一天，客人造访祖约，祖约正在数他的财宝与钱物，一时收藏不尽，还剩两小筐钱，见客人来赶忙放在背后，生怕给客人看见，其鄙俗之"趣"可见一斑。客人又去拜访阮孚，见他正在给自制的木屐上蜡，叹道："不知一生可穿几双屐？"说话时意态潇洒，情趣盎然。于是客人通过这件事终于分出了阮孚与祖约趣味的高低。梁启超举出这件轶事是想说明："凡一种趣味事项，倘或是要瞒人的，或是拿别人的苦痛换自己的快乐，或是快乐和烦恼相续的，这等统名为下等趣味。"因此，趣味问题显然和人生境界中的价值判断直接相关。

中国传统的人生境界论在近代以来，面临着艰难的选择与重建。1898年发生维新运动之后，中国传统文化开始了向近代形态的转变。近代以来先进人物对传统文化大致有这么两种态度：一种是从资产阶级改良主义或者政治革命的立场出发，围绕着改造国民性，将人生观建设与启蒙教育结合起来。这一派的代表人物主要有梁启超、章太炎等人。国学大师章太炎在1906年《民报》上提出《革命之道德说》，主张用传统的道德与建设新型人生观相结合，"举此四者，一曰知耻，二曰重厚，三曰耿介，四曰必信。若能则而行之，率履不越，则所谓确固坚厉，重然诺，轻死生者，于是乎在。"鲁迅先生曾说太炎先生在辛亥革命时期主持《民报》，主要提出用宗教增进道德之力量，用国粹激动爱国之热肠。章太炎从国学与宗教的角度去建设革命之道德，重在人生境界的建设。尤其是主张用宗教来升华人生境界。他在苏报案的狱中与同入狱的烈士邹容所作的《绝命词》三首中，第二首中写道："平生御寇御风志（邹），近死之心不复阳（章），愿力能生千猛士（邹），补牢未必恨亡羊（章）。"这首诗中的第三句道出了邹容与章太炎等人自觉从佛学的"愿力"即精神意志中汲取力量的想法。辛亥革命至民国时期，许多文化名人如章太炎、李叔同（弘一法师）、苏曼殊等人信仰佛教，也是希望从中找到精神家园与人生境界，以超离现实世界。王国维之后，朱光潜与宗白华先生以其深湛的博通中西文化学养，紧扣本世纪以来中国文明所遇到的挑战，做出了卓越的理论贡献。

冯友兰先生在20世纪40年代写成的《人生的境界》一文，最后一段话意味深长："所以中国的圣人是既入世而又出世的，中国的哲学也是既入世而又出世的。随着未来的科学进步，我相信，宗教及其教条和迷信，必将让位于科学；可是人的对于超越人世的渴望，必将由未来的哲学来满足。未来的哲学很可能是既入世而又出世的。在这方面，中国哲学可能有所贡献。"中国传统文化，既是一种哲学思想，更是一种人文情怀，境界人生，可谓是传统文化照亮现代人生的灯火。

蝙蝠式遗产不可不继承

——由宗其香的画说起

蒙 木

　　我一向怀疑国画的出路，正如一向怀疑旧体诗的出路。尽管作者会很自得，相干不相干的评论家来阐释得头头是道，作品甚至获得各种高规格的奖赏，但其千篇一律的面孔，或者近似于某家某派，让普通欣赏者不审美疲劳实在很难。但一次偶然欣赏宗其香画展时，我看到一种希望。宗先生笔下如此众多的夜景和梅花让人印象深刻。尤其夜景山水，让我怀疑它是中国国画，还是西洋水彩。传统国画较少表现夜、光、天空和水；但宗其香的画光影摇曳，烟水氤氲，有的渔火两三星，有的炫然明耀，有的把那种乍晴乍雨或狂风暴雨的瞬间表现得让人如临其境。——仔细想想，以手写心，技巧和分类又算得了什么，黄宾虹写过："画无中西之分，有笔有墨，纯任自然，由形似进于神似。"

　　因其画，想其人，因其人，看其书。我开始阅读张玲老师的《画家宗其香传》。这本书在我箱底有些年了，因为这书，放在作者众多作品里太过个别。张玲老师是我非常敬重的老学长，僭越地也说是忘年的畏友，其本行是英国古典文学的研究和翻译，尤其是对哈代、狄更斯和艾米丽·勃朗特的研究颇有建树。她是一个不苟写作的人，尤其是为人写照，品格有问题者不写，大红大紫者不写。

　　打开《画家宗其香传》，宛然民国早期南京的人情风俗画，我竟然不一气读完便不肯收手。终末，这书只写到了1993年，宗先生是1999年去世的，而最近一次宗其香画展中《漓江渔火》等几幅尤其让我赞叹的逸品是作于90年代中期，我开始向她刨问这本书的缘由和后续。

　　她说写这本书首先是因为自己喜欢宗其香的画，如此精湛的画作竟然还饱受非议；她敬重宗先生率真澹荡的为人处世；更重要的是宗其香，作为一介孤儿，凭着自己的秉性和天资，师法自然，不守"绳墨"，最后能成长为画坛一代名家。她要叙述的是一个励志故事和中国国画可能的出路。近来，她正在修订这本传记，续写宗先生的最后六年，她还要综合新的资料把宗其香的影像描绘得更清晰，例如他先后作为国民党战干团和美国盟军心理作战部成员参加抗战，现在都可以写得充分些，适逢世界反法西斯胜利70周年，这些事终于可以说一说了。

抗战一兵宗其香的传记可以细说了

南京沦陷后，宗其香逃亡汉口，找不到生活出路，巧遇小学图画课老师，经其介绍，1938年在武昌被吸收为国民政府军事委员会战时工作干部训练团第一团（战干团，共四个团，团长均由蒋介石自任，第一团教育长桂永清）学员。经过几个月的培训，随桂永清到抗敌前线考察，穿梭于枪林弹雨中，他图文并茂的考察报告受到好评，因此毕业后留团，被分配到区团部做宣传工作。1938年秋武汉战局吃紧，他随战干团向湖南撤离。行军途中，一边画抗日宣传壁画，一边画速写收集素材。三年后，他在重庆出版了第一本书《宗其香集》，收16幅木刻山水，其中有题词：国耻待雪仇需复，肯把河山泪眼看？战干团撤到綦江后，宗其香担任团部统计员，加入了三青团，又集体宣誓加入国民党。1942年宗其香《风雨同舟》入选民国政府第三届全国美展并获奖。他对政治不感兴趣，工作又非所长，随后宗其香考入中央大学艺术专修科。1943年他在重庆举办首次个人中西融合山水画展《重庆夜景画展》轰动山城。徐悲鸿先生著文赞许："宗其香用贵州土纸，用中国画笔墨作重庆夜景灯光明灭，楼阁参差，山势崎岖与街头杂景，皆出以极简单之笔墨。昔之言笔墨者，多言之无物，今泉君之笔墨管含无数物象光景，突破古人的表现方法，此为中国画的一大创举，应大书特书者也！"后来宗其香在《先师徐悲鸿先生中国画改良论》中回忆说"老师经常教导我们要'致广大·画精微'，老师要求我们画一种事物一定要画熟，再画第二种。如画梅花，每天晚饭后，我都去附近南开中学的梅园中散步，把梅树的姿态结构都熟透。画夜景的灯光时，我每晚去嘉陵江边观察，几个月连续不断，研究灯光的不同情况。"

毕业后，宗其香被聘为徐悲鸿主持的中国美术学院的助理研究员。为了提振军民抗战胜利之信心，1944年7月，重庆进步英华周刊社社长蒋凤征与宗其香商议并绘制了《抗建宣传壁画》：《全民抗战》《有钱出钱》《拯民水火》《精神建设》《杀敌致果饮马长城》《力恶其不出于身也不必为己》等8帧，由孙科、居正、于右任、鹿钟麟、吴敬恒等国民党高官题词，徐悲鸿作序。此套壁画经蒋介石鉴定，经国民党中央宣传部审定，通过重庆图书杂志审查处审查，以国民政府军事委员会侍从室第23279号通知为据批准印发，由重庆进步英华周刊社向社会发行，社会部、教育部、四川省政府等通令工商学界采用。同年，他的作品《练犬》荣获教育部美术类最高成就奖。次年，他在重庆沙坪坝举办第二次个人画展"宗其香昆明写生展"，陈晓南在《益世副刊》上说："宗其香兄以卓立不移之精神努力于画，抗战初期随军写生前后方种种动态以及民物风情……爱生活，且各种生活滋味，都亲身体会。去春同事于美军总部，赴滇南山野工作，其试枪射击爆炸等等，均沉着应变，亦如画风之大胆心细……"

1945年春，美军OSS心理作战部招聘文化宣传人员，主要工作是配合军事行动，以各种形式向敌军宣传、瓦解其军心，促其早日投降，宗其香欣然前往。9月3日，宗其香在芷江参加了日本军队在此战区乞降的受降仪式。抗战胜利后，宗其香回到中国美术学院。1946年4月，徐悲鸿接任北平艺术专科学校校长，宗其香追随恩师北上任教。1949年7月，第一次全国文代会在北平艺专举办了"美术作品展览会"（即"第一次全国美术作品展览会"），宗其香以其水墨画《修复永定河铁桥》参展并获得好评。

宗其香不仅参加过国军、美军，1949年8月他还从北平国立艺专停薪留职，参加了第三野战军文工团任美术教官，他1951年作的油画《不朽的英雄杨根思》获第一届全军美术展一等奖，这幅名作当时被印成明信片发给前线抗美的将士。复员后，1953年首任中央美术学院水彩科主任；暑假赴朝鲜战场写生创作《抢修大同桥》，参加新中国第一届全国水彩画大展并获奖，与蒋兆和、叶浅予等齐名京华。1957年中国共产党建军三十周年纪念，中国总政治部、中央文化部、中国美协联合举办大型油画展，宗其香以巨幅油画《强渡大渡河》获奖。

但这些殊荣不能掩盖那复杂的政治经历，使得"文革"伊始他就成为牛鬼蛇神，被关进牛棚；1974年"四人帮"在北京爆发"黑画展"，包括李可染、李苦禅、黄永玉等17位画家，宗其香名列其首。他被抄家，工资被扣发，他受拷打，坐"土飞机"，这期间他的好友花鸟科主任郭味蕖（1908—1971）、人物科主任李斛（1926—1975）顶不住打击而相继含冤去世。"文革"结束，宗其香再返美院的时候，已经年逾花甲；1979年落实政策，1980年他离开北京，选择了山清水秀的桂林作为自己的第二故乡。1999年12月29日凌晨逝世于桂林，终年83岁，其骨灰撒入漓江山水间。

宗其香的创作道路与遗产

《画家宗其香传》强调，宗其香的国画是有幼功的。他1917年出生于南京一个破落的市民之家，在读书识字之前，帮艰苦谋生的父亲"造假画"，清初江左四王的画，尤其是师古自得、讲求开合起伏的王原祁为他打开了艺术之门。在上小学时，他又有幸在图画课上得到"应物象形""随类赋彩"的写生训练。高小毕业开始学徒生涯，是在工艺礼品店画广告画。就在学徒期间，十六七岁的宗其香以《双鱼》《白孔雀》参加温哥华为纪念开埠而举办的画展，这两幅画意外卖得200银元。尽管每月工钱不过2块大洋，他居然将生平这第一桶金悉数捐给东北灾区。张玲老师感慨说，这才是文化走出去，靠实力走出去的典型。走出去，不是为了个人名利得失。我蓦地明白张玲老师不计报酬地撰写《画家宗其香传》，那是因为一个共同的草根情结在起作用。

宗其香以自己的不懈努力，得到学贯中西的美术教育家陈之佛、黄君璧、张书、徐悲鸿诸先生的垂青和指导。尤其是徐悲鸿，他最早支持和启发宗其香实验夜景山水。一向崇尚写实主义的徐悲鸿对宗其香因材施教，还向他推荐印象主义和浪漫主义的技巧。后来徐悲鸿在全国美术院校中力倡中国画写生创作，正以宗其香的创作为样板，1952年之后，李可染、李斛、钱松岩、陆俨少、关山月等一批画家开始投入中国山水画写生的大潮中。但他后来远离了北京这个中心，所以其声望今天远不如他中央美院的其他同事；在拍卖行，他作品的市价甚至大大低于他的学生们；他独创的夜景技法也被些批评家有意或者无意地归于别人名下。所以张玲老师认为这本《画家宗其香传》应该传给后来的读者。

至于宗其香中西结合的路子，是不是真的会把国画带进死胡同，这是需要用实践来说明的。宗其香一生坚持写生，强调"生活感受第一"，这是其画富有诗意的来源。傅以新教授回忆说："他反复强调，作画一定要有感而发，只有有感而发的作品才有感染力。他举自己为例说：'解放前在重庆时，我画嘉陵江夜景有了名气，到北京后，很多人建议我做一个专门的夜景画家。嘉陵江夜景很美，我有表现它的欲望，但北京的夜景不美，我找不到那种冲动，所以就很少再画夜景了。'"这篇《从"喜爱山水"到"懂得山水"——感念宗其香先生》的文章还回忆了宗其香的教诲："生活是美的，很多东西都可以表现……今天我们如果被技法所约束，那么很多题材就不能去表现。"

不要让技巧，遮蔽寻美的眼睛；不要让东西分野等条条框框，窒息了审美的流动和想象。我们细观任何一种艺术史，其最有活力的时期几乎都是南北或中外交流融汇最为频繁的时期。既就画论，如果没有佛教的传入我们不能设想宗炳与王微的成就，更不能设想张僧繇、顾恺之和陆探微，更别说此后的吴道子。如果没有忽必烈的铁骑，清远萧疏的人文画何以如此之盛？没有西学东渐，我们可以设想张大千、林风眠、徐悲鸿这样的一代宗师吗？

即使我们无法给宗其香在画史上标格，但他走的路是无可怀疑的。强调国画民族特质的人不可能再复制《洛神赋图》《清明上河图》《富春山居图》的辉煌。即使小品，今天某画家画得和八大、白石老人的一模一样，又有什么意义呢？

叶廷芳《建筑门外谈》书后

—— 兼论中国知识分子的担当

顾孟潮

叶廷芳先生是建筑界的老朋友，他的文章常常给人一种超然物外的感觉，业界普遍认为他有艺术个性。平日他不趋炎附势，做事不失原则和公平，他的这种做人原则得到朋友们的欣赏和赞叹。

他与贝多芬的心是相通的

作为一个同样受过命运袭击的人，贝多芬英雄主义精神深刻地影响着他。每次去德国，他总要设法去一趟波恩——去看贝多芬的故居。他说："是这个城市的伟大儿子，乐圣贝多芬把我吸引。看到他亲手写下的那奔腾跳跃的音符，就仿佛看到他那颗狂奔怒吼的灵魂，贝多芬那熊熊燃烧的生命，从而自己那本来缺乏热度和烈度的生命被其点燃了。"

贝多芬在面临不幸遭遇时发出的怒吼："我要扼住命运的咽喉，不让它毁灭我！"终生激励着叶廷芳先生。

作为卓有成就的德国语言文学家，叶廷芳先生有着中外广阔的文化背景、丰富的知识理论储备。几十年来他却一直关注建筑并潜心研究建筑，建筑界的朋友们也从未把他当成外人，常邀请他参加建筑界的学术活动，倾听他别有新意的见解。

他是从建筑文化、建筑美学出发而与建筑学结缘的，并为在建筑中注入人文精神和现代精神，为提高建筑的审美品位而奔走呼号。

多年来，建筑领域的"三俗"现象很严重。一方面是物质现代化迅速大发展；一方面却是社会精神和道德的迅速滑坡，作为人类文化综合反映的建筑实体和城市建设，也同步反映了这一大的文化背景。针对当前不少建筑不美的问题，叶先生曾直言不讳地指出，很长时期以来，建筑几乎成了文化和美学的禁区，甚至到了不敢"美观"的地步。即使已到改革开放的80年代，北京某名牌中学的一座新盖的教学楼，只是讲究了一下"适当美观"的问题就引起很大争论，他认为这是我们的建筑长期在低层面徘徊的重要原因。

在关于国家大剧院造型设计的激烈争论中，他针对当时业主委员会提出的"三个一看的原则"（即：新设计的这个大剧院必须"一看就是个剧院；一看就是中国的；一看就是建在天安门旁边的"），抢在大剧院设计评审委员会第一轮评审以前，连写三篇文章，用悉尼歌剧院、朗香教堂等实例反驳"三个一看"的陈旧观点，以阻止又一个大屋顶产生，分别发表在《建筑报》《光明日报》《人民日报》上。

他认为，"保存、保护"建筑遗产是人类必须遵循的科学规律。

如同对德国文学一样，叶廷芳对建筑的理解和热爱到了痴迷的地步。

他把建筑看作是造型艺术的一门，是一种大地的雕塑，而且是一种不依你的意志而存在的客观审美对象，"它随时诉诸你的视觉器官，迫使你立即产生情绪反应——愉悦抑或厌恶、轻松抑或压抑。"因此一座建筑一旦耸立而起，它就不同程度地参与了人的精神情操的塑造。他的结论是："可以说，一部建筑史就是一部人类文明发展史。宏观地看，一个时代的建筑水平，是一个时代人类智慧发展程度的标志；一个时代的建筑风貌，是一个时代人的精神面貌的外观。"

根据他的分析，最初人类在与狭义的动物分手的时候，如果说在一个相当长的时期内，在觅食的方式上仍与动物差别不大的话，那么在改善栖身条件方面，其长处却明显地显示出来，最后离开了蹲伏了多少万年的黑暗洞穴，住进了用自己的肢体构筑起来的"掩体"，然后，由这简陋的掩体发展到风雨不动的"房屋"，由房屋发展到巍峨的殿堂，进而发展到今天高耸入云的摩天大厦……人类就是这样一步一步把所有其他动物远远甩在后面，而成了"万物的灵长，宇宙的精华"！

他提醒人们要注意环境对人的精神情操的影响——它的潜移默化的作用，所以城市规划应有全面眼光，在宏观美学上要有一个主题，要讲整体性和艺术感，具体到北京，"必须在美学上给予古都北京以明确的定位，以南北中轴线上的皇家建筑为主体，以它的高度为天际线，以它的金碧辉煌为主色调，其他建筑都处于服从地位。"他的这一建议得到广泛反响，并被吸收到北京市的城市总体规划之中。

在保护古都风貌时他强调，古都风貌的概念不是简单地把古建风格与古都风貌混为一谈，不能用大量的古式单体建筑充塞古都，造成与古都风貌不和谐，旧北京作为独立古都的存在，其价值是无与伦比的。因此保护古都的原貌是我们的百年大计、千年大计。他写了"什么是古都风貌""谈谈古城保护""古城改造不要伤筋动骨""走出古城保护的误区""维护文物的尊严"等多篇文章阐述自己的这些见解，其中为保护圆明园就写了20多篇，呼吁要保护圆明园的"废墟美"，他甚至被对方讥讽为"废墟派"。然而恰恰是他坚持把重要的建筑遗存列入审美范畴，提出"废墟美"的概念，先后两次在《光明日报》发表文章，提倡废墟文化和废墟美学，引起社会热烈反响。君不见2014年高考北京市的语文试题现代文部分就是以叶廷芳的文章《发现之美》出题的。

叶廷芳在20世纪80年代写的长文《伟大的首都，希望你更美丽》，曾被多家报刊转载，引起百姓的街谈巷议。当时他先后在《人民日报》发表的《请建筑师出来谢幕》《建筑是艺术》等文均引起读者广泛共鸣。

他认为，建筑要创新必须走出"工匠心态"

他坚持建筑一定要创新，而要创新建筑必须"走出工匠心态"，不要让"一切已死的先辈们的传统，像梦魇一样纠缠着活人的头脑"（马克思语）!

什么是工匠心态呢?

叶廷芳先生认为，"匠人的习性是重复。"工匠常常按照既定的或传统的模式行事，依样画葫芦，工作大多是重复的。他分析，与现代艺术家以重复为耻、以创新为荣的普遍文化心态不同的是，我们中国人维护传统的精神和能力之如此之强，某种意义上说，其文化心态形成的原因总是源于一种封建时代工匠心态的特点，即师承师傅的，沿袭前人的，一般不敢越雷池半步；与此同时既得不到系统的历史知识，也不可能获得横向的参照，学习吸收已经发展了的多元化的美学艺术理论，这是工匠心态的局限性。

在回顾我国建筑史始终以木构形式为主体，并被人长期称此单一局面为"超稳定结构"时，他很感慨，对这些以及对《建筑慎言艺术》《建筑慎言创新》《建筑慎言接轨》等舆论，他写文章反驳，认为这些是改革开放的"不谐和音"，是"艺术发展的绊脚石"，它们反映了这些言论的作者们"泥古、拒外、厌新"的思维定式。

叶廷芳认为，中国的"匠文化"是非常强大的，建筑师要创新必须走出工匠心态。他强调建筑师是创造者，建筑师像其他艺术家一样，天性是创造。我们不能忽视建筑师的艺术劳动，不能把建筑师视同工匠。建筑师是用色彩和线条表现建筑的活力，表现人的情感，表现民族的特质和精神……这些都说明建筑师的创造是艺术劳动，他希望中国能出现更多像文艺复兴时期的米开朗基罗或巴洛克时期的贝尔尼尼那样的有创造性的大雕塑家、大建筑师。

对于真正有创造性的建筑精品他由衷地赞叹。他热情讴歌悉尼歌剧院，对其表现的创造活力和天才奇想尤为钦佩，他写道："……作为一座建筑物，你本身绝妙的艺术风貌和周围那如画的风光交相辉映，好一派诗情画意的展现；作为一座歌剧院，你体外从'形'上焕发出的艺术光彩与你体内从'声'里弥漫出的艺术气氛融而为一，可谓表里如一的艺术实体！"真是赞美有加。

他实践着知识分子的社会担当

孟子曾说，人人都受经济的支配性影响，只有士人能够超越于此。

叶廷芳先生可谓是人格楷模，在精神上他有着超然物外的境界，在学术上他有着无畏的勇气，在生活中他实践着知识分子的社会担当。

他的人生哲学是"有一分热，发一分光，为了社会的完美不遗余力。"这些朴实的语言与他的实际行动对照时，更能体会到他内心世界金子般的光彩。他在他的中学母校演讲时曾以《虎的勇气、鹰的视野、牛的精神》为题，要求青年学生们以这样的人格结构来铸造自己的精神人格。实际上，这也是叶廷芳自己成长和治学过程中提炼出来的人格模式的标本。

叶先生的本职工作是中国社科院外国文学所研究员、中国德国文学研究会会长，曾出版《现代艺术的探险者》《现代审美意识的觉醒》《卡夫卡及其他》《美学操练》等10余部著作以及编著、译著等近50部，还有相当数量的散文、随笔和评论文章。在德国文学研究领域取得了骄人的成就。

他还曾任全国政协第九届、第十届政协委员，他的繁忙可想而知。但是，叶先生坚持关注并积极参与促进中华民族文化和思想的传承与创新工作。他不仅真挚负责地从事舆论文字方面的大量工作，还常常身临其境到现场促进落实。

当他听说仅1994、1995这两年，全国文物遭受的破坏即超过了"文革"时，他非常震惊和焦虑，决心投入抢救行动。此后他20年如一日，竭尽全力地为保护古城镇和全国重点文物奔忙，做了健全人都难以胜任的大量工作。他还先后多次通过写提案、发表文章等方式，呼吁全社会关心城市生态、维护文物尊严。年近80的叶先生曾两次与谢辰生、陈志华、毛照晰等老专家，不辞辛苦地远赴苏州和建德参加保护古村落研讨会，一起签名发表"苏州宣言""建德宣言"。

《建筑门外谈》一书凝聚了他对建筑的心血。全书从整体上生动地体现了他对建筑科学发展观的原则链——保存、保护、创新发展的重视，从妥善保存城镇历史文化遗产，科学保护自然生态资源，创新协调发展城镇高品质的人居环境的高度，全面阐述了他的建筑观点，对建设政治、经济、社会、文化、生态"五位一体"的文明极有参考价值的内容，读起来也生动有趣、很有启发。

有记者曾问他，您那么忙怎么还要做这些？他的回答是："只要对推动社会文化有利，现在我还能做一点儿就做一点儿。"

面对中国建筑文化创新与建筑教育差强人意的现状，太需要像叶先生这样有担当精神的知识分子了！他的社会责任感，他的忘我精神实在令我感动。于是欣然提笔写下这篇感念文字，以表达我对《建筑门外谈》作者叶廷芳先生的衷心敬意。

三个版本《清明上河图》比较评介

张雅晶

说起清明节，就让人联想起风俗画卷《清明上河图》，中国绘画史上，冠以《清明上河图》之名的图卷，有近十本见于著录。其中，北宋·张择端《清明上河图》（现藏于北京故宫博物院）、明·仇英《清明上河图》（现藏于辽宁省博物馆）、清·陈枚、孙祜、金昆、戴洪、程志道《清明上河图》（现藏于台北故宫博物院）较为著名。

北宋·张择端《清明上河图》，简称"宋本"（纵24.8厘米、横528.7厘米、绢本设色，当时并未署名），整个画面内容，描绘了宋代汴梁城内外和以汴河"虹桥"为中心的航道两岸城乡，在清明节这一天，不同身份的人们所进行的贸易活动和市井生活，刻画出汴河两岸"物阜民丰"的繁荣景象。

明·仇英的《清明上河图》，简称"明本"（纵30.5厘米，横987厘米，绢本设色）。仇英很好地借用了张择端《清明上河图》的表现模式，基本上是遵循张择端之景物顺序来布局。只是，所绘对象不是宋本的汴梁，而是故乡苏州。绘画中有苏州城的山川桥梁、城墙街巷、房屋店铺和戏台校场等，再现了当时赶集、婚娶、宴饮等热闹纷扰的市井生活和民俗风情，"天平山、运河、古城墙，当时苏州地区标志性建筑皆清晰可辨，整个画卷充满山清水绿之明媚。"展现出明代中期江南苏州城乡清明时节的一派繁荣景象。

清·陈枚、孙祜、金昆、戴洪、程志道《清明上河图》，简称"清院本"（纵35.0厘米，横1152.8厘米，绢本设色）。由陈枚领衔，率孙祜、金昆、戴洪、程志道清宫廷画家，参照历朝摹本，汇集各家所长，五人联袂完成。图卷结构整体布局，陈枚基本遵循明仇本。"清院本"增添了踏青、表演、戏剧、猴戏、特技、擂台等明清时代的特殊风俗，画面较"宋本"和"明本"更加丰富多彩。加之，受意大利的传教士画家郎世宁西洋画风的影响，画中街道房舍绘法均运用透视原理，且有西式建筑在画中出现。虽然失去了宋代古制，但"清院本"用色鲜丽明亮，用笔娴熟，桥梁房宇、车马人物，皆严谨细腻、生动别致。实属上乘之作。

"宋本"《清明上河图》

三个版本的《清明上河图》，时代不同，画面所反映的内容也有所不同。

"宋本"开卷"以静寂的春郊景象为开端"：薄雾中几户茅舍，田野小道上，脚夫赶着驮炭毛驴，赶集乡人，骑驴抬轿。柳林新枝、大地回春。画上方小路"一队有插满柳枝的小轿、官人骑马和不少仆从的行列，似以在扫墓之后回城。"画下方小路有另一行列："两位老妇骑驴，却各有年龄不同的男子随伴，似已自城里返回。"画面透着北国早春的气息，进城和出城的两队行人，"都明确点醒这正是清明佳节"。

接下来画面由田间小路渐次向城里延伸。路边出现茶坊酒肆、顾客小贩，小船卸货、背运粮包。河面水纹带漩涡，画作渐从沿河大街转入河面的多种舟船：大船逆行，岸上纤夫俯身用力。对于江面船只各部位，画家用笔描绘精致出神。大船顶上维修、人物活动逼真，小船摇橹、倒水人物表情传神。两船过桥，恐有相撞，船头船舷，岸边桥上，众人挥手叫喊助威，提醒避免险情。

到了斜跨画面的"虹桥"，这里也是《清明上河图》的中心，分"虹桥"形大桥和桥头街面两部分。这部分主要描绘的是横跨河面、不设梁柱、结构繁密、全木制作的"虹桥"桥上桥头及大汴河两岸的繁忙景象。

桥上桥头行人众多：游客凭桥栏杆，观赏河中船只。大桥中间人流熙攘：除步行者外，挑担的、骑马的、骑驴的、推车的、抬轿的一应俱全。各样摊贩比比相邻，交通拥挤场面热闹。桥的左右两侧航运繁忙、两岸街面市井生活场景生动；通过没有城墙的城楼门进入城内，街面店铺成片，生意兴隆。通过庞大建筑物——城门楼，就进入繁华的汴梁城区。城区路的南北两侧，屋宇鳞次栉比，各行各业，应有尽有。习文习武、士农工商、男女老幼，形形色色。画卷的尾部是"赵太丞家"医药门诊所，隔壁墙门边就有一蓄胡须的盲人正给人算命。他们是《清明上河图》中，最后出场的人物。画卷到此戛然而止，给世人留下了想象和议论的空间。也有人认为画卷不该在此结束，或许是后面被丢失。

张择端的《清明上河图》，表现了北宋年间汴梁城乡的市井民情和社会风俗，画作也反映了汴京水陆交通发达，漕运兴旺，汴京是当时的一个重要商贸交流中心。

"明本"《清明上河图》

《清明上河图》这一绘画题材自北宋张择端起,受到历代画家追捧,后出现众多摹本,其中,仇英的《清明上河图》摹本最有影响,苏州一带坊间大都以此为底本。

"明本"卷首以青绿重彩工笔起笔,开卷苏州城郊外连绵的青绿山峦,树木参天。远方几条船扬帆航行,碧波水面。旷野上几丛柳树间有牧童或牛背横笛或放飞风筝,河溪静静流淌过。村头戏台正演戏,台上演员表演生动,台下观众聚精会神。村屋庭院桃花盛开,女眷和孩童隔篱栅观戏。乡间道上行进着:扛粮袋的、挑粮袋的、推车运粮的,大树下草坪上村童摔跤滚打,绿山背后,纤夫牵拉商船沿江而进。

路中还有一队20余人鼓乐齐鸣的娶亲队伍。前面是四人肩扛明角灯,后面跟随着吹号、敲鼓、吹笛、弹琴的仪仗,其后,有挑酒坛和提鱼的,接下来是四人肩担的花轿,花轿边有三位身挂红带男女,花轿后两男,分别头顶、肩扛嫁妆随行。不远处两骑马男子像似在马背上告别,马后有一男仆肩扛货物步行。路南,在桃红柳绿中有一处带院墙的楼阁,门口有两大人两孩童,其中,孩童手指花轿。路北,两户人家中有临窗观望和趴窗观看的女子及孩童,路边,还有三妇人抱着、牵着四个孩童驻足观看。绘画中村外热闹的戏台、宁静安详的乡村、喧嚣的娶亲队伍,一幅苏州城郊外悠闲祥和如田园牧歌般的安逸景象。

画作的上方空旷的场地是校场,正在骑射练武,校场边上有一组点将台建筑。这是"宋本"没有的。将近"虹形"拱桥,可见饰有彩画的官船驶出,"虹形"左右两边还有许多商船停泊。

"明本"画作的桥,不如"宋本"粗放。另外,"宋本"虹桥是木质的,"明本"改变为石拱桥。"宋本"在桥头下方两侧的房屋采用俯视角度,多画建筑的屋顶,并且房屋数量较多较乱,约占三分之二画面;而"明本"桥头下方两侧共有五间店铺,且是房屋正面,房屋比例也小。"宋本"桥上摊铺比较简陋,顶棚是竹编平顶,"明本"改用竹编拱形,并挂有招牌。

"宋本"和"明本"的桥上桥头,人物活动都十分丰富,各行商旅人头攒动、骑驴骑马生意兴隆,描绘生动细腻。桥上人物各式各样:连辔骑马、策鞭赶驴、鸣而行、凭栏观望、出售吃食、挑担叫卖,还有摆地摊出售古玩瓷器者。桥头两侧还有说书、测字、头顶宝幢化缘的托钵僧侣等。树下，一群人正围观两个人比试摔跤者，充满闹市的气息。

至城楼，"明本"不仅绘有城楼，还绘有长长的城墙，城墙改"宋本"夯土城垛为砖城墙。城门似乎与苏州城的阊门相似。城楼有两城门，分别用于水路和陆路通过。河面上，半条船已过城水门，水门有两兵丁抄手而立，陆门上挂有旗帜。

"明本"用更大长的画面，彰显城内街道整齐、行人众多、车水马龙、店商林立。骆驼商队和市井商贩，骑马牵驴和肩挑手提，青色小轿和随行仆妇，场面热闹真实。运河码头、粮船云集。河水在城中曲折延伸，又小桥流水人家，妇人凭窗，临岸取水，篷船泊暂，好个江南水乡美景。

"宋本"进城不远就戛然而止，结束画面。而"明本"城内又向西增加了朱墙碧瓦的皇家宫苑。朱墙里面有高大楼宇伸到河水中央，绿顶和黄顶的宫殿，朱门玉阙，四周朱栏围护，汉白玉底座和台阶高洁醒目。黄顶宫殿上有黄色鸱吻飞檐、雕梁画栋、金碧辉煌。瀛台中，树木细秀清丽，青绿淡雅。河面水纹碧波，宫廷画舫龙舟，彩旗飞扬，其中是靓装女人们操楫。远处，高大坛台，帝王祀天祈福之处，庄重肃穆。至此，"明本"画面以皇家宫苑收尾。

"明本"《清明上河图》虽说是摹本，其实也是"再创造"。改东京汴梁变为江南苏州，描绘的是江南苏州城乡清明时节的一派繁荣景象。构画出一幅有气势的青绿重彩风俗画，这里面倾注着仇英的心血和他对苏州城的深情。

"清院本"《清明上河图》

明代后期，仿制的《清明上河图》散落民间，几种摹本先后又进入清内府，鱼龙难辨。清宫不得不组织画工，另起炉灶，重画《清明上河图》。乾隆十年，它被著录于《石渠宝笈初编》，存于养心殿，名为"清画院清明上河图卷"，今人称之为清院本。

"清院本"《清明上河图》开卷是远山、宽阔河面，柳林田畔、童手挑夫，比"明本"娶亲队伍，人数更多，色彩更鲜艳，场面也更热闹。"清院本"戏台上下也比"明本"规模大，用木柱基座搭建的席棚戏台上，演员表演认真，观众在蒙蒙细雨中翘首欣赏，观众身份不同，神态也各异。一片早春田园欢乐景象。离席台稍远处：文人模样男子站在高凳上，拈须而观，仆人高举雨伞为他遮雨；河畔船夫坐在船头船顶观看；女子足不出户却携子爬到屋顶远看；树上、戏台支架杆上及台后都有观众，凝神而视。河面拉船纤夫、赶猪牵牛放羊倌、骑驴抬轿推车赶车者，挑夫贩夫、打铁卖茶，好个热闹。

在去"虹桥"的河两岸，人流不息。河北侧的禁军演武场，旌旗招展，骑兵飞奔，比"明本"更壮观。"清院本"的"虹桥"是一座石材拱桥，桥上和桥头的地面有明显的石料接缝。河面大船行驶，"虹桥"右侧停泊着正装卸的商船，左侧有高悬龙旗的官船。桥上两边排列着40多个前后带沿边的店铺，比"明本"数量更多更整齐有序。桥头，吃喝的、说书的、看相的、修脚的、议价的，形象生动。临近城门，还有女子在走索表演。

接下来是城楼，"清院本"的城楼，和"明本"的城楼格局相似，都绘有长长的城墙，不似"宋本"只有城楼没有城墙。"清院本"城楼为重檐歇山，加腰檐和擎檐柱，红柱、绿檐、黑瓦、雕梁画栋，城墙也比"明本"更宽。"清院本""明本"的入城门比较相似，陆门和水门并列，均有瓮城。

"清院本"的城内，有成片房屋建筑，路北首处房屋和"明本"相同，都是公所衙门。"清院本"和"明本"画面在城内"U"字形处，都有显赫的府邸，"明本"是"学士""世登两府"，"清院本"则是"圣书""状元及第"。"清院本"府邸，牌楼后是三进宅院，还有一座观波楼和一座桥亭，长堤横跨湖塘。庭院中楼台、亭桥、水榭环湖而建，园内假山、湖石藤萝架、绿树、桃花融合相配，别具一格。比"明本"更显富贵。

"明本"和"清院本"与染坊相邻处，都绘有一座富丽堂皇的院落建筑，"明本"是高大粉墙、楼阁长廊、雕梁画栋。"清院本"是"虎皮"石墙、庭院深处有灰砖高楼、顶部塔形装饰物，似乎带有阿拉伯风格；湖水碧波荡漾、卷棚歇山顶楼阁、各色亭阁、游廊环绕、假山耸立、嘉木成林、桃花盛开、仕女荡秋千；院墙东门外有马夫、轿夫等待主顾。如此豪华之建筑，尽显主人地位不凡。

城内街道上人声鼎沸，多种车辆络绎不绝。各行商贩神态各异。另外，出现"宋本"和"明本"只有药店诊所，"清院本"出现古医科的分支的咒禁科诊所。"清院本"还增添了踏青、表演、戏剧、猴戏、特技、擂台等明清时代的特殊风俗，画面较"宋本"和"明本"更加丰富多彩。

画作至接近皇家御苑处是一码头，这是"宋本""明本"所没有的。

三个版本的《清明上河图》，画卷都是后本比前本长，内容比前本丰富，人物情节比前本生动，卷首处理比前本舒展辽阔，结尾处理比前本完整壮观。画面颜色却是后本不及前本淡雅，这与时代变化和审美取向有关。三个版本的画家都是宫廷画家，"宋本"、"明本"是一人完成，"宋本"当时并没有署名，"清院本"是五人联袂之作。对于"清院本"的用笔，余晖曾有评价："人物鞍马用工笔设色、山水树石系用青绿画法、建筑舟船用界画法、浮云流水用白描画法。全卷设色独具风格，色彩在柔和中显得丰富而统一。"《清明上河图》在"清院本"前后都有画作，然而，就其艺术性来讲，有人认为："清院本"《清明上河图》是这一题材的绝响之作。

值得注意的是，三本《清明上河图》都有行进中的骆驼队。"宋本"一队骆驼正由城里通过城门楼向城外行进，其中，两三只骆驼还在城内，而一只半身已走出城门。"明本"是两匹骆驼刚进城；"清院本"则是两匹骆驼，驮着物品行进在城里街道上。作为连接内陆和塞外物资交流的工具，骆驼商队，当年就走在丝绸之路上。

熵的世界观

邱华栋

　　在当今在世的小说家当中，美国作家托马斯·品钦的作品可能是最晦涩难懂的了。到目前为止，他一共出版了七部长篇小说，几乎每一部都是大部头：《V.》（1963）、《拍卖第四十九批》（1966）、《万有引力之虹》（1973）、《葡萄园》（1990）、《梅森和迪克逊》（1997），2006年出版的长篇小说《抵抗白昼》，英文版厚达1085页，2009年，他又出版了长篇小说《性本恶》。此外，托马斯·品钦在1984年还出版了一部短篇小说集《缓慢的学步：早期小说》，这构成了他全部的小说创作。就是凭借这几部小说，托马斯·品钦成为了20世纪后半叶最复杂和最重要的英语小说家之一。眼下，托马斯·品钦被美国读者和像哈罗德·布鲁姆这样挑剔和傲慢刚愎的哈佛大学教授都看作是美国当代最杰出的小说家，实在是不容易。托马斯·品钦也是所谓的"后现代派小说"群体的领军人物。

　　托马斯·品钦1937年3月出生于纽约长岛，1953年，他中学毕业之后，进入到美国康奈尔大学攻读工程学专业，后来，又根据自己的兴趣，转到了英语文学专业。在大学读书期间，他还到美国海军服役了两年，之后，又回到了大学继续自己的学业，最终获得了文学学士学位。托马斯·品钦很早就开始文学创作，他的处女作《细雨》是一个短篇小说，发表于1959年的大学内部文学刊物《康奈尔作家》上。这篇小说的笔法很平实，但是略显幼稚，讲述了在美国海军中服役的一个年轻士兵的成长经历，从一些细节呈现了主人公迷茫的内心世界。我猜测这篇小说的素材一定取材于他自己的从军经历。据说，托马斯·品钦大学期间还听过纳博科夫的文学写作课，算是纳博科夫的学生——那个时候，纳博科夫正在康奈尔教授文学写作，他的讲义后来被整理为《文学讲稿》《俄罗斯文学讲稿》和《堂吉诃德讲稿》出版。本来，他们也许能够成就一段文坛佳话，但是纳博科夫后来说，他对托马斯·品钦没有一点印象，只是他的妻子薇拉在给丈夫的学生的作业评分时，说看到过托马斯·品钦那与众不同的笔迹——同时包含了印刷体和草书的英语书写方式。

　　从康奈尔大学毕业后，托马斯·品钦不愿意从事固定的工作，他到纽约的自由艺术家们喜欢聚集的格林尼治村住了一年多，当时，正是1960年代美国即将兴起的各种社会反叛运动和艺术运动的前夜，我想，在那里，托马斯·品钦一定接触了不少活跃的美国先锋派艺术家，尤其是对现代音乐和美术的理解和掌握，都是在这个时期完成的。这些生活的影响，隐约出现在他后来的长篇小说《葡萄园》里。

托马斯·品钦在大学毕业之后发表的一些早期的短篇小说中，《熵》是最重要的一篇。我觉得，这篇小说埋藏了他后来小说的全部主题，是一把进入他的小说世界的最好的钥匙。这篇小说将热力学第二定律运用到对人类社会的观察和描述上，其敏感性十分超前。热力学第二定律，就是"能量的转化和守恒定律"，而熵，指的是物质系统的热力学函数——在整个宇宙当中，当一种物质转化成另外一种物质之后，不仅不可逆转物质形态，而且，会有越来越多的能量不能转化为功了。表面上看熵在增加，但是其功则在耗散和消失。这就好比人类大量制造的化工产品和能源产品一经使用之后，就很难再变成有用的东西一样——宇宙本身在物质的增值中反而逐渐走向"热寂"，走向一种缓慢的熵值不断增加、功却在消失的死亡之中。你看，眼下，我们的人类社会不正是这个样子吗？大量的产品和能源被转化成不能逆转的东西，电子垃圾、信息垃圾、塑料和建筑垃圾甚至是太空垃圾越来越多，人类本以为生活起来越来越方便和舒适了，实际上却在逐步地走向一个生存环境越来越恶化的热寂死亡的状态。因此，"熵"的概念是令人触目惊心的概念，也是托马斯·品钦作品中的核心概念，他的小说大都和这个概念有关。

1966年，托马斯·品钦出版了他的第二部长篇小说《拍卖第四十九批》。从书名上看，小说就很令人费解，似乎有意让人掉到迷惑人的陷阱里。有时候我就觉得，托马斯·品钦喜欢玩花活儿，喜欢故意和读者捉迷藏，喜欢逗引读者。什么叫"拍卖第四十九批"？是讲述一个拍卖公司的小说吗？不是的，这是一部从篇幅、情节到结构上都相对短小紧凑的小说，描绘了一个名叫马斯的美国家庭主妇的生活。

和托马斯·品钦的前一部小说《V》一样，这部小说也大量涉及到了20世纪的科学技术知识，并隐藏着对一些重大历史事件的挖掘，包含着对历史的陈述和反思。可能是为了增加读者的阅读趣味，或者纯粹就是为了炫耀自己的音乐知识，《拍卖第四十九批》引用了很多当时的美国通俗歌曲，在看似不经意的叙事中，将时代的大众流行通俗文化尤其是音乐文化流布其中。《拍卖第四十九批》也呈现了熵的世界观，还包含了几何学中的微积分学、哲学中的芝诺悖论的探讨。

我第一次阅读这部小说，就感觉依据《拍卖第四十九批》的情节，很难描述出它要传达的意义和主题。因为，它那迷宫似的情节有着很多岔路，意义是分歧的，是不确定的——小说中有太多的十字路口，每个十字路口的四个方向都是对的，就看你怎么走了，于是，小说就这么不断地推展开来，你就被带到一个匪夷所思的境地里。小说里描述的这个叫"特里斯特罗"的古老的邮递组织，像是神秘的黑社会一样，和美国社会对抗，让马斯觉得奇怪，也会使读者感到害怕。小说还有些侦探小说的诡异气氛，有专家说，这部小说从情节上看，是对英国近代的一出走红的戏剧《送信者的悲剧》的滑稽戏仿。由此看，托马斯·品钦很喜欢在莫衷一是的情节之间、在一些并不怎么联系的事件之间，暗示着一种本质的思想。因此，有时候，我觉得每个读他的书的读者，都像是书中的女主人公马斯一样，必须要自己去面对托马斯·品钦的挑战，去找到他设置的谜语的答案，尽管也许本来就没有答案。

政北
协京

第四辑

书之语：留住那个"特殊时代"

《老舍五则》从何而来

舒 乙

在中国现代作家中，作品被搬上舞台、银幕和电视的，就数量之多而言，非老舍先生莫属，在这方面，他是冠军。

以戏剧作品而言，这是他直接写给舞台的，1949年前有十部，1949年后有四十部。当然，其中既包括了《龙须沟》《茶馆》这样的代表作，也有废品，后者甚至直接扔进字纸篓。由这组庞大的数字中，人们不难看出老舍先生的勤奋；另一方面，也说明他喜爱戏剧这种艺术形式。

他的小说改编成戏剧的，以梅阡的同名话剧《骆驼祥子》、李龙云的同名话剧《正红旗下》最为有名。近来，还有吴霜的同名话剧《月牙儿》。

北京有一种地方戏叫"曲剧"，这个名字是老舍先生给取的。北京有曲剧团，它已有58年的历史。这个团先后上演了七出老舍的戏，其中三部改编自小说，即《骆驼祥子》《正红旗下》《四世同堂》，三部改自话剧：《方珍珠》《龙须沟》《茶馆》。

小说《骆驼祥子》除有话剧、曲剧的改编之外，还有京剧的改编，改编者是钟文农。这三出不同形式的戏都相当成功。

由老舍小说改编成电影的有六部：《我这一辈子》（石挥）、《方珍珠》（徐昌霖）、《骆驼祥子》（凌子风）、《月牙儿》（霍庄）、《离婚》（王好为、李晨生）、《鼓书艺人》（田壮壮）。其中，《我这一辈子》已成为中国电影百年中的经典作品。

老舍小说改编成电视连续剧的有十部：《月牙儿》《四世同堂》（两次）、《龙须沟》《茶馆》《骆驼祥子》《离婚》《我这一辈子》《二马》《月牙儿和阳光》。其中，最成功也是最有名的是林汝为1985年导演的28集电视连续剧《四世同堂》。

但是，老舍先生的短篇小说却始终没人动过。这几乎是一个谜。

我曾经多次向影视工作者和戏剧工作者推荐过老舍的短篇小说。我认为，这是一块肥沃的土壤，是未被开垦的处女地，是大有可为的，可以改编出很好看的影视作品和戏剧作品来，很有潜力。

老舍先生在20世纪三四十年代出版过六部中短篇小说集：《赶集》《樱海集》

《蛤藻集》《火车集》《贫血集》《东海巴山集》。后来，去世后，又出了一部《集外集》。这七部小说集中包括了七十一篇小说，其中有四篇中篇小说：《月牙儿》《阳光》《我这一辈子》《新时代的旧悲剧》，其余六十七篇皆短篇小说。

这个数量不算小，很可观。改编的选择余地比较大。

我曾经在一篇老舍作品选的《导言》中说，老舍先生的短篇小说有六大特点，一是有头有尾，不是一个片断，具有中国古典小说的传奇性，故事性强，但又是现代的，有心理描写，注意真实的细节；

二是以人物描写为重点，努力塑造鲜活的人物形象，总要塑造一两个令人难忘的主人公；

三是不说教，不直接点题，让读者读完之后受些感动，自己去思考作品想说明什么；

四是人物都是小人物，城市贫民、小知识分子、小职员、下层人，作品充满了对他们命运的关注，有博大的人道主义情怀；

五是强调作品的艺术性，在写法上尽量出新，引进西方最新的文学手法，如意识流等，做杂交，主张"怎么写"比"写什么"更重要，从而力保文学具有相对的独立性；

六是具有批判性，注重国民劣根性的改造，立意于救民强国。

有了这六大特点，不难看出老舍先生短篇小说同样是适合改编成戏剧和影视作品的。有故事，有人物，有语言，这三大因素说明了一切。

老舍先生本人是很喜欢他自己的短篇小说的。他最喜欢《微神》和《断魂枪》。他在美国时就曾把短篇小说《断魂枪》改编成英文多幕话剧《五虎断魂枪》，交给美国大学生去演出。他还曾把《马裤先生》改编成独幕话剧《火车上的威风》。

既有量又有质，就差东风了。

终于等来了机会。

2008年末，在一次昆曲《牡丹亭》的北京粮仓剧场的演出上，我遇见了林兆华导演和戏剧出品人王翔先生，我又向他们游说老舍短篇小说的改编。结果，这次，一拍即合。过了几天，林导和王翔便来到我家，要我推荐具体的篇目，他们要拿回去细读，表示了极大的兴趣。

我当时推荐了几篇，有《断魂枪》《兔》《也是三角》《柳家大院》《上任》《微神》《柳屯的》等等。

又过了一些日子，见面时，对方已经敲定了其中的五篇，而且取了一个好名字——《老舍五则》。

《老舍五则》本身的成败将取决于观众的评价，但它在老舍短篇小说的改编上是有划时代的意义的。首先，它是头一炮，是开场锣，是"吃螃蟹"，是首次尝试，意义不言而喻，教人知道了老舍短篇小说也是一块改编的沃土。

其次，它有启示作用，说明老舍短篇小说仿佛天生是为走上舞台，走上银幕而作的，从内容到形式具备着很好的戏剧因素，可以拿来移植，照样能出可观的东西。

这么看来，《老舍五则》值得拍手欢迎。我为它的上演感到高兴。

大观园里和大观园外

刘梦溪

中国文学是个大宝库，里面有无尽珍藏。古典小说《红楼梦》是中国文学宝库中一颗璀璨的明珠，在中国文学史上占有特殊的位置。

一

中国文学的各种文体，《红楼梦》里应有尽有，文备众体不足以形容。中国历史上那些文采风流的特异人物，小说开卷的第二回，就通过冷子兴和贾雨村茶肆对话的方式，从隐逸诗人陶渊明和竹林七贤的领袖嵇康、阮籍说起，一直说到女诗人薛涛，和大胆追求爱情的卓文君、红拂、崔莺，前后不下三十个人物。历朝历代的诗人、文学家、艺术家，更是经常成为《红楼》人物日常品评的话题。第四十九回香菱学诗，史湘云高谈阔论，满嘴是"杜工部之沉郁，韦苏州之淡雅"、"温八叉之绮靡，李义山之隐僻"。甚至连贾母的大丫鬟鸳鸯，为抗拒大老爷贾赦要纳她为妾的举动，骂前来自称有"好话"告诉她的金嫂子，开口便骂出了艺术典故："什么'好话'！宋徽宗的鹰、赵子昂的马，都是好画儿！"既不识字又没有文化的丫鬟，竟然知道擅长瘦金书的宋徽宗会画鹰，元代的赵孟頫善画马，而且用谐音的方式随詈叱的语言淋漓诙谐而出。可见艺术与文学已经成为《红楼梦》里贾府的日常生活和人物语言的一部分了。

更不要说，书中还有众多关于结社、吟诗、联句、拟匾额、题对联、拆灯谜、行酒令、听说书、看本戏、赏音品笛、丹青绘事的描写。单是由于对《负荆请罪》戏名的不同表述，让宝玉、宝钗、黛玉之间展开一场何等惊心动魄的心理战。至于男女主人公，时当阳春三月、落红成阵的惹人季节，偷读《西厢记》，借妙词，通戏语，以之作为谈情的引线；隔墙欣赏《牡丹亭》，女主人公林黛玉听艳曲，惊芳心，心痛神痴，眼中落泪，则是文学欣赏达至共鸣境界的绝妙写照。那么我提出《红楼梦》是中国文学的集大成之作，应该不是出于偏好的夸张溢美之词，而是理据昭然真实不虚的判断。

但《红楼梦》里所有这些艺文活动，大都是在大观园中发生的。这座可大可小、虚虚实实、人间天上诸景备的园林，是红楼人物的集中活动场所，是小说作者精心打造的理想世界。男女主人公贾宝玉和林黛玉，贾家的三位小姐迎春、探春、惜春，地位略同于黛玉而具有永久居住权的薛宝钗，还有不时飘忽而来飘忽而去的史湘云，以及服侍他们并与之形影相伴的大小丫鬟，如同天意安排一般顺理成章地诗意地栖居在这里。

山水园林加上青春美丽，使大观园成为爱情的滋生地。不仅是宝黛的爱情，还有龄官和贾蔷的爱情，小红和贾芸的爱情，司棋和潘又安的爱情，以及其他或明或暗的红楼儿女的爱情。宝黛的爱情也有许多头绪穿插进来，各类角色带着不同的意向互相交织在一起。贾宝玉和林黛玉的如醉如痴的爱情，自然是贯穿始终的主线，但薛宝钗的介入使这条主线爱情变成了三人的世界。还有爱说话、大舌头、开口便是“爱哥哥”的史大姑娘，也让黛玉感到似乎是模模糊糊的竞争对手。三人的世界于是变成四人的世界。头绪交错的爱情和对最终婚姻归宿的追求纠缠在一起，就不单纯是两小无猜的儿女之私，而是溶进了深层的社会内容。

男女主人公本身的爱情意识是简单的，除了爱不知有其他。爱就是一切，包括生与死。但当事人背后亲长的意图伦理，往往视婚姻为社会与政治的交换物。这就使得婚恋行为不只是青春美貌的竞争，而且是财产和社会地位的较量。正是由于后者的因素，薛宝钗婚姻追求的最后获胜，变得有先兆而无变数。宝黛之间纯真的爱情因此经受到严峻考验。林黛玉痴情的感召、隽语的激励和诗意的熏陶，使早期带有某种泛爱倾向的怡红公子，很快变得痴心与钟情合一，不结合就宁可死亡或出家，成为两位当事人横下一条心的选择，他们最终取得了爱情的胜利。

二

大观园外面的世界又如何呢？如果说大观园是女儿的世界，那么大观园外面的贾府则是以男人为主轴的世界。他们的名字刻板雷同，贾政、贾赦、贾敬、贾珍、贾琏、贾蓉、贾蔷、贾瑞，遇有大的仪式排列名单，极易混淆。要么名号怪异，什么詹光（沾光）、霍启（火起）、单聘仁（善骗人）、卜固修（不顾羞）之类。大观园外也有女人，但她们是男人的女人。王夫人是贾政的女人，邢夫人是贾赦的女人，尤氏是贾珍的女人，王熙凤是贾琏的女人。

不过《红楼梦》的诡异处在于，男人不过是游身在外的徒有虚名的性别符号，家政主事管理的权力统由女人来执掌。所以贾府的当家人是王熙凤以及同出金陵王氏一族的王夫人。此一性别管理模式也延续到管家人等，如赖大家的，周瑞家的，来升家的，林之孝家的，张材家的，王兴家的，吴新登家的，王善保家的。至于这些"家的"背后男性人士的情况，似有若无，作者并不关心。同为女人，妻的地位要高于妾，庶出远逊嫡传，这是中国历来的妻妾制度和嫡庶制度使然。精明干练的探春和其生母赵姨娘的畸形关系，就是由此而生成。探春不得不把生母的地位置于宗法伦常的框架之内。此外还有一类女人，如兼有钗黛双美的秦可卿，温柔软弱而又女人味十足的尤二姐，她们是沾上"淫"字的特种尤物，只好成为吃着碗里望着锅里的无良男人的欲望工具。她们是猎色的目标，不是爱情的对象。那个贾府上下人等都可以上手的鲍二家的，也属于此类人物，只不过品级低下粗俗而已。尤二姐和鲍二家的都死于王熙凤之手，醋妒阴狠而又和权力结合在一起的漂亮女人，是她们可怕的克星。

《红楼梦》的艺术天平因作者的好恶而倾斜。有美都归大观园，有丑必归宁国府，是作者预设的价值伦理。秦可卿和公公贾珍的韵事就发生在宁国府的天香楼。尤二姐和贾珍、贾琏兄弟，也是宁国府的家戏自演。贾蓉和王熙凤的眉目传情，也是东府里人人都知道的一道风景。难怪被关在马厩里的焦大，敢于以"爬灰的爬灰，养小叔子的养小叔子"的"今典"公开醉骂，说宁府只有大门外的两个石狮子干净。难怪秦可卿的判词有句："造衅开端实在宁。"

大观园是充满诗意的青春女儿的世界，但和大观园外面的世界并非没有联系。总有因了各种缘故需要进到园子里来的园外人。宝玉和各位小姐的教养嬷嬷以及管理她们的这个"家的"那个"家的"，就是园子里面的园外人。承担闺房之外劳役的那些干体力活的小厮，也不得不随时出出进进。遇有大型的社交或宗教礼仪活动，大观园的儿女们偶尔也有走出园子的机会。如第二十九回清虚观打醮，大观园的人众，车辆纷纷，人马簇簇，全员出动了。但园子里的丫鬟们，一般不允许离园外出。除非特殊恩许，如第五十一回袭人探望母病，那是花小姐立功获宠之后，俨然以"妾"的身份近乎衣锦还乡似的成此一行。

还有就是因"过失"而被逐的丫鬟，对当事者来说，完全是被动的行为。最有名的案例，是金钏被逐、司棋被逐和晴雯被逐。被逐的举动，是通过强力手段把园内人变成园外人。被逐的结果无不以悲剧告终。金钏投井而死，司棋撞墙而亡，晴雯病饿而终。至于小姐们离园，只有出嫁了。例如第七十九回贾赦将迎春许配给孙绍祖，邢夫人便把迎春接出了大观园。唯一的例外是王熙凤，大观园里和大观园外的关防，她可以任意打破。她在园里园外都有合法的身份。她的美貌、诙谐和善解人意，和小姐丫鬟女儿们站在一起，没有人会视她为园外人。大观园存在的特殊意涵，唯凤姐知道得最清楚。当大观园的姊妹们邀请她出任诗社的"监社御史"，她立即拿出五十两银子，并且说："我不入社花几个钱，不成了大观园的反叛了，还想在这里吃饭不成？"其实这是说，大观园是贾府大家族中一个具有单独意涵的王国，其特殊地位，以凤姐之尊亦不敢小觑。不要忘记，此园的原初功能是专门建造的省亲别墅，后经元妃特命许可众姊妹才得以搬进去居住。如果仅仅看到所具有的实用价值，而忽略其作为象征的文化符号的意义，就本末倒置了。

另一方面，王熙凤的贪欲和狠辣，又使她成为大观园外面世界的弄权杠杆。而老祖宗贾母则是平衡家族各种势力的最高权威。女性的地位在权力结构中凌驾于男性之上，不独上层、中间层、中下层布局明显，家族宝塔的顶端层级也不例外。

三

读者诸君如果对《红楼梦》的这种结构意图感到困惑，不妨温习一下贾宝玉的经典名言："女儿是水作的骨肉，男人是泥作的骨肉。我见了女儿，我便清爽，见了男子，便觉浊臭逼人。"其对女儿情有独钟，自不在话下。但需要辨明的是，他强调的是女儿，即尚未出嫁的女孩子，并不泛指所有的女性。对出嫁后的女儿，宝玉另有言说："女孩儿未出嫁，是颗无价之宝珠，出了嫁，不知怎么就变出许多的不好的毛病来。虽是颗珠子，却没有光彩宝色，是颗死珠了。再老了，更变的不是珠子，竟是鱼眼睛了。"从无价的宝珠，一变而为光彩尽失的死珠，再变为不成其为珠的鱼眼睛，这个审视女性变化的"三段论"，可谓惊世骇俗。

这番言论的学理哲思在于，社会风气和习俗对人的本性的污染是惊人的，足可以让人的本然之性完全迷失，直至将人变成非人。第五十九回"柳叶渚边嗔莺咤燕"，可以看做是图解宝玉"三段论"的原典故事。此事导源于探春理家施行的新经济政策，将大观园的花草树木分由专人承包管理，柳叶渚一带的承包者，是小丫头春燕的姨妈，她自己的妈妈也得了一份差事。在春燕看来，这两姊妹越老越看重钱，对承包一事认真得"比得了永远基业还利害"。所以当她们看到宝钗的丫鬟莺儿折柳枝编花篮，便把气撒到春燕身上，以致当众大打出手。究其原委，无非是利益驱使，利令智昏。因此大观园从此就不得安宁了。用平儿的话说："各处大小人儿都作起反来了，一处不了又一处。"果不其然，紧接着的第六十回，赵姨娘就和唱戏的芳官等小女孩子们打作一团。下面的第六十一回，则是迎春的大丫鬟司棋带着一群小丫头，大闹了园中的公共厨房。诗意的大观园，一下从天上落到了尘埃里。

最后是王熙凤施展计谋，将贾琏偷娶的尤二姐也骗到大观园里来居住，直至被逼自杀了事。这等于园子外面的人可以在园子里面找到死所，园里园外已混一而无分别。至于第七十回林黛玉重建桃花社，不过是诗意黄昏的回光返照而已。且看黛玉《桃花行》的结尾所写："泪眼观花泪易干，泪干春尽花憔悴。憔悴花遮憔悴人，花飞人倦易黄昏。"呈现的是一派春尽花飞人憔悴的凄凉景象。待到众女主填写柳絮词，除了宝钗仍存青云之想，探春、宝玉、黛玉、宝琴四人所填，都不约而同暗寓"离散"两字。《红楼梦》一书的深层哲理，竟成为一次诗社雅聚的主旋律。这并不奇怪，因为很快就是"惑奸谗抄检大观园"的情节了，使已经落在地上的大观园，又在自我残杀中消散得近乎干净。敏感的探春当着抄检者的面说道："你们别忙，自然连你们抄的日子有呢！你们今日早起不曾议论甄家，自己家里好好的抄家，果然今日真抄了。咱们也渐渐的来了。可知这样大族人家，若从外头杀来，一时是杀不死的，这是古人曾说的'百足之虫，死而不僵'，必须先从家里自杀自灭起来，才能一败涂地！"这是勇于担当的三小姐的激愤之词，亦未尝不是贾府命运的写实之语。

只是不曾料到，贾府的败落居然由大观园的衰败来作预演，而且抄家也是先从大观园抄起。是啊！既然女性在贾府统治层占有特殊的地位，那么摧折的风暴也必然从女性集中的地方刮起。大观园作为贾氏家族命运的象征符号，其所遭遇的兴衰比家族本身的兴衰更深在得多。小说的文学意象显示，当大观园的命运和整个贾府的命运完全合一的时候，《红楼梦》所描写的深广的社会内涵便露出了真容。

当我们谈论门罗的时候是在谈论什么

徐 坤

当我们在谈论门罗的时候我们在谈论什么？我们在谈论"逃离"，我们在谈论对于日复一日年复一年单调重复生活的厌倦、挣扎与反叛，在谈论对于在生活中规定角色的游离和抗拒，在谈论人们尤其是女人们对于命运和宿命的不恭、憎恶和背弃，在谈论梦与现实的距离，在谈论逃离之后究竟会无功而返、继续逆来顺受，还是叫一声"亲爱的生活"假装与生活和解？

逃离——门罗一生的写作母题

"逃离"是门罗一生写作的重要母题，事实上也是她所生活的那个加拿大小镇上人们的真实处境。从古至今，由中而外，怀揣梦想的人们，谁不在试图逃离呢？逃离当下，逃离现实，找到一个合适的端口进入梦境，于是，"画梦"和"造梦"就成为文学的巨大功用之一。门罗所书写的逃离的情境可以上溯到乔伊斯、福克纳和契诃夫，当然，从女性的文学创作谱系上，应该还有勃朗特姐妹的《简爱》与《呼啸山庄》。她以对小镇人物的描写进而透视人类内心，揭示了人类生存的普遍境遇。

短篇小说《逃离》最能代表艾丽丝·门罗的写作主题。多年来，女主人公卡拉和她的丈夫克拉克在小镇上一直过着平静的生活，他们靠养马为生。有一天，卡拉最喜欢的一只小羊弗洛拉丢了，这让她感到很是伤心。无比郁闷之中，卡拉决定离家出走。邻居西尔维娅帮了她大忙。她坐上了开往多伦多的大巴，心里如释重负，想着今后可以永远离开那个难以忍受的马厩和没事就爱冲她发火的丈夫，跟这样的丈夫在一起生活简直要把她逼疯了。大巴离家乡越来越远，她却心里开始变卦，望着窗外的风景开始想起克拉克的种种好来，想到到了多伦多即将开始一段没有丈夫的独自生活时，卡拉崩溃了。神情恍惚的卡拉嚷嚷着要下车并打电话给丈夫说，"来接我一下吧。求求你了。来接接我吧"。丈夫回答她说，"我这就来"。结果她的逃离中途作废，最后无功而返，重新返回单调乏味的生活之中。他们夫妻和好，卡拉却再也不想见那位帮助她逃离的邻居西尔维娅。人性的无奈、脆弱，在追求梦境过程中的首鼠两端和无所适从，跃然纸端。逃离是主动的，回归也是主动的，从这一点更显示出人性的复杂性。

2012年底，门罗的封笔之作小说集《亲爱的生活》英文版出版。这样的题目，乍看起来我们以为老太太要表示与生活和解。但是读过之后却发现，书里的故事仍然延续了她以前"逃离"的母题。《亲爱的生活》讲述了别离与开始、意外与危险、离家与返乡的故事，比如，第一个故事《漂流到日本》是这样开始的："彼得把她的行李箱一拿上火车，似乎就急切地想要离开。"其他如《火车》《科莉》《亚孟森》主题亦是如此。在《亲爱的生活》最后四篇被归入"终曲"部分，是门罗具有自传性质的小说。从中可以窥见门罗成长与她的部分世界观。《亲爱的生活》里最后一段文字是这样写的："母亲临终生病时，我没有回家看望，后来也没有参加她的葬礼。我有两个年幼的孩子，在温哥华没有人可以托付。我们几乎负担不起这趟行程，而且我的丈夫不在意这些繁文缛节，但何必责怪他呢？我和他想的一样。我们常说有些事情不能被原谅，或者我们永远不会原谅自己。但我们会原谅的——我们一直都这样做。"

看起来，这似乎也是一种"逃离"——逃离了给亲人送葬时的悲伤和哀戚。表面原因是因为年幼的孩子没人可以托付、夫妻支付不起奔赴母亲葬礼的路费，内心里，还是因为有"逃离"的想法在作祟。因为某类人心中所具有的习惯性的"逃离"倾向，可以使他们甘冒人伦之大不韪，连一个最基本的底线都逃掉了。而一旦付诸行动，却又会万分自责，在痛切的自责过后，又能很好地找到借口纾解和宽宥自己——人性的卑劣和自私也在这里。这才是门罗最后这段话的意义之所在。

死者长已矣，生者当足惜。这是门罗小说的"逃离"哲学。从"逃离"到向生活道声"亲爱的"，说的都是梦不足惜，活着才重要。梦终归是梦，逃离过、去追寻过了，便也罢了，最终仍得回归，回归现实，回归日常。

中国女性作家笔下的"逃离"

我们再来看看中国的女性作家怎样书写"逃离"。

文学中的"逃离"，是一个古老的世界性话题。它当然不是门罗的专利。在20世纪初的二三十年代，恰好是门罗出生的那个年代，中国现代文学史上就有一批女作家，先于门罗而"逃离"——这个"逃离"不仅是文学书写上的，而且是身体力行的逃离。她们所受的影响，就是当时挪威作家易卜生《玩偶之家》中的娜拉出走的启示。中国女性的逃亡生涯先是从反抗封建父权家长制开始，尤其是逃婚，反抗父母之命媒妁之言的封建婚姻，是她们大体一致的出逃线索。

在中国古代社会宗族、宗法、夫权、神权的限定当中，女性在主观上尚不具备完整的自我解放意识，客观上也不具备出逃的条件。偶尔的反叛与言说，也无非是想象当中对爱情及婚姻自主自由的无限哀怨。进入现代社会以后，妇女的逃离，却是要从女性自己的生存遭际出发，将解放的想象变成具体的行动。逃婚、私奔、进城、同居，躲开了封建家长的耳目，去求取婚姻的自主和幸福，20世纪初的女性文学中呈现出一派胜利大逃亡的景象。"五四"时期那些激进的女性作者或多或少都有过辛酸痛苦或充满期待与盼望的逃离过程。无论是萧红《生死场》《呼兰河传》的逃离，还是庐隐《海滨故人》《归雁》、冯沅君《旅行》《隔绝》里的逃亡，或者是丁玲《梦珂》《莎菲女士的日记》中的逃离，以及白薇《悲剧自传》的逃亡和谢冰莹逃婚参军的《从军日记》，都是女性从死亡之路走向自我救赎的过程。

例如，在中国现代女性作家的逃离场景当中，萧红的经历是最富有传奇性的，她的作品《生死场》《呼兰河传》也最富有灵性，流传最为久远。她从逃脱包办婚姻离家出走，到落入背信弃义的男人魔爪复又出逃，整个生活似乎就是在不断陷落和逃离之中循环往复。身为女性作家的萧红，她的才气与敏感，她的身体孱弱与言行刻薄，她的文人神经质与北方女子的率真朴拙，她的艺术上的成熟与孩童般的世事未谙……诸种性格奇妙地在她身上杂糅。由叛逆而得的飘零遭际，她不太长的一生中无尽的逃离和奔波，愈发加重了她性情中的脆弱和敏感。这一切都使她的作品风格在同辈女作家中显得奇异，如鲁迅在给萧红《生死场》的序中所评价，"女性作家的细致的观察和越轨的笔致，又增加了不少明丽和新鲜"。

有过逃离经历的女作家还不止这些。张爱玲的逃离与杨沫的逃离，也给文学史上留下了杰作《倾城之恋》和《青春之歌》。时光荏苒，当历史进入到新时代，到了21世纪的今天，妇女们还在逃吗？"逃离"的主题又有哪些变化？

当然，还在逃。门罗小说的女主人公不因时光前移而停止传统的逃离脚步，中国女作家的逃离也不因政治经济上的与男人平权而就有所停滞。铁凝的短篇小说《伊琳娜的礼帽》，发表在2009年，写的又是一段有关"逃离"的故事。小说的叙事者并没有亲自参与逃离，而是旁观或者偷窥了一个女人的逃离。文章写的是叙述者"我"在飞机上看到一个叫伊琳娜的俄罗斯少妇，带着一个小男孩出门旅行。她的随身行李中有一顶大礼帽没处放,邻座一个瘦高的男乘客帮她把礼帽放在头顶的行李舱中。一对男女由此认识并挨坐在一起,整个飞行途中都在打情骂俏摸摸掐掐,看那样子下了飞机就要直奔酒店解决问题了。

妙就妙在小说结尾。飞机着陆后,伊琳娜牵着她的小男孩,拽着行李头也不回地匆匆下了飞机。瘦高个儿男人发现伊琳娜忘了拿礼帽,急忙追出去给她送。当他找到伊琳娜时,却看见伊琳娜正在和来接机的丈夫拥抱。男人把礼帽递过去,伊琳娜一下子没反应过来。等她明白过来时,就顺手把礼帽扣在她自己的头上。但是那顶礼帽却是她为丈夫买的礼物,扣在自己的小脑袋上,把整个脸都装进去了。丈夫见状哈哈大笑,觉得很是有趣。只有瘦高个儿男人心里明白:这是伊琳娜在跟他划清界限。伊琳娜此时是不想再见他,故意把脸藏在了礼帽里,其身体语言已经明确表示出,他此时的出现十分多余,刚才飞机上的暧昧根本就是逢场作戏,都不算数。她是个有老公、有孩子的正经人。他不要再来打搅她。

这个叫做伊琳娜的俄罗斯少妇——实际上是代表了所有的当代女性形象——在有限的时间和空间里经历了一次"逃离",与一位素昧平生的男人的肉体拉扯和暧昧,用以消磨飞行过程中的无聊。然而时间一到,她却即刻返回到原有的生活轨道中,并以礼帽遮颜的方式,将飞机上的荒唐与真切的现实隔离开来。女人这时成为主动的一方,感到尴尬和失落的是那个瘦高个儿男人。

与半个世纪前的女作家相比,同样是写逃离,显然,在这里,主客体已经变了。女性已经占了主导地位。

还有一个"逃离"的故事也比较有趣,是池莉2010年写的中篇小说《她的城》:白领丽人逢春与懒惰散漫的丈夫周源赌气,到擦鞋店做了打工妹,偶遇前来擦鞋的风流倜傥单身富豪骆良骥。富豪见她年轻貌美,便语言勾引和暗送秋波,搞得逢春五迷三道不能自已。擦鞋店老板蜜姐见状大为不满,果断阻止了逢春的红杏出墙,两个女人起了冲突。后来,当蜜姐得知逢春的丈夫是同性恋后,深表同情,两个女人不打不成交,终成闺密。逢春在蜜姐开导下,决心走出旧生活,回去跟丈夫离婚。蜜姐又为逢春与富豪二人搭起鹊桥。生活中的矛盾由此得到化解。

这个看似有点"豪奢"的故事却道出了现代性中"逃离"的可能性。无论过去、现在还是将来,当我们在谈论门罗的时候,我们一直都在谈论逃离。无所不在的逃离,正是文学能够赋予我们的一个通往自由和天堂的梦。

百年新娘

——以此短文纪念契诃夫逝世110周年

肖复兴

在俄罗斯文学中，我最早接触也最喜欢的是契诃夫。读高中的时候，我从学校图书馆里借阅了他的小说集和戏剧集，尽管只是似是而非的印象，并没有读懂，但契诃夫为我营造的与当时我身处的生活现实完全不同的艺术氛围，还是带给我莫名其妙的激动和想象。和当时语文课本里选的《套中人》和《小公务员之死》那些作品相比，让我仿佛认识了另一个契诃夫。

2014年是契诃夫逝世110周年的日子。在这样的日子里，想起契诃夫，心里更别有一番滋味。在关于契诃夫纷乱如云的记忆中，忽然想起39年前第一次读他的《新娘》的情景。那真的是一次印象深刻也意义深刻的阅读。那是1975年的年初，正是处于一个新旧交替的时代，整整十年的"文化大革命"快要走到尽头。我们都渴望着新的生活的到来，鱼死网破，是那时我们所有人和时代共同的心理状态。这时候读《新娘》，新娘真有那么一点象征的意义。谁是新娘？谁的新娘？新娘在哪里？或者说新娘新在哪里？读小说的时候，拔出了萝卜带出了泥，纷乱联想到的一切，都超乎了契诃夫的小说本身。

那是一本人民文学出版社出版的《契诃夫小说选》，其实，这本小说以前读过，只不过那时是从图书馆借来的，阅历既浅，读得不仔细，浅淡的印象和书一起又还了回去。

1975年，那一年的冬天，我从北大荒插队回京，待业在家，无所事事，从西单的旧书店里买了这本《契诃夫小说选》，记得当时还是内部书店，否则无法买到。其中的《新娘》吸引了我。我竟一连读了三遍。是因为那优美的文笔呢，还是那精彩的插图，或是那没有了朦朦胧胧充满神秘的新生活的诗意，或是五月苹果园淡淡的雾中徜徉的那位又高又美的新娘吸引了我？我自己也说不清了。

其实，小说的情节很简单，用几十个字便可以把它叙述如下：新娘娜嘉出嫁前夕，在祖母家居住的远亲沙夏劝她打开家门走出去上学读书学习，把这种无聊庸俗的生活"翻一个身"。沙夏成为了娜嘉的人生导师，她听从了他的劝告，认识到自己以往的生活以及她的未婚夫、祖母和母亲都是渺小的，便和导师沙夏一起离家出走，远走他乡。一年过后，当她重返家乡，她已经是一个新人了，家乡沉闷的一切让她越发感觉格格不入。引导她前进的导师沙夏死去了，她更是无所牵挂，再次毅然地离开家乡，朝气蓬勃地投入了新的生活。

最有意思的是，当时我在笔记本上写下了一篇契诃夫《新娘》的读后感，居然写了这样长，其中有这样的一段：

"最让我佩服的还是娜嘉敢于否定自己的导师沙夏。当沙夏拖着病重的身子，还念叨过去的一切而进展不大时，娜嘉敢于抛开他，而继续前进。娜嘉深深爱沙夏，认为沙夏是她'顶亲切顶贴近的人'，但她能够清醒地看出了，这一切'都不像以前那样打动她的心了。她热切地要生活。她和沙夏的友情现在固然还是显得亲切，可是毕竟遥远了、遥远地过去了'。因此，她在和沙夏告别，也在和整个过去告别时，她仅仅走进沙夏曾经住过的房子里面站了一会儿。她的面前不是死去的沙夏的影子，不是美好过去的回忆，而是'一种宽广辽阔的新生活'。

"这一点，看来简单，实际上如果不是一个坚强的人，不是一个对未来如饥似渴的人，是办不到的。在这里，娜嘉没有一点少女的缠绵，没有一丝对以往的伤感留恋。她敢于向自己的母亲宣战，而且敢于向自己的老师自己'顶亲近的人'宣战。娜嘉形象的美，正在于此。我想《新娘》的新也就在这里吧！未来永远属于敢于向自己过去的一切告别的新人的！请理会什么是'一切'吧！"

现在，重新翻看这些已经发黄变淡的笔迹，也许会让如今的年轻人笑话。但是，在那个新旧转折的年代里，敢于向过去的一切尤其是向自己曾经崇拜过的导师告别，是一件多么不容易的事情，又是充满着多么鲜明的时代特点。青年时代需要拐棍一样的导师，当青春过去了，而且那青春完全是被欺骗而蹉跎的青春，导师完全是高蹈虚空挥手误指前程的导师，那里所说的"一切"，其实是包括着对自己曾经真诚信仰过的导师和膨胀的理想的决绝，是真的如虫子蜕皮才能够化蛹为蝶一样的痛苦呀。

别的不要去想，只要看看岁月是多么的无情，历史正在残酷地逝去的时候，我们的青春已经彻底不在。而在我们青春正当年的时候，是那样真诚地去上山下乡，转眼间就被无情而彻底地遗忘。历史就像是一个背信弃义的情场老手，翻手为云，覆手为雨，将当年煽动起来并施予我们的热情化为冰点。面对我们自己的青春，无论我们是在怎么费劲打捞，也不可能打捞上来什么东西了，我们为什么还在做猴子捞月亮般徒劳的游戏，我们又为什么还在做着普希金那渔夫和金鱼的故事里说的打捞上来一条想要什么就给我们什么的金鱼的美梦？我们为什么不像娜嘉一样毅然地向过去的一切告别？

不管对于别人的意义如何，契诃夫的这位百年新娘，对于我确实是一位新娘，她是那个特殊时代的一个象征，一个隐喻。这时候，重新阅读契诃夫，和校园青春季节里的阅读，其理解与认知，其意义和价值，完全不同。我知道，我不仅和青春告别，也和一个时代告别。

《新娘》是契诃夫1903年的作品，是他人生的最后一部小说，第二年，他便与世长辞了。今天重新读这部小说，感慨依旧良深。不仅勾起旧时的回忆，更重要的，新娘不老，依然能够读出她和新时代和我们近在咫尺现实生活相关联的意义。

《新娘》本身就具有明显的象征意义，是契诃夫特意加给小说主人公娜嘉身上的。面对拉拉小提琴、喝喝茶、聊聊天、挂挂名画那种衣食无忧的典型中产阶级的家庭生活，娜嘉的导师沙夏给她出的方子，不过是让她出外求学，以此打破眼前这一潭死水的生活。外面的世界就真的那么好吗？对于今天的我们，会觉得外面的世界很精彩，外面的世界也很无奈。但是，娜嘉却立刻感觉到"有一股清爽之气沁透她整个心灵和整个胸腔，使她感到欢欣和兴奋"。甚至开始明显地厌恶自己那个自以为是而庸俗的未婚夫，以致"他搂住她的腰的那只手，都觉得又硬又凉，像铁箍一样"。于是，在结婚前夜，她毅然决然地跟随沙夏离家出走。她这样解读自己这样果断的行动："我看不起我的未婚夫，看不起我自己，看不起这种毫无意义的生活。"

今天重新读来，会觉得娜嘉的决定有些鲁莽，但依然让我心动。娜嘉对于眼前世故而惯性的生活的敏感，让今天已经麻木的我们汗颜。在物质主义的侵蚀之下，娜嘉的母亲和祖母为其安排好的一切，有那样好的物质生活，有那样门当户对的婚姻，家乡有那样美丽的花园，在莫斯科又为她准备好了上下两层楼的房子……所有这一切，不正是我们渴望羡慕并孜孜以求的吗？她怎么会突然感到毫无意义了呢？

我们会像娜嘉一样做得到放弃这样诱人的一切，而进行自己新的选择吗？我不清楚，如今和娜嘉一样23岁的年轻人会怎么样？如果我今天也是23岁，我会做出和娜嘉一样的选择吗？我不敢回答。如今，在物质主义盛行的时代，人们对于生活的追求的方向和价值判断的标准，已经完全不一样。娜嘉认为她选择的是一种和过去庸俗生活告别而渴望精神富有的新生活，而我们则选择的是和穷怕了的生活告别而渴望拥有物质富有的新生活。于是，我们已经没有了娜嘉对于生活的那种敏感，我们更多拥有的是对房子车子以致名牌包包等等物质的敏感。而对于这种仅仅物化而庸俗生活的批判，是契诃夫一生作品中所持之以恒的态度。他将这种生活称为泥沼式的生活，而我们深陷这样的泥沼里，却舒舒服服以为是躺在席梦思软床上。在这部最后的作品中，契诃夫更是强化地塑造了毅然走出这种泥沼生活的新娘的形象。

不同的时代，契诃夫让我读出不同的味道。这便是契诃夫的魅力。

在《新娘》的第四章中，娜嘉决定和沙夏离开这个沉闷的家的那一夜，契诃夫让那一夜刮起了大风，让风毫不留情地吹落了花园里所有苹果树上的苹果，还吹断了一棵老李子树。这些正是我们爱护和珍惜的，怎么可以让李子树断掉，苹果尽落呢？拥有带花园的房子，花园里有果树，能够在春天开花、在秋天结果，再能够有明亮玻璃飘窗下钢琴和小提琴的伴奏，不正是我们梦寐以求的生活吗？生活品质的高低与新旧的判断与追求，我们和娜嘉，和契诃夫就是这样的不同。所以，在我们的文学作品和影视作品中，我们屡见不鲜地热衷那些在这样美丽的花园洋房里婆婆妈妈、卿卿我我，或鸡吵鹅斗，便是见多不怪了。我们不知道那其实是早在一百多年前娜嘉和契诃夫批判并抛弃过的。百年之后，"新娘"的新，大概也正在于此吧。

那本39年前读的《契诃夫小说选》，早已经不新，封面都没有了，里面的书页也破损得很厉害了。这些年，我先后买了简装和精装两套十卷本的契诃夫小说全集，却一直没有舍得丢掉这本书。这位百年新娘伴我又长了39岁，已经白发苍苍，老奶奶一样了，但对于我，她却是永远的新娘。

你最需读懂的《旧制度与大革命》

周淑真

《旧制度与大革命》原著出版于1856年，作者是法国历史学家亚力克西·德·托克维尔（Alexis Tocqueville，1805—1859）。136年后即1992年才有由冯棠翻译、商务印书馆出版的汉译本。

反思法国大革命的力作

要了解《旧制度与大革命》，必须了解法国自1789年大革命以来的历史变迁。1789年，法国大革命爆发，推翻了封建君主制，1792年建立法兰西第一共和国。但1804年拿破仑成为法国皇帝，建立法兰西第一帝国（拿破仑帝国），结束了短暂的共和国岁月。1848年二月革命，成立了法兰西第二共和国，并由路易—拿破仑·波拿巴担任总统，但仅仅在四年后便"帝制恢复"，1852年法兰西第二帝国创立。1870年普法战争结束，法国再次恢复共和制，创立第三共和，并一度于1871年3月18日至5月28日建立世界历史上第一个无产阶级专政政权——巴黎公社，但旋即失败。法国民众在普鲁士军队撤走后，再次恢复了第三共和。1940年法国被纳粹德国占领，"二战"结束后开始了第四共和国，直到1958年5月。是年在阿尔及尔的军官和法国居民发动叛变，法国总统请戴高乐再次出山，收拾残局。戴高乐迅速成立紧急政府，并立即通过另一部共和国宪法（即现行宪法，是法国历史上的第16部宪法），至此，第四共和结束，法兰西第五共和国成立，即现在的法兰西共和国。由此可见，虽然法兰西国家格言"自由、平等、博爱"这三个词从法国大革命中来，但法国走向民主、共和的道路十分艰难曲折，是经历过多次折腾的。

托克维尔的公务活动始于1839年，这年他在故乡诺曼底省的众议员竞选中当选议员，当时他只有34岁。托克维尔进入众议院后，本想深入到极其广泛的政治生活中心，但他发现自己进入了一个同国家并无实际联系的死气沉沉的封闭的世界，每天都感觉不到有留在这里的必要。托克维尔年轻时，看到过拿破仑帝国的崩溃，看到过波旁王朝的复辟。目睹七月革命推翻波旁王朝，二月革命又推翻七月王朝，目睹了1848年的革命和第二共和的建立。他与同时代的青年一样，热烈地欢迎新制度，满怀激情地跟着这个实验发展前进。凡是走向民主的事件，一直受到托克维尔的关心。以不同速度在世界上加速前进的革命，是托克维尔最为关注的对象。1830年的七月革命，加强了他认为社会必须走向民主的信念，他决定到似乎已将民主提出的政治问题和社会问题解决了的美国看一看。他考察了民主在美国的情况，从中联系民主在欧洲的进展。他考察新大陆带来的成果是《美国的民主》。1835年该书（上卷）一问世，即取得了公认的辉煌成就，曾多次再版并为他在1838年进入人文和政治科学院打开了大门，也使他在1941年成为法兰西学院的院士，他个人在同胞中获得了良好的声誉。另一方面，由于出身于贵族家庭，他的名字也被一些人诋毁。托克维尔家族的历史在几个世纪中同诺曼底的历史有着密切的联系：他的一位祖父曾跟随征服者纪姆尧跨过英吉利海峡征服英格兰，所以这个家庭在诺曼底地方影响很大。在法国大革命期间，托克维尔的父亲差一点上了断头台，是热月九日政变救了他。他的父亲在热月九日复辟期间，当过一任省长和一届贵族院议员。托克维尔虽出身贵族，但在政治上倾向于自由主义，曾拒绝继承贵族头衔。

作为众议院议员，托克维尔参与了第二共和国宪法的制订，并曾于1849年6—10月一度在秩序党的内阁中任外交部长。路易—拿破仑·波拿巴的1851年12月政变和第二帝国专制政府的建立令他悲观失望，迫使他成为"国内流亡者"。《旧制度与大革命》就是在政治大变动时期酝酿成熟的。在这部著作中，浸透着他对拿破仑三世专制制度的仇恨和对法兰西民族命运的思考。在法国60多年来经历几次革命之后，托克维尔认为共和国是建立明智而公正的自由的最后机会。他把1789年后的60年历史看作一个整体，统称之为"大革命"。

在《旧制度与大革命》中，托克维尔把注意力集中于大革命的深刻原因，企图解释那些构成时代连锁主要环节的重大事件的原因、性质、意义，而不是单纯地叙述史实。他阅读、利用了前人从未接触过的大量档案资料，注意在欧洲历史的一般规律中抓住法国历史的特殊规律加以分析，并努力寻找整体与部分的关系，揭露旧制度与大革命的内在联系，深刻分析法兰西民族命运的根本问题。《旧制度与大革命》是历史的箴言，是一本开启先河的著作。然而《旧制度与大革命》同其他著作相比，篇幅较小，既简要明了，有时甚至极端洗练，又逻辑性极强；既避免了抽象的概念，又具有厚重的内涵和复杂的内容，往往使不愿意遵循耐心解读文本这一严酷守则的匆忙读者无所适从。因此，在笔者静下心来反复阅读之后，才有可能对其中之精义领略一二，给大家做一个简要的介绍。

最客观冷静的哲学思辨

首先，《旧制度与大革命》诠释的核心问题是“历史”与“革命”的连续性。在某种意义上托克维尔为革命辩护，在另一种意义上则批判革命，但是他始终强调“连续性”的本质。他在替革命辩护时，证明革命并非如反对派所言的那样标新立异，那样荒诞不经，革命爆发的根源恰恰是旧社会贵族的衰落、阶层的分离、文人抽象的理论原则，它实现的都是先前所有各个时代已经准备好的来自历史、来自旧制度的东西；在他以批判的眼光论述革命时，托克维尔力图唤醒人们对革命的可怕后果的忧虑，即拿破仑的新型专制代替了路易十六的国王统治，人民历尽千辛万苦却只迎来“多数人的暴政”，竟还能可悲地安于享受这“革命的成果”——“奴役下的平等”。托克维尔尖锐地指责封建制度中早已孕育的邪恶萌芽，经过革命“毫无疑问繁衍和恶化到了极点”，它正是“历史”的流弊对“革命”宣告了胜利。托克维尔以异乎常人的哲学思辨，洞穿时间的隔膜，拨开历史的虚幻与假象的迷雾，得出分析的结果：大革命这一场社会政治运动，是一项需要长期才能成就的事业。

其次，是对于大革命前历史的解读。人们通常喜欢以极其苛刻的文字描绘“伟大革命”诞生前的黑夜，赋予它一切最恶毒、最无情、最严酷的罪名。对18世纪后半期路易十六的统治的诟骂正是如此。然而，这只是不懂历史的人的玩笑，托克维尔重新为我们塑造了那个温文尔雅，甚至可以说是天下太平的年代。从查理四世以来，从未有任何一位君主如路易十六一般，关怀人民的命运仿佛如自己的命运。在他的敕令中，毫不隐晦地表达了对农民疾苦的深深同情，对赋税平等的孜孜以求，对一切折磨臣民的古怪暴虐的制度的呵责。然而正是这危险的仁慈，唤醒了早已麻木的人民，与之一并迸发的是喷薄的仇恨、嫉妒与欲望，瞬间愤怒的人们以最野蛮、最激烈的革命将最温和的国王和他的政府送上了断头台。在《旧制度与大革命》诞生一百年后，美国政治学家塞缪尔·亨廷顿也发表了相似的见解，他在《变革社会中的政治秩序》一书中，通过诸多案例的统计分析，令人信服地展示了高速的经济发展与社会动员如何增加了人们对更好生活的期待，但是这种期待却超过了现有政治体制所能承受的能力，结果就引发了全国范围内的不满与沮丧心理，最终制造了混乱的局面甚至是革命。可见，纵使是150多年后的今天，任何一个想要知道“什么是好政府，如何做好政府”的政治家都应该认真领悟托克维尔的政治智慧。

再次，在《旧制度与大革命》中，托克维尔对自由与民主的政治关怀，充满了哲学的思辨。"在为大革命做准备的所有思想感情中，严格意义上的公共自由的思想与爱好是最后一个出现，也是第一个消失的。"这正是托克维尔对大革命最中肯的评价。旧制度对法国大革命最大的胜利就在于，旧社会中"国王—总监—总统"构成的金字塔式隐晦的集权模式，在革命者与人民的拥护下，摇身一变转为拥有坚固合法性基础的中央集权制度——拿破仑的第一帝国。革命前，政府尽可能小心翼翼地隐藏集权的真相，"依靠不合法和专横的手段庇护政府官员"，而大革命以后，中央集权与官僚制度竟变得高尚而不可质疑，"政府已能合法地让他们违反法律了"。对此，托克维尔深恶痛绝。在《旧制度与大革命》中，他集中笔墨阐发了关于大革命对旧制度的行政风尚畸形回归的洞察和深刻思考。

民主是什么？托克维尔将其定义为形式的平等，是多数人对少数人的统治，其本质就是一种"多数决"，是公民就公共问题通过投票做出决策。但它往往成为下层人民表达心声的极端手段，很容易成为极权主义的力量源泉；而自由，却是一种古希腊式的"意见"，是公民就公共问题，相互评判，协商并达成一致的妥协。因而，自由是讲究宽容、理性的对话，它尊重人的选择，接受批评，不拘泥于某种绝对主义的东西，其背后关怀的是实质的平等。一个真正热爱自由的民族，不会在刚刚推倒的旧皇宫的瓦砾中重新拾起"王权"的废渣，并赋予其无上光荣的权力。他说：大革命中的法兰西民族"似乎热爱自由，其实只是痛恨主子"；似乎追求自由的目标，其实只是为了牛奶与面包。革命者们无法去享受获得自由的过程带给他们的快乐，因为他们只需要自由的结果，即物质上的福利。因此，1789年的法国大革命，如上帝摧毁世界的愤怒的洪水，冲垮一切防止人民获得利益的阻碍，却又急不可耐地恢复帝国大厦，过着奴役下看似平等的物质富裕的生活。对自由的无知，更使得革命者以为绝对的平等就是社会正义。文人们的普遍原则和文学气质，引导着民众的想象力建立虚构的社会，以"人民"的名义约束公民的自由生活，形成闻所未闻的名为"民主专制制度的特殊专制形式"。在革命时代人们关注于未来的幻想，往往导致"多数人的暴政"和"奴役下的平等"。

最后，托克维尔特别重视民族特征和传统对一个国家革命的影响。他在书中运用比较研究的方式，经常把法国与美国、英国、德国的历史进行对比，特别指出它们之间的区别：美国没有封建制度这个强大的敌人；英国贵族并未因革命丧失权力，他们与资产阶级实行联合统治；德国（除莱茵区外）的农奴制长期存在，农民不像法国那样早已拥有土地。他甚至还批评18世纪法国思想家对中国专制主权的美化。在《旧制度与大革命》中，托克维尔描绘了法国民族性的各种表现之后指出，唯有法兰西民族，"才能造就一场突如其来、如此彻底、如此迅猛，然而又如此充满反复、矛盾和对立的革命。没有我所陈述的那些原因，法国人绝不会进行大革命；但是必须承认，所有这些原因加在一起，也不足以解释法国以外类似的革命。"在这里，我们看到了托克维尔如何看待普遍性与特殊性、必然性与偶然性之间的辩证关系。

历史的箴言及其对当代的启示

联系我国20世纪发展历史与21世纪的现实，《旧制度与大革命》中许多论述对我们有重要的启示意义。

对为什么革命后建立新的制度最终是旧制度的翻版，托克维尔说："他们在不知不觉中从旧制度继承了大部分感情、习惯、思想，他们甚至是依靠这一切领导了这场摧毁旧制度的大革命；他们利用了旧制度来建造新社会的大厦，尽管他们并不情愿这样做。"

对于专制制度对社会人心造成的危害，托克维尔说："专制制度夺走了公民身上一切共同的感情，一切相互的需求，一切和睦相处的必要，一切共同行动的机会；专制制度用一堵墙把人们禁闭在私人生活中。人们原先就倾向于自顾自：专制制度现在使他们彼此孤立；人们原先就彼此冷若冰霜：专制制度现在将他们冻结成冰。""他们一心关注的只是自己的个人利益，他们只考虑自己，蜷缩于狭隘的个人主义之中，公益品德完全被窒息。""每个人都苦心焦虑，生怕地位下降，并拼命向上爬；金钱已经成为区分贵贱尊卑的主要标志"。"几乎无人不拼命攒钱或赚钱，不惜一切代价发财致富的欲望、对商业的嗜好、对物质利益和享受的追求，成为最普遍的感情。这种感情……使整个民族萎靡堕落。""专制制度……使贪婪之心横行无忌，听任人们以不义之行攫取不义之财"。

对于空谈抽象理论对国家的危害，托克维尔指出："研究大革命史就会看到，大革命正是本着卷帙浩繁的评论治国的抽象著作的同一精神进行的：即本着对普遍理论，对完整的立法体系和精确对称的法律的同一爱好；对现存事物的同样蔑视；对理论的同样信任；对于政治机构中独特、精巧、新颖的东西的同一兴致；遵照逻辑法则，按照统一方案，一举彻底改革结构，而不是在枝节上修修补补的同一愿望而进行的。""政治语言中充满了一般性的词组、抽象的术语、浮夸之词以及文学句式。""理论的和善与行为的强暴形成对比，这是法国革命最奇怪的特征之一"。

托克维尔关于历史的箴言还有很多，以上是笔者择其要者并联想现实最有感悟的一些内容。透过托克维尔鞭辟入里的分析，我们可以看到"旧制度"与"大革命"的内在关联，看到旧的思想观念在21世纪的遗留，看到专制制度对社会人心的腐蚀，看到民主的缺乏如何使贪婪之心横行无忌。我们可以从这些论述中得出改革必须是渐进的，必须从点滴做起，改革开放只有进行式，没有完成式；我们还可以从这些论述中得到这样的启示："空谈误国，实干兴邦。"

他山之石可以攻玉。托克维尔的《旧制度与大革命》虽然讲述的是法国的历史，但是，书中分析的社会政治规律，放在今天中国的背景下仍有其理论及现实意义。重读该书以及延伸阅读托克维尔的其他著作，如《美国的民主》上下册、《托克维尔回忆录》（这两书都有中译本），对于拓展视野、涵养文化、增长知识都是有意义的。

难以言说的纯真

敬 齐

以往陶醉在文学家创造的世界里，看里面的红男绿女演出一幕幕惊世骇俗的情感剧，生离死别，刻骨铭心，甚至为此潸然泪下。但我没有想到，有一天，当我看着一位一生追求学术的老人，用平淡的笔法抒写自己一生经历的自传时，也会为其中蕴含的爱恨情仇家国变迁而泪如雨下。那是一种不同于虚幻的真实。

《巨流河》，看书名很难联想到这其实是地名。位于东北大地的辽河，曾经以巨流河之名而存世，是中国七大江河之一，被称为辽宁百姓的"母亲河"。这里也是这本自传的作者齐邦媛的故乡。齐邦媛，台湾大学外文系退休教授。作为台湾文学走向世界的重要推手，齐邦媛多年来不仅引介西方文学到台湾，还编译了众多台湾文学作品，被台湾文坛尊称为"永远的齐老师"。今年已经86岁高龄的齐教授在自己80岁那一年开始动笔写下自己的一生。前后几经波折，历时4年，这本《巨流河》终于问世。

1924年，齐邦媛出生于辽河边的辽宁铁岭。父亲齐世英曾经留学德国，以哲学为业，回国后却在郭松龄等志士的感召下，成为一名为国民革命事业而奔波的革命者。而他的一生也都与东北大地紧紧联系在一起，不论是在国民革命时期发展革命志士，还是在抗日期间组织东北地下组织，抵抗日寇，又或是在抗战期间，在西南一隅的重庆沙坪坝重建东北中山中学，培养东北人才，齐世英都时刻以故乡东北而自豪。甚至在他因政见不合寓居台北时仍然心系东北黑土地，每每为东北之命运而放声哭泣。

齐邦媛是在父母的呵护下出生成长的，他人眼中人称"铁汉"的父亲，在齐邦媛看来却是温和坚定，淡如君子，教会她真正懂得人生之意义。"他宁静温和，认真的话，静静地说；认真的事，静静地做……他对我最重要的影响是taste，不光是趣味，还是一个品位，一个人做人的态度。"

张大飞，齐邦媛生命中另一位不可忽视的人物。虽然在他短短的一生中，和齐邦媛最亲密的举动，不过是在那暮色山风里，隘口边的一次回眸和牵手，在校园门口的等待，还有那无数的信件，但那种融于骨血中的真情，是齐邦媛在60多年后仍然能够背诵张大飞遗书的永恒动力。短暂的亲近，长久的别离，在战争面前，那个在乐山背诵英诗的十六七岁的少女，和在空中战斗的飞虎队英雄，有了一种暧昧、脆弱而又极为深刻的联系。爱情，也许是爱情，又或者是一份仅仅基于友情、亲情的难以言喻的情感，让这对在抗日战火纷飞的动乱世界里的小儿女有了自己珍视的一片心灵"港湾"。"在今天来说很难称为恋爱。对我来说，是一种钟情……那种钟情因是一生只有一次。"齐邦媛说。

这段朦胧而略带灰色的感情是齐邦媛一生中最珍视的宝贵财富，以至于她不舍得任何人或事去亵渎这段回忆。《巨流河》一书出版后，曾有众多导演通过多种渠道提出要将这一段经历改编成电影。对此，齐邦媛总是委婉拒绝："他们一定要把张大飞那个感情写成一个热烈的爱情，因为不这样做电影就不能卖。这样做我受不了。在现实里他是个木讷寡言的人，连人生都没想清楚，二十六岁就死了。他死得那么干净，全心全意的，就是为了报国。我在有生之年，不愿意看到他短促的一生成为一个热闹的电影。……我只怕任何具体化的表现会亵渎了难以言说的、生死投入理想的纯真！"

《巨流河》中还有众多大师身影：呼喊着"中国不亡，有我！"的张伯苓；读华兹华斯长诗落泪，听屋外落叶风卷之声读书的朱光潜；拘谨羞涩，伴着娇妻幼儿为齐邦媛教授但丁《神曲》的田德望；引"爱如一炬之火"的超越尘世之爱来指导学生论文写作的吴宓；还有20世纪80年代，因审看历史教科书，而与齐邦媛结缘的史学大师钱穆。与大师们的接触，不仅是学业上的进步，更是对人生和生命品位的提升。

读这本自传，让人感动的决不仅是简单的人生记录，其中蕴涵的家国情仇、人事漂泊往往更令人动容。齐邦媛其实一早已在《巨流河》一书的自序中开宗明义："第二次世界大战后，欧洲犹太人写他们悲伤的故事，至今已数百本。日本人因为自己的侵略行为惹来了两枚原子弹，也写个不休……我在那场战争中长大成人，心灵上刻满弹痕。六十年来，何曾为自己生身的故乡和为她奋战的人写过一篇血泪记录？"

齐世英没有被巨流河之役的惨败打垮，张大飞没有因父亲的惨死退缩，东北中山中学的学生们也没有陷于东北沦陷的痛苦而不可自拔，正因如此，才有了南京城军民的英勇抵抗，有了重庆沙坪坝的奋勇向前，有了那齐声高唱"松花江上"的莘莘学子，才有了年轻的飞虎队英雄，和那崇拜英雄的十六七岁的少女。

正是因了那些不懈奋斗的英雄个人，现代中国的种种动荡战乱斗争，才会永远被人铭记。

家国变迁中，令人感慨的当然还有那无奈的人事漂泊。国家、民族，乃至个人，因缘际会，也许总因某些变故而在生命的路口做出不同的选择。如果郭松龄巨流河一役没有落败，如果不是年轻无识的张学良接管东北，如果和张大飞有了更深的交往，如果没有落户台湾……人生种种选择充满了难解的谜题。

钱穆先生曾说，忘不了的人和事，才是真生命。在《巨流河》中，齐邦媛以八十高龄，抒写着自己一生的故事，那些人那些事历历在目，就如张大飞那封遗失在战乱中，却永远刻印在心头的遗书，带给人最深的感动。

23岁之前，齐邦媛从东北辗转北平、南京、重庆、武汉、上海，饱经战乱之苦，23岁之后定居台湾，面对的又是另一番人生，结婚生子，追求学术。东北到台湾，海峡的两岸，有如人生的两极。虽然家园沦丧，一生漂泊不定，齐邦媛却在文学中找到了自己的精神家园，她的内心在文学中得到了安顿和栖息。她更以一名文学人的身份，见证了历史。

在台湾岛最南端的鹅銮鼻灯塔左侧，有一泓小小的海湾，名为哑口海。海湾湛蓝，静美。太平洋的风浪到此归于寂静，音灭声消。《巨流河》以巨流河开端，以哑口海结束，埋藏了两代人的悲伤往事。

哥伦比亚大学教授王德威，这样评价《巨流河》："我以为《巨流河》之所以可读，是因为齐邦媛先生不仅写下一本自传而已。透过个人遭遇，她更触及了现代中国种种不得已的转折：东北与台湾——齐先生的两个故乡——剧烈的嬗变；知识分子的颠沛流离和他们无时或已的忧患意识；还有女性献身学术的挫折和勇气。"

生命、死亡、思念、爱、亲情交织成人生的主题，"如此悲伤，如此愉悦，如此独特"……

高潮论、异文化与德意志性

——读史腊斐的《德意志文学简史》

叶 隽

读这部著作，最为亲切的竟然是迎面撞来的中国德文学科史的叙述："早在1959年，几位中国日耳曼学者便在冯至先生的带领下，集体编写了一部《德国文学简史》。"虽然史实略有出入，但毕竟唤起了吾辈亲切的文化记忆。

《德国文学简史》1958年12月北京第1版，分上、下两册，30万字。上册由冯至独著，下册的作者还包括当时的教师和学生：田德望、张玉书、孙凤城、李淑、杜文堂。虽然我知道，这是冯至先生最不愿提及的著作之一，但作为学术史上一个极具代表意义的标本，它却不容回避。所幸，史腊斐教授居然也有这样的跨文化德文学科的学术史意识。

虽然这两部著作几乎同名，但史腊斐作为母语学者，其建构雄心显然要大得多："本书试图发掘文学作品的社会条件和精神力量的来源，它们最初阻碍、随后促进了德国文学的发展。这样才能解释为何德国文学在很长一段时间里，从中世纪晚期到18世纪中期，与同时期的意大利、法国、西班牙、英国文学相比籍籍无名、无足轻重。"

作者的一个极为重要的判断是："德意志文学在经历了漫长的蛰伏期后迎来了18世纪的意外突破，1770年到1830年是德意志文学史上的第一次高峰；高峰过后是19世纪的徘徊不前；到了20世纪，从1900年到1950年是德意志文学史上的第二次高潮，随后，德意志文学走向终结。"当然他还要补充的是"文学与宗教的关系是怎样对文学产生了决定性影响"。

终结论下的未免过早，就如同福山说了"历史的终结"之后，又不得不收回其言论一样。毕竟，我们要有清醒的意识，我们始终是历史进程中那短暂一瞬，我们不是上帝，不可能总览历史，所以也不太可能有能力做出全程判断。但历史不会因此而终结，它有其内在的逻辑。

他者意识

文学当然也是如此，德意志文学也不会例外。我更欣赏的，是史腊斐非常清醒的"他者意识"，并将此提高到理解德国文学的一种资源高度："没有'他者'，就不会有德意志文学的产生，源自古日耳曼异教传统的格言诗和英雄史诗早在中世纪便已失传，而来自地中海沿岸晚期的基督教传统塑造了德意志文学中最有生命力的部分。德意志文学从宗教型到诗意型的转变要归功于法国启蒙运动，归功于它偶然造成的一个副作用。在其他国家，文学很早便以令人深刻的方式促成了文化的进步，如果没有这些国家令人嫉妒的先例，德国知识界在法律或科学之外的语言表达便要局限于宗教忏悔，而不会有文学语言的产生。尽管奥皮茨和戈特舍德推荐的法国文学模式并不适合德国，无法终结德国文学落后的状态，他们还是成功地使德国人注意到了文学具有重要的社会功能，并激起了德国人的效仿之心。德国人只需找到更适合德国的榜样，博德默尔和莱辛发现了英国文学。对于18世纪的德国文学而言，没有一位德国作家的影响力可与莎士比亚、弥尔顿、杨恩和斯特恩相媲美。歌德嗅到了同时代文学作品（他自己也不例外）中的虔诚气味，并为此感到难堪，于是作为某种意义的祛魅者，他改拜外国作家为师，从荷马到拜伦都成为他的榜样。如果存在一种德国文学，那它应该不仅仅是德国的文学。"

这段话非常概括地将德国文学与外来资源的关系做了提纲挈领式的梳理，可以说是纲举目张。正是在这种背景下，我们可以更好地理解，为什么歌德提出了世界文学的概念，为什么他会说："民族文学在现代算不了很大的一回事，世界文学的时代已快来临了。现在每个人都应该出力促使它早日来临。"我们只要联系一下歌德不断亲近异域文学、认真汲取各国资源的态度，就可以知道这是一种知者之言。他作为"一叶落知天下秋"的大诗人，诗哲式的人物，敏锐地感觉到了这种世界发展的趋势。但如此立论，也并非是说民族文学就一无是处，这其中的关系其实是一组二元，相辅相成的。所谓民族的就是世界的，世界的就是民族的，正是要辩证处理这二者的关系，才是走出自身狭隘造成的困局的奥妙所在。德国人现在很强调所谓"多样性中的统一"（Einheit in der Vielfalt），其实也与此理相通，两者本是并行不悖而非取而代之的关系。

所以，强调他者的资源意义无疑是正确的，可如果因此就忽视主体的功用，甚至妄自菲薄则无疑是过犹不及了。史腊斐继续推论说："德意志文学的本质不是由'德意志本质'决定的，不同民族文化的交错融合对它的形成产生了深远的影响：基督徒的虔诚性、市民生活的真挚、哲学的启蒙、文学在艺术种类中的优先地位——这些渊源各自不同的思想在德国停留的时间较别处为长。到了18世纪，它们突然同时在德国出现、相互碰撞。无论是宗教、社会还是教育领域，在以往的历史发展中都不曾将德意志民族文学作为发展对象。而在18世纪，出现了一个恰当时机，它们的共同影响使得德意志民族文学横空出世。种族、民族、出身、语言、政治共同体——早期的日耳曼学试图用这些关键词构建德意志民族文学纲领。它的确是独特而又执拗的文学，但其中最有创造力的元素却付之阙如。"这一段解释了德国古典文学辉煌时代出现的原因，强调是合力作用的效果无疑是正确的，但似乎过于与偶然性挂钩了。

德意志本质

在我看来，德国古典文学的辉煌不是其来无自，而是水到渠成。但如果没有"德意志本质"，就不可能有对异质文化，尤其是那些具有挑战性却资源意义甚强部分的包容吸收。毕竟，外面的世界很精彩，外面的世界其实也很无奈。在面对包罗万象的异质知识世界中，如何面对，如何采择，其实是大问题。张君劢在谈到他们那代人面对西方学说时的彷徨困惑时这样说："好像站在大海中，没有法子看看这个海的四周……同时，哲学与科学有它们的历史，其中分若干种派别，在我们当时加紧读人家教科书如不暇及，又何敢站在这门学问以内来判断甲派长短得失，乙派长短得失如何呢？"对于德国精英而言，其状态恐怕不无类似之处。而真正的解决方案，恐怕还是陈寅恪的这段话更具客观意义："其真能于思想上自成系统，有所创获者，必须一方面吸收输入外来之学说，一方面不忘本来民族之地位。此二种相反而适相成之态度，乃道教之真精神，新儒家之旧途径，而二千年吾民族与他民族思想接触史之所昭示者也。"这固然是中国历史的经验，恐怕也有其放之四海而皆准的公理性，德国人何尝就忘了自身的民族地位呢？就算是以古典希腊为典范、具有世界主义精神的歌德，也会强调说："我也总把德国萦怀在心中。每当我想起作为个人如此值得尊敬而作为整体却那么可怜的德国人民来就感到切肤之痛。把德国人民和其他民族相比会使我们感到羞愧难堪。我千方百计地想摆脱这种感觉，在科学和艺术中我找到了可以使自己升腾起来以超越这种情绪的翅膀。"对本民族，德意志的精英显然是有着更多的自我批评意识的，如此才能超越自我，避免井底之蛙的局限，达到海阔凭鱼跃，天高任鸟飞的自由境界。

意象世界的价值尺度

这一点无疑是史腊斐的局限之处，但他在其他方面还是很能提出星光闪亮的新观点的，譬如，"距离作品发表的时间越久远，读者对文学作品的要求就会愈加严苛。同时代的读者首先看重的是新书中符合时代精神的东西，后世的读者则对书中值得记忆的东西感兴趣"。这种区分无疑是很有意思的，因为作品在现实世界中产生时虽然是一个纯粹的历史现象，可一旦进入社会流传之后，就已经有其抽象世界的独立意义了，就具有不再依附其创造者——作家或出版商而独立存在的生命了。作品的被检验性恰恰说明了文学世界有其自身的规律可循，而不是一种简单的一次性消费品。更重要的是，"文学经典并不遵照时间次序，而是作为观念的总体存在于每个读者的文学记忆中，为所有享受阅读或者具有使命感的读者所共有"。这个提示非常重要，时间顺序的尺度当然有其存在的必要，可一旦进入到文学世界的空间之内，则还有这样一种意象世界的价值尺度，这就是超越了现实世界的种种利益规训而存在，读者的记忆世界所构建的一种场域。在这个精神世界里，所执行的是艺术世界的标准，精神力量的作用是无与伦比的。所以梁山泊英雄排座次，客观上未必就是不存在的，但不是比试武艺，以暴力最强者胜为原则，而是较量精神力量，艺术感染力丰厚者永垂不朽。举一个简单的例子，赵鑫珊回忆其北大求学岁月，"特别感激苏联电影艺术家把古典文学作品搬上银幕，对于我，这是绘画艺术的第一课"。具体言之，"比如《罗密欧与朱丽叶》《奥赛罗》《牛虻》《苦难历程》（三部曲）《漫长的道路》《复活》《贵族之家》《父与子》《带阁楼的房子》《革命的前奏》《丁街的凶杀案》《上尉的女儿》和《第四十一个》……这些影片大大提高了我。它们是我的启蒙读物。其思想性和艺术性是无与伦比的"。可见，经典作品及其变形形式对一个青年的知识世界和思想影响可能何等巨大？

这是一部极小块头的德国文学史，但却是一部大制作。这让我想起了阅读勃兰兑斯《十九世纪文学主流》的冲动，原来文学史是可以这样写的，原来文学史是可以如此元气淋漓而感性盎然的。史腊斐的这部文学史，可能不是那么学究气，也没有什么严密的注释，但绝对可以称得上是有史家眼光的一家之言，是能留在学术史上的。

而对于我，则激起了一种撰写文学史的豪情。写一部德国文学史，写一部有中国立场、中国气派和中国思维的德国文学史，或许应该是这代人的一种期待，甚或一种使命。但还是希望，文学史的撰作能建立在扎实的个案、专题与思潮基础之上，只有对细节部分有较深度的把握，才可能完成一部驾驭全局的异族人之手的《德国文学史》，这是一种学术理想，虽不能至，但应当努力近之。我们这代大概还免不了是过渡的一代，但每代人都有自己的责任，不是吗？或许还是借史腊斐的结语来终篇："诗人凭借作品成为经典作家，从而延续尘世的生命，甚或真的达到不朽，这一梦想是否成真，决定权完全在后世读者手里。追求不朽显然有些夸张，但延续生命倒是符合理性的，有些作品的生命已经延续了两千年。文学史只有在须臾和永恒、在作品的产生和影响之间找到平衡，才符合艺术品的双重存在方式。一部试图在历史全景里展示艺术竞争原则的文学史，必须专注于描述每个历史时期的审美创新，充满悖论的是，只有后世的读者才会意识到创新的特殊价值和深远意义。"

重读《资治通鉴》琐记

高　平

炫耀、成败、归故乡

中国长期的封建社会，使得人们安土重迁，普遍有着浓厚的故乡情结。虽说好男儿志在四方，有了成就以后还是要炫耀乡里的。所谓"混不出个样儿来不回来"，反过来就是在外边混得不错了要回家。李白的诗《越中览古》写道："越王勾践破吴归，义士还家尽锦衣。"但它并不是"衣锦还乡"一词的出处。唐高祖李渊就曾经对秦州刺史姜謩说过："衣锦还乡，古人所尚。"可见这很早就是人们所提倡、崇尚的做法。那么，这"古人"古到哪朝哪代什么人呢？看来很可能是霸王项羽。

公元前206年，项羽在刘邦之后进入咸阳，把秦的宫殿烧了，财物掠了，妇女收了，觉得把大事干完了，就想回老家了。在回答劝他留在关中的韩生时说："富贵不归故乡，如衣锦夜行，谁知之者！"（得到富贵以后，如果不回故乡，就好像穿上华丽的丝绸衣裳在黑夜里行走，有谁看得见！）他向往的正是衣锦荣归，向家乡父老进行炫耀。于是他"东归"了。

四年以后，霸王项羽被汉王刘邦打败，被追击溃逃到乌江（在今安徽和县，马鞍山市的长江西岸），乌江亭长（大约相当于现在的乡长）把船靠在岸边等待他，劝他说："江东地盘虽小，也有千里，还有几十万人口，也是足可以称王的。希望大王赶紧渡江！现在这里只有我有船，汉王的追兵来到以后，他们是没有办法渡江的。"项羽笑着说："天要亡我，我干吗要渡过去？况且，当年我同江东的八千子弟渡江西去，今天竟没能回来一个，纵然江东的父老兄弟怜惜我，依旧让我称王，我有什么面目见他们啊！即便他们不说什么，我自己能够无愧于心吗？"于是，如后来宋代词人李清照所赞颂的"不肯过江东"，自刎在江边了。

我在马鞍山开会参观时，站在江东遥望西岸，听当地人传说：项羽在自刎以前，把他的乌骓马赶下江去，让它回家。乌骓马也不肯回，自沉在江中，只有马鞍子飘到了东岸，成了一座马鞍形的小山，这也就是马鞍山地名的由来。

这个传说是很美的，美在它含有三分想象，七分壮烈。

项羽最终与他衣锦荣归的愿望相反，因为战败，无颜见江东父老，自刎于与故乡隔江相望之地，而他的战马也仅仅回归了一个鞍子，定格在江东，凝结着豪气、勇气、骨气，成为鲁迅所珍贵的"失败的英雄"的象征。

而胜利者刘邦也有着同样的故乡情结，并且实现了他衣锦荣归、炫耀乡里的梦想。汉高祖十二年（公元前195年），刘邦在战胜并杀掉黥布以后，回到了他的故乡沛（在今江苏西北部），设宴招待家乡故交父老，酒酣时自己击筑（古代乐器）而歌，这就是他回到故乡以后的诗作、著名的《大风歌》，短短三句，洋洋自得，气壮山河："大风起兮云飞扬，威加海内兮归故乡。安得猛士兮守四方！"他并没有被胜利冲昏头脑，最后一句流露出了居安思危的忧患意识。

记得我儿时在山东故乡时，村里几乎年年有人下关东（去东北），他们都是青壮年，有的死在了外边，有的没有了下落，只有挣得了几个钱的人才笑着回来，虽然算不上衣锦还乡，多少是有一点荣耀感的。

在中国人的心目中，父老乡亲就代表着全国人民，一直到现在还是这样。是的，如果连故乡都不爱，还能爱祖国么！

珠宝、人才、重金买马头

尊重知识、尊重人才和仇视知识、毁灭人才，在我国都是各有传统的。这里单说前者。

有人认为人才是财富，有人认为金银珠宝是财富。对于这两种观念，到底采取和执行哪一种？尤其对于领导者来说是至关重要的。下面是有关两种财富观的故事记载：

周显王十四年（公元前355年），魏惠王访问齐国，他同齐威王一起打猎的时候，问齐威王："你们齐国也有宝贝吗？"齐威王回答说："没有。"魏惠王说："寡人的国家虽然小，尚且有直径满寸的珠子，各有十枚照耀在十二辆车的前后。你们齐国是大国，怎么能没有宝呢？"齐威王说："寡人心目中的宝与阁下是不同的。"接着他列举了四个大臣的名字，他们有的牢固地守卫着边防，使敌国不敢入侵；有的有效地进行治安，使得路不拾遗。然后说："此四臣者，将照千里，岂特十二乘哉！"（这四位大臣的业绩的光芒能够照耀千里，岂止仅能照十二辆车呀！）魏惠王听了"有愧色"。

周赧王三年（公元前312年），燕昭王即位以后为了完成替先王雪耻的心愿，让郭隗用重金去给他招贤纳士，网罗人才。郭隗就给燕昭王讲了这样一个故事，说"古代有位君王，派涓人（在身边专管洒扫的人）拿了千金去为他买千里马，到了那里，马已经死了，他就用五百金买了个马头回来。君王大怒，涓人说：'死千里马你都要买，何况活的？马就会来的。'果然，不到一年功夫，千里之马就来了三匹。现在，您想招贤纳士，就请先从我郭隗开始，况且比我强的人，岂有千里之远？"

燕昭王听从了郭隗的主意，给他修筑了宫殿，尊他为师。于是，燕国尊重人才的良好影响，广泛传播出去，各路人才纷纷来到燕国，其中包括乐毅，燕昭王拜他为亚卿，"任以国政"。

汉高祖刘邦也是个尊重人才、善用人才的人。汉高祖五年（公元前202年），刘邦在洛阳南宫宴请部下时，让大家实话实说，他能够得天下的原因是什么。在听了他们的回答以后，刘邦说："你们只知其一，不知其二。运筹帷幄之中，决胜千里之外，我不如张良；治理国家，安抚百姓，筹措粮饷，我不如萧何；率领百万大军，战无不胜，攻无不克，我不如韩信。他们三位都是杰出的人才，我能重用他们，这才是我取得天下的原因。反之，霸王项羽连一个范增都不能用，所以被我战败了。"群臣听他这么一说，都表示信服。

前秦建元八年（公元372年），秦王苻坚就人才的标准与奖惩，下过一道颇有震撼力的诏书，其中规定："关东之民学通一经、才成一艺者，在所郡县以礼送之。在官百石以上，学不通一经、才不成一艺者，罢遣还民。"就是说，只要有一门学问，有一技之长，就可以得到礼遇和升迁的机遇；享受百石以上俸禄的官员，如果读不出一门学问，学不会一技之长的，就罢他的官，回家当老百姓去。

有头脑的帝王都明白，如果让没有真才实学、碌碌无为的人占据着高级官位，于江山社稷是不利的。用今天的话说，是人民的不幸，甚至是国家的耻辱。

李白说："天生我材必有用"，其实只是一种理想，一种自慰，一种呼号。人家如何看待人才，人家到底用谁，别人是无可奈何的。

水与舟、献荔枝、吃饭不要钱

凡是有一定历史知识的人，大概都知道唐代名臣魏征对唐太宗说过的那句载舟覆舟的名言，魏征提醒太宗要正确认识皇帝和人民的关系时说："臣又闻古语云：'君，舟也；人，水也。水能载舟，亦能覆舟。'"

也许由于魏征的名气大，他和唐太宗的关系又被炒作得久远，所以一般人容易误以为这个比喻是魏征的首创，属于魏征语录。其实魏征自己说得明白，他是引用的"古语"，并非他的语言。他引用这段"古语"的时间是贞观六年，即公元632年，它的版权所有者应当是东汉时期的皇甫规，他是安定郡朝那（今宁夏固原）人，字威明。

建康元年（公元144年）九月，皇甫规在书面回答政事（汉代叫"策问"，是一种特有的文体）时，写有这样一段话："夫君者，舟也；民者，水也；群臣，乘舟者也；将军兄弟，操楫者也。若能平志毕力，以度元元，所谓福也；如其怠弛，将沦波涛，可不慎乎！"大意是说，人民是水，皇帝是舟，其他部下有坐船的，有摇橹扳桨的。如能齐心协力，平安过渡就是福分；如果懈怠粗心，玩忽职守，就有翻入波涛的危险，千万要谨慎！我并未见到皇甫规的《策问》中有"水能载舟，亦能覆舟"这八个字，它可以被视为是魏征的概括与发展。

多年来，我们反复听到的是军民的"鱼水"关系，上下的"服从"关系，而很少听到饱含着辩证关系的"舟水"关系，好像有什么忌讳似的，又好像它和我们没有关系。

还有一件本来和我们没有关系但后来却真正和我们有了关系的事情，这要从尽人皆知的关于杨贵妃的记载谈起："妃欲得生荔枝，岁命岭南驰驿致之，比至长安，色味不变。"（《唐记三十一》）杨贵妃爱吃鲜荔枝，长安又不产，于是命令岭南每年通过驿站用快马递送。其实，从岭南往咸阳送献荔枝并不是从杨贵妃时候开始的，早在杨贵妃以前六百多年的汉代就有过了。

汉孝和皇帝永元十五年（公元103年）记载："岭南旧献生龙眼、荔枝，十里一置，五里一候，昼夜传送。"当时有一位在临武（今湖南东南）做官的汝南郡（今河南上蔡一带）人叫唐羌，上书给皇帝说："臣闻上不以滋味为德，下不以贡膳为功。伏见交趾七郡献生龙眼等，鸟惊风发；南州土地炎热，恶虫猛兽，不绝于路，至于触犯死亡之害。死者不可复生，来者犹可救也。此二物升殿，未必延年益寿。"从上面的文字中可以知道，整个南方各郡都在给皇帝争献龙眼、荔枝，一路上天气炎热，且有毒虫猛兽，常会给递送者造成死伤。经臣下这么一提醒，皇帝才下诏说：造成人的伤害，不符合"爱民之本"。命令宫中的官员不要再接受这种贡献。和帝刘肇还是有点民本思想的。

"文革"期间，南方有人给毛主席献来芒果，江青又分赐给了什么组织，于是成了全国性的政治喜事，大家都得跟着受教育，还造出了一大批铸着芒果的像章让人们佩戴、收藏。这就和大家有了关系。

让很小一部分人分享芒果算不得什么恩惠，只不过具有政治上的象征意义。何况受赐者还舍不得真吃，而是把它供了起来。真正想给最广大人民实惠的是1958年实行过的在农村食堂"吃饭不要钱"，可惜后来很快就没有饭吃了，造成了几千万人的非正常死亡。

读史使我们知道，"吃饭不要钱"并非"大跃进"时期的发明，也是古已有之的。隋大业六年（公元610年），算是隋朝的极盛时期，各国请求在丰（即丰京，西周的京城，今西安一带）进行贸易，炀帝爽快地答应了，下令对店铺进行整修装饰，充实货物库存，多设置帷帐，要穿着华丽……作好了一切接待准备。当外国客人经过饭馆时，都要被邀请进去吃饭，"醉饱而散，不取其直"也就是说吃饱了喝足了才让走，而且不收钱。如果客人硬是要给，就回答说："中国丰饶，酒食例不取直。"（我们中国很富足，吃饭从来不要钱。）虽然"胡客皆惊叹。"但也有不受蒙蔽的外宾见到有人用丝绸缠树时不客气地说："你们中国也有穷得衣不遮体的，不如把丝绸送给他们去，用来缠树干什么？"问得"市人惭不能答"。

这显然是一场自上而下有计划的弄虚作假，是大国虚荣心作祟打肿脸充胖子的做法，是糊弄外国人同时也糊弄自己的丑行。可惜在1500年后的中国，依然有官员效仿过。好在已经"俱往矣"了。

称师以论道　尽力以光明

——《侯仁之与北京城》评介

孙冬虎

　　《吕氏春秋·尊师》云："君子之学也，说义必称师以论道，听从必尽力以光明。"换言之，品德高尚的人探求学问，说明事物本原时必然要以老师的教导为准则阐述其间蕴含的真理，遵从老师的做法行事时一定要竭尽全力将前贤的思想发扬光大。我国源远流长的尊师重道传统，保障了学术文化的薪火相传。大凡能够秉承乃师学术衣钵的学生，或者在先辈开辟的道路上继起奋进、再展新猷，或者通过多种方式和渠道向社会做好宣传普及工作，以召唤后来者接踵前行。多年来致力于北京历史地理研究、积极传播侯仁之先生的学术思想、道德文章、社会贡献的朱祖希先生，就是这样一位在上述两个方面屡有创获的长者，其最新力作是2015年1月问世的《侯仁之与北京城》一书。

　　熟悉历史地理学与北京史研究的人们都知道，侯仁之先生是中国科学院院士、北京大学教授，与谭其骧、史念海先生一起被学界公认为我国现代历史地理学的主要创建者。他的生平和学术，迄今已有多位学生或再传弟子加以总结和阐发。在这样一个当代学术史的"百花园"中，朱祖希先生所著《侯仁之与北京城》，呈现出了崭新的面貌。

　　首先，《侯仁之与北京城》是作者在长期研究和传播侯仁之先生学术思想基础上形成的总结性成果。该书问世之前，朱祖希先生已经陆续发表了《历史地理学巨擘侯仁之——试论侯仁之先生对地理科学的贡献》《侯仁之先生和他的北京情结》《侯仁之与北京城》《从莲花池到后门桥——访历史地理学家、中科院院士、北京大学教授侯仁之先生》《历史地理学巨擘——记中国科学院院士侯仁之先生》《侯仁之与永定河》《侯仁之先生九十华诞》《保护北京城的"生命印记"——记侯仁之教授》《侯仁之先生的两条扁担》《"金锭桥"一名的来历》等文章。此外，朱先生非常热心于面向社会公众的科普工作。他的公益讲座从国家图书馆、首都图书馆讲到首都博物馆，从北京的大学、中学、小学讲到幼儿园，"侯仁之与北京城"则是这数十场讲座的重要主题之一。当史实的梳理日益清晰、系统的思考逐渐形成之时，饱含崇敬与缅怀之情的文字如山间清泉汩汩涌出，最终提炼升华为这部包罗宏富的书稿，使读者得以由此窥见侯仁之先生的学术堂奥与名家风采。

其次，《侯仁之与北京城》对侯仁之先生研究北京历史地理与城市史的学术精华和卓越实践进行了提纲挈领的概括，有助于读者集中认识一代大师的学术历程和社会贡献。众所周知，侯仁之先生的学术贡献并不局限于北京，但他最精彩的学术华章毫无疑问是体现在关于北京的研究方面。我们看到，《侯仁之与北京城》的上篇以《知之愈深，爱之弥坚》为题，在简要叙述了侯仁之先生求学于燕京大学与英国利物浦大学的经历之后，逐次展现了他在北京历史地理研究领域的主要建树：清理关于北京建城的传说与史实，探索北京原始聚落的起源与蓟城成长的历史地理背景，描述北京城从燕都蓟城到汉唐幽州军事重镇再到辽代陪都以及金元明清首都的演进轨迹，阐述以城市水源与水环境问题作为开启"圣城"北京奥秘之钥匙的理论依据，全面论述元代大都城的规划布局。这些工作基本上是侯仁之先生在20世纪60年代中期之前完成的，有关论著已经成为当代北京历史地理与城市史研究的基本文献。该书下篇《要真实，要发展》，描述了侯仁之先生在20世纪80年代以来继续研究北京城、保护北京城所做的艰苦努力和巨大贡献。在这里我们看到，侯仁之先生论证了明清北京城是中国古代都城的最后结晶，剖析了海淀镇的地理环境及其与北京城市发展的关联。为了保存北京城的生命印记，侯仁之先生努力奔走、多方宣传，推动了修建北京西站时再造莲花池公园；积极呼吁保护具有八百年历史的卢沟桥以及北京中轴线的起始点后门桥，并为什刹海东岸新建石桥命名；撰写《什刹海记》，建议修复汇通祠并改设为郭守敬纪念馆；提出在青年湖建立鱼藻池公园的设想，力求展现金代宫苑遗址的历史文化价值；促成蓟城纪念柱、金中都建都纪念阙的修建并撰写《北京建城记》与《北京建都记》；全面论述了自元大都到明清北京直至中华人民共和国成立后北京城的平面设计，说明了紫禁城历代规划设计之间的继承和改造过程。

历史地理研究与实际应用紧密结合，是侯仁之先生一以贯之的治学宗旨。到20世纪90年代初，他在全面考察古今北京发展历程的基础上，提出了"北京城市规划建设三个里程碑"的学说：第一个里程碑是北京城的中心建筑紫禁城，代表的是封建王朝统治时期北京城市建设的核心，也是中国传统艺术的一大杰作。到今天它依然屹立在全城空间结构的中心，不仅是中国人民的艺术财富，而且被列为享誉全球的世界文化遗产。第二个里程碑是新中国成立之后经过改造、标志着一个新时代已经来临的天安门广场。它赋予具有悠久传统的全城中轴线以崭新的意义，显示出在城市建设上"古为今用，推陈出新"的时代特征，在文化传统上有着承先启后的特殊含义。第三个里程碑是国家奥林匹克体育中心等公共建筑群的兴建，使北京传统中轴线的北延长线成为城市轴线的"高潮"和"终结"，表明北京走向国际大城市的时代已经到来，突出体现了21世纪的首都新风貌。

侯仁之先生的另一项重大学术贡献，是呕心沥血主持编纂《北京历史地图集》。历史地理学家谭其骧先生《关于〈北京历史地图集〉的一封信》，称赞这部图集"诚足为历史地图之表率"，"不仅对研究北京之历史地理有重大价值，还可为全国编制省级历史地图之模楷也"。陈桥驿先生《评〈北京历史地图集〉》指出：这部"大比例尺的小区域历史地图集"，"同样具有划时代的意义"。1997年出版的《北京历史地图集》第二集，以距今一万年到大约四千年前的环境考古为主要内容。此后编纂的第三集以北京历史人文地理为主，同时进行了第一集与第二集的修订增补。时至今日，由"政区城市卷""自然环境卷""人文社会卷"构成的一套完整的区域历史地图集即将问世，标志着侯仁之先生所设计的《北京历史地图集》整体研究计划的最终完成。

侯仁之先生被誉为"中国申遗第一人"。他在出国讲学和进行文化交流的过程中，获悉联合国教科文组织保护世界遗产工作的相关情况。1985年4月在第六届全国政协第三次会议上作为第一提案人，提出了后来广受社会赞誉的663号提案，即"我国应尽早参加联合国教育、科学及文化组织的《世界文化和自然遗产保护公约》，并准备争取参加'世界遗产委员会'以利于我国重大文化和自然遗产的保存和保护，加强我国在国际文化合作事业中的地位案"。在侯仁之先生提案的推动下，同年11月，全国人大常委会批准我国加入《世界文化和自然遗产保护公约》；12月12日，中国成为该公约的缔约国之一。1987年12月，中国的故宫、周口店北京猿人遗址、泰山、长城、秦始皇陵（含兵马俑）、敦煌莫高窟被列入《世界遗产名录》，实现了中国申报世界自然和文化遗产零的突破。到2014年6月22日，随着"中国大运河"与"丝绸之路：长安——天山廊道的路网"被列入《世界遗产名录》，我国的世界遗产总数达到47项，仅次于意大利，位居世界第二。与侯仁之先生联名提案的郑孝燮、罗哲文先生指出："每念及此，我们自然不会忘记这位被人们称为'中国申遗第一人'的侯仁之先生。正是由于侯老有着一股对祖国文化和自然遗产无限的热爱，又有着历史地理学家独有的机敏和智慧，才会有如此大的贡献。"

综观以上各方面的描述，我们可以说：浏览《侯仁之与北京城》一书，就如同徜徉在侯仁之先生学术精品的长廊里，满目珠玑，令人感佩。

第三，《侯仁之与北京城》是一本对老师、对北京、对学术充满感情的著作。正如该书封底所写的那样："这是一本作者怀着对老师的无比崇敬，对北京的无限热爱，以自己数十年的亲历亲受和心灵感悟编撰而成的书。读者可以从中了解到侯仁之先生对北京的起源、变迁呕心沥血的求索及其在理论上的建树，和他殚精竭虑为保护历史文化名城的生命印记所做的巨大贡献，并体会到侯仁之先生是如何为我们树立起一个在科学探究道路上孜孜不倦、一丝不苟的榜样的。"1955年7月，朱祖希先生考入北京大学地质地理系经济地理专业，不久就聆听了系主任侯仁之先生为新生讲授的第一课——北京。从这一堂课开始，"北京"就像一颗种子，深深地扎根在他的心田，也坚定了学习地理专业的信心和决心。毕业后，朱祖希先生相继在北京的城市规划、环境科学和出版领域工作，兼任北京地理学会副理事长等职，在北京历史地理和城市史研究方面成就斐然。他在1984年发表的《北京的水资源——历史的回顾与反思》，获中国水利史研究会优秀论文奖；《北京城——营国之最》一书自1990年面世以来深受读者欢迎，迄今已印行了三版。尤其应该提到的是，在侯仁之先生对北京城起源研究的基础上，朱祖希先生1986年4月14—18日在《北京晚报》"百家言"栏目连续5天发表系列文章《北京的母亲河》，首次明确提出"永定河是北京的母亲河"这一重要论断，揭示了北京城与永定河之间的血肉联系以及这条河流的人文意义，迅速得到学术界与社会舆论的广泛认同；1996年的论文《整体保护北京城是维护古都风貌的基础》，在新形势下发展了梁思成先生关于整体保护北京城的思想。他的专著《营国匠意——古都北京的规划建设及其文化渊源》，获得了国家图书馆第四届文津图书奖，产生了更为广泛的社会影响。作为侯仁之先生早期的学生之一，数十年来，朱祖希先生把宣传和弘扬老师的学术思想作为义不容辞、持之以恒的行动。除了前面提到的论著与讲座之外，他还多次发挥了助手作用。1978年，上海人民出版社计划给尚未落实政策的侯仁之先生出版论文集《历史地理学的理论与实践》，朱祖希先生主动承担了数十幅插图（包括素描图）的清绘，为这部凝聚着老师学术精华的文集顺利问世竭尽弟子之忧。2001年，北京文史馆和通州区联合举办首届运河文化研讨会。侯仁之先生委托朱先生代为整理《古代北京运河的开凿和衰落》一文，并作为他的代表向大会表示祝贺以及宣读论文。2002年，侯仁之先生委托朱祖希先生写信给北京市领导，建议把青年湖开辟为鱼藻池公园，诸如此类的事例不胜枚举。惊悉侯仁之先生2013年10月22日逝世之后，朱祖希先生怀着"一日为师终身为父"的真挚情感，写下了悼文《永远的老师，永远的怀念》，对恩师的深切缅怀力透纸背、令人动容。

第四，《侯仁之与北京城》是一本对学术界传承和发展侯仁之先生的学术思想充满期盼的著作。朱先生在书中写道："作为学生，作为热爱北京又有志于历史地理研究的后学，自然有义务、有责任把继承侯师业已取得的科学成果并将之发扬光大作为一种使命。"他随后举出几个典型例证以展现后来者的工作：北京大学历史地理中心唐晓峰教授的研究证明，对于北京城市起源这样重大的学术问题不能以遗址论"英雄"，要从古代历史发展的地理条件与社会文化变迁的具体事实去综合分析。作者自己的《营国匠意》一书显示，古都北京规划建设的匠意亦即规划设计者的精巧构思、哲学取向和艺术境界，其本源来自"君权神授、象天设都"的观念，其基石是《周礼·考工记·匠人》记载的营国制度，其重要依据是历史上早已形成并得到长期延续的礼制，其制约因素来自《周易》八卦和风水理论；北京城完全是在中国人独有的"天人合一"的理念指导下，又按照封建社会的礼制秩序规划建设而成的，它是东方宇宙观在都城建设中的具体体现。北京市社会科学院尹钧科、吴文涛研究员合著的《历史上的永定河与北京》，系统论述了永定河的形成及其与北京原始聚落的关系、永定河下游的河道变迁、历史上永定河的水利与水害、永定河流域的地方文化等，以丰富翔实的历史资料和实地考察的真切感受，向人们展示了永定河的沧桑及其与北京城的血肉关系，以理性思考和科学态度提出了"保护永定河，唤醒母亲河"的发展思路。此外，地图是地理研究的工具，也是地理研究成果的载体。《北京历史地图集》一、二、三集的编纂出版持续了30多年，新一代学者正在完成侯仁之先生生前制定的宏伟规划，并且继承发展着他的学术思想。

侯仁之先生是时代造就的一位学术大师，他的出现与自身的思想道德及社会责任感、中西兼通的学术素养密切相关，更与所处时代的社会背景尤其是政治、文化发展的风云际会不可分割。前贤已逝，来者可期，在感念"先生之风，山高水长"的同时，关心中国历史地理学发展的人们不禁要问：下一位像侯仁之先生那样的学术巨匠何时才能涌现？从朱祖希先生这本《侯仁之与北京城》里，应当能够得到不少有益的启示。

现代留欧学人的"蜕变"

——评《中国现代留欧学人与外交官、华工群的互动》

全守杰

在中国教育史或大学史研究中，"已有的研究大体有两种路数，一是教育政策、制度与措施的研究，一是各校的校史研究"。这些研究或过于注重政策、制度等典章的研究，或对大学所处的"小社会"缺乏足够的关注。同样，对近代中国人走向世界的历程进行研究时，已有的研究成果似乎多关注留学生政策，某特定的个人或群体，然而对相关人或群体之间的交织和社会环境相对忽视。诚如田正平先生所言，"路径均较单一，或以外交官、外交人员为主线，或以留学生个人或群体为主线，或以华工辛酸而悲壮的生活为主线"。叶隽研究员在《中国现代留欧学人与外交官、华工群的互动》（福建教育出版社，2012年出版）一书中则将这三个群体置于中西交汇的背景之中进行考察，是研究留学生与其他群体（外交官、华工）相互影响、相互交往的一本力作。

《中国现代留欧学人与外交官、华工群的互动》一书提出了一个重要的理论观点——网链点续与棋域博弈。这与拉兹洛关于整体性认识不谋而合："组成系统的各个部分之间存在着相互依赖关系，恰如一面网上的网线纽结。"作者把"清民转型"时期的社会视为一个巨大的场域，而留欧学人、外交官、华工群是这个整体中的一部分，其背后又代表了不同的利益。田正平先生认为，"网链点续"和"棋域博弈"，与其说是一种理论观点，不如说是一种研究方法的选择；综合利用社会史、思想史、文化史的研究方法，将外交官、留学生和华工视为一张围棋"大棋盘"上星罗棋布的棋子；在这张棋盘上，留学生居于中心地位，各色人等环环相扣、流变不居、渗透互动，多场景、多维度地为我们呈现了历史本来具有的复杂性。

既然是留学生、外交官和华工群之间多个群体的交互，那么它们之间必然体现出一定的关联性。就此书研究的各群体而言，留学生是占据主要地位的生态因素，换言之，留学生居于这个生态系统的中心位置。作者在研究中既注重居于生态系统中心位置的留学生，更是将与之密切相关的群体关联起来，形成一种相互关联、层层递进的逻辑分析路径。如第二章是以晚清第一位驻外公使郭嵩焘与中国第一批留欧学生严复、马建忠等的交谊为中心展开研究；第三章以晚清外交官孙宝琦与留欧学人李石曾、蔡元培的交谊为中心进行探讨等。无论是"从豆腐公司到勤工俭学生"，还是"战争史背景与华工教育的伦理观问题""欧战华工教育与现代留美学人的侨易互动"或"'五四'勤工俭学与欧洲华工背景的互动"等，都颇具生态系统的关联性特征。首先，这些群体处于同样的空间结构——欧洲这样的"异域"空间。其次，从时间上看，这样的一个系统是历史发展的，体现出一定的"历史逻辑"。就留欧学人的"历史逻辑"而言，此书系统地探讨了"代际"的变迁。正如作者所言——虽然严格意义上的留欧史当始于严复等第一批船政生，虽然他们的官派色彩相当浓厚，但当其放洋异域之际，已开始自然建构起属于自己的特殊传统，故此他们不可避免地注定成为19世纪70年代第一代留欧学人；而20世纪初期的第二代留欧学人则主要出自于本身的"睁眼看世界"意识，虽然同样借助于官方力量而获得留欧机会，但总体来看，他们是自发向洋的新一代学人；20世纪20年代开端的第三代留欧学人注定要承担的，是中国历史上士阶层蜕变的首选形态，也是士阶层分化组合的最终表现……清民转型，最后一代兼有士大夫功能的晚清外交官消逝于历史舞台，职业化的外交官群体登上前台……"士阶层"的花果飘零就只能在"留学生"这个过渡性群体中去寻找。

在"异域"中的留学生等群体是否总是按照"预设"或"既定"的路径成长或发展呢？并非总是如此。著名的教育理论家和实践家埃里克·阿什比在《科技发达时代的大学教育》（1974年出版）一书中提出了"大学遗传环境论"，其核心观点认为："任何类型的大学都是遗传与环境的产物。"同样，身处"异域"的留学生、外交官等群体受到了"遗传"、"环境"的影响。从《中国现代留欧学人与外交官、华工群的互动》的研究结果来看，作者认为这些群体既有"传承"，又有部分"变形"。像孙宝琦等驻外交公使"传承"了"为国育才"、"为国储才"的"慧眼卓识"。"由两代公使，如郭嵩焘、孙宝琦所培养的优秀人才的结合，直接构建出了中国现代留欧学统，意义非同小可。当然，说起马建忠、陈季同、严复、蔡元培、李石曾、张静江诸人的成就和知识养成，主要并非直接由公使本身获得，留欧所在国的大学与学术制度本身，才是支撑他们养成自身学养与知识域的重要保障。可话说回来，如果没有作为外交官领袖的公使的高度关注和重视，甚至大开'方便之门'，那么他们日后的事功也是不可想象的。"

至于"变形"，是否就意味着"不好"呢？以高等教育系统的生态学分析为例，"高等教育系统中变异的分析是指根据环境的变化来适应新的发展，并以求新的观点或标准去认识和评价高等教育系统中各种生态现象和问题"；"正是这种变异对高等教育的不断发展和繁荣有着更多的现实意义和价值"。因此，"变形"是事物为了适应新的环境所产生的变化，经过部分复杂的重组，可能产生"变异"——"发展与创新"。叶隽研究员认为，"精英与大众始终是一个基本的二元结构，而之所以能成为精英，则知识的获得是一个基本的决定性因素，但就现代中国社会而言，作为社会重要组成的士阶层发生了重要的分裂和变形，也就是说，由原来的'政学二位一体'的'士'分流为官员群体与知识分子。作为官员群体，他们虽然由高等教育所培养，但基本上成为现代意义上的技术官僚，在各种国家和地方的行政机构中获得职位；而作为知识分子，他们则在现代社会中从事各种新兴的以知识为基础的专门性职业，如教师、编辑、记者等。"通过对留欧学人群体进行考察后，作者提出士阶层"蜕变"的方向为：外交官向技术官僚方向、勤工俭学生向工人阶级的领导者（政治领袖）、留学生主体继续坚持士的原则（但更多地转变成学院内的知识分子）。值得注意的是，士阶层的"蜕变"方向不同，但其意义同样重大，如周恩来、陈寅恪、晏阳初、林语堂等。士阶层之蜕变，对于现代中国有着重要意义，当周恩来等选择革命道路之际，陈寅恪则选择以寂寞自持而坚守学人之路。他们将原本"读书求真"之路"一分为二……"同样赴法的晏阳初和林语堂的发展路径也不同："如晏阳初那样，其实更多的是符合基督教青年会的战略规划；而林语堂则选择了一条以自我为中心的人生道路。"

文物考古专家赵其昌的真情"告白"

李　牲

对于我们中国的春节，我一直怀有敬畏和好奇。传统的春节，正式开始都是从除夕之夜燃放鞭炮起，到上元节即正月十五元宵节看花灯止。2001年的12月30日，在北京市政协机关举办了一次"委员活动日"，主题是委员的收藏展览。因为此次活动内容是文史委员会倡议的，所以几乎所有展品都是由文史委的新老委员提供的，活动主持也是由文史委员担任的。记得展品有文物考古专家赵其昌的家藏三件宝，书籍装帧艺术家张守义的多款藏灯，剧作家李龙云的古代陶瓷，美院教授、画家李燕的古币库银，编辑家弥松颐的名家书信……老副主席张廉云大姐也送展了几件她多年参加市政协活动留藏的具有纪念意义的物件，笔者也拿出了几通书札参展。

赵其昌先生的家藏三件宝是：一册皇家印谱、一台一战时期的望远镜、一幅记录着中印边界划界历史的珍贵地图。有意思的是，在他的展台前贴着一张用毛笔写在A4白纸上的"告白"，道是：

受学考古第一课，先生嘱曰：搞文物考古我们口头约定：一不买卖文物，二不收藏文物，三不做商业性的鉴定文物。三条道德职业标准，虽不是法律条文，至今恪守不渝。今天展示者系家藏纪念品，不在此例。

赵其昌先生1926年生于河北安国，2010年12月病逝于北京。他1949年考入北京大学历史系考古专业，师从文物考古大家夏鼐教授，至1953年毕业。此后一直在北京地区从事文物考古和历史学领域的研究工作。1956年率市文物工作队开赴京北的十三陵发掘定陵，考古成果甚丰。由赵先生主持撰写的《定陵挖掘报告》获得了"国家社会科学奖"、"夏鼐考古奖"。多年来，他根据自己文物考古实践和潜心研究，撰写发表了多篇文论，出版了《京华集》《明实录北京市史料》等专著。

赵其昌"恪守不渝"的文物考古职业操守，是夏鼐教授不仅言传而且身教的结果。有报道称，夏鼐教授去世后，家属捐出了先生的400多件遗物，其中竟没有一件称得上文物古玩的物件！早在夏先生生前，有朋友去其家造访，在室内没看到一件宝贝，就好奇地问夏先生缘何家里未存一件古物？夏先生笑答："瓜田不纳履，李下不整冠"嘛！这些古训与夏先生和学生的口头约法三章，可谓一脉相承。这些言论和事例，让后人不能不十分感佩和叹服！

但当下的人们，对此很难有一样的看法。有的人可能不屑一顾，有的人可能嗤之以鼻，笑其遵循和倡导的是"傻瓜哲学""迂腐之极"。试看今日之文物市场，假货充斥，连颇有名气的拍卖公司竟也拿印制品当真迹卖！他们也有"约法"多章，那就是对瑕疵不必负责。那么这些拍卖公司花大钱养着的专家、顾问都干什么去了呢？有的号称文物大家，在利益驱动下，竟可以在明知是假的书画作品上，堂而皇之地大笔一挥：此真迹也！按说收藏界本应"家丑不可外扬"，但在媒体特别是互联网如此发达的条件下，这些"雷人"的丑闻臭闻怪闻，早已不是什么新闻，而成司空见惯了！或许只有我这样的圈外人才觉好奇吧！

各行各业都有成文或不成文的职业操守。如果都能像赵其昌先生和他的老师夏鼐先生那样，对职业操守、法律法规"恪守不渝"，那对社会主义市场经济的科学发展，肯定是十分有益的。反之，如果对社会客观存在的某些乱象不大力加以规范，不"给力"治理，被某些人认作"迂腐"之人便会愈来愈少，而"聪明过人"的尤物必会迅速增多！

但愿我不是杞人忧天！

家书赏读札记·诗痴篇

李 牲

清末官吏陈季略（韬）（1870—1937），家学深厚，雅好颇多，书法绘画、文玩收藏，都有不小建树，尤以诗词写作和集句、集联、集诗，几乎达到了痴迷的程度！约1932年他在给五女戊双的信里说："我于此数年内集杜（甫）至四五百律；集句集字为联至一千余对；近集《文心雕龙》已得八言四百余，尚未完工。"并坦露真情说："自谓前无古人至后无来者。"

五女戊双写信说要抄录父亲的诗作，陈季略很是高兴，复信说："汝要抄录我诗，其意可念。"不仅很快开列了数年来自己创作的诗篇和积年以杜甫诗歌、刘勰的《文心雕龙》为本所集之对联、成诗的目录两种，而且为女儿精心设计了录诗专用纸笺，连格式以至书斋名号印放的位置，都策划甚详。当时戊双居家窗外有几棵柳树，故自命斋号为"柳庑"，后来因她在六姐妹中排行第五，其父又为她题写斋名"五五五铢"。但陈季略对女儿很讲"民主"，在诗笺上刷印哪个名号，要女儿自己决定。

陈季略给五女戊双开列的可抄诗目如下：

十五哀诗十五首

丁卯春日咏怀集杜五律八十首

戊午消夏诗七绝四十首（大体论书画闻见，每首均有长注。）

二十除夕诗七绝二十首（丁己年追溯从前除夕情景之作，每首有注。）

五十岁后每年自寿诗五律共四十首（每年四首中有两年遗失，故得此数。）

——以上各诗与我生平均有关系。

咏汉史诗七律一百首。

集杜咏廿四诗人及杂咏等五律共六十首。

——以上两种均制作甚精。

这张"诗目"，只是陈季略要女儿抄写诗作"制作甚精"的两部分，显然不是陈季略作诗集联的全部，因为在其他信函中还有一些记述，如本文开头所引，即有约近两千首（对）。

集句集联集诗，按现在的通行说法虽然不能算是原创，但它至少也应看作是在古人诗文作品基础上的一种文学再创造。

陈季略为何对作诗、集句、写联如此钟情给力呢？窃以为，首先，他出身豪门，又在晚清当上一名不大不小的官吏，保有文人雅好之舞文弄墨习好实属必然。其次，是密切亲情和结交友朋的需要。每当子女和婿媳生日或遇有喜庆之事，常以自己和画家妻子庄曜孚的书画作品或所藏书画文玩相赠，对亲朋好友也如是。第三，生活需要。辛亥革命以后，陈季略一直没有稳定的工作，虽然尚不至于温饱难为，但赋闲中仍常与画家妻子庄曜孚鬻字卖画以贴补生活。而且在他出售书法时，他亲制的"书画润格"明码标价，"题图诗：古风每首八元，律绝每首四元"。其后特别注明"集杜加倍"。可见，他热衷于"集杜"，在加深文学修养和享受文学创作的快乐之外，还附加有经济价值的需求。第四，外患内忧的社会环境所致。当时，日本侵华魔爪已伸入中华大地，社会动荡不安。他在给五女的另一封信中写道："从上月打炮迄今有整整一月，其时我实在无法破闷，遂又大用脑筋作整批集联之举（集《文心雕龙》句），刻已集得三百余联，尚可再集此数。"接着把自己当时的感受，写到了极致："集至精妙处，可以乐贫忘死，并可弥祸消灾。汝亦信我言否？"

恕我孤陋寡闻。陈季略说他写诗集联"前无古人至后无来者"倒也未必，但如他之对写诗、集诗有如此热情，付出如此心力，成果如此丰硕，在近现代的诗人中，似亦并不多见！

家书赏读札记·悲情篇

李　牲

1936年1月19日，陈季略写信给五女戊双，述说最近"有极不快意者二事"：一是长婿方遥（德公）病故；二是"翁松禅浮爽横额忽然失去"（指翁同，字松禅，书写有"浮爽"二字横额），但"究竟失去与否尚在待考中，不若德公之不可复生也，伤哉！"此前，戊双还接到了母亲庄曜孚的来信，也述说了方遥病逝给自己和丈夫陈季略带来的伤痛："方处之事出得太快了，我先忙了数日，……我真不曾受伤，因一切看一个空字，还可帮帮他们，否则病倒累人累己，于心也不安。想到难受即念佛。唯父（先还瞒了半天）与老婆婆一样，我反要劝他！"看来，这位老岳母比老岳父对方德公病逝要想得开多了。

陈季略对长婿病逝，为什么如此悲痛？原来，方陈两家本是亲戚。方遥才貌双全，与陈季略是年轻时代的好友。方比陈小三岁，比陈妻庄曜孚小两岁。在方遥28岁时，其妻病故。方为此悲痛至极。有一天，陈季略为了宽慰好友，就劝他说，你年纪轻轻的，要才有才，要貌有貌，还怕讨不到个好老婆？我女儿是年岁太小，不然我就会把她嫁给你！陈出此言，主要是为安慰好友，而方遥却牢牢地把这话记在了心里。三年后，陈的长女陈鸿已长成十六七岁的大姑娘。方德公就写信给陈季略，旧事重提。陈季略见信，却已不记得三年前说过的话了，便向妻子求证。庄曜孚毫不迟疑地说，你当时确有此言！于是，很快成就了方遥和陈鸿的美满婚姻。

方遥（1872—1936），字德公，早年随父去广东从事教育工作，后由他创立了"随宦学堂"，并自任总监（即校长）兼教数学。据称"广东之有高等学堂乃自斯人始"。

新中国成立后北京最早打造的大型社区"方庄"，其用地就曾是方家几辈人经营起来的庄园和祖茔。20世纪20年代，清末民初女画家庄曜孚，即方遥的岳母，曾在方家庄园里多日对花写生，在女婿的悉心照顾服侍下，创作了上百幅花卉作品。

方陈伉俪婚后生活幸福美满，育有二男三女。除次子早夭外，几位子女都继承了父亲的聪明才智和对事业的忠诚执着。长子方俊（1904—1998）是著名地球物理学家、大地测量学家、中国科学院院士，曾任中国科学院地球测绘研究所所长。长女方菁（1909—2007），20世纪三四十年代一直在上海联华电影公司等从事电影美术工作。新中国成立后，在人民美术出版社从事年画、宣传画创作和编辑工作，并有美术专著出版。次女方烨毕业于清华大学，读书时就是一名思想活跃的进步学生。解放后一直在外交部门工作，是一位出色的女外交工作者。三女方烨，现今已是93岁的耄耋老人，但身体健朗，精神矍铄，思维敏捷，是对我国航空事业有突出贡献的专家。这一切都说明，陈季略庄曜孚夫妇对爱婿的病逝，表现得那么沉痛，是很有情由并完全是发自内心的。

留住那个"特殊年代"的真实史料

——《叶圣陶叶至善干校家书》编辑后记

张秀平

　　家书，特别是名人家书，一方面是写作者个人隐私的真情流露，因为他（她）们都富有情感和智慧，承载着人世间的亲情和友情；另一方面则又是家事、国事、天下事，事事关心，因为那也是大多数中国知识分子居于庙堂之上心忧天下的品格使然。《叶圣陶叶至善干校家书》（一九六九——一九七二）中的叶氏父子叶圣陶是解放后国家出版总署第一任副署长、教育部副部长；叶至善是中国少儿出版社第一任社长。1969年，叶至善随团中央下河南潢川干校，父子俩天各一方、人各一地，信来信往，便有了近70万字的书信。书信真实记录了他们父子在那个特殊时代对"大事要事"的应对和处理；书信中涉及他们父子在那个特殊时代对周围人物悲欢、世态炎凉及其当时的社会动向、思想变化的心态和情感，是反映20世纪中国知识分子心路历程的不可复制的文化遗产，具有历史和文化的双重价值。因此，《家书》在一定意义上又可视为当时历史的民间口述史。《家书》的内容极其丰富，叙事状物细致入微、生动有趣。《家书》给我们留下了那个特殊时代极其珍贵的史料。

　　这又是一部纯粹意义的《家书》。《家书》第一封信起自1969年5月2日，是父亲叶圣陶写给儿子叶至善的；最后一封信是1972年12月21日叶至善写回家的，不久他就结束干校的生活回家了。在3年又8个月的时间里，父子俩共有近500封通信，当时全无意于发表或让别人阅读，也正因为如此，《家书》就更加地具有了亲历亲闻亲见的历史见证的价值。如叶至善谈他在干校的放牛生活：

　　每天五时一刻起床，顾不得洗脸，第一件事就是把牛牵出牛棚，免得它们在棚里多拉粪。晚上九点钟给牛把了屎尿，一条条牵进棚去，然后洗脸洗手洗脚上床，大概已经十点半了。……（42页）

　　现在是早晨五点开始用牛，七点半歇工，九点半又上工，十一点半休息。下午二点半又上工，到六点半歇工。这样一来养牛的工作跟着紧张起来，早晨三点就得开始喂牛。我自愿负责喂牛的工作。现在是两点三刻起床，三点喂牛，给牛吃铡好的草和泡好的豆饼。五点牛上工，可以再睡会儿，其实也睡不着了。早饭以后，清理牛场上的尿粪，切豆饼，挑水，泡好晚上喂的和第二天早上喂的豆饼，在槽里放好草，为第二天早晨做好准备……（105页）

这样艰苦单调的劳动，叶至善干了3年多。何况他此时已是一位年近半百的中老年人！即使如此，叶至善也不觉得艰苦。他在一封信里这样说：

能走上毛主席指示的五七大道，心里应该高兴愉快，不应该老想什么苦不苦。（47页）

父亲叶圣陶先生在回信中也这样认为：

惟有我国的在文化大革命之初，立即传播毛主席致林副主席的信，此信为各行各业的人规定了一条五七道路，指出有这样一种大学校，不是与清华、北大同类的大学，而是人人都得入学，人人都得一辈子入学的大学校，不管你这个干部多么高级，也得进去再受教育。这个制度之确立，不应写在一般教育史里，而应写在马克思主义发展史里，因为这是超越了一般学校教育的范畴的。（239页）

应该有人出来写一篇《干校无所谓毕业论》。一般学校有毕业，干校是毛泽东思想大学校，学无止境，批判资产阶级无止境，改造世界观无止境，故而无所谓毕业。即使调离干校，恢复原职务，或者调任新职务可还得像在干校时候一样，认认真真走"五七"道路，故而离校也不是毕业。（222页）

作为一名老教育家，彼时彼刻的心境，正是当时千千万万知识分子当时心态的真实写照。那个时代的叶家父子和千千万万知识分子及干部一样，都是这样单纯地想，纯粹地做，大都走过一段或长或短的迷信和盲从的弯路。

这也是一部与众不同的《家书》。1966年5月7日，中共中央毛泽东主席看了解放军总后勤部《关于进一步搞好部队农副业生产的报告》后，给林彪写了一封信，简称"五七指示"。信中说：全国各行各业都要办成一个大学校"学政治、学军事、学文化，又能从事农副业生产，又能办一些中小工厂，生产自己需要的若干产品和与国家等价交换的产品"，"也要批判资产阶级"。"学制要缩短，教育要革命，资产阶级知识分子统治我们学校的现象再也不能继续下去了"。

"五七指示"反映了毛泽东要在全国每一个基层单位"批判资产阶级"的"左"倾思想并表现了他对知识分子不信任的错误态度。（《中国共产党历史大事记》，中共党史研究室编、人民出版社1991年版）"五七指示"曾广为推行。"五七干校"就是那个特殊年代推行"五七指示"的产物。据《家书》中叶至善先生的记述，"中央直属机关和国务院系统的干校共136个"、河南信阳地区的"五七干校"（中央级的）就有"37个，约5万人"。加上各省市县都有各自的"五七干校"，当时的干校总人数，可以以此而推算个大致数目。中国的广大的知识分子和机关干部都在"五七干校"里进行脱胎换骨的改造。

1969年至1972年，在至善先生下干校的3年多时间里，当时的国内国外发生了许许多多的大事。国际上美国的阿波罗在月球登陆、柬埔寨政变、尼克松总统访华、中日邦交关系变化……国内则经历了"清理阶级队伍"、"深挖洞"、"林彪事件"、"一打三反"、"清除五一六"……《家书》中的父与子，都是高级知识分子，文化名人，他们的视野开阔，知识面广，书信中讨论的问题既有深度，又有广度。上述大事要事，难免涉及。

如1969年6月16日圣陶先生的信中说：

昨天元善来，他说中央有个通知，共七条，大意是少做一些形式的事，包括"请示""汇报"，开会时过多地读语录，报刊上过多地印毛主席像，以及各单位竞铸毛主席像章等项。昨天至美也在，我就问她，她说也听见传达了。但是上星期四我们还做过"请示""汇报"。对于这些事，我一直想，总不会老这样下去的，总得有个机缘。到了现在，大概中央认为机缘到了。……我真是极其拥护。（9页）

既记载了当时盛行的"早请示""晚汇报"的史实，又说明了该运动停止的时间、为什么停止。既平和又客观，反映了像叶圣陶先生这样的老一代知识分子对"文革"中那些"形左实右"东西的基本政治态度。

又如1969年11月18日圣陶先生写信告诉在干校的至善：

我们院子里的壕沟不合格，一般要三米光景深，而我们这里两米不到，再挖下去就要出水了。八条里有好些都在挖，调云每天去参加挖掘两小时有余。将来如有警报，我们的人就得往他家去躲。至于我们院里的沟，何时再把土填下去，把砖头铺上，恢复旧观，那就不得而知了。（44页）

12月20日圣陶先生又写信说：

我练习过两次躲警报了。一次是在本胡同里。预先关照时间，三点钟吹叫鞭为号，各自进防空壕……走下院子里不合格的防空壕，为时两分钟。又一次是前天，我正在林老家里。事前并未知晓，忽听警报响了，大概是手摇警报机，声音全部从有线广播网传出。于是赶往大楼的地下室。部中（教育部）留下的人员和家属都到那里。那地下室，我还是第一次进去，大概比较安全。要把上面的五层楼炸穿，才轮到地下室……或许核弹也不受影响。……事后总结，说全部人员到齐八分钟，慢了。有些房间没锁上，还有桌上摊着文件的，这些都是缺点。我想，全城用警报发声，让全城的人演习，大概还不至于。如果来一次，各国记者都要认为重要新闻了……（54页）

那个时代政治和社会生活就是如此，这些都是真实得不能再真实的记述。再如关于北京文化出版界之萧条，圣陶先生写信说：

今天去看杨东莼，他告诉我郭沫若新出了一本《李白与杜甫》，是扬李抑杜的。大概也是文化大革命以前写成的稿子。（390页）

我看浩然的书看了十六天，昨天下午看完，稍感疲累。今天上午，浩然与一个责任编辑同来，九点谈到十一点半。我把想到的细小问题都跟他说了……他要花一个月的时间改，因为要删要增，人物还要调整，情节还要变动，很局促了……他还说起今年五月间各地要出的文艺书，说上海有三四种，北京除他的这一部还有一两种，听听都平常。文艺界够寂寞的了。（431页）

报上发了出新书的消息。昨天叫永和去买，买到六七种。像百货店和菜市场一样，也排老长老长的队。久不出书了，一见出书，不管要看不要看，也是抢着买。（421页）

再告诉你书店卖书的事，是前天钟季华来说的。在尼克松来京期间，书店里陈列出《红楼》《水浒》之类的书。买客看见很高兴，抢着买了，到收银柜上去付钱。谁知收银柜上说这些书是不卖的，你就交在这儿吧。大概也引起些口舌。消息也真灵通，外国记者对此事报道了，苏修也广播了，就在以后的一两天内。于是周总理知道了，叫吴德去处理此事，书店就吃了吴德的一顿"排头"。钟季华说得好，书店里订出这个"卖而不卖"的办法的时候，她就提出异议，认为这不是"老实人干老实事"。

昨夜浩然来，谈了一小时许。《金光大道》中旬可出，印数惊人。"人文"和"北京人民"两家共印一百万册。有十三个省、市、区订了纸型，每地以十万计，即为一百三十万册。（508页）

此外，《家书》中关于出版界的人物悲欢的内容就更丰富了，此不一一。叶氏父子的干校通信，对历史的认识和记忆都有直接性、相对性和时代性，《家书》处处闪烁着史料的光芒。

与父辈们一样，叶至善先生的子女叶小沫和叶永和也上山下乡，姐姐小沫在黑龙江兵团，弟弟永和在延安插队。《家书》中也充满了父子对晚辈的关爱和绵绵无尽的思念。与千千万万的知识青年一样，他们姐弟俩下乡以后也经历了从热情、彷徨、苦闷到失望的人生历程。叶至善先生在一封信里说：

小沫和永和初去的时候，的确有一股劲，后来却逐渐消沉了。要不是他们有病，我一定会教训他们一顿的，可现在，我也没有什么话好说。——他们开初以为，边疆、农村，都像报纸上报道的典型材料那样，处处欢欣鼓舞。而不知道就是那些典型也是经过许多人的劳动和斗争才创造出来的，并不是一开头就那么好。碰到了现实，就不免这也不称心，那也不如意，意气就消沉了。（436页）

小沫因不适应东北的寒冷，病了好几次。要办病退回城，需要兵团师一级的证明。圣陶先生、至善先生在1972年的2月11、13、15、17、20、22、25及3月1、4、7、10、13、16、19、25……的家信中，几乎每封信都谈到小沫病退的事。圣陶先生在信中告诉至善：

他们要我写一陈请的信给北京市，由他们签附意见送去。我也只好答应。（419页）

小沫的事，正不出我所料，得拖，得磨（456页）。

小沫的事，我也不去想它了。"安办"总难免有官僚主义之讥。成不成，行不行，一言可决，何至于拖这么久不给人家一个了断呢？我在出版总署的时候说过，我们大家没进过衙门，没当过官僚，而现在已经颇为衙门化了，颇有点官僚主义了，可见这是最容易滑上去的道路，是人人"不学而能"的。思之怅然。（472页）

关于小沫的事，后来老尹对满子说，留守处的意思，他们要我再写陈愿的信，他们拿了信再去碰。我也只好写。为什么以前写过一封再要写，弄不清楚。（420页）

至善先生在信中也无奈地告诉圣陶先生：

我一直不想让孩子的事，再叫爹爹操心。现在弄到不得不要爹爹操心，我心里也是不舒服的。请爹爹不要着急，更不要动肝火。只能这样想，能做的，我们就做，成不成，只好等着瞧。总希望能成吧。……（422页）

正如他们姐弟俩在卷首所述：

"爷爷爸爸对我们的思念和关心，鼓励和指导，也都留在了一封封信中——现在再看看这些信，平添了好多那个时候、那个年龄不曾有的感受，复杂的心情一言难尽。"

历史是人民创造的，历史又是由后人来评价的。《家书》中的父子俩，以独特的眼光和善良的心态，毫无雕琢，秉笔直书了"特殊年代"里北京政治、社会和文化及他们周围的人物悲欢、世态炎凉。《家书》既可以让我们更具体、更深刻地了解这一段历史，也可以作为这一段国史的旁证。

我从事编辑工作已32年，担任了诸如《中国政治制度通史》（1—10卷）《唐太宗传》《岳飞传》《张爱萍传》《许世友外传》等重要图书的责任编辑，策划了《东方文化》近20个书系，衣带渐宽，历经出版的兴盛与辉煌，也曾经看过许多激动人心的画卷，但《家书》带给我的震撼，是前所未有的。作为也曾经在内蒙古生产建设兵团历练了6年的"知青"，我除了心灵深处的共鸣之外，更是感佩叶氏父子的人格魅力，为我们留住那个"特殊年代"的真实史料。

我们为什么要整理出版这本《家书》

叶小沫　叶永和

我们收拾爷爷爸爸留下来的东西，在杂乱的文稿中发现了一个塑料口袋，里面装着爷爷和爸爸"文革"时期1969年、1970年、1971年、1972年的通信。

爸爸一辈子陪伴在爷爷身边，除了几次暂短的分别，几乎没有离开过他。"文革"期间爸爸去了河南的团中央"五七干校"，在干校这三年多的时间，是爸爸离开爷爷最长的一段时间，也是他们父子之间通信最多的一次。爷爷有个习惯，每每复完信，来信就随手撕掉。因此尽管爷爷一生写了不计其数的信，尽管和爷爷通信的人当中不乏他那个时代的名人，但是爷爷没有留下他们的来信，家里自然也就没有收藏。常有人会问起这件事，我们刚好借此机会做个交代。当然也有例外，抗战期间爷爷举家南迁，在四川住了八年。在那个家书抵万金的年代，爷爷和上海的朋友们的通信被双方编号保存，于是就有了后来的《渝沪通信》。而这次爷爷和爸爸互相保留下来的通信，应该是最多的一次了，整理下来竟有近七十万字。可见爷儿俩彼此都很珍惜这信件，把它们当做宝贝一样收藏起来，才使我们有机会看到他们父子间的倾心交谈，体会到他们那种非同一般的父子之情。

翻看阅读这些家信，我们好像又回到了"文化大革命"那个特殊的年代，爷爷留守京城的日子，爸爸潢川干校的生活，我们下乡插队的岁月；大到全球，全国，北京，小到东四八条的家，兄弟姐妹，亲朋好友，同事同学中发生的事情，信中写到的人和事，又一幕幕重现在眼前。面对善良和天真的爷爷爸爸，看着他们对现时的豁达乐观和对未来的憧憬希望，我们有的不光是愉快的回忆，更多的是说不出来的沉重。这其中是好是坏，是是非非，是悲是喜，复杂的心情实在没法用文字来表达清楚。但是有一点是可以肯定的，这信中的爷爷就是那个时代的爷爷，这信中的爸爸就是那个时代的爸爸，还有那个时代的我们，那个时代的人和事，真实得没法再真实，确切得没法再确切，而这一切都没法改变，也用不着改变。

看这些信我们还有一个非常强烈的感觉，那就是在"文化大革命"时期，我们一家人就像是爷爷童话里写的那个被透明的薄膜包裹着的快乐的人，看一切事物都是美好的都是快乐的，去上山下乡啊，到"五七干校"啊，参加拉练啊，等等等等，和后来有的人写到这些事件时，有着截然不同的立场和观点。这可能会使一些人感到困惑和不解，造成这么大的反差的原因实在是太多了，我们不想诠释，也诠释不了。如今的我们对那个时候的许多事也有了不同的看法，却不想对那些事和那些感情全都给予否定。让当时的美好和快乐就留给当时吧，尽管现在看起来有不少事情未免幼稚可笑，有些甚至荒唐苦涩，但是那一切都是真实的真诚的。

其实早在几年前我们就想起过这些信，觉得爸爸在给爷爷的信中写到的干校放牛的生活很有趣很好看，应该整理出版。后来在我们的催促下，爸爸似乎也真的又看了一遍这些信，不知道是因为忙顾不上，还是看了之后倒有了些不堪回首的滋味，他始终再没有提起这件事，只挑选了其中的一小部分，放在了爷爷的《叶圣陶集》的书信卷里。现在我们再看这些信的时候，也没有了最初的那份轻松，多了的是些许的沉重。但是又觉得这毕竟是"文革"时期的真实的记录，是对历史多少有一些价值的东西，应该把它们整理出版。如果爷爷爸爸都还在，不知道他们会不会同意我们这样做，为此我们总是有些忐忑不安。

我们不知道读者看了这些信以后，是不是依然会像以前那样看待爷爷和爸爸，依然对他们父子两个有着一些热爱和尊重。而作为他们后代的我们，却的的确确从这些信里更多了些对他们的了解，对他们的理解和对他们的热爱。尤其是他们父子间的亲情和对我们这些晚辈的关爱，以及他们以他们的仁爱之心所面对一切人和一切事的态度，更让我们不知用什么样的言辞才能恰如其分地给以赞颂。又一想，信既然摆在了读者面前，一切就让读者自己去感觉吧。我们整理出版这本《家书》，本不是为着听人们说些赞美之词，只是想让人们知道，在"文化大革命"的年代里，有一家人是这样思考和生活的；而它或许能从一个侧面记录和反映了那一段的历史。这大概是我们整理出版这些家信的最最原始的初衷。

还有几点想在这里说明的：

尽管爷爷爸爸保存了这些信，但还是免不了有遗失。除了遗失的，我们把所有可以找到的信都编进了这个集子里。这三年多的四百多封信，除了爷爷装订好的爸爸给他的1970年、1971年、1972年的信以外，1969年爸爸给爷爷的，和1969年、1970年、1971年、1972年爷爷给爸爸的信都是散落的。父子俩写信，落款上常常不写明年代只写明月日，有的干脆连月份也不写，于是我们只好根据不同年代的信纸，不同的季节，不同的事件，把信一封一封对应起来。尽管用了心思，有没有对应错的还真说不准，如果哪位细心人看出来了，还望能帮我们指出来。

为了反映和保持那个时代真实的爸爸爷爷，这里发表的几乎是原信的全部，只对有些我们以为需要删去的地方，做了非常少非常少的删节。就因为删节得太少，以至使这些信看起来不那么紧凑，不那么集中。我们甚至担心，其中许多非常琐碎的家事，我们这些做晚辈的看了会觉得很亲切，可是不知道会不会让看这本《家书》的人感到厌烦。可是再想想，家信就是家信，就是爷爷爸爸这样的人，在对待家事上也免不了婆婆妈妈儿女情长。又想，这或许更能让人们看到他们父子不太为人知的另一面吧。

在爷爷和爸爸的信中，常常会提到我们姐弟俩，那时候我们一个在黑龙江生产建设兵团当农业工人，一个在陕西延安插队当农民。爷爷爸爸对我们的思念和关心，鼓励和教导，也都留在了这一封封信中，真可以说是无微不至感人至深。现在再看看这些信，平添了好多那个时候那个年龄不曾有的感受，复杂的心情一言难尽。

对编辑出版书籍我们都是外行。在这些信整理好之后，我们请朱正叔叔帮我们看了一遍。朱正叔叔是爸爸的好朋友，又是编辑大家，爷爷和爸爸的文字让他看过，应该是可以放心的了。

最后要说的是，感谢人民出版社的张秀平编审，她从朱正叔叔那儿听说了我们在整理这本《家书》，就非常执着地向我们邀约，一定要我们把这本书交给他们来出。还说一定会把书出好，这样才对得起两位过世的老人，才能表达她对两位老人的敬重，她的真诚让我们别无选择。感谢永和的爱人蒋燕燕和她的哥哥蒋新华，帮我们做了大量的文字和照片的整理工作，信件的核实非常繁琐，而那些照片真实地记录了当时的历史，看了或许会引起不少读者的回味。还要感谢爸爸的那些老同事，他们听说了这件事，送来了他们至今还保存着的当年干校的照片，要知道那个年代照相是一件奢侈和不易的事情，因此就显得尤其珍贵。

再读《甲申三百年祭》

江宗盟

2011年7月，是我们党的九十华诞。

幸逢盛世，无论是"回顾"还是"展望"都是令人振奋的：GDP超越日本成为世界第二大经济体；继北京奥运会获得"无与伦比"的赞誉后，上海世博会又获得了"精彩绝伦"的好评；在世界金融不景气的大背景下，国内经济保持高速增长态势；惠及民生的各项政策正在逐步落实，社会主义制度的优越性得以充分体现；执政党的建设也取得辉煌成就，党员人数已近7800万……

可能是在不久前结束的中青班里能够安静下来读了一些书的缘故，面对这盛世，脑海里总是萦绕着郭沫若《甲申三百年祭》的警示，回荡着黄炎培老先生关于"历史周期率"的告诫。

《甲申三百年祭》是我国现代著名的作家、诗人、戏剧家、历史学家、古文字学家、考古学家、社会活动家郭沫若于1944年初所写的一篇近二万字的史论。三百年前的甲申年，也就是1644年，中国历史上两个王朝相继灭亡。一个是明王朝，一个是李自成领导的大顺朝。前者的灭亡是历史的必然。但是，大顺朝的灭亡，则是在李自成领导的农民起义刚刚取得全面胜利的情况下发生的。这是一段惊心动魄的历史，是任何一个取得政权的执政者和执政党都不应忘记的历史。1944年，抗日战争已进入战略反攻阶段，中国共产党正领导全国人民为夺取抗战的最后胜利而奋斗。郭沫若在此时撰写了《甲申三百年祭》，以马克思主义的历史观对李自成领导的农民起义的经验教训作了总结，当年3月14日起在重庆《新华日报》连载发表。文章分析了明朝灭亡的社会原因，揭示了明末李自成农民起义在其鼎盛之期迅速垮塌的历史教训。文章发表后，引起毛泽东的密切关注和高度评价，他以博大的政治胸怀把这篇文章印发全党，作为整风文件。并强调，印发郭沫若的文章"是叫同志们引为鉴戒，不要重犯胜利时骄傲的错误"。

李自成揭竿起义后，在贤臣李岩的谋划下，打出"仁义"旗号，使人心思变，所向披靡。然而，攻进北京城以后，将帅们都过分地陶醉了，"纷纷然，昏昏然，大家都像以为天下就已经太平了一样"，更有甚者，"搜括赃款""严刑杀人""掠抢民财"。不到四十天，当吴三桂引清兵入关时，李自成不得不亲自出征，结果只能是"仓皇而去，仓皇而败，仓皇而返"了。逃离北京后，李自成还听信奸臣谗言，诛杀了忠心耿耿的李岩，绝了自己的后路。

文章结尾处，作者替李自成作了多个假设：假使初进北京时，自成听了李岩的话，使士卒不要懈怠而败了军纪，对于吴三桂等及早采取了牢笼政策，清人断不至于那样快地便入了关。又假使李岩收复河南之议得到实现，以李岩的深得人心，必能独当一面，把农民解放的战斗转化而为种族之间的战争。假使形成了那样的局势，清兵在第二年绝不敢轻易冒险去攻潼关，而在潼关失守之后也绝不敢那样劳师穷追，使自成陷于绝地。假使免掉了这些错误，在种族方面岂不也就可以免掉了260年间为清朝所宰治的命运了吗？

然而，历史就是历史，历史没有"假使"。

到2011年，我们党从建党之日起，已有90年的历史。一路走来，从来没有平坦过，许多挫折和坎坷都是在"形势大好"的背景下出现的。无论是毛泽东在《学习和时局》中所说的"我党历史上曾经有过几次表现了大的骄傲，都是吃了亏的"；还是新中国成立后的"左"倾冒进、反右运动，乃至发展到荒唐的"文化大革命"，盲目和骄傲都曾给国家和人民造成不可挽回的灾难性后果。

改革开放以来，国家建设逐步走上正轨，在诸多争议中，艰难而执着地前行着。从"两个凡是"，到"姓资姓社"；从"包产到户"，到"股权改革"；从"摸着石头过河"，到"又好又快"；从"发展就是硬道理"，到"以人为本"的科学发展观……我们党在执政理念上不断地进行着调整。

30多年的发展，雄辩地证明了我们的党正引领人民走在一条前途光明的大道上。随着中国特色社会主义理论体系的确立，我们坚信，在中国共产党的领导下，中华民族一定会走向繁荣富强！

然而，前途光明，并不能代表路途顺畅。在不久前召开的北京市的"两会"上，人大代表和政协委员们提出了许多亟待解决的社会问题：党政官员的贪污腐败虽是少数，但影响极为恶劣；一些基层领导干部好大喜功的"政绩观"严重影响了政府的诚信形象和执政的根基；贫富两极分化，加剧了潜在的社会矛盾；社会保障体系不健全，使多数人缺乏安全感、稳定感；教育、住房、医疗加之生活用品价格的节节攀升，使普通老百姓的幸福指数无法持续提高……

"居安思危"应是一个执政党的常态。在新形势下如何增强忧患意识，避免黄炎培老先生所说的"周期率"是执政党要加以深入研究的课题。

其实，早在1945年，在延安的窑洞里，毛泽东就已经给出了答案："我们已经找到了新路，我们能跳出这周期率。这条新路，就是民主。只有让人民来监督政府，政府才不敢松懈。只有人人起来负责，才不会人亡政息。"

可惜的是，我们党跳出"周期率"的实践并不是一帆风顺的，有过曲折的经历和惨痛的教训。在积累了多年的执政经验后的今天，我们党的领导集体，应当说完全有能力、有胆略，也有条件做到。

越是盛世，越要保持清醒的头脑，万不能如李自成初入北京时那样"纷纷然，昏昏然"，被胜利冲昏了头脑。当下我国的人均GDP仍然排全球百名之后；尚待健全的社会保障机制远不能让老百姓放心使用手中那点可怜的存款；贫富差距日趋扩大造成了社会矛盾日趋复杂；盲目追求GDP、拜金主义、享乐主义、奢侈之风在党员干部队伍中仍然存在。可以看出，毛泽东所说的人人参与的"民主"之路还很漫长。在这漫长的征途中，执政党要始终牢记毛泽东在"进京赶考"前告诫我们的"两个务必"：务必使同志们继续保持谦虚、谨慎、不骄、不躁的作风，务必使同志们继续地保持艰苦奋斗的作风。

在我们欢庆中国共产党90华诞的时刻，重读《甲申三百年祭》，仍能感受到令人振聋发聩的启示：面对我国GDP超越日本成为世界第二大经济体，我们不能骄傲；面对继北京奥运会和上海世博会的成功举办，我们不能骄傲；面对国内经济高速增长的态势，我们不能骄傲；面对执政党所创造的一项又一项辉煌，我们不能骄傲……

政北
协京

第五辑

思之忧：旧城保护不是去点美人痣

旧城保护不是去点美人痣

肖复兴

据说，在20世纪的四五十年代，梁思成和贝聿铭特别爱登上景山顶，看那起伏而错落有致的北京城的轮廓线。那是世界上任何一座城市都没有的最漂亮的轮廓线。

那时候，他们看到的还是老北京城的模样，在他们眼前，除了巍峨的皇城，还有那些平展的胡同和四合院。可以说，那是我们祖先最伟大的创造，是北京古老历史和文化的象征。

只要想一想，四合院和胡同以几何图形式的平面划分形式，构成了北京城如此方正而气势威严的形象，这在全世界的城市里独一无二，该是多么了不起。这种形式的构成，是皇城的扩大和衍化，是和左祖右社、四城九门连在一起的，是和背后连绵的西山、身前摇曳的大运河连在一起的。那些四合院不仅仅是旧时的王府官邸，也不仅仅是前出廊后出厦或进出两院有影壁游廊垂花门外带耳房的标准四合院，却一定是那种青砖灰檐鱼鳞瓦、天棚鱼缸石榴树的四合院。有了这样的四合院，胡同才有了依托和层次，整个城市才有了人气儿，有了北京特殊的味儿，和古老的皇城才相匹配，也才会有洁白的鸽子响起清脆的鸽哨，飞起飞落在这样的灰瓦与红墙交织的上空，构成属于北京城的一幅独有的画面。

这是祖先留给我们的宝贵的财富。

是的，时代是在发展，北京是在前进，作为北京的象征——胡同和四合院，是在变得越来越破旧，但它们依然是北京的象征，它们不因苍老而沧桑而变得没有意义，仅仅沦为推土机下的弃物，不因其苍老而毁坏而幻想以现代化的高楼大厦将其取而代之。相反它们更有意义，因为它们是北京这座古城历史文化的载体，承载着人们的记忆。

有外地或外国的朋友来，只要说是想看老北京的玩意儿，我一准儿都带他们到前门来。在我看来，这里是块风水宝地，如今北京城剩下的大片老街区越来越少，前门地区是硕果仅存了。

自明朝从南京迁都到北京，大运河的终点漕运码头，由积水潭南移到前门以南，以后又相继扩建了外城，一直到清朝禁止内城开设戏院，将戏院绝大多数开设在前门外，以及前门火车站交通枢纽中心的建立……这一系列的历史因素，造就了这里非同一般的地位与含义。

在这里，你不仅可以看到老北京最有名的商业区大栅栏、鲜鱼口，最有名的文化街区琉璃厂，最集中的老戏园子和梨园界名宿的故居，以及最集中的烟花柳巷八大胡同，老北京的会馆有五百多座，其中一百四十多座集中在前门一带。那些老会馆不仅有着丰富的历史和文化含量，其中不少是典型的四合院，天棚鱼缸石榴树中的天棚鱼缸难见了，但石榴树还是可以在这些院子里常常见到的。纵横交错的胡同，胡同口儿上见不到等客人的那些洋车，却还是能够看到板凳上抽着烟袋锅儿晒太阳的老头儿，一溜溜灰房，街边儿的大槐树，洒得满地白白的落蕊，大院墙头儿上爬出来的蓝蓝白白的喇叭花儿，一阵阵的蝉鸣，也照样能够看得到。可以说，这是在别处难以见到的景象了，这样的景象落日残照似的，依稀还有点儿老北京的味儿，难怪总有些外国人手里拿着地图爱到这里转悠。

禁不住想起早年读李健吾先生文章，看他说道："繁华平广的前门大街就从正阳门开始，笔直向南，好像通到中国的心脏。"在老北京，前门大街就有这样大的力量，能够如李健吾先生说的通到中国的心脏。这是老北京任何一条街都无法比拟的。因为它不仅是一条重要的商业街，还位于帝京中轴线南端，直接通往天子祭天拜农的天坛和先农坛。在这样一条"通到中国的心脏"的街道两旁，可以看到胡同和四合院是作为整体铺展连成片儿的，血肉和筋和皮是长在一起的。

北京这样一座帝国古都的城市建设，文化是其根基。这里所讲的文化，当然包括现代新文化，但是，更重要的是这座古城自身所孕育的悠久的历史文化。因此，尤其需要注意的是不能够唯新是举，保护和建设，具有同等价值和意义。城市可以和社会、经济一起飞速发展，但作为一座古老城市的象征，是历史积淀下来的文化，是我们祖辈脚下踩出来的泡，即使现在看来已经不那么好看了。我们可以治疗这脚下的泡，却不可以将脚下的泡移花接木转移到脸上，去点上时髦而好看的美人痣。

说起北京这座古城的保护，总会让我们想起梁思成先生。因为他是北京古城保护富有远见卓识的先驱者。2011年，是梁思成先生诞辰110周年，在清华园矗立起他的一尊像样的塑像。无疑，这是对梁先生的一份难得的纪念。让人多少有些悲凉的是，老北京城已经拆得差不多了的时候，才想起为他立一尊塑像。

我想起去年日本奈良也曾经矗立起梁思成的塑像，那是为了纪念他在"二战"期间保护了古都免于轰炸。立在那里，他看见他保护下的一座古都，依然古貌犹存。如今，他立在了清华园里，北京古城近在眼前，他看到的能够是什么呢？

1948年年底，两位解放军带着一张北京城的军用地图，进入清华园，找到梁思成，请梁先生标出重要的古建筑，以避免炮火的轰炸。可是，我们进入这座需要我们保护的城市之后，避免了战火，却未能够避免我们自己的毁坏。这实在有些以子之矛攻子之盾的困惑。我们辜负了梁思成的一份拳拳之心。今天，面对他的塑像，我们有勇气和良知，回顾历史、面对历史、反思历史，而垂下我们的头吗？

如果说我们与1950年梁思成和陈占祥提出的北京城市规划"梁陈方案"失之交臂，是我们幼稚，或者受制于老大哥苏联的影响，我们识不得良玉珍珠，更不懂得珍爱这样的无价之宝。那个关于中央人民政府中心区位置的建议，东起月坛，西至公主坟，北至动物园，南到莲花池，至今水落石出一般，越发清晰地证明是一个多么富于远见的方案。他替我们制定了，替我们规划了，替我们描绘了。我们又做了什么呢？

我们的城市当然需要建设和发展，但这种建设和发展不应该以牺牲古城的文化为代价。事实上，我们错过了整体保护北京旧城的历史机遇。时过境迁之后，我们马后炮一样对于梁思成充满了愧疚，我们把他写成了教材，放进了中学的课本里。但是，我们言行不一，我们继续违背了他曾经为我们描绘过的蓝图。否则，我们无法解释，为什么又开始了新一轮的对老北京旧城的破坏，允许地产商和推土机在已经残缺不全的旧城肆意大拆大建呢？前者也许无可追回，但旧城区的大拆大建就发生在近几年呀！就在眼下，我们一边为全世界独一无二的北京城中轴线申遗，一边还在对中轴线旁边的粉房街和大吉片大动干戈，在中轴线东侧大建一批假景观。我们健忘，完全无视了梁思成的存在，他曾经给予我们过的那些振聋发聩的建议和思想。

是的，我们一再背叛梁思成。早在1947年，梁先生就发表了《北平文物必须整理与保护》。新中国成立以后，他也一再陈情相告：北京城的整个形制既是历史上可贵的孤例，又是艺术上的杰作，城内外许多建筑是各个历史的至宝。它们综合起来是一个庞大的"历史艺术陈列馆"。同时，他特别指出，承袭了祖先留下的这一笔古今中外独一无二的遗产，对于保护它的责任，是我们这一代人绝不能推诿的。他还强调地告诉我们：北京旧城区是保留着中国古代规制，具有都市规划的完整艺术实物。这个特征在世界上是罕见无比的，需要保护好这一文物环境。

半个多世纪过去了，我们真正认知了他的这一思想了吗？传承下他对于北京古城的这一份情感了吗？我们是把这座城市真的当成了"孤例"、"杰作"、"至宝"和"历史艺术陈列馆"来对待了吗？是把旧城区看作了"完整艺术实物"，是"世界上是罕见无比"的，需要把它当作"文物环境"一样保护了吗？如果我们不是仅仅把它当作一种修辞，当作一层粉底霜，而是真的这样认同的话，为什么让北京旧城越来越多地出现了片片瓦砾，代之而起的是一片片商业楼盘？那么，我们对于他所说的保护这座城市不可推诿的责任，又尽到了多少呢？

土耳其诗人纳齐姆·希克梅特说过这样一句话：人生有两件东西不会忘记，那就是母亲的面孔和城市的面孔。作为一座古城，北京的面孔不应该仅仅是高楼大厦，那很可能只是另外一座城市的拷贝。母亲和城市的面孔，可以苍老，却是不可再生的，经不起我们肆意地涂抹和换容。失去了文化的根基的依托，经济越是发展，越会让人和城市一起失忆。

"城镇化"的忧思

刘梦溪

我们刚经历了"旷日持久"、尚未完成然而已令人疲惫的"城市化"，现在又开始规模更加宏阔的"城镇化"了。

一个国家的现代化进程，必须经过以技术革命为先导的工业化阶段，是人们耳熟能详而又无法不认可的法则。"城市化"应该是这个进程的阶梯和指标。但"城市化"也容易衍生出"城市病"。如果城市建筑千人一面，城居人口都住进拔地而起的高层格子里，城市成为水泥森林，通衢大道布满玻璃堡垒，恐怕也不是"城市化"的初衷所预期。

即将和已经展开的"城镇化"将如何走向？有报道称，这将是"二次土改"，政府行为被土地"绑架"的局面会有所缓解，但由于大约两亿农村流动人口需要入城定居，扩大城镇建设用地势所难免。因此又需要大量的投资，据称缺口达几十万亿元。而且许许多多的县，都希望趁"城镇化"的良机改县为"市"，报道说至少有138个县正准备这样做。

我很担心，一窝蜂地"城镇化"的推行，持续多年的大中城市的房地产开发热，是不是又会在县、镇一级重演。文化的大传统，主要由城市所代表的社会主流文化来体现，而小传统包括民间礼俗和民间信仰，则集中体现在乡村。如果都"城镇化"了，文化的小传统"毛将焉附"？特别是那些享尽盛名的具有地方民族文化特色的"古村落"、"传统民居"，还会有得以生存的机会吗？

我的一个学生告诉我，他的老母亲不久前已经被迫离开田园故土，搬到集中居住的地方，因此他说至少他已经没有"家"了。中国社会如果由于"城镇化"而没有了乡村，没有了故土和田园，我以为那也绝非我们中华之福。

问题在于这个"化"字。我生也早，1955年的"合作化"，1958年的"人民公社化"以及吃饭不要钱的"食堂化"，我都耳闻目睹，记忆犹新。如今的"城镇化"，相信提倡者自有创制的新思路，应不同于已往。但"化"者，乃"彻头彻尾、彻里彻外"之意，广袤的中国如果一起都"城镇化"起来，其结果是不是尽如设计者原来的预想，似尚存疑问。

我有忧思，不敢不言，是耶非耶，历史是裁。

汽车是什么

赵大年

　　汽车是什么？这个问题值得研究，答案可能五花八门：便捷的交通工具。富裕和现代化的标志。喝油大王。噪声和大气污染源。堵塞道路的罪魁祸首。伤人数量超过战争的铁老虎。西方学者甚至认定汽车是人类最糟糕的一项发明。

　　发展汽车，除了便利交通，还可以带动钢铁、橡胶、石油、公路、旅游服务业的共同发展和提高就业率，好处甚多。20世纪美国经济的三大支柱之一就是汽车。美国最富，汽车最多。德、法、日、韩也是汽车大国。现在他们都看中了中国这个"地球上最大和最后的汽车市场"，把资金、技术、名牌纷纷转移过来，利用中国廉价的劳动力投靠汽车，卖给一部分富裕起来的中国人，当然也想出口。于是乎，中国的不少城市"一夜之间"变成了严重污染、交通堵塞的汽车城。

　　无节制地发展汽车，就是过分强调好的一面，鼓励私人买车，给贷款，办车展，宣传广告铺天盖地，不怕脱离实际。实际情况如何？首先是道路不适应，譬如北京，这些年大力修路、建立交桥，还是赶不上每月新增三万辆汽车的速度，道路堵塞极为严重，迫不得已时就施行"单日单号、双日双号"出车法，两辆车顶一辆用，呜呼，"北京四大怪：坐车没有骑车快……"汽车发烧友又想起了自行车的种种好处。二是泊位奇缺，90%的私家车没有停车位，"汽车进入家庭"是美国佬提出的促销口号，我们把它接过来，却忘了基本国情：中美两国版图相当，我们的人口多5倍！北京有几座居民楼和四合院设置了停车场？原本规定：没有泊位不准买车。不知是谁唯恐限制汽车发展，公然取消了这条规定。派警察把路边的摊贩全赶跑，理由是"还路于民"，其实"还路于车"，上下班时间，大街小巷全都成了"停车场"。美国发展汽车百多年，道路、泊位、管理设施逐步得到相互适应，公民自觉遵守交通规则的意识也经过了几代的磨炼，我们想一口吃成胖子，不得"肠梗阻"才怪呢。三是治理污染力度不够，北京20年前禁止汽车鸣喇叭，城区安静了许多，但是越来越大的轰隆声无法禁止，噪声是引发多种疾病的"无形杀手"。北京从禁止拖拉机、大卡车进城，到使用无铅汽油，限制有害尾气排放量，淘汰老旧汽车，做了大量工作，但是大气污染依然严重，可见限制有害尾气的标准不高。发达国家大城市的汽车比北京多，对大气的污染小，就因为我们一辆汽车排放的有害气体相当人家的10辆。纽约的车用空调在停车3分钟之内必须关闭，否则犯法。国外许多城市的餐馆不卖酒，预防顾客酒后开车。这些细节小事，我们还没提上管理日程。

怎样有节制地发展汽车呢？城市主要是发展公交车，清洁燃料车，包括地铁、城铁、公共电、汽车、出租车，保留自行车道，看来北京已经开始这样做；问题是未能控制小轿车，一辆小轿车，在行驶状态占据的路面与一辆40座的大客基本相同，载人数量却相差甚多，因此，在道路拥挤、大量石油进口的情况下，应当适当控制小轿车，实现协调发展。新加坡车多人密，控制小轿车有办法：先买泊位后买车，泊位比车贵；高级轿车上牌照更贵；准入市中心的牌照另外加费；这些收入都用来改善交通设施。香港、温州也有类似规定。日本许多县市规定，新增一辆汽车，车主必须植树100株，以抵消其造成的大气污染（我国环保法也有"谁污染谁治理"的规定，可惜还没有到落实上）。目前欧美上千城市实行"停车日"，有些一周停一日，节约汽油，减少污染，骑自行车，走路，让城市养养肺，人们恢复肢体功能。可见，并非汽车越多越现代化呀。

给城市一双生动的"眼睛"

张颐武

　　我在全国美展雕塑展上看到了一个叫"中国制造"的作品，印象特别深刻。它是用玻璃钢做的一个大纸箱子，大纸箱上有"Made In China"几个字。这是一个非常逼真的作品，看到这个作品使我联想到在《人民日报》上看到的一张特别有意思的照片，拍的是伊拉克人抬了一个大纸箱回家，纸箱里装的是海尔洗衣机，那个纸箱与雕塑展上的纸箱非常相像。

　　大规模中国制造的纸箱子，确实是改变整个世界历史的一个东西。有人说中国进入了所谓的青春时代，这个青春时代是以大规模的无节制的城市建设为中心的，这个大规模的建设用掉了世界水泥的40%多，用掉世界钢材的20%多，用掉世界石油的7.8%。这个大规模的建设显现了中国无限的消费能力，也显现了无限的生产能力，这些都恰恰带来了建筑时代。

　　建筑时代带来了雕塑时代，大规模无节制的城市雕塑到处涌现，这也是中国新时代象征的一个标志，我每到一个城市都发现那个城市在建巨大的广场，广场里面一定要有巨型的雕塑。这种力量我是从来也没有看到过的。英国有名的经济学杂志《经济学人》专门发表了一篇文章，讲中国的发展对世界的意义。中国有成亿的非常廉价的、非常努力的劳动力，进入到全球市场以后，使整个世界的格局发生一个根本的改变。最基本的一条就是中国出来以后，世界上的东西变得便宜了，因为中国的劳动力是最便宜的，非洲劳动力也非常便宜，但是它那里有战争、有疾病，没有人愿意去那里。全世界的资本到中国来与中国几亿的廉价劳动力相结合，所产生的能量是世界根本没有想到的。最大的标志是，整个世界资本的利润率提高了，美国1987年进口中国鞋子是2%，2004年进口中国鞋子是75%，美国人一到超市买鞋就买中国的鞋。还有一个真事是"9·11"以后美国人民的爱国热情高涨，疯狂地买美国国旗。像沃尔玛这样的超市国旗全部脱销了，沃尔玛通过发送传真和E-mail寻找国旗的生产商，结果发现国旗的最大生产商在中国的深圳。这说明中国人加入到全球化里面了，这加入一方面使中国人的消费能力增强了，另一方面随着出口的增加，中国的GDP达到一万多亿。经济增长以后，城市需要建设，需要对城市空间进行改造。中国非常伟大的一件事情就是每个城市的政府都在营造全球都市的梦想，几乎很小的城市都有很大的梦想，都要走向世界，与大城市比肩，要建成一个全球都市，使得中国进入了一个雕塑时代。城市雕塑搞得千奇百怪，是因为每个城市的领导都有发展的激情，房地产商也在狂热地寻找雕塑家。

雕塑的象征艺术在于它给城市的梦想添加一双翅膀。雕塑是城市的"眼睛"，只有这双"眼睛"大而有神，这个城市才能显得更漂亮。中国的城市已经完成了第一波革命，许多城市都建设了大型的广场，这个第一波革命就是人们要满足基本的生存欲望，给城市一个基本的样子，让城市在世界上有一个位置。但是这波革命当中有些问题是需要大家思考的。最近我在电视里看世界模特大赛，中外模特都非常美，但是在看模特的眼睛时给我一个感觉，我觉得中国模特的眼睛特别明亮，有一种凶悍欲望在里面，是一种物质的光芒。这种眼光是第一波革命所带来的。《纽约时报》上有一篇文章，在伊力诺伊州有一个小镇PK，从PK直接打穿过去就是北京，小镇上的人对这点很自豪。但是有一点曾令他们非常痛苦，就是在那个小镇上找不到任何与中国有关系的东西。然而，最近几年在小镇的超市里已到处是中国制造的东西。由此也可以说明中国这一波的革命已经到了一个历史的临界点。每个城市都要找自己的文化，找自己的记忆。城市雕塑也面临着一个临界点。在此之前，每个城市都急切地寻找一些文化，迫切地给自己找一些装饰，城雕采取的是大规模的、临时作业的、粗犷的方式。那个时期所建造的东西非常单薄、非常脆弱，与城市的历史和梦想没有太大关系。

现在的问题和挑战可能是第二波，中国的城市雕塑需要一个转型的过程，虽然经济建设搞上去了，但是文化建设还是空中楼阁。城市雕塑体现了城市对文化狂热追求的热情，但这个热情没有落实到一个坚实的地方，雕塑与城市没有联系。联系应该在两方面，一个是与城市的梦想相结合，另一个方面要与城市的记忆相结合。这可能是我们面临的非常大的一个挑战。既然一个城市的文化是它的灵魂，那么这个灵魂就有两个方面，一方面是面向未来的，就是它要找自己的梦想，另一方面就是要找自己的过去，如果这个城市的过去没有值得它骄傲的东西，是没有办法支撑它的未来的。这是对雕塑和雕塑家的一个挑战，要给城市一双生动的"眼睛"。这双"眼睛"的目光应该是非常美好的，是和历史的记忆、和未来紧紧结合在一起的。我觉得雕塑家特别伟大，他们给城市添加了很多东西，他们为城市创造了无穷无尽的未来。我对雕塑家充满了期望和敬畏。

作为文化双城的京津

陈平原

21世纪的竞争，既是国家或区域间的竞争，也是城市间的竞争。这里不谈远在千里之外的上海、香港，或万里之遥的伦敦、纽约，就说近在咫尺的天津——在我看来，不仅经济发展水平，即便教育及文化，天津也都已经或即将构成北京强有力的竞争对手。

据第六次全国人口普查公报披露，北京市常住人口为1961.2万，天津则是1293.8万。至于经济发展水平，2010年北京人均国内生产总值11630.23美元。天津呢？10595.03美元。而增长速度，天津（17.4%）明显高于北京（10.2%）。想想十年前两城间的巨大差距，如今则呈现胶着状态。再过三五年，如果天津的人均GDP超越北京，我一点都不惊讶。迅速崛起的天津，其咄咄逼人的姿态，必定从经济领域向科技、文化、学术、思想等延伸。此前志得意满的北京人，必须正视这一挑战。

作为完整意义上的都市，天津是在明清时期方才逐渐形成的。因其与帝京首都北京离得太近，常被不恰当地忽略了。就以当下来说，虽说是老牌的直辖市，比起上海和重庆，天津面目模糊，不太容易吸引公众的目光。可是历史上，天津不仅是拱卫京师的大门，还是北方最重要的通商口岸、洋务中心，其工商业及消费水平比北京还高。我在《另一种"双城记"》（《读书》2011年1期）中谈及，晚清以降，天津在文化建设方面，如学校、报业、戏剧、曲艺等，不比北京逊色。1966年5月1日，天津升为直辖市（此前天津建制屡有变更），与北京、上海鼎足而立，而河北省会则由天津迁回保定（1968年1月29日河北省会迁至石家庄）。这一重大决策，直接促成了日后天津的崛起以及河北的衰落。经过半个世纪、尤其是最近十年的奋斗，天津已经出落得"楚楚动人"。因此，我们需要用一种平等的"双城记"的眼光，来重新定位北京与天津。

谈经济合作，涉及科技创新、资源配置、市场规模、运输格局，关联的区域很大，若"环渤海经济圈"、"华北五省市合作机制"、"京津冀经济一体化"等，都有其合理性。可我更关注都市文化的"生成"与"养育"。这方面，北京与石家庄、唐山、保定等二级城市，或环绕白洋淀的诸多县城，很难有共同语言；而与天津则很容易沟通与对话。都市有都市的魅力，城镇有城镇的潜能，农村有农村的风光——当然，也都有各自很难回避的困境及难题。这里没有高低雅俗之分，只是"建设社会主义新农村"与"打造国际性大都会"，二者明显不在一个平面上，无法深入交谈。

京津之间经济实力接近，产业结构相似，两城间的激烈竞争由来已久。而且，依我的判断，这一竞争还将长期延续下去。记得1998年我刚参加政协活动，就在讨论北京要不要发展汽车工业。学者们论证城市间如何分工合作，北京的定位应该是"政治中心"与"文化中心"，言下之意，汽车工业应该留给天津去发展。但主管经济的官员一句话就打回去——没钱怎么建设新北京！这么小的区域（两城相距135公里），集中两个千万以上人口的直辖市，不过度竞争才怪呢。两城的当家人，都想有政绩，都想赚大钱，关键时刻谁也不让谁。要想找到"双赢"的合作方式，还真是不容易。

不谈经济竞争，谈文化合作，相对来说好办多了。京津之间，产业结构相似，竞争必定惨烈；但反过来，因城市规模及发展水平接近，文化上趣味相投，很容易对话。谈历史，说文化，养育都城，保护古建筑，发展创意产业——现实世界中的文化双城，京津之间有太多相似的难题与机遇，完全可以共谋发展。就举大学的例子，大家都在花大价钱请欧美名家来讲学，大老远的，倒时差很辛苦，到了北京，何不到天津走走？如此分摊费用，双方都能获益。诸如此类的事很多，学术会议、舞台演出、艺术展览、研究课题、出版资源等，两城的作家、艺人、学者及管理层，完全可以携手共进。

作为国际性大都市，无论北京还是天津，目前都处在发展的关键时刻，需要一个有理想、可操作、兼容各种意见、展现合作意愿的高端论坛。相对于已基本定型的偏向于人文学的"北京论坛"（北京大学，2004年创立），或侧重社会科学的"上海论坛"（复旦大学，2006年创立），建议设立常规性质的"京津论坛"。

初步设想，首先，为了与其他"论坛"或"合作机制"相区别，本论坛摒弃面面俱到的思路，专门研讨都市建设与都市文化。

第二，本论坛由北京市政协（或市政府）与天津市政协（或市政府）合作，每年一届，轮流主持，邀请学界、政界、企业、媒体的有识之士参加。

第三，本论坛的宗旨是在"北京"观看"天津"，在"天津"阅读"北京"，更包括将"京津"视为一体，放在世界城市发展史的脉络上，寻求最佳位置及发展机遇。

第四，本论坛虚实相生，力图兼及学术性与实践性，改变目前学界、政界、商界自说自话、缺乏良好沟通机制的局面。

第五，本论坛每年拟定专题，根据论题的性质，选择适当的大学、研究院、博物馆、大众媒体或文化产业基地为合作伙伴或承办单位。

眼下谈论京津或京津冀合作，多着眼于政治及经济，这固然很重要，但我还是希望提醒：关注这两城的思想氛围及文化创新。除了谈大道理，更在力所能及的范围内做点实事，推进两城间的教育、学术与文化之合作。至于五十年或一百年后，京津到底是融为一体呢，还是依旧各领风骚，现在看不清，不好妄言。但在相当长的时间内，面对逐渐按捺不住，希望不仅在经济上，而且在文化上"平起平坐"的天津，北京必须有足够的胸襟、自信与紧迫感。

（原载于《北京观察》2012年第2期）

文化保护视野应顺时而变

单霁翔

与悠久的人类文明史相比，真正意义的文化遗产保护只是短暂的一瞬，但是纵观这一充满艰难和曲折的保护历程，人们可以从中发现鲜明的发展趋势，就是随着时代的发展，保护内涵越来越扩展，保护范围越来越广阔，保护内容越来越丰富，保护行动与社会生活的关联度越来越高。

文化遗产保护内涵的深化促使人们从更广阔的视野、更深入的角度去分析和梳理文化遗产之间的内在联系，探索和建立新的文化遗产类型和相应的保护方式、手段、体系。近几年，文化遗产保护领域对保护对象的概念认识呈现出新的发展变化，文化遗产的保护领域也呈现出了不断扩大的趋势。

在文化遗产的保护要素方面，从重视单一文化要素的保护，向同时重视由文化要素与自然要素相互作用而形成综合要素保护的方向发展。例如兼具文化和自然复合特征的"双重遗产"、由文化要素与自然要素相互作用而形成的"文化景观"，均成为国际社会加大保护的对象。中国自古即有"天人合一"的思想，崇尚人与自然的和谐共处，因此中国许多名山大川都是人文胜景荟萃之处。1987年联合国教科文组织自然遗产协会考察泰山时，发现泰山不仅符合世界自然遗产的标准，同时也符合世界文化遗产的标准。泰山的申报丰富了世界遗产的内容，从此也改写了世界遗产的分类，即在以往世界文化遗产和世界自然遗产之外，又添加了"世界文化与自然双重遗产"这一新品类。

在文化遗产的保护类型方面，从重视现已失去原初和历史过程中使用功能的古迹、遗址等"静态遗产"的保护，向同时重视仍保持着原初或历史过程中的使用功能的历史文化街区、历史文化村镇、工业遗产和农业遗产等"动态遗产"和"活态遗产"保护的方向发展。文化遗产并不意味着死气沉沉或静止不变，它们完全可能是动态的、发展变化的、充满活力的和具有生活气息的。如今，遍布全国的历史街区、村镇中的传统建筑都在被使用，但是如果将其从生活中割裂出来，却并不能达到很好的效果。我认为，保护并不是要冻结现状，而是要让他们融入现代生活之中，继续发挥作用，这也是继承和延续传统文化、地域文化，实现文化遗产保护可持续发展的必然选择。

在文化遗产的保护空间尺度方面，从重视文化"点""面"的保护，向同时重视因历史和自然相关性而构成的"大型文化遗产"和"线性文化遗产"等文化遗产群体保护方向发展。文化遗产保护的视野扩大到空间范围更加广阔的"遗产地""文化线路"和"系列遗产"等，甚至文化遗产的空间尺度还在向跨地区、跨国家的方向发展。文化线路代表了早期和此前人类的运动路线，并将人类活动的中心和节点联系起来，体现着文化的发展历程，是不同时期民族发展历史在大地上的烙印，但是如今许多文化线路早已成为"散落的明珠"，失去了应有的文化内涵。只有通过文化线路才能将这些散落的明珠重新串联起来，将文化与自然要素重新整合，构成区域尺度上价值无限的文化"宝石项链"，成为未来人们开展生态教育、文化休闲以及科学家考察的最佳场所。

在文化遗产保护的时间尺度方面，从重视"古代文物"、"近代史记"的保护，向同时重视"20世纪遗产""当代遗产"的保护方向发展。每一个历史时期都有其独特的文化背景，形成独特的文化风格。仅就北京的近现代而言，清朝末期、民国时代、新中国成立之初、"文革"时期、改革开放以来以及21世纪初都展现出不同的特征，都不可相互替代。只有留住这一部分文化遗产，城市才具有丰富的年轮，才会充满记忆。但是，随着多年来的城市化发展，一些修建于晚清、民国时期的学校、厂矿、名人故居等，或因年久失修而损毁，或在城市建设中遭到拆除。即使被誉为"国庆十大工程"的经典建筑华侨大厦，也因诸多原因早已被新的宾馆建筑所取代，留下永久的遗憾。直到近年来，针对现代建筑的隆隆爆破声，人们才开始醒悟。北京市在审议《北京历史文化名城保护条例》草案时，去掉"历史建筑"中的"历史"二字，标明在文化遗产保护理念上发生了重要的变化，即强调今后对文化遗产的保护，将主要考虑其本身的价值，而不仅仅凭它的年代。

文化遗产是一个内涵十分深刻并且不断丰富的概念。进入新世纪以来，人类对文化遗产价值的认识日益深化，文化遗产保护的领域日益扩大，这无疑是一种进步。但是同时我们也应当看到限于我们的认识水平，许多变化和发展的趋势没有被充分研究，许多文化遗产没有得到应有的重视，进而导致大量的文化遗产没有纳入我们的保护视野。我们的事业还任重而道远。

当然，无论是基本概念的界定，还是保护准则的研制以及传承人制度的设立等，还都在积极探索、求证和尝试。虽然这还不能标示我们的事业走入成熟，但其魅力无限的发展前景却早已显露无遗。

写给英国的矿工兄弟

刘庆邦

2015年12月18日，英国最后一座深层矿井关闭之际，笼罩在凯灵利矿区的是一种依依不舍的伤怀气氛。矿工们升井之后，未及洗去脸上的煤黑，身上穿着工作服，头上戴着安全帽，就开始在井口合影留念。不少矿工从井下挑选了一块原煤，要把煤块像保存宝贝一样收藏起来。他们眼含泪水，互相拥抱，说着一些告别的话。多少年的矿工生涯，对他们来说不仅是一份工作，还是一种生活方式，一种精神寄托。矿井的永久性关闭，使他们的生活面临断崖式改变，仿佛整个精神世界的大门也对他们关闭了。凯灵利煤矿有450名矿工，井下特殊的生态环境，使他们以命相托，生死与共，结下了兄弟般的深厚情谊。失去了采矿的情谊纽带，他们或将各奔东西，再也没有了一块儿喝酒的机会。他们情绪悲观，还有一个不容回避的客观原因，是担心失业之后会沦为走投无路的境地。在这种情况下，有的矿工仍不失幽默，他们把自己比喻成最后的恐龙。还有的矿工以诗意的语言宣称，世界上最后一盏矿灯行将熄灭。

我也曾是一名矿工，在媒体上看到上述这些信息，我感同身受，与英国的矿工兄弟颇有惺惺相惜之感。在想象里，我仿佛来到了凯灵利煤矿，正以一个中国老矿工的名义，安慰那些英国的矿工，并劝他们看远些，想开些，以顺应不可逆转的历史潮流，尊重人类文明发展的必然进程。

通过阅读矿工的儿子劳伦斯写的煤矿生活小说，我认识了英国的矿工。通过阅读左拉的长篇小说《萌芽》，我了解了法国的矿工。文学的功能就是这样，它能够跨越国界，超越种族，让全世界的读者都可以比较集中、详细、生动地读到某种职业从业者的生存状态、性格特点，以及他们的内心世界。"一声窑哥们儿，双泪落君前。"我得到的阅读体会是，全世界的矿工都好像是一家人，只要在幽深的矿井里摸爬过，就可以彼此认同，开怀畅饮。

我的一些写矿工生活的小说，也被翻译成了英文、法文、德文等外国文字，并在外国出版了单行本。我不知道那些国家的矿工读过我所写的中国矿工生活的小说没有，不知道他们对中国的矿工有多少了解。但不管如何，我都愿意对全世界的矿工，特别是对英国的矿工，就矿井关闭问题谈一点我的看法。

人所共知，全世界的第一次工业革命是由英国率先发起的。工业革命的动力来自蒸汽。而蒸汽是从哪里来的呢？毫无疑问，蒸汽是通过燃煤生发、聚集起来的。没有矿工哪有煤，没有煤哪有蒸汽，没有蒸汽哪有动力呢！所以正确的顺序应该是，矿工挖出了煤，烧煤把水变成蒸汽，蒸汽推动各种机械运转，以机器代替了手工劳动，才实现了第一次工业革命。身在地层深处劳作的矿工，虽然默默无闻，但不可否认的是，他们也是第一次工业革命的功臣。关于煤炭在强国中的重要作用，曾经学过采矿专业的鲁迅先生有过这样精辟的论述："石炭者，与国家经济消长有密切之关系，而足以决盛衰生死之大问题者也。盖以汽生力之世界，无不以石炭为原动力者，失之则能令机械悉死，铁舰不神。虽曰将以电生力矣，然石炭亦能握一方霸权，操一国之生死，则吾所敢断言也，故若英若美，均假僵死植物之灵，以横绝一时。"鲁迅在《中国地质略论》里写这番话时，英国仍处在国力强大的鼎盛时期，以煤炭为主要能源的经济还在英国占有主导地位。那时英国有3000多座煤矿，年产量将近三亿吨，采矿从业人员超过120万，是全世界第一产煤大国。

随着后来以电气为标志的第二次工业革命的兴起，随着天然气、石油、核能、风能等替代能源在英国的使用，英国的煤炭产量才逐渐减少。特别是到了1952年，由于燃煤造成的空气重度污染，伦敦发生了骇人听闻的持续五天的毒雾事件，造成大批伦敦居民呼吸困难，逾4000人在事件中丧生。此次生态灾难，使英国痛定思痛，决心进一步减少对煤炭的使用。英国不仅要关闭最后一座深层矿井，还计划到2025年，关闭所有燃煤电厂。到那时，英国会彻底告别持续了300余年的煤炭经济时代，进入后煤炭经济时代。

我想对英国的矿工兄弟们说的是，对煤矿的感情可以理解，失业后所面临的困境也值得同情。但感情不能代替理智，行业观念阻挡不住世界发展的大势，青山遮不住，毕竟东流去。随着互联网时代的到来，随着全球性能源结构的调整，当前整个世界正从工业文明向生态文明转变。在此转变过程中，被称为"碳排放大鳄"的煤炭，必将成为众矢之的，被迫渐次放低身段，而后无奈转身，直至最终退出历史舞台。说实在话，我们人类对地球的索取太过贪婪，长时期对亿万年前生成的化石能源的开采，已经把地球掏得千疮百孔，使地球原本完整的肌体遭到极大破坏。地球的确该休养生息了，我们必须以感恩之心，珍惜和善待我们赖以生存的地球。地球的存在决定着我们的存在，地球的美好决定着人类家园的美好，让我们放下镐头，张开双臂拥抱地球吧！

英国的矿工兄弟也许不知道，我们中国的数百万矿工兄弟也遇到了经济转型升级、能源结构调整、煤炭产能过剩和煤炭消费让位于环境保护的问题。我这篇短文既是写给英国的矿工兄弟，更是写给国内的众多矿工兄弟的。因兼着中国煤矿作家协会的一个职务，我对全国煤炭行业的现实状况格外关注。近年来，我不断听到的都是一些不好的消息：哪哪的煤矿停产了；哪哪的矿井关闭了；哪哪的矿工已连续数月领不到工资；哪哪的大批矿工即将告别煤矿，转岗另谋生路等等。每每听到这些让人心情沉重的消息，我连哭的心都有。毋庸置疑，新中国成立以来，特别是改革开放以来，煤矿工人为全国的经济发展做出了很大贡献，同时也付出了很大牺牲。近30多年来，中国的经济之所以能够快速发展，并超越英、法、日、德，成为全球第二大经济体，从能源构成的角度讲，将近70%的能源是来自煤炭。如果离开煤炭这根巨大、强有力的支柱，中国经济的天顶就无以支撑。当然，煤矿工人也分享了发展的成果，生活质量大大提高。然而，由于绿色发展等新的理念成为时代的共识，由于去产能成为煤炭行业的必由之路，煤矿的经济效益和矿工的薪酬必定会受到不同程度的影响。我有不少朋友和一些亲戚在煤矿工作，他们无不为前景感到担忧。

其实在20世纪末的两三年，全国煤矿就普遍遭遇到了一场困难，以致有的矿工家庭连日常生活都难以为继。当时我还在《中国煤炭报》当记者，曾写过一篇《目睹贫困现状》的长篇通讯，深入、细致地记述了陕西蒲白矿区几个矿工家庭的艰难处境。与此同时，煤炭行业上上下下一片哀叹之声，说煤炭工业成了夕阳工业。为了正面回应这个问题，我又写了一篇记者述评，题目是《煤炭工业是夕阳工业吗？》，刊登在煤炭报的头版头条位置。述评文章借助煤炭工业部门一些资深专家的判断，证明在未来几十年内，煤炭在中国的能源构成比例中仍将占有主导地位，说煤炭工业是夕阳工业为时尚早。果然，全国煤矿很快就迎来了连续十年的黄金期。十年内，矿山热火朝天，产量大幅攀升。矿工腰包鼓鼓，欢天喜地。然而也正是在形势一片大好的情况下，不少国有企业和私营企业不加节制地趁机扩张，才落得如今被过剩产能的包袱压得喘不过气、金子跌成黄铜价的被动局面。

夕阳无限好，只是近黄昏。时至今日，从感情上我仍不愿认同煤炭工业是夕阳工业的说法，因为中国目前的经济发展仍离不开煤炭。可是，从理性上我们又不得不承认的事实是，对煤炭的消耗量呈现的确实是逐年递减的趋势，全世界是这样，中国也是这样。在万众创新的倡导下，在科技进步日新月异的今天，中国又出现了自造、自用、自售新兴能源的苗头，或许真的有那么一天，如同国人很少再用柴火煮饭一样，再也不用烧煤了。如果那样的话，中国的矿工将彻底告别沉重的、见不到阳光的甚至是危险的劳动，谁能说不是一件幸事呢！

话题再回到英国的煤矿，英国最后一座深层矿井的关闭，对我国的煤矿的确有着警示和借鉴的意义。在此也祝福英国的矿工兄弟，愿他们以矿工特有的不屈和开拓精神，开创更加美好的未来。

谈谈"幽默"

马玉田

一个时期以来，某些电视剧创作，娱乐化倾向越来越严重。娱乐，本来也是文艺的功能之一，无可厚非，问题是，一些作品把人物塑造置诸脑后，一味以逗乐为主旨，剧中人物挤眉弄眼、油腔滑舌，其形体动作夸张到让人以为他（她）是个神经病患者。这样的逗乐，不要说寓教于乐了，常常使你笑不出来，乐不起来，反倒顿生厌恶。

出现这种状况的原因很复杂。单就创作思想来说，是不是一些编导人员把油腔滑调当做幽默了呢？若是，单以北京生活为素材的作品的创作来说，重温老舍先生有关幽默的论述，或有重要参考价值。

作为数百年封建王朝的首都，北京受传统文化和礼教的影响，要比别处更为深广，并且这种影响渗透到各个领域，涉及每个阶层。另一方面，作为首都，北京生活变化之大之快之深，也是任何边远地区无法相比的。自从帝国主义的炮舰撞开中国的大门之后，北京的变化就异常急速而且广泛了。工厂冒烟了，洋行开张了，洋货占领了大半个市场。伴随西方物质产品的进入，西方的精神产品也洪水般奔腾而来，整个西方的生产方式、生活方式、思维方式、文学艺术、理论著作猛烈地冲击着北京的人们。原本至高无上的皇上及皇亲国戚、各路军阀，后来也不得不看着洋人的脸色行事。如此一来，一方面封建的传统影响深而且广，形成十分牢固的势态；另一方面生活在急速变化，这就在事实上、理论上、心理上造成极大的反差，把人们推向进退两难的境地。这使我想到英国启蒙主义时期小说家菲尔丁的一段话："真正可笑的事物的唯一的源泉（在我看来）是造作。……造作的产生有两个原因：虚荣和虚伪。虚荣促使我们装扮成不是我们本来的面目以赢得别人的赞许，虚伪却鼓励我们把我们的罪恶用美德的外衣掩盖起来，企图避免别人的责备。"想想北京人在巨大反差面前的心态和表现吧！即以民国初年的情况说，当时的人们不向新生活靠近，有如孔乙己一般的心态，身着长衫，满口之乎者也，拖着长辫，行三拜九叩大礼，显得可笑，因为时代毕竟变样了；倘若西服革履，却在礼帽下边暗盘着一条长辫，就更加可笑。历史给予了北京人深重的传统包袱，又不时地给予他们最先进的文明，这种矛盾的状况，无情地嘲弄他们，使他们有意无意地"造作"，形成了取之不尽的幽默材料。

幽默也是有文化的表现。幽默，不光得有幽默的材料，还须有幽默感、会幽默的人群。这样的人群得具有这样一些品格：第一，对生活须有一种乐观、自信的态度和较强的应变能力，在玩世不恭中自得其乐，在看破红尘中超然物外。第二，得有广博的知识和丰富的经验。不光了解北京，还得了解中国的其他地方，甚至对国外的生活也有相当的阅历。这样便以广博的知识和丰富的经验作基础，在对比中敏锐地、准确地看出事物矛盾可笑之处。第三，有幽默的手段和才能，能将可笑的事物艺术地表现出来，而这种表现既不庸俗，也不过分冷峻。第四，有较高的趣旨，通过幽默的表现，不光让人哈哈一笑，笑完之后，尚能叫人悟出点深刻的道理，或反省，或奋进。所有这些，没有较高的思想文化素养，是做不到的。北京是政治文化中心，人们的思想文化修养普遍较高，生活中不乏幽默的事儿和会幽默的人们。记得批林批孔的时候，我在公共汽车上遇到一男一女，因为拥挤，为踩脚这一小事吵得不可开交，有一位男青年学着湖南口音高声喊道："莫吵了，莫吵了，和为贵，忍为高！"顿时，满车乘客轰然大笑，一场风波平息下去。我当时觉得十分好笑，感到这位青年胆子不小，居然敢在批林批孔的火头上，用孔孟的话来开那种玩笑。现在想来，他一定是看出了批林批孔悖理与可笑之处，用那种诙谐幽默的语言和腔调表达了他的不满，却露不出任何不满的痕迹。这是多么机智、风趣而又深刻！这难道不是一种有文化的表现吗？只要你留心，许多场合，都有显示北京人幽默的地方。

以上，我们说了幽默的东西本来是蕴藏于生活之中的，所以老舍说："幽默是出自事实本身的可笑，而不是由文学里硬挤出来的。"又说："所谓幽默感就是看出事物的可笑之处，而用可笑的话来解释它，或用幽默的办法解决问题。"可见，与其把幽默看作一种运用语言的技巧，还不如把它首先看作文艺家一种观察和分析问题的能力和方法。这就要求他们须有较高的理论水平和较强的观察力与想象力。因为观察力强，才能把生活中一切可笑的事，相互矛盾的事看出来，因为想象力强，才能在抓住事物本质的基础上，加以夸张，使人发笑、惊异、反省，受到教育。

幽默和油腔滑调是不易区分却又不能不加区分的。

老舍曾作过一番检讨："我很会运用北京的方言，发为文章。可是，长处与短处往往是一母所生。我时常因为贪功，力求俏皮，而忘了控制，以至必不可免的落入贫嘴恶舌，油腔滑调。"但老舍毕竟是位十分认真，不断追求的人民艺术家。他不但在艺术实践中留着幽默，尽力剔除油腔滑调，而且对二者的区别作了一些很好的说明。他说："抓住幽默的一点原理与技巧而充分的去发展，不管别的，只管逗笑"，如"仗着身体的摔打乱闹"，这是"最下级的幽默"，势必滑入油腔滑调而令人讨厌。相反，幽默固然也引人发笑，但它"通于深奥"；"有弦外之音"，有深刻的"思想性与艺术性"，对于塑造人物的性格，揭示人物的心态，起着重要作用。《茶馆》里的唐铁嘴说："已断了大烟，改抽白面了……大英帝国的香烟，日本的白面，两大强国伺候我一个人，福气不小吧？"——这自然是够幽默的，但它却不光逗笑，而是用几句逗笑的话，活脱脱地勾勒出一个无耻之徒的嘴脸，还会让人联想到，帝国主义是多么狠毒，既拿走中国人的钱，还要中国人的命，因而具有了形象之外更深的趣旨。所以马克思认为幽默的实质是严肃，我们应力求做到熔幽默与严肃于一炉。令人痛心的是，被人称作幽默艺术的部分相声和某些电视剧的作者和表演者似乎根本就忘记了人物形象的塑造，语言的生动有趣，唯把逗乐作为宗旨。这种情况，确实是离幽默日远，而与恶俗相近。因此应该向老舍、侯宝林这些严肃的艺术家学习，不要满足于观众的掌声和笑声，而应寓教于乐，使人在笑声中尚能领悟点什么，让幽默在艺术发展中发射出更大的光彩。

君子文化

——核心价值观的良善人格化

沈望舒

在一区域性"十三五"前期研究项目座谈间歇，会议主导者聊起社会主义核心价值观，她对倡导12词理念内容的重要性充分肯定，问题在于："它是为专业人士"而准备的吗？字词太多了一些吧？不说高低差别，如果能像仁义礼智信、自由民主平等博爱等句式般长短，就会好记了。

由此想到，若要让主流价值观比较容易地被不同阅历人群认知、认同、认领，成为国民内化于心、外化于形（行）的道德精神底蕴，在其思想旗帜、文化符号的塑造传播上，可以考虑采用良善人格化的方式，以便其入耳入脑。依照历史长河里中国文化启蒙和欧洲文化复兴的经验，选一有人们趋同理解的形象化事物，以其启迪社会对美好的共识，进而涵盖和引领所倡导的核心价值体系，或许为绩效型宣传教育普及的增益路径。

中国优秀传统文化中的"君子文化"，堪当如此重任。

首先它早已融入百姓的良善情结。民间俗语中，谦谦君子喻温文而雅的礼貌形态，"君子一言，驷马难追"喻重承诺、讲诚信的品质素养，"君子爱财，取之有道"喻做事为人的原则立场，"君子动口不动手"则喻文明化解纠纷的方法手段；当然还有"天行健，君子以自强不息"、"地势坤，君子以厚德载物"等《周易》佳句，被喻为民族精神象征；"君子莫大乎与人为善"，"焉有君子而可以货取乎"，"君子贵人而贱己，先人而后己"等《孟子》名言，被奉为人性经典……

再者它深刻植入民众的荣辱意识。中国古往今来对于是非，有对应君子小人的重要伦理范畴，它被视为人品高低、贵贱、优劣、雅陋的分野："君子喻于义，小人喻于利"；"君子坦荡荡，小人长戚戚"；"君子和而不同，小人同而不和"；"君子求诸己，小人求诸人"；"大凡君子与君子以同道为朋，小人与小人以同利为朋"；"君子之交淡若水，小人之交甘若醴，君子淡以亲，小人甘以绝"……将君子举止升入思善为善高位而荣，将小人言行置于蔑视鄙视低端而辱。

还值得注意的是"君子"这一在先秦时多指统治者或贵族地位的政治称谓，

经过自孔子始的道德赋予后千年演化，成为中华优秀传统文化重要范式——人格素养与人品形象的升华；其文化形象与内容含义俱美，贴近并融入社会各层所喜闻乐见的人文境界：因其荟萃仁、义、礼、智、信，忠、孝、廉、耻等重要品德，故历代英杰以梅、兰、竹、菊人格化的"四君子"风范，自诩高洁、清雅、虚心、气节，如今"君子"俨然已是人之卓越与物之上品的化身。

内容博大、丰采绰约的君子文化，于社会民众有普遍认知认同，在不同发展阶段为无数来者注入理想人格正能量。若被赞曰"真君子"，就等同于有理想信仰者、好学且才德高尚者、以忠贞与诚信立身者、替天行道大爱惠民者等种种"好人"。且民间赞美君子安贫乐道、处安虑危等品行，谦谦君子、凛然君子等风骨，也使君子文化有如大储量的思想枢纽、内容芯片，在现实思想生活中代表并覆盖海内外华人的主流价值观及价值体系，因此它足以作为特色中国的人文旗帜。

华夏君子于国之层面，始终存有高度的担当精神和家国情怀。其以天下兴亡匹夫有责为亮色、以修身齐家治国平天下为追求。这种助苍生为己任的担道行义，与富强民主文明和谐理念等价值目标遥相呼应。君子文化聚焦"关键少数"——各类各式在位者的励志修德，讲求知行统一，愿景与道路相一致。

华夏君子于社会层面，始终存有高度的互助思想和关爱情结。其以仁义共济、立己达人为亮色，用"君子以仁存心，仁者爱人"等儒家精彩，"君子之交淡若水"等道家清明，"君子者，法之原也"等法家警示，与"自由、平等、公正、法治"等价值取向心心相印。君子文化把大爱无疆和用真善美亲民融会贯通。

华夏君子于个人层面，始终存有高度的素质追求和思善自觉。其以正心笃志、崇德弘毅为亮色，君子"所守者道义、所行者忠信、所惜者名节"，"同道而相益，同心而共济"，"尊贤而容众，喜善而矜不能"等，与"爱国、敬业、诚信、友善"等价值准则息息相通。君子文化使严格自律、宽以待人、妇孺皆敬成为大善内核。

综上所述，君子文化乃中华文明瑰宝，其要义绝非西方"绅士"可与比肩。历史贤达皆以争当君子自励，我辈后者也应以君子风范促核心价值观走强。孔老夫子认为，圣人难见，并难企及；但君子可见，也应尽力去当。所以人不分老幼，皆可树当君子之心，立成君子之志。这是中国跻身经济大国之列后，社会文明上台阶的国民素质基础。美国哲人言：想要改变世界，先去改变人的观念。中国能否建成文化强国、多长时间可以成为文化强国，其实取决于"正人君子"的比重。而唐太宗说："君子、小人本无常，行善事则为君子，行恶事即为小人。"小人减少、坏事必减，君子增多、善事必增，社会氛围也将随之改善。所以达到君子社会的快慢，形成君子之国的早晚，最终决定与文化强国的距离。

因此，在人们心中擎起君子文化之旗，于教育和舆论中大兴君子文化之风，从而让各类群落强化民族文明优质基因，各界业态优化领域文明先进要素，应该成为新时期文化建设的新常态。

"美国梦"与"中国梦"

鲁 薇

中美领导人在2012年11月都进行了换届，在未来的中美关系之中，冲突的可能是否大于合作呢？中美两国之间的合作与冲突是否局限于经贸关系呢？在不同文明的背景下，两国又面临哪些共同的挑战呢？

自2008年爆发金融危机以来，美国的经济衰退一直没有得到有效遏制，居高不下的失业率使得中国议题不再仅仅是政客们为了选票而进行的"自说自话"，民众对中国议题也开始有了前所未有的关注。2012年的美国总统大选，中国因素全面卷入，并首次成为总统候选人辩论的独立辩题。

无论是奥巴马还是罗姆尼，两人的辩论都在向民众进一步描绘一个所谓的事实——中国"夺走"了美国人的就业机会；并且，这种"夺走"的方式是"不遵守游戏规则"。也就是说，中国的"不遵守游戏规则"被宣传为造成美国当下经济危机的重要原因。

面对来自美国大选中针对中国的种种指责，中国外交部部长杨洁篪在中共十八大期间表示，他承认中美之间存在一些原则的分歧和矛盾，但是，在中美这样重要的双边关系里，一定要摒弃"零和"概念，摒弃冷战思维。中国商务部部长陈德铭也认为，中美如果打贸易战谁都输不起。中国对知识产权保护不力是美国批评最严厉的"不遵守游戏规则"的问题之一。国家知识产权局局长田力普提出，中国的知识产权保护形象被西方媒体扭曲，中国是世界上支付版权费、商标使用费、特许经营费最多的国家之一。

很显然地，中国政府并不完全认同美国对其"不遵守游戏规则"的指责。进一步地说，中国对美国所宣称和主张的"游戏规则"本身也不完全认同。

"二战"后，世界上只剩下美国和苏联两个超级强国。这是美国从经济强国变成政治和军事强国的过程。在罗斯福新政的基础上，美国主导设计了"二战"后西方国际经济秩序。军事上以北大西洋公约组织为依托，建立了美国领导西方世界的军事霸权乃至延续至今。

20世纪80年代，在"二战"后国际经济秩序的基础之上，美国以新自由主义的理念和方式，对国际国内经济秩序进行了重构。自此，美国主导的经济全球化将利伯维尔场经济奉为推动经济增长和繁荣的唯一正确路径。

美国不仅再次主导国际政治经济秩序的重构，而且着力于向世界推动建立华盛顿共识，把美国梦所代表的价值观作为一种普世的行为准则与衡量标准进行宣传，并在这方面获得了巨大的成功。自1989年的苏东剧变、苏联领导的社会主义阵营的崩溃后，美国赢得了意识形态的全面胜利，进一步增强了华盛顿共识的"普世意义"。

进入21世纪以来，美国主导的"游戏规则"受到来自国内和国际两方面的挑战。中国国力上升和中国经济保持高速增长给美国构成了巨大的压力和挑战。面对中国的崛起，美国难于改变其传统的零和思维，力主以"国际游戏规则"来牵制和遏制中国的发展。在美看来，我们已经付出了巨大代价来"维护世界秩序"，中国在享受这种世界秩序的保护的同时，却没有履行相应的义务，所以美国有理由要求中国遵守"游戏规则"。

为什么美国如此高度重视其所制定和主导的"游戏规则"是否被严格遵守？有别于英国的"日不落帝国"的旧殖民统治，美国对外一般不采取殖民主义方式，而是以军事霸权为保障，通过更松散的方式，例如利用规则制定和秩序设计等，对其他国家或地区进行间接控制，意在维护和加强美国在全球政治、经济和文化各方面的中心地位。

中美两国的接触面和交叉面在政治、经济、安全等各领域都有迅速的增加，在相互摩擦和冲突增多的同时，共同的利益点也随之增多。然而，中国在长期忍让和学习美国之后，虽然有参与制定国际规则的强烈愿望，但是对于如何参与国际规则的制定并不成熟，也尚未建立起成熟的、中国立场的全球战略规划。尽管中美双方都曾有官方表态，认为两国关系不应当走零和关系的老路，深陷内外多重困境中的美国对于如何处理与迅速崛起的中国之间的关系，如何建立所谓的新型大国关系等问题，也缺乏相应的战略准备和历史经验——这构成了中美两国共同面对的第一重挑战。

一味采用忍让的方式换取和平，对今天的中国来说难以为继。避免冲突的根本性解决方案是中国发展自己的国际战略体系和话语体系。中国的崛起已经成为当代主导性的地缘政治问题，如何在崛起的同时，更深入和全面地掌握第一手资料，认识和分析不同国家和不同文明形态，总结出自己的话语体系，让自己的话语权及体系赢得其他国家和地区的认可乃至认同，才能让美国难于理直气壮地要求中国遵守其制定的规则。

如何维持或者重建稳定的世界格局，如何探索不同文明形态所能够接受的多元现代化途径等，中美两国之间存在巨大的合作空间——这构成了中美两国所共同面对的第二重挑战。不久前，新一届中共中央政治局常委一行七人共同到国家博物馆参观《复兴之路》展览。习近平响亮提出"何为中国梦？我以为，实现中华民族的伟大复兴，就是中华民族近代最伟大的中国梦"。习近平的这番话具有很强的针对性。过去，"美国梦"是不少中国人梦寐以求的，然而随着中国跃居世界第二大经济体后，习近平在其上任首站即提"中国梦"，影响无疑非同一般。习近平还说，"道路决定命运，找到一条正确的道路多么不容易，我们必须坚定不移走下去。"

也许，"美国梦"和"中国梦"的极大不同是："美国梦"永远是以自己为主轴，对抗、霸权思维无处不在；而"中国梦"首先即是追求和谐性。无论如何，探求符合各国自身历史与国情、符合地球资源可承受和可持续发展要求的多种现代化模式，是世界发展的必然要求和趋势。

中国政局的前景

鲁　薇

从三中全会通过的《中共中央关于全面深化改革若干重大问题的决定》（以下简称《决定》）看，此前外界猜测、期待的多项改革全部都兑现了。

中共十八届三中全会制定了一幅名副其实的全面深化改革蓝图。这也是1978年中共十一届三中全会将中国拉上改革开放之路以来一份具有里程碑意义的宣言书，对中国走什么路、向何处去这个带有方向性、战略性的重大问题做出了旗帜鲜明的回答：高举改革开放旗帜、努力开拓中国特色社会主义事业更加广阔的前景。

2013年中共中央总书记习近平首次出访选择了俄罗斯，据俄罗斯主流媒体报道，习近平在与普京会谈时曾说："我觉得，我和你的性格很相似。"

俄罗斯对西方文化的主动接纳和东方政治制度的坚持使其数个世纪来处于东西两种文化的双重性与斗争性之中。普京在俄罗斯获得广泛支持，某种意义上表明，俄罗斯已经从全盘接纳西方的"休克"迷信中走出，探索一条基于自身发展历史、汲取西方经验与理念的发展道路，以实现"还你一个强大的俄罗斯"的梦想。

回顾历史，18世纪的中国在伏尔泰等人看来，从开明专制、能人中国到以农业为基础的国民经济……都值得让西方世界寻找到精神的指教、制度发展的引导等，种种赞美之词溢于言表。最近有美国学者出书说，杰斐逊在担任美国驻法大使期间，曾购买了大量关于中国的书籍，试图将中国制度作为美国国家制度建立和完善的模板。

然而，19世纪欧洲军事力量的大跃进让中国的正面形象遭到了破坏，与俄罗斯对西方文化的主动接纳不同，中国是在衰落的过程中不得不被动地接纳西方文化。是"中学为体、西学为用"还是"全盘西化"，这个论争已经持续了将近200年。从救国到建国到强国的历程已经无数次证明，必须从中国的实际出发、探索中国自己的发展道路。但是，这些论争和探索在改革进入深水区的今天，再次面临数百年未有的大变局。

20世纪下半叶的经济全球化本身是由美国政府和跨国资本力量联合推动的，全球化更被很多人认为实质上就是美国化。实际上，过去30多年来，中国在追求发展和超越的同时，经济和社会生活的方方面面都在不同程度地效仿美国，从消费观、生活方式、文化形态到金融制度等方面，搭上了全球化的经济和文化列车，经济和文化等方面发生了重大变化。自改革开放特别是加入世界贸易组织以来，中国经济已经融入了全球市场。中国的政治体制建设也从未停滞，一直处于不断适应和调适的过程中。

但是，美国在推动经济全球化的同时，愈来愈依赖对外贸易，国际收支状况急剧恶化，加上布什的"美国新世纪计划"的破产，今天的美国危机重重，在政治、经济和社会制度的种种弊端也日益凸显。"老师不灵"了，再盲目照抄美国模式来推动中国下一步的发展，这种做法已经难于赢得普遍支持与社会共识。

就像习近平多次强调的，中国正在走前人没有走过的路，做前人没有做过的事。"没有走过"和"没有做过"，就意味着存在对走怎样的路、做怎样的事存在着各种不同的意见，思想上对道路、制度和方向等的认识存在不一致。至少要有普京那样作为政治强人的霸气——这成为一种中国式的大众政治授权。而在这种大众政治授权的民意基础之上，十八届三中全会决定设立国家安全委员会、全面深化改革领导小组等。北京的人民大学国际关系专业教授金灿荣说，新的委员会将是"中国版"的美国国家安全委员会，后者是协助美国总统制订外交政策的协调机构。金说，"这是形势的需要——因为外部战略日趋复杂。"

十八届三中全会的《决定》指出，经济体制改革是全面深化改革的重点，核心问题是处理好政府和市场的关系，使市场在资源配置中起决定性作用和更好发挥政府作用。"市场起决定性作用"的观点被众多分析视为"重大理论突破"，然而我们却不能忽视后一句"更好发挥政府作用"。

仔细研读经济学鼻祖亚当·斯密的《国富论》《道德情操论》等原著会发现，尽管市场观念是斯密构建社会经济秩序的灵魂，但是，市场被他视为政府的工具，也就是他对分工与市场关系的探讨是建立在假定有一个强大的国家基础之上。并且，愈来愈多的研究发现，在整个18世纪，贸易和市场在中国比欧洲更发达，亚当·斯密本人也承认他那个时代中国的"国内市场"可能与欧洲各国市场加起来一样大，是一"自然的"市场经济道路。所以，第一，市场经济并不等于资本主义，二者是有区别的；第二，市场经济对中国而言不是舶来品，斯密曾经把18世纪的中国视为市场经济发展的典范。理解了亚当·斯密对于市场经济的分析，就不难理解为何十八届三中全会提出"使市场在资源配置中起决定性作用和更好发挥政府作用"这个口号，也不难理解中国共产党反复强调社会主义市场经济这个说法背后的深意。

两天之内，西方舆论评判中国未来改革和发展方向的调门，从批评到赞扬，从负面到正面，出现了几乎一百八十度的大转弯。美国财长雅各布·卢与中国领导人会晤后，以"雄心勃勃"来形容中国的改革议程。他认为"方向具有重大意义，但改革的特色与步骤也很重要。"布鲁金斯学会高级研究员李成认为，这是中国二十年来最市场化和最全面的改革一揽子计划，尤其是推进司法独立的具体步骤更令人鼓舞。路透社指出，北京宣布三十年来最大胆的一整套经济和社会改革计划，有助于驱除人们对中国领导人对改革兴趣不大的疑问。

还有一个重要变化就是中共政治文化生态发生了变化。自中共中央总书记习近平上任一年来，政坛发生了非常显著的变化。其直白、通俗的语言风格给公众留下了深刻的印象。

不仅是语言风格，习近平上任以后，遏制了官员奢侈行径，在反腐问题上的大刀阔斧，在经济问题上的简政放权，在作风上体现出一种"务实"的风格。尤其是习近平亲自签署的《决定》对普通人的生活影响非常之大，套用一句网络用语就是："小伙伴们都惊呆了。"这其中也透露出了一个信号：即整个社会大环境变了，开始由精英社会走向大众社会。

所以，被认为真改革也罢、被认为中庸之道也罢，三中全会提出了一系列的改革任务。如果这些任务只是口号，看到了问题、提出了问题但不能落到实处、不能解决问题，那么，"中国世纪"也就是一个梦想或者构想，不会成为现实。

西山的无名英雄纪念广场

陈小兵

2013年10月由解放军总政治部联络部建设的无名英雄纪念广场，在北京西山国家森林公园落成。广场为纪念20世纪50年代初为国家统一、人民解放事业牺牲于台湾的大批隐蔽战线无名英雄而建。由于叛徒出卖，岛内地下党组织遭到严重破坏，大批地下党员被捕，据不完全统计，其中被国民党当局军事法庭等处决的有1100余人。

中新社等媒体发布了这个纪念广场落成开放的消息后，在岛内外及海内外引起了广泛关注。多位岛内及早已移居海外的白色恐怖受害人及遗属致电家父陈炳基（曾任台盟北京市委主委34年，参加过"二二八"起义，在台湾就入党的老地下党员，有多位战友牺牲于台湾20世纪50年代白色恐怖时期），询问有关具体情况以及烈士碑是否有自己亲友的名字。

日前，我和母亲陪同父亲陈炳基前往瞻仰。西山森林公园位于风景优美的北京西山脚下，具体位置在海淀区香山南路和闵庄路交叉路口向西500米处。

进公园沿平坦的石路一路左行上山，就来到英雄纪念广场。纪念广场依山势而建，占地约3000平方米。正面是以黑白两色大理石曲线隐喻海峡两岸的巨幅景观墙，中有毛泽东主席题诗："惊涛拍孤岛，碧波映天晓。虎穴藏忠魂，曙光迎来早。"

纪念广场的正中昂然屹立一块长14米、高4米的纪念碑，正面有5组浮雕，分别再现了隐蔽战线的5个突出战斗场景；浮雕前是以吴石、朱枫、陈宝仓、聂曦为原型的英雄塑像，用艺术手法展现了隐蔽战线先烈的丰功伟绩。纪念碑背面镌刻主碑铭，全铭文217字。在纪念广场各显著位置，还分主题设置了5段铭文，镌刻在精制铜版上，分别是"忠魂"、"光影"、"家国"、"信义"和"追梦"。

纪念广场北侧阶梯碑墙的铜质铭刻是《家国》：我们把祖国唤为母亲，我们把战友视作兄弟，为了家园不再遭受荼毒，为了亲人不再蒙受苦难，选择远行，选择战斗，追求光明，追求和平。

南侧阶梯碑墙的铜质铭刻是《追梦》：你说热的心会把冰雪融消，你说战士的坟墓比奴隶的天堂更明亮，你说生命是飘扬的旗帜，灵魂是嘹亮的号角，你说为了免除下一代的苦难，我愿意把牢底坐穿，你说愿心血化为光明的红灯，将黑暗的大地照得亮亮的，你说我们是天生的叛逆者，要把这不合理的一切打翻，你说你已深深体验着"真实的爱"与"伟大的感情"，你说，我们爱我们的民族，这是我们自信的泉源。……这声音响彻天际，回荡在耳边，梦想永远铭记，生命从未终止，所有阳光灿烂的日子里，我们同在！

铭刻《光影》：黑暗里，你坚定地守望心中的太阳；长夜里，你默默地催生黎明的曙光；虎穴中，你忍辱负重，周旋待机；搏杀中，你悄然而起，毙敌无形。你的名字无人知晓，你的功勋永垂不朽。你们，在烈火中永生。

最让人感动的是铭刻《信义》：因为皈依信仰，坦然面对生死；因为心怀大爱，无悔血沃中华。基隆中学校长钟浩东夫人蒋碧玉面对保密局特务平静地说：我们难逃一死，但是，我们能为伟大的祖国，伟大的党在台湾流第一滴血，我们将光荣地死去！

寥寥数言，充分展现了台湾地下党员面对凶残的敌人时忠贞不二、视死如归的高尚情怀！

无名英雄纪念碑铭曰：夫天下有大勇者，智不能测，刚不能制，猝然临之而不惊，无朕加之而不怒，此其智甚远，所怀甚大也。所怀者何？天下有饥者，如己之饥，天下有溺者，如己之溺耳。民族危急，别亲离子而赴水火，易面事敌而求大同。风萧水寒，旌霜履血，或成或败，或囚或殁，人不知之，乃至殒后无名。铭曰：呜呼！大音希声，大象无形。来兮精魄，安兮英灵。长河为咽，青山为证；岂曰无声？河山即名！人有所忘，史有所轻。一统可期，民族将兴，肃之嘉石，沐手勒铭。噫我子孙，代代永旌。公元二零一三年十月立。

总政联络部《修建无名英雄广场铭文》如下：二十世纪五十年代，大批无名英雄为祖国统一、人民解放秘密赴台执行任务，牺牲于台湾马场町一带。不论在战火纷飞的年代，还是在普天欢庆新中国诞生的时刻，他们始终坚守隐蔽战线，直到用热血映红黎明前的天空，用大爱与信仰铸此不灭的灵魂。总政联络部二零一三年。

我和父母沿着景观墙左右台阶拾级而上，两边的花岗岩墙壁上共刻有846位烈士的英名。这是有关部门到目前为止，经各方查找发现的烈士名录。烈士英名以阴文素镌，若隐若现，其中每幅碑墙都留有留白，以便未来发现新的英烈名字可以随时增补。

这846位烈士的英名镌刻在56块花岗岩碑墙之上。我和父亲每一幅碑墙逐一辨认查找姓名，我们欣慰地发现，有多位台籍烈士的英名，其中父亲直接认识的就有：黄埔2期的李友邦将军、台湾地下党著名领导人张志忠（时任中共台湾省工委委员兼武工部部长）、叶城松（时任中共台北市学工委下属台大法学院支部书记）、黄弘毅（时任中共台北市工委委员黄石岩烈士之子）、林日高（1928年至1931年曾任日寇侵占台湾时期的台湾共产党书记）、蓝明谷（前北京市台联会会长李河民的哥哥）、谢富（时任中共台湾省工委财务负责人）、张金海（时任中共台北市工委委员李中志的弟弟，上海老台胞张砚的哥哥）。

全部名单看完后我们感到非常欣慰，但遗憾尚存，就是目前的名单不全，还有大量牺牲的烈士英名尚未收录。仅我父亲当时在台湾发展过的地下党员或直接认识的牺牲烈士就有：廖瑞发（时任中共台北市工委书记）、郭琇（时任中共台北市工委书记）、李中志（时任中共台北市工委委员）、黄石岩（时任中共台北市工委委员）、林如、李苍绛（李友邦侄子，时任中共基隆市工委委员）、钟浩东（时任中共基隆市工委书记）、唐志堂（时任中共基隆工委汐止支部书记）以及杨廷椅（时任中共台湾省学工委书记）、徐渊琛（时任中共台北市工委财务负责人）、林正亨（雾峰林家林祖密将军之子，曾在中国远征军从军）。

有关部门早已在碑墙预留地方，留待后补。希望这一工作能尽快进行，以告慰牺牲的烈士们，同时也能对岛内统派进步势力产生积极的正面影响（2013年12月20日已有岛内夏潮劳动党的朋友到纪念广场参观、瞻仰）。

更让我们感到高兴的是，在我们瞻仰、观看烈士碑墙时，有好几位素不相识的市民自发前来这个无名英雄广场瞻仰参观，当他们得知我父亲正在寻找当年的战友时，纷纷表示由衷的崇敬之情，并帮助我们一起辨认查找烈士姓名。

特向有关部门建议：可参考岛内李敖编著的《安全局机密文件：历年办理匪案汇编》（李敖出版社）和《揭秘政治档案：戒严时期政治案件展》（出版单位：陈文成博士纪念基金会）等出版物，尽快增补牺牲烈士的英名。目前碑墙上的烈士名单采用阴文镌刻，在光线不好或光线太强时不易看清笔画，建议采用中国传统风俗的描金工艺，使得字迹既方便观看又高贵典雅。可考虑在适当时机增补有代表性台籍烈士的塑像，如李友邦、张志忠等人。

由道光帝节俭想到的

蔡建军

道光皇帝倡导勤俭治国，狠刹吃喝浪费之风，这对我们今天反对"舌尖上的浪费"，仍有警示和反省作用，也蕴涵着深刻的社会现实意义。

道光皇帝的节俭，来自其父嘉庆皇帝的从小熏陶影响。道光帝当家后，决心打造"节约型"社会。他从管住自己的"嘴"开始，每餐不过四样菜肴，还规定除太后、皇帝、皇后外，非节庆日不得食肉豪华宴请。有一年，因皇后勤勉贤惠，道光帝决定为皇后生日祝寿，但招待满朝亲贵重臣的不过是一人一碗打卤面，大概可创国宴俭朴之最了。

孔子说："君子之德风；小人之德草；草上之风必偃。"小人确实像草一样，道德根基浅薄，风吹两边倒，但风过后，草还是故态复萌，哪会因风而发生"质变"？终其一生，道光帝也没能解决腐化浪费问题。

无论皇帝多么节省，银钱还是哗哗地流进内务府大臣们的腰包。道光皇帝每餐只吃四个菜，照例每年却要花到800两银子。他吃一个鸡蛋，给他的报价是五两银子，而五两银子买的鸡蛋能够吃一年了。有一天，道光跟武英殿大学士曹振镛闲谈，曹振镛说他每天早上要吃四个卤水鸡蛋。道光大吃一惊说："每个鸡蛋五两银子，你一顿早餐岂不要花二十两银子吗？"曹振镛怕得罪内务府官员，赶紧奏称："臣吃的鸡蛋，都是臣家中母鸡下的。"道光笑道："有这样便宜事。"当下命内务府去买来母鸡，在宫中喂养，但内务府报销的每一只鸡要花24两银子，相当于一个中产之家一年的收入。钱，还是没少花。

平心而论，道光皇帝身体力行节俭，对官场影响很大。但靠个人的力量是不够的。相比于"餐桌浪费"，清中后期在其他方面的铺张浪费更甚。官员公权滥用、结党营私、腐化堕落，已成为难以纠正的腐败痼疾。

道光帝的节俭只为作秀。1842年鸦片战争战败后，道光帝跟大臣琦善聊天，问他："英国人所要的香港是个什么东西？"琦善答："就是南海边上的一个小渔村。"道光帝问："有多大啊？""一点点大，中国是个鸡蛋的话，香港就像蛋上的一个小点，拿袖子一抹就没了。"道光帝很大方地说："那就给他们好了！"香港被割，闭关锁国的门户大开，中国"被开放"，道光帝难辞其咎。

近人蔡东藩评价道光帝："徒齐其末，未揣其本，省衣减膳之为，治家有余，治国不足。"道光皇帝倡导节俭并没有错，但他过于依赖"作秀"而非制度，非但无功，反倒养成了虚伪逢迎的风气。今天，我们不该照照道光皇帝提供的这面历史镜子吗？

前车之覆，后车之鉴。历史昭示我们，不让铺张浪费钻缝隙，不给奢靡享乐留空间，就要打好"制度补丁"，筑牢"权力篱笆"。公开透明是一切不正之风和腐败行为的克星，建立"阳光"公务消费、清查和审计制度不失为一种优质"防腐剂"。如此，才能聚合崇俭抑奢的正能量，迎来廉洁勤政的新风尚，营造风清气正的好环境。

电影节给北京带来了什么

又　天

"天人合一，美美与共"，一番角逐与碰撞，随着"天坛奖"花落各家，第五届北京国际电影节圆满落下帷幕。红毯最懂年华，转眼到2015年，北京国际电影节已走过五个年头，宛如小女初长成，在这最美的年龄，除却众人翘首赞叹，深爱者还有些嘱咐寄托。

从展映说起
北京国际电影节是谁的电影节

在谈北京国际电影节给北京带来了怎样的影响之前，很有必要先理清楚：它是谁的电影节？作为核心而基础的话题，直至本届，才在其展映活动单元中有所体现——唯亲民不能立，电影节必须是先属于大众的。

不得不称赞本届电影节的展映单元竟然能奉献出多达300余部中外佳作的大餐。然而，意料之中的是，为期14天的展映周期，全座售罄几乎在顷刻之间，一票难求而捶胸顿足的影迷大有人在。

大众对展映的关注最能反映北京国际电影节是不是接地气。因为，对受众个体而言，最实在也是唯一能将自己跟电影节维系起来的，只有他们手中的观影票。除了少部分幸运儿，绝大多数受众根本没有机会感染庆典的现场氛围，更难言参与到具体的议题交流了。

所以，大众"参与"是北京国际电影节存在最好的证明。一旦缺少这种"参与"的声势，就会与支撑电影节"文化共融、全民共享"的文化理念背道而驰，而寄希望于由电影节衍生出的全面开花的叠加效应也将无从谈起。

幸运的是，本届电影节的展映单元确实走了一步好棋，不仅举办方空前地感受到了一线受众的热情，也让大众真真切切地从电影节文化当中有所受益。

这喜闻乐见的结果背后，其实印证了一个共识：在当前的文化环境下，中国其实早已形成了一个庞大的、稳定的，完全具备鉴赏能力的观影群体。这应该被视作中国电影文化日渐成熟的重要表现之一。

基于上述的大众所求，再去回望过去的几届电影节，院线一度极不情愿地为展映排片，只顾自我经营，生生堵塞了大众触摸电影节的最佳途径，使得北京国际电影节养在深闺人未识，实在是有些愚蠢。

排场越来越大
电影节的国际范儿有多少

北京国际电影节能给北京带来多大的影响完全取决于它自身的实力，那么北京国际电影节的影响力究竟到了什么程度？是不是名头中勾描上"国际"二字就具备国际影响力了呢？

当然不是。"国际"二字充其量就是"面儿"上的香粉。

用排场赢得面子几乎百试不爽。2015年电影节的活动地点选择在雁栖湖，何尝不是借着APEC会场的影响力赚着面子呢。似乎很是奏效，就有某些知名演员十分应景地感慨道："好大气，是世界级的电影节"——这种用场地就能断定是"世界级"的明星，也真是被面子灌醉了。

不仅如此，为了把面子装扮得更加国际范儿，北京还招贤纳士聘请了众多国际电影大鳄前来助阵，试图通过名人效应招徕更多的电影资源。

其实，上述之努力，仅能算是锦上添花的点缀，大可不必过于劳神费力，抓住一个核心，基于中国无穷无尽的票房影响力，即便是没有这样宏大的排场，国际电影资源仍会涌入北京，给北京国际电影节制造焦点。因为，在国际市场竞争中，唯利益论，哪有利益，哪的聚合能力就会呈现趋之若鹜的夸张之态，文化领域也是一样，超出想象力的票房号召，哪位国际电影人不是垂涎欲滴，争相惦记着来分一杯美羹呢！

可以说，无论排场有多么热闹，排场本身是制造不出国际影响力的。唯有中国电影人一方面利用好票房的市场空间，吸引发达的国际电影文化前来碰撞，另一方面快速提升中国电影的制作水准，进而借助电影节进行中国文化输出，北京国际电影节才能真正称得上具有国际影响力。

对此，中国导演陈可辛的一番话很有冷静功效："北京电影节已经做到第五届了，（它的使命）不只是带动产业发展，更重要的是把中国电影带到海外去，要建立双向的交流。这些年，中国的市场越来越大，但中国电影在海外表现越来越不好，其实很不健康。"

显而易见，中国电影的制作水准远远不足以与世界同争，必须要培养出破釜沉舟的赶超勇气，不然，随着中国文化领域的逐渐放开，脱离了政策的保护，中国电影市场难免沦为只为国外淘金者下金蛋的机器，当下外国影片动辄就能卷走几个亿、十几个亿就是对中国电影市场最大的威胁。

如果中国电影业的底气一直提不起来，那么电影节的存在又有什么意义呢？请国际友人吃喝玩乐，然后再把我们的市场拱手相让？

对于底气不够硬的短板问题，国外电影人比我们看得更清楚，我们在准许他们以合作共赢为目的向我们靠拢的同时，也很有必要警惕他们对中国电影有意或者无意的吹捧。

就像吕克·贝松回应陈可辛时说："我眼中的中国电影还是很厉害的。我第一次接触的中国电影，看了很多（包括）李小龙在内的中国武打片……"

很显然，吕克·贝松所谓的"中国电影很厉害"，还是停留在李小龙时代和香港武侠片时代，我们不能判断吕克·贝松的话是否有嘲讽意味，但是他的赞美好像戳到了我们的痛处。在中国资本大量涌入电影市场的今天，中国为何仍旧鲜有在国际上崭露头角、在国内推陈出新的佳作？

对于北京国际电影节这颗刚刚诞生的国际电影文化庆典来说，追逐些面子无可厚非，但是没有底气的热闹到头来一定是孤独的，随着第五个年头的走过，未来它更需要的是调剂出具有国际范儿的"里子"。只有脱胎换骨的"里子"，北京国际电影节才能因实力而汇聚，因才能而领航，真正发挥它该有的角色和使命。

电影节给北京带来了什么

一直以来，媒体都比较偏重解读北京国际电影节成交的订单数量和衍生效益。其实，对于刚刚成长五年的北京国际电影节来说，谈机遇可能要比谈现在这一点点成绩更实在。

首先，北京国际电影节为北京领航中国电影业提供了国际化水准的平台支持。

文化唯有碰撞才能绚烂，电影也一样，北京作为国家文化中心，以开放的姿态搭建了一个与世界电影文化共舞、对撞的沟通平台，虽然不可避免地会遭遇国外实力派的冲击，但是只要虚心耐心，中国电影人就可以借此学到先进的电影技术和理念。这对于当下香港电影文化日渐走低的态势，和越来越多的电影资金、电影人才涌入北京的现状来说，都可谓是久旱逢甘霖的机遇。只要努力，中国电影行业的革新崛起必然会从北京开始。北京该做的，就是抱着"吸血鬼"的心态，利用好这个平台，抓住每一次交流的机会，尽我所能地榨干、吸光国外友人的宝贵经验，再让他们离开。

其次，北京国际电影节打造了一张中国软实力提升及中国文化输出的宝贵名片。

电影节是文化的舶来品，但它是世界进步文化的缩影，北京国际电影节的创立，契合"文化北京"的定位，是对北京文化功能的重要补充。北京是一个有着深厚文化底蕴的城市，肩负着传播中国软实力的重任，如果能借此把中国文化精髓与电影文化契合在一处，又能够对外来文化兼容并蓄，那么，北京国际电影节这张名片就绝不仅仅是让世界了解北京、了解中国那么简单了，她还将是传递世界"和平发展、合作共赢"的"中国梦"的最生动表达。不妨以此为契机，寄情于有朝一日，不用走出国门也可以向世界辐射、输出我们的本土文化，中华民族的伟大复兴也就指日可待了。

再者，北京国际电影节也势必会激发经济新增长。北京国际电影节虽然还很年轻，但文化和经济一直以来都是相互促进、相互影响的，凭借中国当下良好的经济环境，不断扩大北京国际电影节在亚洲乃至世界的影响力是极具有利条件的。一年一度的举办频率及其背后各种资源交互衍生的产业链，越来越多的订单将会在北京成交，越来越多的周边产业将会在北京聚合，文化产品的增值，又将有力地反哺中国经济朝着更高水平的方向发展。

总之，机遇总是令人看到美好。

"天人合一，美美与共"——尊重不同民族的文化，展现世界交融的多元，共同推动人类文明的发展和繁荣。北京国际电影节，这位刚刚长成的小女，满载着北京的诚意，奔跑在"共享资源，共赢未来"的路上。

我们理所当然地期盼着下一次相遇，并希望看到一个更加亲民、自信、睿智的她。

传统文化中的管理智慧

袁济喜

　　管理学是从近代西方兴起的学科，在追求效率、利益最大化的现代社会，纷繁复杂的各个层面都需要富有管理智慧的人才去统筹协调，大到一个国家，再到一个企业，小到一个家庭，可以说每个人都需要懂得如何合理分配资源，与人相处，高效和谐地工作与生活。这方面西方早已产生了一套体系严密的管理理论，西方的管理学可以说是一种追求标准化、制度化的科学，有着注重逻辑、崇尚实证的理性精神，而这种精神正是建立在西方独特的文化土壤上的。

　　中国传统文化中蕴含着丰富的管理智慧。中国社会几千年来是血缘宗法制的社会，靠人伦道德而非法律来维系，中国人敬畏自然，追求天人和谐。中国从几千年前的氏族时代就构建了独特的管理方式。尧、舜、禹这些传说中的君主都因为他们顺应中华民族的深层心理来管理教化民众，成为中国几千年来被传颂效仿的最杰出的管理者。中华民族是一个传统的农业民族，农业社会靠天吃饭，人们敬仰天地，天不但被赋予了抚育万物、奉养人类的属性，也逐渐被赋予了道德比类与审美观赏的属性。人们不但向天地学习如何做人，也将天地看作拥有最高权威默默无言的管理者。《论语·阳货》记载：

　　子曰："予欲无言。"子贡曰："子如不言，则小子何述焉？"

　　子曰："天何言哉？四时行焉，百物生焉，天何言哉？"

　　这段话发人深省。中国人把天对人类的管理思考总结，应用于人与人之间的管理中去。这些在洪荒时期便播种在中国人身上的文化基因代代相传，在今天也难以改变。自古的管理者都要顺应这一文化基因来进行管理，否则不但达不到管理目的，甚至还会自取灭亡。秦始皇企图用杀戮和烈火来消灭积淀的思想文化，用自己的方式来独断管理，却落得身死国灭，为天下笑。之后几乎每代皇帝都会在诏书中再三提到唐虞之治，表示自己不敢丢弃祖先传于不顾。直到清代，统治者自知为外族，更加尊重效仿中原文化，以此来治理国家。民族文化与管理的关系，难道是可以割裂的吗？中国的现代化在学习西方的同时，必须重视自己的国学遗产，包括其中蕴藏的管理智慧。

儒家的管理思想

儒家管理思想以孔子为代表。孔子对于管理的启示主要在于德治观念上面。德者，得也。德治既是一种治国之道，又是一种得人心之道，与人事管理直接相关。今天我们依然讲以法治国与以德治国相结合。孔子的德治思想是从他的仁学思想中引申出来的。仁学是建立在中华民族氏族血缘亲情关系及其观念之上的一种情理融合的学说，它以孝悌作为核心。《论语·学而》第一句话就体现了这种日常亲情与德行："子曰：'学而时习之，不亦说乎？有朋自远方来，不亦乐乎？人不知而不愠，不亦君子乎？'"可见孔门历来重视人际关系的和谐，而管理从根本上来说，就是协调人际关系。《论语》中还记载："子曰：'德不孤，必有邻。'""曾子曰：'君子以文会友，以友辅仁。'"孔子与他的弟子曾子明确提出君子以德作为与人交往的标准。而这种德行则是施政的基础，只要履行这些基本德行，政治与管理也就自然成功了。《论语》中记载有人曾问孔子："子奚不为政？"子曰："书云：'孝乎惟孝、友于兄弟，施于有政。'是亦为政，奚其为为政？"孔子认为，只要将孝悌施行到管理中去，这就是为政之道，舍此而没有别的为政之道。宋代有所谓半部《论语》治天下的说法，也就是从这里生发开去的。

孔子还强调为政须有德，才能使老百姓心服口服，加强凝聚力。他多次强调："其身正，不令而行；其不正，虽令不从。"作为一名有修养的君子与治人者，必然会碰到个体人格魅力的问题，个体魅力是领袖与管理人物的基本素质与特点，是管理者的无形资产。

孔子还强调，德治还体现在一种忠恕之道上面，是一种高超的人生智慧与处世之道。孔子的学生曾子说："夫子之道，忠恕而已矣。""己所不欲，勿施于人。在邦无怨，在家无怨。"这是一种推己及人的好思想，好观念。孔子还提出："夫仁者，己欲立而立人，己欲达而达人。能近取譬，可谓仁之方也已。"也就是说，君子要想成功，首先要让人成功，这种思想非常切合现代人所说的双赢策略，是一种长期的战略管理理论。现在某些人的管理智慧看上去很高，实际上很低劣，不尊重下属是最大的败笔。

道家的管理思想

老子略早于孔子，传说曾为孔子的老师。老子同样倡导德，不过是将德置于道之下，他的书称为《道德经》。老子的道与孔子不同，是自然之道而非人为之道，影响到人际关系，老子比较强调管理中的顺从天道，自然无为，表现出农业社会中原生态的管理思想。这些思想在今天依然有着强大的生命力。

老子倡导天道自然是最好的管理行为，他指责人类的管理与政治是反天道的，也是反人道的："天之道，其犹张弓欤？高者抑之，下者举之；有余者损之，不足者补之。天之道，损有余而补不足。人之道，则不然，损不足以奉有余。孰能有余以奉天下，唯有道者。是以圣人为而不恃，功成而不处，其不欲见贤。"(《第七十七章》) 老子认为天道损有余而补不足，而人之道则恰恰相反，是损不足以奉有余。因此，追求公正是人类自古以来的理想与目标。中国历史上的天师道以及《太平经》这些充满道教思想的经典，受老子思想的影响是很明显的。

老子明确提出：所谓德就是对于天道的顺从，管理则是以清静无为，顺乎自然作为基础。今天建立和谐社会，开展和谐管理，这些理念也不是没有价值的。老子说，天之道，利而不害；人之道，为而不争。现任联合国秘书长潘基文续任时，就用这段话说明自己的人生信仰与管理智慧。

老子认为，管理者过多的依靠法令条规，则会产生反作用，"天下多忌讳，而民弥贫；人多利器，国家滋昏；人多伎巧，奇物滋起；法令滋彰，盗贼多有。"故圣人云："我无为，而民自化；我好静，而民自正；我无事，而民自富；我无欲，而民自朴。"(《第五十七章》) 在中国历史上，西汉实行无为而治，清静立国取得了很成功的例子。当然，这要视具体情况而定，不可一概而论。但是我认为，在过多地依赖技术与数字化管理的今天，这种思想有着积极的一面。

在欲望的年代，老子更多的是提倡领导者的自身无欲与低调，倡导外柔内刚，无为而无不为。老子认为，领导人物的清静自制，是很重要的人格修养。老子为此倡导上善若水的策略："上善若水。水善利万物而不争，处众人之所恶，故几于道。居善地，心善渊，与善仁，言善信，政善治，事善能，动善时。夫唯不争，故无尤。"(《第八章》) 但是不争并不等于无所作为，而是一种无为而无不为的战略，老子实际上是教会人们一种很厉害的权术："将欲歙之，必故张之；将欲弱之，必故强之；将欲废之，必故兴之；将欲取之，必故与之。是谓微明。柔弱胜刚强。鱼不可脱于渊，国之利器不可以示人。"(《第三十六章》) 后来韩非子从老子中汲取了许多思想，成为中国封建专制社会中的治国之道与君主驭下之道，《史记》中将老子韩非放到一起立传，是因为其中有着共通性。

法家的管理思想

法家的管理思想以韩非为代表。韩非尝与李斯一起做过荀子的学生。他在韩国一直受到冷落。于是潜心著述，总结了先秦时期的法术势三派的学说，创立了作为集大成的法家学说。后来秦王读到他的《说难》等文章，十分赏识他的学说，于是出兵攻打韩国，迫使韩国交出了韩非，但是由于法家人物都是一些十分自私无情的人物，韩非一到秦国，即受到与他同样信奉法家学说的同学李斯的嫉妒与谗害，不久被秦始皇下狱，被迫自杀于狱中，算是印证了他力倡的法家关于人性自私无情的说法。

韩非不同意儒家的性善论与教化论。在他看来，人都是一些十分自私的动物，毫无道德良知，也不存在教育感化的可能性。对这种赤裸裸的自私之物，君主有没有办法统治呢？韩非的结论是肯定的，这就是用法术与权势来加以驾驭。他举了一个例子说明，有一个不成器的子弟，父母训斥，他不改；乡里耆老劝导，他也不听，师长教育，他更是置若罔闻，但是一旦官吏依照有关法令率兵前来抓捕时，那个浪子终于害怕了，弃恶从善。可见，法制与力量才是唯一有用的教育。

站在我们今天来看，韩非的思想对于管理学有着重要启发作用。孔子与儒家的德治观有两个致命的缺陷，第一，它的人性论主要是性善论。这样的出发点就无形中将道德荣辱观的作用无限夸大，看不到经济基础对于人的思想意识与道德建设的作用。第二，在政治上，它将道德作用代替了法制与制度建设，有意识形态治国的特点，这样的话，制度的监督无形之中就被忽视了。这些与我们今天讲的现代民主与法制是立国的基础，是建设和谐社会的制度保障存在着巨大的差异，我们对此要有清醒的认识。事实上，中国历史上的统治者都是王道与霸道互用的，没有哪一个单纯用儒家的德治管理国家的。

传统文化中蕴涵的管理智慧不仅适用于当代中国社会，对于现代世界文明有着深刻的启示。现代西方管理学者比尔·波拉德就指出西方管理存在的缺陷就是仅仅把人作为生产单元，完全从经济价值的角度去考量。个体的人被编制进庞大的经济机器的运转之中，已异化为机械的非人，精神的荒漠化正在蔓延，这种资本主义高度繁荣的表象之下潜伏的深层危机，早已被西方当代学者高度关注，重新思考人类生存的终极意义。英国著名科技史学家李约瑟认为现代西方科技"几乎每天都在做出各种对人类及其社会有巨大潜在危险的科学发现"，指出"对它的控制必须主要是伦理和政治的，中国传统文化中的特殊养分可以在今天影响整个人类世界"。现代社会不加控制的飞速发展是危险的，传统质朴的中国智慧就像刹车和方向盘的作用一样，其敬天爱人的仁性精神，"直指人心"的心性滋养，刚健不屈的人格力量，都会让现代过于浮躁、功利的社会更加清凉平静，培养每个人圆融练达的人格特质和自我澄明的生命智慧，让现代管理高速有效的同时更人性、更和谐。

我们不能否认，近一百年中国学习运用的更多是西方式管理，对中国传统的国学智慧反思和整理的非常之少。中国的传统管理与整个国学一道，往往被作为封建中国落后的罪魁祸首加以批判，作为孔孟之道受到粗暴的伤害。古代帝王的治国之道被看作封建统治阶级愚弄人民的手段而被鄙弃，近代曾经辉煌的儒商被看作一个历史悲剧而尘封。一批又一批的政府官员与企业领导出国学习，回来便都大刀阔斧地根据西方模式和经验进行改革，对于自己的老祖宗不屑一顾。而现在许多问题正在慢慢显露，经济发展中忽视了人的存在，盲目追求冰冷的GDP数字，自然环境沦为牺牲品，社会中不均衡的发展矛盾日益突出，物质生活日益丰富的同时人们却遭遇了前所未有的精神危机，幸福感越来越低。中国企业的普遍寿命之短也是近年来被普遍关注的现实，有关资料显示中国企业的平均生命周期仅为2.5年，不及发达国家的四分之一，每天全国都有成千上万家企业倒闭。这固然有多方面的原因，但是没有找到适合中国特色的管理经验是很重要的原因之一。以中国目前的市场经济、社会文化发展状况来看，盲目推行西方管理经验必然是不明智的。正确对待与汲取传统文化中的管理智慧与理念将是十分必要的。

后记

有人说，生活在北京就是在历史和文化中徜徉。在这里，春日会哼起让我们荡起双桨，夏日最爱小豆冰棍，秋天的红叶似乎不如小街落叶的萧瑟，冬天雪后的故宫回荡着百年沧桑和历史的担负。

北京拥有独特非凡、举世瞩目的文化优势，也担负着凝聚荟萃、辐射带动、创新引领、展示交流和服务保障的文化中心建设的神圣使命。中华优秀传统文化是中华民族的精神命脉，是我们在世界文化激荡中站稳脚跟的坚实根基，也是人民政协开展统战工作的灵魂和血液。

着眼首都文化中心建设、服务政协团结统战工作，北京市政协《北京观察》杂志通过"走笔""文化""谈往"等历史文化类专栏，策划征集了大量名家名作、散文随笔、文史杂谈。2017年，为了更好地总结十二届北京市政协履职成果，我们将本届政协工作和委员的有关新闻报道、《北京观察》历年来文化类专栏的精华篇目进行修订，作为北京市政协新闻宣传丛书出版发行。《京华漫笔》是丛书中具有文化韵味的一册，所辑文字侧重于北京文化的挖掘、当代文化现象和思考。在体例上，按照不同主题对所辑文字作了梳理。

作为十二届市政协五年工作总结的一个重要内容、作为五年工作成果的一个重要反映，北京市政协新闻宣传丛书的编辑出版得到了市政协领导的高度重视和支持。丛书由宗朋同志主持编辑，刘墨非、任万霞、崔晓晖、徐飞、崔晨、郭隆、张涛、王硕、张斯伟参与编辑工作。受材料和编者水平所限，本书疏漏和不妥之处在所难免，敬请广大读者批评指正，以期提高。

北京市政协宣传中心

2017年12月

图书在版编目（CIP）数据

京华漫笔 / 北京市政协宣传中心编 . — 北京：中
国文史出版社，2017.12

ISBN 978-7-5034-9708-7

Ⅰ.①京… Ⅱ.①北… Ⅲ.①北京—地方史 Ⅳ.
①K291

中国版本图书馆CIP数据核字（2017）第264097号

责任编辑：张春霞

出版发行：**中国文史出版社**

网　　址：www.wenshipress.com

社　　址：北京市西城区太平桥大街23号　邮编：100811

电　　话：010-66173572　66168268　66192736（发行部）

传　　真：010-66192703

印　　装：北京地大彩印有限公司

经　　销：全国新华书店

开　　本：710mm×1010mm　1/16

印　　张：22.75　字数：388千字

版　　次：2018年4月第1版

印　　次：2018年4月第1次印刷

定　　价：68.80元